어휘 유창성에 관한
한국어교육학적 탐구

이경

한국교원대학교 국어교육과를 졸업하고, 고려대학교 국어국문학과에서 석사와 박사 학위를 취득했다. 2016년 9월 호남대학교 한국어학과에 조교수로 임용된 이후 한국어교육 전공 교과목을 가르쳤으며 2023년 9월부터는 서울과학기술대학교 국제대학에서 외국인 유학생 전용 교육과정을 개발하고 운영하는 일을 함께하고 있다.

국내외에서 활용되는 한국어 교재 개발, 한국어 교사 교육 및 평가에 참여하고 있으며 국제한국어교육학회, 이중언어학회, 한국언어문화교육학회 등 한국어교육 관련 학회에서 이사 및 편집위원으로 활동하고 있다.

한국어 학습자가 다양한 언어 사용 맥락에서 어휘를 해석하고 사용하는 일련의 과정에 관심이 있으며 최근에는 어휘를 중심으로 다중 언어 환경에 놓여 있는 한국어 학습자들의 의사소통 활동을 살피는 연구를 이어가고 있다.

어휘 유창성에 관한
한국어교육학적 탐구

초판 인쇄 2024년 5월 13일
초판 발행 2024년 5월 27일

지 은 이 | 이 경
펴 낸 이 | 박 찬 익
펴 낸 곳 | ㈜박이정
책임편집 | 권 효 진
편   집 | 김 승 미

주   소 | 경기도 하남시 조정대로45 미사센텀비즈 8층 F827호
전   화 | 031)792-1195
팩   스 | 02)928-4683
홈페이지 | www.pjbook.com
이 메 일 | pijbook@naver.com

I S B N | 979-11-5848-940-3 (93710)
책   값 | 28,000원

어휘 유창성에 관한
한국어교육학적 탐구

이 경 지음

담화에서 어휘로,
어휘에서 담화로

박이정

차 례

//

표 차 례

그 림 차 례

제1부

담화 차원에서의 한국어 어휘 유창성과 교육 방안

제1장 들어가며

1. 논의의 목적 및 필요성

한 개인이 의사소통 목적을 성공적으로 수행하는 데에 있어서 '어휘'는 가장 핵심적인 의미 구성 요소인 동시에 가장 적극적인 의사 전달 수단으로서의 역할을 한다. 다른 사람이 말한 내용을 이해하거나 자신이 말하고자 하는 내용을 전달하는 데에 있어 어휘는 기초적이자 필수적인 요소이며, 어휘 능력은 의미가 중심이 되는 의사소통의 전제가 된다. 이러한 어휘의 강력한 의사소통적 기능에도 불구하고 현재의 의사소통 중심의 교육에서는 어휘 자체에 주목하는 교육 및 연구가 다소 소극적으로 이루어지고 있었던 것이 사실이다. 이는 어휘를 이해하고 사용하는 능력을 단순히 지식적 차원 혹은 의사소통 능력의 하위 요소 중 하나로 축소하여 이해하거나 어휘가 영향을 끼치는 범위를 고립되고 제한된 맥락으로 한정하는 등의 잘못된 인식이 낳은 결과라고 할 수 있다.[1]

---

[1] Meare(1996)에서는 Canale and Swain(1980)의 의사소통 능력에 대한 논의가 통념적으로 받아들여지기 시작하면서, 문법적 능력의 하위 요소로 속해 있던 '어휘 능력'의 체계적인 연구가 약화되었다고 지적하고 있다. 그러나 Meare가 강조한 것과 같이, '어휘 능력'은 의사소통 능력의 핵심적인 요소로 보아야 한다(Meare, 1996;35).

이 책에서는 이러한 문제 인식을 토대로 의사소통적 관점에서 어휘 능력이 가지는 위상을 재정립하고, 그 개념과 범위를 확장하여 의사소통 수행 차원에서의 '어휘 유창성(lexical fluency)'에 대해 논하고자 한다.

　의사소통을 '특정한 목적을 가지고 이루어지는 언어적 행위'로 정의하였을 때, '유창성'은 그 행위의 성공과 실패의 차원을 넘어서는 질적인 영역과 관련되는 개념이라고 할 수 있다. 즉, 의미 전달 여부를 넘어 의사소통 참여자가 의도한 의미를 얼마나 효과적으로 전달하고 있는지에 관한 것이다. 따라서 '유창성'은 언어 교육 및 연구에서 중요한 개념으로 다루어지고 있으며 한국어 교육에서도 학습자들이 궁극적으로 성취해야 하는 목표로서 자리하고 있다. 어휘를 선택하여 사용한다는 것 역시, 일차적으로는 의미를 전달하기 위함에 있으나 나아가서는 의사소통 목적에 맞게 더 풍부하고 효과적으로 의미를 구체화하는 것과 더불어 심미적인 차원으로까지 확장하여 볼 수 있다. 우리가 의사소통의 과정에서 자신의 감정과 생각을 전달할 수 있는, 보다 적확한 어휘를 찾고자 고심하고, 상대방과의 의사소통이 이루어지는 상황 맥락에 적절한 어휘를 사용함으로써 전달 효과를 높이려고 노력하는 것 등은 바로 이러한 '어휘 유창성'의 차원에서 논의될 수 있는 부분일 것이다. 지금까지의 한국어 교육에서는 어휘 사용의 측면과 관련하여 어휘를 의미 전달의 수단을 넘어서는 차원에서 교육하고 평가할 근거를 확보하지 못하였던 것이 사실이다. 따라서 이 책에서는 한국어 학습자가 성취하여야 할 어휘 유창성의 개념과 범위에 대해 논의하고, 수행 차원에서의 어휘 유창성이 한국어 어휘 교육의 목표와 교육 내용이 되어야 함을 주장하고자 한다.

　특별히 의사소통을 수행하는 목적에 맞게 어휘를 풍부하고 적절하게 사용하고 있는지를 판단하기 위해서는 의사소통 맥락에 대한 이해가 담보되어야 한다. 의사소통의 맥락은 대화 상황에서는 두 사람 이상이 발화한 발화체(utterences)의 집합, 글을 매개로 이루어지는 의사소통 상황에서는 문장 단위 이상의 집합체를 통해 파악될 수 있다. 이는 곧 '어휘 유창성'이 의사소통의 단위인 담화 차원에서의 맥락을 전제로 하였을 때에 완성도 있게 설명될 수 있음을 의미한다. 담화는 의사소통의 목적과 상황 맥락에 의해 구성되며, 의사소통 행위를 통해 전달하고자 하는 완성된 의미를 담고 있는 단위이다. 즉, 담화 그 자체가 완결된 의미를 담고 있기 때문에 담화의 일부인 개별 어휘 또는 문장 차원에서는 어휘 유창성을 논할 수 없으며, 어휘의 유창한 사용역시 완결성을 가진 의미 단위를 구성하는 것을 전제로 논의되어야 한다. 따라서 어휘 유창성에 대한 논의는 담화[2] 차원에서 이루어져야 하며 어휘 유창성교육 역시 어휘 선택과 의미 구성 과정을 통해 하나의 완성된 의미 단위인 담화를 생산해 낼 수 있는 수준까지를 목표로 해야 할 것이다.

최근 들어 한국어 어휘 연구는 단어의 의미 분석이나 대조 언어 분석을 통한 언어권별 비교 차원을 넘어 의미망, 의미 관계 등을 통해 어휘의 다각적인 이해를 돕는 다양한 교육 방안으로 그 관심이 확장되고 있다. 그러나 연구의 외연이 넓어지고 있음에도 불구하고 여전히 어휘를 다루는 범위가 개별 어휘, 혹은 문장 차원을 벗어나지 못하고 있는 것이 사실이다.[3] 이는 어휘가 영향을 미치는 범위에 대한 인식이 제한적임을 뜻하는 동시에, 문장 단위를 넘어서는 차원

---

2) 이선영(2014)에서는 기능주의적 관점에 기대어 담화의 개념을 의사소통 목적의 달성을 위해 특정한 맥락에서 실제로 사용된 언어로 규정한 바 있다. 이러한 정의를 통해, 특정한 맥락 내에서 언어가 적절하게 사용되었는지를 살피기 위한 단위로 '담화'를 선택하게 되었다.

3) 최근에 들어 텍스트 차원에서의 어휘 연구가 이루어진 바 있다(임채훈, 2013a;임채훈, 2013b;김지영, 2014). 그러나 어휘 연구에 대한 관심과 애정의 정도를 생각해볼 때 그 수가 상대적으로 적어 후발 연구들이 본격적으로 이루어져야 할 필요가 있다.

에서 어휘를 어떻게 바라보고 연구해야 할지에 대한 구체적인 고민이 이루어지지 않았음을 의미한다. 한국어 교육 관련 연구가 담화 차원으로 확대되고 있으며 이러한 차원에서의 언어 교육이 강조되고 있음에도 어휘와 관련한 담화 연구가 상대적으로 빈약하였음은 이러한 사실을 방증한다. 어휘는 담화의 주제와 내용을 파악하기 위한 이해의 출발점이 되며, 담화를 구성하는 차원에서도 의미를 구성하는 초석이 된다. 이러한 점에서 담화 차원의 어휘 유창성을 논의하는 것은 어휘의 기능과 역할에 대한 시각을 넓히고 한국어 어휘 연구의 지평을 확장하는 결과를 낳을 것으로 기대된다.

의사소통 중심의 교육 현장에서 궁극적으로 다루어야 하는 어휘 유창성은 결국 어휘를 풍부하게 알고 이를 의사소통 목적과 상황 맥락에 맞게 선택할 수 있는지, 선택 어휘들을 사용해 궁극적으로 하나의 의미 단위인 담화를 구성할 수 있는지에 의해 결정된다고 할 수 있을 것이다. 어휘를 풍부하게 알고 사용하게 하는 것이 양적인 측면에서의 교육 내용이라면, 의사소통 수행의 차원에서 적절한 어휘를 선택하고, 이를 통해 의미를 구성할 수 있게 하는 것은 질적인 차원에서 다루어질 수 있는 교육 내용이라고 할 수 있다. 지금까지의 어휘 교육은 '풍부하게 어휘를 아는 것'에 초점이 맞추어져 있었으며, 알고 있는 어휘의 수를 늘리는 양적인 측면에 집중해 왔다. 또한 전통적인 관점에 비해 다소 확장되기는 하였으나 여전히 문장 단위 혹은 담화의 일부분을 통해 어휘 사용의 예를 보이고 이를 연습하는 차원에서 어휘 교육 방안이 제시되었던 것이 사실이다. 그러나 앞으로의 한국어 어휘 교육은 의사소통 목적과 상황 맥락에 따라 어휘를 적절하게 선택하여 담화를 통해 전달하고자 하는 의미를 효과적으로 구성하고 창조하는 데에까지 나아가야 할 것이다.

이러한 맥락에서 이 책은 담화 차원에서의 어휘 유창성을 신장하는 교육이 양적, 질적인 측면에서 균형 있게 이루어져야 하며 그중에서도 상대적으로 덜 주목받아 왔던 질적인 측면에서의 논의가 보다 본격적으로 이루어져야 함을 강조하고자 한다. 또한 어휘 유창성을 결정짓는 결정 요인과 요인들 간의 관계를 면밀하게 검토해 봄으로써 담화 차원 어휘 유창성 교육의 요소를 도출해 볼 것이다.

2. 선행 연구 검토 및 문제 제기

(1) 한국어 어휘 전반에 관한 연구

1980년대 의사소통 접근법이 한국어 교육의 주요한 흐름을 차지하면서 규칙이나 문법이 아닌 의미를 중심으로 한 어휘 연구가 본격적으로 나타나기 시작하였다. 특별히 한국어 교육 분야에서의 어휘 연구는 1990년대 후반부터 지금까지 지속적으로 다루어져 왔으며, 주제와 접근 방법, 연구 결과의 활용 등에서도 질적인 성장을 보이고 있다.

한국어 어휘 교육의 연구사[4]를 메타적으로 분석하여 어휘 연구를 종합적으로 정리하고, 어휘 연구가 나아가야 할 방향성에 대해 제안한 연구로는 이준호(2008), 원미진(2011), 강현화(2011, 2013)이 대표적이다. 이준호(2008)은

---

[4] 기존에 이루어진 연구의 성과들을 하나하나 참고하고 정리하는 것이 바람직하나 그 수가 워낙에 방대하고 강현화(2013)의 발표문에 의하면, 2013년에 이르기까지 한국어 어휘 연구는 학위논문 568편, 학술지 투고 논문 217편으로 총 785편에 달하고 있다. 본고의 목적이 한국어 어휘 연구의 경향성을 짚어보는 데에 있으므로, 여기에서는 한국어 어휘 연구사를 메타 분석한 기존의 연구들에 기대어 전반적인 흐름을 살펴보고자 한다.

한국어 어휘 교육 관련 학위논문 65편을 대상으로 논의를 진행하였으며, 연구 동향을 시기별로 나누어 정리한 후 해당 시기의 의의 및 제언을 덧붙이고 있다. 이에 의하면 한국어 어휘 교육 연구는 연구 방향의 모색기(1999), 연구 주제의 다양화기(2000-2004), 그리고 연구 업적의 확대기(2005)로 나누어 살펴볼 수 있으며, 2005년 이후의 시기인 연구 업적의 확대기에 이르러서는 외국인 학습자의 급증과 더불어 어휘 교육 연구 역시 가시적인 발전을 이루었다. 그러나 어휘 교육 이론과 관련한 연구 성과가 저조한 점, 다양한 숙달도의 학습자가 고려되지 않은 점 등 여전히 어휘 교육 연구가 감당해야 할 연구 영역이 남아 있음을 지적하고 있다.

특별히 어휘 교육 이론을 토대로 한 연구가 상대적으로 부족하다는 이준호(2008)의 문제 제기를 출발점으로 원미진(2011)에서는 한국어 어휘 교육 연구를 이론적으로 검토하고, 어휘 교육의 방법적 측면과 어휘 교육 연구의 방향을 제시하고자 하였다. 해당 연구에서는 제2언어 어휘 교수 연구의 경향을 바탕으로 4가지 쟁점을 제시한 후, 각 쟁점을 중심으로 한국어 어휘 연구의 경향을 정리하였다. 어휘 교육 연구는 크게 어휘 수의 문제, 우연적 학습 대 의도적 학습의 효과, 어휘 교수법의 효과 측정, 어휘 학습 전략과 효과적인 교수법의 주요한 4가지 쟁점에 대한 것으로 나누어 살펴볼 수 있는데, 원미진(2011)은 이러한 쟁점을 중심으로 어휘 연구의 성과와 한계를 정리하여 향후 한국어 어휘 연구가 보충되어야 할 지점에 대해 논하였다. 해당 논의에서도 이준호(2008)의 논의와 마찬가지로 어휘 교수 이론을 기반으로 이를 한국어 교실 상황에서 실증적으로 증명해 보려는 시도가 부족하였음을 지적하였으며 더불어 학습자의 모국어에 관한 논의, 어휘 활동 과제 및 학습자 특성을 고려한 학습 전략에 대한 연구가 본격적으로 이루어져야 할 필요성에 대해 언급하였다.

강현화(2011)은 이준호(2008) 및 원미진(2011)의 연구 성과에 더하여 학술지 및 학위논문 544편을 대상으로 연도별, 주제별 분석을 실시하였으며 강현화(2013)에서는 총 785편을 분석 대상으로 삼아 전반적인 경향성을 살펴보고자 하였다. 강현화(2013)의 논의에 의하면, 한국어 어휘 연구는 주로 국어학적 지식 및 연구 성과를 기반으로 한 내용학 연구에 편중되어 있었으며, 어휘 교수 방법론 및 어휘 교수 자료 구축을 포함한 교수학 연구는 상대적으로 부족하였다. 또한 내용학 연구 중에서도 연어나 관용어를 포함하는 통합 관계에 관한 연구가 가장 높은 비중으로 이루어진 데에 비해, 어휘 전반에 대한 연구는 매우 부족한 것으로 나타났다. 이는 한국어 어휘에 관한 연구가 국내 체류 외국인의 증가 등 사회적 요구와 필요에 의해 2000년대에 이르러 급증하면서, 이미 축적되어 온 기존의 연구 성과를 전제로 출발한 경우가 많았기 때문으로 해석해 볼 수 있다. 이는 이준호(2008)에서 제기한 문제점과 같은 선상에서 논의될 수 있는 부분으로, 지금까지의 한국어 어휘 연구가 모국어 화자를 대상으로 한 국어 어휘론의 영역에 기대고 있었다는 비판과 일맥상통하며, 한국어 어휘의 유형론적 특성, 학습자의 모국어와 비견되는 한국어 어휘의 특성 등에 대한 기초적 연구와 이에 근거한 자생적인 이론을 구축하고자 하는 연구가 더욱 심도 있게 이루어져야 할 필요를 확인할 수 있는 지점이라고 할 수 있다.

한편 강현화(2011)의 연구에서는 어휘 교수 방법론 연구의 편향된 주제와 연구 방법에 대해서도 지적하고 있다. 즉, 어휘 교수 방법에 관한 연구들이 주로 어휘 학습 전략이나 특정 부류의 어휘 자료 연구를 기반으로 한 제한된 적용 방안을 모색하는 데에 그치고 있으며 상대적으로 많이 이루어진 어휘 학습 전략 연구 역시 주로 서구의 어휘 학습 전략 이론을 한국어 교육 현장에 도입한 연구가 다수라는 한계를 지니고 있다는 것이다. 이러한 한계 역시 한국어 어휘에 대한 본질적인 이해를 다루는 기초 개념 연구가 부족하였다는 점과 어휘 교육 및 평가의 목표가 되는 어휘 능력에 대한 고찰 등이 한국어 교육학적 특수성을 살리지 못하고 모국어 교육에 기대어 있었다는 점 등에 기인한 것이라고 할 수 있을 것이다.

조현용(1999), 이유경(2009, 2011)의 논의는 이러한 점에서 그 의의를 찾아볼 수 있다. 조현용(1999)는 한국어 교육학적 입장에서 한국어 어휘의 특징을 면밀히 살피고, 이를 통한 어휘 교육의 방법을 제시하고 노력한 연구이다. 조현용(1999)에서는 어휘의 구조, 의미 관계, 사회언어학적 특징의 큰 세 가지 측면에서 한국어 어휘의 특징을 밝히고 이에 따른 교육의 시사점을 도출해 내고자 하였다. 이유경(2009)은 기존에 이루어진 어휘 교육 연구들의 이론적 배경이나 접근법의 토대가 다소 부족하였음을 지적하며 어휘 교육의 이론들을 체계적으로 살펴본 후, 이를 한국어 교육 현장에 적용할 수 있는 방안에 대해 본격적으로 연구하고 있다. 또한 이어지는 논의인 이유경(2011)에서는 한국어 동사의 의미 유형을 의미 확장상의 특징을 바탕으로 살피고, 한국어 교육 현장의 특수성을 고려하여 의미 교육 방안을 제시하였다는 점에서 주목할 만하다. 이러한 연구는 어휘 교육에 관한 연구가 탄탄한 이론적 토대를 근거로 이루어져야 하며, 한국어 어휘의 특징뿐만 아니라 학습자 변인과 교육 환경의 변인 등 한국어 교육학적 시각이 더해질 때 의미 있는 논의가 이루어질 수 있음을 보여준다.

한편 어휘 교육에 대한 다양한 연구가 이루어지면서 어휘 교육의 성과를 어떻게 점검하고 평가할 것인가에 대한 고민 역시 이어지기 시작하였다. 김광해(1997), 임지룡(1998)의 연구를 시작으로 어휘 능력에 토대를 둔 어휘 평가의 방향성을 모색하고자 하는 연구들이 나타났으며 한국어 교육에서도 한국어능력시험을 기초로 한 비판적 연구들이 이루어졌다.

김광해(1997)는 5회에 걸쳐 출제된 수능 시험을 대상으로, 어휘력 평가의 유형과 방식을 양적, 질적인 측면에서 분석하였다. 이 연구에서는 평가 문항들이 학술 도구어를 중심으로 어휘의 성격에 따라 다양하게 출제되었으며, 그 유형 역시 기본 의미, 다의어의 의미, 문맥적 의미, 의미 관계, 단어의 용법 등으로 분류될 수 있음을 밝혔다. 한편 임지룡(1998)의 연구는 어휘 평가를 개발하고 설계함에 있어서 고려해야 할 다양한 차원에서의 논의가 종합적으로 펼쳐진 대표적인 연구라고 할 수 있다. 해당 연구에서는 어휘 평가의 내용으로 어휘의 양과 질 모두를 평가 대상으로 삼아야 함을 강조하며, 특히 어휘의 질적인 측면을 고려하여 어휘의 다의적 용법, 의미 관계, 화용적 용법을 평가해야 한다고 주장하였다. 또한 이러한 평가 내용을 실현하기 위한 방안으로 '수업-평가 공존 모형', '독해력 평가 모형', '문제은행식 평가 모형'을 제시하였다. 임지룡(1998)은 어휘력 평가의 목적 및 목표, 내용, 방법을 비판적으로 검토하고 기술하여 향후 어휘 교육과 평가를 설계하고 구성하기 위한 구체적인 지향점을 제시하고 있다는 점에서 의의를 가진다.

이기연(2012)은 '지식'의 차원으로 기술되었던 기존의 어휘력 개념을 비판하며, '능력'이 중심이 된 어휘 능력 평가가 이루어져야 함을 역설하고 있다. 또한 어휘 능력의 구성 요소를 지식 차원과 기능 차원, 태도 차원으로 나누고 이에 따른 평가 내용 및 평가 기준을 개발하고자 하였다는 점에서 주목된다. 최운선(2013)의 연구는 초등학생을 대상으로 한 어휘력 평가의 기준안을 마련하는 데에 목적을 두고 있다. 이 연구는 어휘력의 기능을 맥락 의미적인 기능과 문화 전승의 차원에서의 기능으로 나누어 상술하였으며, 이러한 기능을 포함하는 어휘력 평가의 기준을 마련하기 위해 초등학생 어휘력 수준의 실태와 어휘 교육 관계자들의 인식을 조사하고, 3개 교육과정을 분석하는 등 다각적인 노력을 기울였다.

한국어 교육 분야에서도 한국어 어휘 평가와 관련된 논의들이 나타나고 있는데, 그중 이유경(2012)은 기존 어휘 시험 문항을 분석하는 차원을 넘어 어휘 평가가 다루어야 하는 어휘 지식을 심도 있게 다루고, 실제 평가를 통해 교육적 함의까지 이끌어 내었다는 점에서 주목할 만하다. 이유경(2012)의 연구는 어휘의 질적 지식 측면에 대한 평가를 논의의 대상으로 삼고 있으며, Read(2000)의 단어 연상 실험을 한국어 교육 현장에 맞게 변용하여 실제 평가를 실시하였다. 이를 통해 한국어 학습자들의 대부분이 질적 지식으로서의 의미 관계에 대해 매우 제한된 지식을 가지고 있으며, 한국어 교재 개발 및 교수에 있어 어휘의 결합관계에 대한 지식과 더불어 유의관계와 반의관계, 상하관계 등의 정보를 제공해 주어야 함을 피력하였다. 또한 외국인 학습자의 오류 분석을 통해, 의미적인 차원뿐 아니라 형태적, 문법적 유사성을 구별하고 조사와 결합하는 통사적인 정보에 대한 지식을 가질 수 있도록 교육해야 한다고 제안하였다.

이경·김수은(2014)의 연구에서는 KSL 아동 학습자의 어휘 능력과 관련하여 이를 진단하는 어휘 진단 평가 방안을 마련하고자 한 바 있다. 이 연구에서는 2011년 국어과 교육과정 최종 고시안 및 유럽공통참조기준, KSL 교육과정 등을 토대로 KSL 아동 학습자가 성취해야 할 성취 목표와 기준을 종합적으로 논의하였으며, 한국어 교육학적 입장에서 아동의 모국어 지식과 한국어에 대한 태도까지 평가의 범위에 포함시켰다.

이렇듯 어휘 평가의 본질과 목표를 탐색하기 위해 다양한 시도를 한 연구가 존재하였으나, 어휘 능력을 평가한다는 것에 대한 본질적인 논의가 부족한 실정에서 어휘 평가의 근거와 기준을 마련하고자 하는 연구는 그 이론적 토대가

약할 수밖에 없다. 특별히 국내에서는 어휘 능력을 평가하기 위한 독립적인 시험이 존재하지 않기 때문에, 평가 문항의 개발이나 평가 방법에 대한 연구에 선행하여 '무엇'을 '왜' 평가하려고 하는지, 그 결과를 교수와 학습에 '어떻게' 활용할 것인지 등과 관련한 심도 있는 고민이 필요하다.

(2) 어휘 능력에 관한 연구

어휘 자체에 대한 연구를 넘어 어휘 능력의 본질에 대해 본격적으로 탐색하고자 한 연구로는 손영애(1992, 2000), 김광해(1993, 1997, 2003), 이영숙(1997), 이종철(2000), 신명선(2004), 이충우(2001, 2005) 등이 대표적이다.

손영애(1992)에서는 어휘 능력을 '어휘에 대한 지식, 개개 낱말에 대한 지식의 총합'으로 정의하고 어휘에 대한 지식을 다시 형태, 의미, 화용으로 나누어 논의한 바 있다. 또 김광해(1993)에서는 어휘 능력[5]을 '단어들의 집합인 어휘를 이해하거나 구사하는 일에 관한 언어 사용자의 능력'이라고 정의하였다. 김광해(1993)의 정의는 어휘 능력의 이해와 사용 모두를 포괄하는 기술로 되어 있어 본고에서 논의하고자 하는 어휘 능력의 개념에 일면 부합한다. 이전 단계의 논의들이 어휘소의 의미에 대한 이해 차원에 머물렀던 점을 상기해 볼 때, 김광해(1993, 1997, 2003)의 이러한 논의는 어휘 능력의 구조에 대한 시각을 넓혀 주었다는 점에서 의미를 가진다. 다만 해당 정의는 어휘소 내, 혹은 어휘

---

5) 본고에서는 의사소통 능력의 한 구성 요소로서 어휘 능력이 존재함을 강조하기 위해 김광해 (1993, 1997)에서 사용하고 있는 '어휘력' 대신 능력임이 명확히 드러난 '어휘 능력'이라는 용어를 사용하였다.

소 간의 관계에서 이루어지는 지식 차원의 기술에 머무르고 있으며, 이해와 사용에 관여하는 절차적 지식 혹은 그 외의 외적인 조건에 대한 기술이 없으므로 추가적인 논의가 필요하다.

이영숙(1997) 역시 김광해(1993)에서 논의하고 있는 어휘 능력 구조와 마찬가지로 어휘 능력을 크게 양적 능력과 질적 능력으로 나누고 있다. 그러나 질적 능력을 언어 내적 지식과 언어 외적 지식으로 나누고, 언어 내적 지식을 다시 선언적 지식과 절차적 지식으로 나누었다는 점에서 질적 능력의 구체화를 꾀하고 있음을 알 수 있다. 한편 이종철(2000)에서는 김광해(1993)의 어휘 능력에 대한 정의가 규범적인 어휘론에 기대고 있음을 지적하며 창의적인 어휘 사용 능력에 대한 논의가 이루어져야 함을 주장하였고, 김명순(2003)은 어휘 능력을 독해력의 하위 요소로 이해하는 기존의 견해를 비판적으로 살펴보고, 어휘 능력을 독해력 그 자체 혹은 나아가 언어 사용 능력으로 확장해서 이해해야 함을 주장하였다. 어휘 교육의 목적이 일차적으로는 어휘 능력 신장에 있으나 궁극적으로는 국어 사용 능력을 신장하는 것이라고 주장한 이충우(2001)에서도, 어휘 능력을 '어휘에 대한 총체적인 지식으로서 형태와 의미, 용법에 관한 지식, 적절하고 정확하게 사용하는 능력 등'을 이른다고 정의하면서, 어휘 교육의 결과로서 획득된 어휘 능력의 정도는 국어 사용 능력의 질적인 차이를 결정하는 데에 결정적인 요인이 된다고 강조한 바 있다. 이러한 논의들을 통해 어휘 능력은 곧 단순히 어휘를 알고 사용하는 차원을 벗어난 언어 사용 능력에까지 이르는 복합적이고 다차원적인 능력임을 확인할 수 있다.

특별히 신명선(2004)에 이르러서는, 어휘 능력을 어휘 교육의 목표로 상정하고 어휘 능력의 구조를 밝히는 구체적인 논의가 진행된 바 있다. 이 연구에서는 어휘 능력을 설명할 때 전략적 능력과 심리언어학적 기제를 고려해야 함을 피력하였으며, 어휘 능력을 구성하는 능력을 상징 능력과 지시 능력으로 나누어 설명하고 있다. 이러한 논의는 어휘 능력을 단순히 의사소통 능력의 하위 요소로 보는 것이 아니라, 의미 능력과 인지 능력, 문법 능력과의 관계 등을 고려하여 다양한 하위 요소를 가진 계층적 구조의 가진 개념체로 본 것이다.

제2언어 분야에서도 어휘 능력 및 이를 구성하는 요소에 대한 다양한 연구들이 진행되어 왔다. 그 대표적인 연구에는 Richards(1976), Nation(1990), Chapelle(1994), Read(2000) 등이 있다.

Richards(1976)는 어휘를 안다는 것은 '특정 어휘에 대해 아는 것'으로 그치지 않고, '그 어휘를 맞닥뜨릴 확률이나 앞뒤에 결합될 수 있는 어휘를 아는 능력, 다양한 상황 맥락과 기능에 맞게 사용하는 능력, 그리고 어휘의 통사적·의미적·화용적 지식 등을 포함한다'고 하였으며[6], Nation(1990)의 경우 어휘 지식을 크게 형식, 위치, 기능 그리고 의미로 나누고, 형식은 구어와 문어로, 위치는 문법적 패턴과 연어, 기능은 빈도와 적절성, 의미는 개념과 연합으로 각각 구분하여 제시한 바 있다. 또한 하위의 8가지 요소들을 다시 수용적 측면과 표현적 측면으로 구분하여 어휘를 이해하는 차원과 생산하는 차원을 모두 논의에 포함하고 있다.

한편 Chapelle(1994)는 Bachman(1990)에서 정의한 언어 능력을 기초로 어

---

6) Richards(1976)는 어휘 지식을 가진다는 것을, ① 모국어 화자의 문법 지식이 비교적 안정적으로 변하지 않는 것에 비해서 어휘 지식은 일생동안 계속해서 확장된다는 것을 알고 있는 것. ② 구어나 문어에서 그 어휘가 쓰일 수 있는 가능성을 알고 있으며, 어떤 다른 표현들과 함께 쓰일 수 있는지 아는 것. ③ 어휘가 사용되는 상황이나 기능의 변화를 알고 그 사용의 한계도 알아야 함. ④ 어휘의 문법적 사용을 아는 것. ⑤ 어휘로부터 변형되어 사용될 수 있는 다른 형태의 어휘까지도 알고 있다는 것. ⑥ 어휘의 연합과 그 관계를 안다는 것. ⑦ 어휘의 의미적인 가치를 알고 있는 것. ⑧ 그 어휘가 가지고 있는 여러 가지 다른 의미를 이해하고 있다는 것을 의미한다고 정의한 바 있다.(김연진, 2006에서 재인용)

휘 지식을 지식과 사용 능력으로 보고 '어휘 사용의 맥락, 어휘 지식과 기초적인 과정, 어휘 사용을 위한 초인지적 전략'의 세 가지 하위 구성요소를 설정하였으며, Read(2000) 역시 기존의 논의들을 정리하여, 어휘를 안다는 것의 본질은 개별 어휘를 얼마나 '깊이'[7] 아느냐에 있다고 역설한 바 있다. 특별히 해당 연구에서는 Chapelle(1994)의 정의와 구성 요소에 주목하여 언어 지식과 함께 '맥락 속에서 언어를 사용할 수 있는 능력' 모두를 포함하는 어휘 평가를 설계해야 함을 주장하였다.

제2언어 교육 분야에서 논의된 연구 업적들을 토대로 한국어 교육 관련 연구에서도 어휘 능력과 관련한 연구들이 이루어진 바 있다. 이정민·김영주(2010)에서는 Read(2000)의 어휘 능력에 대한 정의에 기대어 어휘 능력을 '어휘 지식의 깊이'로 이해하고, 어휘 능력과 언어 능력과의 상관 관계를 밝히고자 하였으며, 이경·김수은(2014)는 다문화 배경 아동들의 어휘 진단 평가 도구 개발을 목표로 한국어 어휘 능력을 '어휘와 어휘를 둘러싼 언어·사회·문화적 요소를 의사소통 상황 및 학습 상황에서 적절하게 이해하고 사용하는 능력과 그 태도'로 정의하고 있다.

지금까지 살펴본 선행 연구를 통해 어휘 능력을 설명하고자 하는 노력이 다각적인 차원에서 이루어졌음을 발견할 수 있으며, 특별히 한국어 교육에서도 의사소통적 접근법에 뿌리를 두고 어휘 능력을 설명하고자 하는 노력이 있었음을 확인하였다. 그러나 이러한 노력들이 한편으로는 기존의 논의를 종합하고

---

7) Read(2000;28)의 원문에는 'the nature of vocabulary knowledge is that it is necessary to assess how 'well' individual lexical items are known by learners.'로 나와 있으나, 수많은 국내 연구들에서 '어휘 지식의 깊이'로 번역되어 소개된 바 있으므로, 본 절에서도 '깊이'로 설명하였다.

추가적인 구성 요소를 포함하는 차원에 그친 경우가 많아, 어휘 능력 개념의 외연만을 계속해서 확장하고 있다는 한계점 역시 살펴볼 수 있었다. 따라서 어휘 능력에 대한 논의들을 면밀하게 검토하고 그 구성 요소들을 비판적으로 점검하여, 체계적으로 한국어 어휘 능력의 구조를 구축하기 위한 노력을 기울일 필요가 있다.

(3) 담화 차원에서의 어휘 연구

지금까지 담화 차원에서 이루어진 어휘 연구들은 말뭉치 담화를 활용한 어휘 연구, 혹은 텍스트 유형이나 특정 텍스트에 사용된 어휘의 특징을 밝히고 이를 읽기, 쓰기 등의 교육을 위해 활용하고자 한 연구가 대부분이었다. 그러나 이 절에서는 다른 언어 기능과는 별개로 담화 자체에 초점을 두고 있는 연구들을 살펴보고자 한다. 이러한 연구는 크게 담화 형성의 기제로서 어휘를 살펴 본 연구(박수자, 1994;신명선, 2009;임채훈, 2013)와 어휘 교육을 위해 담화 단위를 논의의 대상으로 한 연구(문금현, 2000;황미향, 2004;김지영, 2014)로 나누어 볼 수 있다.

먼저 어휘의 담화 형성 기능을 다루고자 한 연구로는 박수자(1994), 신명선 (2009)를 찾아볼 수 있다. 박수자(1994)는 '텍스트상의 어휘'에 논의를 출발점을 두고 언어의 단위인 어휘를 의미론적 관점에서 바라보았으며, 특별히 어휘를 텍스트상에서 갖는 기능을 중심으로 고찰할 필요가 있다고 보았다. 이에 따르면 어휘라는 것은 단순히 언어 형식이 아닌, 지식의 형태로 저장된 실체라고 볼 수 있다. 따라서 박수자(1994)에서는 어휘가 실현되는 모든 맥락에서 어휘 연구가 이루어져야 하며, 이러한 이유로 텍스트 차원의 어휘 연구가 가진 당위성을 찾아볼 수 있다고 보았다. 나아가 텍스트를 의미적 관계의 결속으로 구성된 맥락 의미의 연속체라고 볼 때, 어휘는 텍스트 응집 수단의 기제로 접근되어야 함을 주장하였다. 이러한 박수자(1994)의 논의는 어휘를 개개별 단위로 다루는 것이 아니라 담화장 속에 존재하는 단위로 파악하고자 한 것으로, 이는 본고의 연구 문제를 풀어나가는 과정에서 중요한 전제로 작용하였다.

또 다른 연구인 신명선(2009)에서는 어휘가 담화를 구성하는 과정에 능동적으로 참여한다는 것을 논의의 기본 방향으로 삼고, 어휘의 담화 구성 양상을 구체적으로 살펴보기 위한 틀을 제시한 바 있다. 신명선(2009)는 하나의 단어가 담화 상황에 '적절하게' 사용되었는지 해석하기 위해서는 의사소통과 화·청자의 상황에 대한 명확한 판단, 해당 단어가 언어 체계 내에서 갖는 위치와 문법적 특징 등을 고려해야 함을 주장하고 있다. 이러한 접근 역시 박수자 (1994)와 더불어, 담화 차원에서의 어휘 유창성을 정의하고 그 결정 요인을 논의하는 데에 의미 있는 시사점을 제공해 주었으며 어휘 유창성의 질적인 결정 요인을 도출하고 검증하는 과정에도 영향을 주었다.

한편 임채훈(2013b)에서는 기존의 어휘 의미 관계를 살핀 연구들이 주로 어휘 차원에서만 소극적으로 이루어졌던 것을 지적하며, 어휘 의미 관계를 문장과 담화의 내용 구성을 위한 어휘의 내적 정보로 보는 적극적인 주장을 하고 있다. 또한 상하 어휘 관계와 유의 어휘 관계를 중심으로, 담화의 응집성을 실현하는 양상을 제시하고 있는데, 이러한 논의는 기존 어휘 교육에서 중요하게 다루어졌던 어휘 의미 관계가, 실제적인 언어 사용 능력과 밀접한 상관관계가 있으며 담화를 구성하는 데에 필요한 의미 지식임을 명확하게 보여주고자 한 것이다. 임채훈(2013b)의 이러한 논의는 어휘 교육의 목표를 분명히 하고 어휘

의미 관계 교육의 중요성을 새롭게 규명하고자 하였다는 점에서 의의가 있다.

반면 어휘 교육의 방안으로서 담화를 적극적으로 활용하고자 한 연구로는 먼저 문금현(2000)을 들 수 있다. 문금현(2000)은 한국어 교재에 나타난 언어적 특징이 실제로 사용되는 언어의 특징과 사뭇 다르다는 문제 의식을 토대로, 한국어 어휘 교육에 있어 실제 구어 텍스트의 특징과 양상을 반영하고자 하였다. 특별히 한국어 구어에 나타난 구어 어휘의 특징을 활용하여 어휘 교육의 방법과 목록을 선정, 제시하였는데 이는 어휘 교육에 있어 텍스트의 중요성을 밝힌 대표적인 연구라고 할 수 있다. 황미향(2004)은 어휘의 텍스트 형성 기능을 밝히고, 이를 통해 어휘를 지도하는 방법을 제시하고자 한 연구이다. 이 연구는 텍스트를 어휘 교육의 한 수단으로 축소하여 바라본 것이 아니라, 어휘 지도의 방법과 내용의 전제로서 텍스트를 다루고 있다는 점에서 차별성을 가진다. 특히 이 연구에서는 어휘와 텍스트를 매개로 한 의사소통 관계를 토대로 어휘 지도의 방법과 내용이 개발되어야 하며 이러한 어휘 지도의 목표가 텍스트에 기반한 의사소통 능력 신장에 있어야 함을 주장하였다. 또한 김지영(2014)에서도 어휘 교육이 학습자가 텍스트를 수용하고 생산하는 과정에 실제적으로 도움을 줄 수 있는 방향으로 이루어져야 하며, 텍스트의 어휘 의미를 탐구할 수 있는 사고의 경험을 제공할 수 있어야 한다는 점에서 텍스트 기반 어휘 교육을 제안하고 있다. 황미향(2004)와 김지영(2014)의 논의는 어휘 교육의 궁극적인 목표가 어디에 있어야 하는지를 고민하게 하며, 이러한 고민을 토대로 어휘 교육의 내용과 교육 방안을 모색해야 함을 강조하였다는 점에서 의의를 가진다.

이상의 선행 연구 검토를 통해 본고에서는 다음과 같은 문제를 제기해 보고자 한다.

첫째, 지금까지 어휘 선정 및 어휘 교육 방안에 대한 연구가 지속적으로 이루어져 왔음에도 불구하고, 한국어 어휘에 대한 본질적인 이해를 다루는 기초 개념 연구는 부족하였다. 특별히 한국어 어휘 능력의 본질이 무엇인지, 한 한국어 학습자가 높은 수준의 어휘 능력을 갖추었다고 할 때, 이는 무엇으로 판단할 수 있으며 어떻게 설명할 수 있는지 등에 대한 논의가 누락되어 있어 교육 및 평가의 목표와 내용의 실체가 다소 모호하고 원론적이었다. 또한 일부 찾아볼 수 있는 어휘 능력에 관한 논의들 역시, 기존의 논의를 종합하는 한편 누락된 구성 요소를 추가시키는 차원에 그친 경우가 많아 어휘 능력 개념의 외연을 확장하는 데에 머무르고 있다는 한계를 가지고 있었다. 따라서 본고에서는 어휘 능력의 본질을 밝히기 위해 관련 논의들을 면밀하게 검토하고 그 구성 요소들을 비판적으로 점검함으로써 한국어 어휘 능력의 구조를 체계적으로 구축해 보고자 한다.

둘째, 어휘 연구의 연구 방법론적 경향이 주로 국어학 혹은 서구의 언어 이론에 기댄 문헌 연구에 치우쳐 있거나 특정 장르나 학습자군의 말뭉치 등을 활용하여 어휘 목록을 뽑아내는 연구에 머물러 있었다. 이는 두 가지 측면에서의 한계를 드러내는데, 즉 지나치게 이론 중심적으로 전개되어 한국어 어휘 교육의 차별성이 전면에 드러나지 않는다는 점, 반대로 한국어 개개별 어휘의 특징과 사용 양상에 집중한 나머지 이론적 토대 없이 단순히 현상만을 다루게 되었다는 점이다. 따라서 이 책에서는 한국어 교육학적 입장에 근거한 어휘 교육 이론을 도출하려는 노력을 기울이는 동시에 실제 한국어 학습자의 작문에 나타난 어휘 사용의 양상과 특징을 분석적으로 살핌으로써 이론적 토대에 근거한 실증적인 연구를 진행하고자 한다.

셋째, 기존에 이루어진 어휘 연구의 층위가 개별 단어 혹은 단어 간의 의미

관계에 국한되어 있었으며 담화 차원에서 이루어진 연구 역시 양적, 질적으로 충분한 성과를 축적하지 못하였다는 한계가 있다. 어휘를 교육하고 평가하는 데에 있어서 어휘가 사용된 담화상의 맥락을 고려해야 한다는 점, 특별히 어휘 사용의 적절성을 판단하고자 할 때, 담화의 완성도나 의사소통 수행의 성공 여부가 중요한 근거가 될 수 있다는 점등을 감안할 때 어휘 연구에서 '담화'가 갖는 의미는 매우 크다. 따라서 의사소통 능력으로서의 어휘 능력과 어휘 유창 성의 결정 요인을 정의하고 도출할 때, 담화 차원에서의 논의를 적극적으로 반영해야 하며 이를 기반으로 어휘 교육의 목표와 교육 내용 및 방법 등을 마련 해야 한다.

3. 논의의 범위와 연구 방법

이 책은 한국어 어휘 능력과 담화 차원에서의 한국어 어휘 유창성의 개념, 그리고 그 결정 요인을 밝히고, 나아가 한국어 어휘 유창성 신장을 위한 교육의 기초를 마련하는 데에 목적을 두고 있다. 이를 위해 먼저 어휘 능력의 정의와 범위를 다양한 연구와 문헌을 통해 정리하고, 의사소통적 관점에서의 한국어 어휘 능력의 개념과 구조를 정의하고자 한다. 특별히 어휘 능력 및 어휘 유창성 에 관한 논의가 담화 차원 이상의 맥락에서 유의미하게 이루어질 수 있다고 보아, 의사소통적 차원에서 담화와 어휘의 관계를 면밀히 살피고 이를 토대로 어휘 유창성을 결정하는 여러 층위의 요인들을 제시할 것이다.

기존의 어휘 교육에 관한 논의는 주로 어휘의 양적인 측면에서 논의되어 왔 다. 그러나 이 책에서는 이에 대한 반성으로 담화의 질적인 완성도를 높이는 차원에서의 요인들을 함께 살펴보고자 한다. 즉, 단순히 어휘의 다양성이나 오류 빈도 등의 양적인 근거에 기반을 두지 않고, 전달하고자 하는 의도 및 담화의 기능에 맞게 어휘를 얼마나 적절하게 선택하여 사용하였는지, 혹은 담화의 주제를 중심으로 어휘를 얼마나 응집력있게 사용하였는지 등에 대한 질적인 측면까지를 고려하고자 한다. 그리고 한국어 학습자의 실제 자료를 분석해 어휘의 유창한 사용이 완성도 높은 담화를 생산할 수 있음을 증명할 것이다. 이를 통해 개별 어휘의 의미를 교육하고 평가하는 등 학습자의 어휘 지식을 확대하는 것에 관심을 두었던 기존의 어휘 교육에서 벗어나 학습자가 실제 의사소통 수행 과정에서 효과적으로 어휘를 선택하여 사용할 수 있는 어휘 유창성을 신장하는 방향으로 어휘 교육이 이루어져야 함을 밝히고자 한다. 또한 학습자가 최종적으로 생산해 낼 담화의 질적인 완성도를 높이는 차원에서 어휘 유창성 교육의 목표와 내용 등을 제시해 볼 것이다. 이후 이 책에서 다루어질 연구 문제들은 다음과 같다.

첫째, 한국어 어휘 능력과 담화 차원에서의 어휘 유창성은 어떻게 정의될 수 있는가?

둘째, 담화 차원에서의 어휘 유창성을 결정짓는 요인들에는 어떠한 것이 있으며, 이는 어떻게 목록화할 수 있는가?

셋째, 담화 차원에서의 어휘 유창성을 신장하기 위한 교육적 목표와 원리는 어떠해야 하며, 교육 내용에는 어떠한 것들이 포함되어야 하는가?

이러한 연구 문제를 풀어 나가기에 앞서 2장에서는 어휘의 의사소통적 기능을 중심으로 의사소통 능력으로서의 어휘 능력을 정의하고, 어휘와 담화의 관계를 구체적으로 살펴 담화를 구성하고 완성도를 높이는 어휘의 핵심적인 기능에 대해 다루고자 한다.

3장은 본격적으로 담화 차원 어휘 유창성의 개념과 범위에 대해 탐색하고, 이를 결정짓는 요인을 양적 측면과 질적 측면으로 나누어 고찰할 것이다. 특히 3장에서는 의사소통의 목적과 주제에 맞게 어휘를 얼마나 적절하게 선택하여 의미를 구성하고 있는가에 관한 질적 측면에서 어휘 유창성 결정 요인을 살피고자 한다.

다음으로 4장에서는 3장에서 살펴본 양적, 질적인 결정 요인들을 학습자 작문을 토대로 검증할 것이다. 한국어 학습자가 생산한 작문 담화를 급별, 수준별로 분류하고 각각의 집단에서 양적, 질적인 결정 요인이 나타난 양상을 분석함으로써 숙달도가 높은 담화와 그렇지 않은 담화 간의 어휘 유창성 차이를 통계적으로 검증해 볼 것이다. 이를 통해 어휘 유창성의 결정 요인이 학습자의 한국어 숙달도를 설명할 수 있는지를 밝힐 것이며, 각각의 요인이 숙달도에 기여하는 정도와 요인 간의 상관성을 분석하여 향후 어휘 교육에서 고려해야 할 내용 요소들을 살펴보고자 한다. 특별히 객관적인 수치를 얻을 수 있는 어휘 양적 요인에 대한 분석을 일차적으로 시행한 이후 어휘의 질적 요인을 면밀히 분석하여 양적, 질적인 요인 간의 중요도 차이 및 상관성 등을 살피고자 하며 이를 통해 어휘 유창성 결정 요인의 층위에 대해 논해 볼 것이다.

5장에서는 앞선 장에서 살펴본 어휘 유창성 결정 요인의 목록을 토대로 한국어 어휘 교육의 목표와 내용을 마련하고 제시할 것이다. 이 책에서 정의한 담화 차원에서의 어휘 능력의 개념 및 범위, 그리고 의사소통 과제를 수행하는 차원에서 논의될 수 있는 어휘 유창성과 그 결정 요인 등이 실제 교육 현장에서 어떻게 활용되어야 할 것인가에 대한 구체적인 고민이 5장에서 다루어지게 될 것이다.

제2장 의사소통을 위한 어휘와 담화

 이 장에서는 의미 전달의 단위가 되는 어휘의 본질에 대해 살피고, 한국어 어휘 능력을 의사소통 능력으로서 재정의해보고자 한다. 담화 차원에서의 한국어 어휘 유창성을 논하기 위해서는 먼저 어휘에 대한 새로운 시각이 필요하다. 의사소통 수행을 전제로 한 언어 사용 맥락에서 어휘가 어떠한 역할을 하는지, 담화 차원에서 실현되는 어휘 능력은 무엇인지에 대한 명시적인 설명이 뒷받침되어야 담화를 전제로 한 어휘 유창성을 풀어낼 수 있을 것이다. 특별히 의사소통의 단위로서 어휘를 바라보고 접근하는 것은, 지금까지의 어휘 연구가 어휘를 언어 요소 중 하나로 축소하여 이해하였거나 단순히 지식적 차원에서 다루었던 것에 대한 반성으로서 어휘의 의사소통적 기능을 부각하기 위해서이다.

 Nation(2011)에서는 어휘를 고립된 단어로서 혹은 구나 맥락 속에 있는 어휘만을 대상으로 살펴보는 기존의 시각을 비판하며, 어휘의 주된 역할이 확장된 구어 혹은 문어 텍스트로 의미를 전달하는 데에 있음을 논한 바 있다(강창구 역, 2012:200). 이에 따르면, 텍스트에서의 어휘 사용은 해당 텍스트가 의도하는 의사소통적인 목적에서 비롯된다고 할 수 있다. 이는 곧, 어휘를 통해 텍스트의 주제 혹은 메시지를 전달할 수 있으며, 어휘를 선택하고 사용하는 모든 전제가 의사소통 목적을 달성하는 데에 있음을 의미한다.

이 장에서는 이러한 어휘의 의사소통적 기능에 주목하여 담화상에서의 수행 양상을 살핌으로써, 담화 차원에서의 한국어 어휘 유창성 신장을 위한 연구의 당위성을 확보하고자 한다. 또한 앞서 기술한 바와 같이 어휘 유창성에 관해 논하기 위해서는 어휘 능력의 본질에 대한 천착이 우선되어야 한다. '담화 차원에서 한국어 어휘를 유창하게 사용할 수 있다'고 이야기할 때, 그 유창성을 설명하고 평가하는 근거가 되는 것이 곧 어휘 능력이기 때문이다. 따라서 이 장에서는 한국어 학습자의 학습 환경과 목표, 배경 지식 등을 고려하여 한국어 의사소통 능력으로서의 어휘 능력을 살필 것이다.

1. 논의를 위한 전제

의사소통은 일정한 목표나 의도를 가지고 이루어지는 언어적 행위라고 할 수 있다. 김정숙·원진숙(1992:123)에서는 의사소통 행위를 '특정 언어 상황이라는 장(場) 안에서 청·화자가 상호교섭(Interaction)의 목적을 위해 문장이 아닌 담화(Discourse) 단위의 언어로 약속, 제안, 찬성, 반대, 설득 등의 언어 기능을 수행해 나가는 역동적인 것'으로 정의하고 있다. 이러한 시각에서 의사소통의 본질은 의사소통 기능의 수행에 있으며, 이러한 수행의 성공 여부는 언어를 통해 전달되는 '메시지'에 달려 있다고 해도 지나치지 않을 것이다. 이 때 어휘는 메시지의 내용과 형식을 마련하는 데에 있어 결정적인 역할을 한다.
황미향(2004)에서도 어휘의 의사소통적 역할에 대해 논의하고 있는데, 이에 따르면 어휘는 일반적으로 개념어와 기능어로 나누어 볼 수 있으며, 개념어는 주요 내용을 전달하는 역할을 하고 기능어는 개념이나 사태들 간의 관계를 명시적으로 드러내는 표지어로 쓰인다고 하였다. 이뿐만 아니라 의사소통의 상황에 대한 필자의 판단을 반영하는 것 또한 어휘를 통해 이루어진다. 이러한 점에서 어휘는 의사소통의 매개가 되는 담화에 특정한 의미를 담아내며, 담화를 형성하는 구성 요소가 되는 동시에 담화에 상황 맥락을 반영하는 역할을 한다고 정리해 볼 수 있다.

한편 신명선(2009)에서도 어휘를 의사소통의 가장 기본적인 의미 자원으로 보며 하나의 단어가 어떠한 담화 상황에 사용되었다고 하였을 때, 그 해석은 의사소통과 화·청자의 상황에 대한 명확한 판단, 해당 단어의 언어 체계 내에서의 위치, 문법적 특징 등을 고려할 때에 가능하다고 하였다. 이 장에서는 김정숙·원진숙(1992), 황미향(2004), 신명선(2009)에 기대어 기본적인 논의의 흐름을 마련해 보고자 한다.

첫째, 앞서 기술한 바와 같이 의사소통 행위는 궁극적으로 일정한 목표와 상황을 염두에 두고 있으며, 이는 김정숙·원진숙(1992)에서 논의한 바와 같이 특정한 언어 상황이라는 장(場), 곧 상황 맥락을 벗어나지 않는다.

둘째, 성공적인 의사소통을 위해서는 이러한 상황 맥락에 맞게 메시지를 구성하고 전달하려는 노력이 필요하며, 이때 메시지의 내용과 형식을 마련하고 구성하는 것은 본질적으로 '어휘'와 관련된다.

셋째, 메시지의 내용과 형식은 각각 의미를 담아내는 내용으로서의 어휘, 담화에 상황 맥락을 반영하는 요소로서의 어휘를 '선택'함으로써 마련되고 실현된다.

넷째, 선택된 어휘들의 결속과 응집으로 하나의 담화가 구성되며 이는 의사소통의 기본 단위가 된다.

이러한 전제를 도식화하면 다음과 같이 나타낼 수 있다.

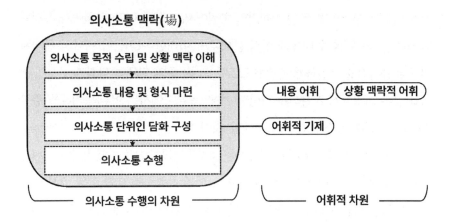

[그림 1-1] 의사소통 수행 단계에서의 어휘

　먼저 의사소통 수행의 차원에서 '의사소통 목적 수립 및 상황 맥락 이해 -
의사소통 내용 및 형식 마련 - 담화 구성 - 의사소통 수행'의 4단계가 나타나며
이들 단계마다 의사소통의 맥락, 장(場)이 반영된다. 이는 곧 의사소통 행위가
특정한 상황 맥락을 벗어나지 않으며 의사소통을 수행하는 모든 단계에서 이를
고려해야 함을 의미한다.

　학습자들은 의사소통을 수행하기 위해 의사소통의 목적을 수립하고, 의사소
통이 이루어지는 상황 맥락을 이해하는 단계를 거친다. 이 과정에서 학습자는
자신이 전달하고자 하는 의도가 무엇인지를 명확히 하며, 상대방과의 관계, 의
사소통이 이루어지는 상황의 격식성 정도, 전달 매개의 유형 및 특성 등을 파악
할 것이다. 이러한 이해를 토대로, 이에 적절한 의사소통의 내용과 형식을 마련
하는 것이 두 번째 단계라고 할 수 있다. 두 번째 단계에서 학습자는 어떠한
어휘가 의사소통의 목적을 달성하는 데에 적합한지, 의사소통 상황 맥락에 적

절한 어휘는 무엇인지 등을 어휘적인 차원에서 고려하게 된다. 학습자가 선택한 어휘는 곧 담화의 내용과 형식을 이루며 이러한 어휘들이 하나의 완성된 의미로 응집되고 긴밀하게 결속됨으로써 의사소통의 단위인 담화가 구성된다. 이와 같은 과정에서 사용되는 다양한 기제 중 본고에서는 어휘적 기제를 통한 결속과 응집에 집중해 논의를 진행할 것이다.

결국 학습자가 어떤 일정한 의사소통 목적을 성공적으로 수행하기 위해서는 어휘 차원에서의 고려가 이루어져야 하며, 어휘 유창성에 대한 논의 역시 이들 의사소통 단계를 전제로 전개되어야 한다. 이에 따라 이 장에서는 어휘를 '의사소통 내용 및 형식 요소로서의 어휘'와 '의사소통 단위 구성 요소로서의 어휘'로 구분하고자 하며, 특별히 의사소통 내용 및 형식 요소로서의 어휘에서는 의미 전달 요소로서의 어휘에 대한 논의와 상황 맥락을 드러내는 요소로서의 어휘에 대해 논의할 것이다. 또한 의사소통 단위 구성 요소로서의 어휘에서는 먼저 의사소통의 단위가 되는 담화와 그 구성 요소에 대해 살피고, 이것이 어휘와 어떠한 관계를 가지는지에 대해 다루어 보고자 한다.

2. 의사소통 내용 및 형식 요소로서의 어휘

(1) 의미 전달 요소로서의 어휘

'어휘 없이는 의미 전달이 조금도 이루어지지 않는다'는 Wilkins(1972:11)의 말은 의사소통에 있어 어휘의 중요성을 강조하는 연구들에서 자주 인용되어 왔다.8) 이는 곧 어휘가 의미를 전달하는 핵심적이자 결정적인 요소임을 뜻하며, 초기에 이루어진 의미 연구에서 어휘가 연구의 출발점이자 전부9)가 되었던 이유를 설명해 주는 것이기도 하다. 특정한 기호적 형식으로 표상되는 어휘가 어떻게 대상 세계를 지시하는가에 대해서는 여러 가지 논의가 존재하나, 가장 대표적인 것으로 Ogden & Richards(1923, 1987)의 기호 삼각형을 들 수 있다.

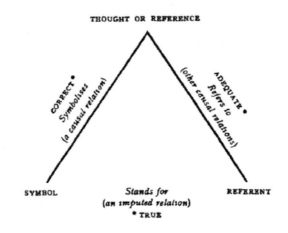

[그림 1-2] 의미의 기호 삼각형 (Ogden & Richards, 1923)

---

8) The fact is, without grammar, very little is conveyed, without vocabulary, nothing can be conveyed(Wilkins, 1972:11).

9) 현대 의미론 연구는 두 가지의 큰 줄기인 구조주의와 변형생성주의에서 살펴볼 수 있다. 소쉬르(1916)를 필두로 한 구조주의 언어학자들은 어휘의 개념적 의미를 밝히고, 이를 다른 어휘소와의 관계를 통해 규명하고자 하는 노력을 기울이는 등 의미론 연구의 본격적인 시작을 열었으나 그 연구의 영역이 어휘에 머물러 있었다. 이후, 변형생성주의의 시대가 도래함에 따라, 통사론과 의미론의 벽이 허물어지게 되었고, 이로 인해 의미 연구의 영역이 어휘의미론에서 문장의미론으로 확대되었다(임지룡,1992:16-17).

위의 그림에서 '상징(symbol)'은 기호 또는 언어 형식으로 이해될 수 있으며, '사고/지시(thought or reference)'는 개념(concept), '지시물(referent)'은 지시 대상이 되는 세계 혹은 사물로 대치될 수 있다. 이러한 관점에 따르면 지시 대상을 지칭하는 언어 형식은 자의적이며 다만 개인의 심리적인 표상인 '개념'을 통해 연결되는데, 이때 '개념'은 곧 의미로 규정된다(임지룡, 1992). 다시 말해, 어떠한 지시물에 대한 개인의 심리적 표상인 '의미'를 전달하기 위해서는 상징의 과정을 거쳐야 하며, 이러한 상징화는 '언어 형식'이라는 사회적 합의와 약속을 담보한 기호 형식으로 이루어진다. 반면 언어 형식과 지시 대상은 직접적으로 연결되지 않으며 자의적인 성격을 띠므로 언어 형식에 대한 이해가 전제되어 있지 않다면, 그 지시 대상을 이해할 수 없음을 유추해 볼 수 있다. 이는 결국, 지시 대상이 되는 세계 혹은 사물의 의미를 이해하고 전달하기 위해서는 기호화된 언어 형식을 빌려야 하며, 개념을 담은 최소의 언어 형식, 곧 어휘에 대한 지식이 공유되어야 함을 뜻한다.10) 이러한 어휘의 의미 전달 기능은 다음의 예11)에서 더욱 구체적으로 살펴볼 수 있다.

---

10) 의미를 전달하는 언어 형식은 발화, 문장, 어휘의 층위로 나누어 살펴 볼 수 있으며, 각각의 층위에서 실현되는 의미는 발화 의미, 문장 의미, 단어 의미로 나눌 수 있다(최호철, 1993a). 그러나 최호철(1993a)의 논의에 의하면, 발화 의미는 상황과 관련된 문장 의미로 해석되며, 문장 의미는 단어 의미로부터 통사적 단계의 계층을 통해, 단어 의미는 어소 의미로부터 형태적 단계의 계층을 통하여 투영된다고 할 수 있다. 이때 단어 의미를 형성하는 어소 의미는 곧 문장의 원초적인 단위가 되며, 이 의미가 개개인의 어휘부(lexicon)에 명세화된다고 하였다. 이러한 관점에서 본고가 의미의 가장 기초적인 단위로서 어휘를 이해하는 것이 크게 무리가 되지 않을 것으로 판단된다.

11) 연구 목적으로 수집한 TOPIK 답안지 중 초급 학습자의 작문에서 문장을 발췌하였다.

㈎ 나중에는 *대도 우리는 *계숙에 약속을 했어서 꼭 *사꿔지키를 합니다.

㈏ 그 사람은 *예쁜하고 마음이 *좋은하고 재미있는 사람이지만 돈을 많이 씁니다.

위의 두 문장은 초급 학습자가 생산한 것으로서, 모두 문장 내에 오류를 품고 있다. 그러나 문장 ㈏의 경우, '예쁘다'와 '좋다'라는 어휘의 기본적인 형태가 남아 있으므로, 문법적인 오류가 발생하였더라도 그 의도를 파악할 수 있는 반면, 문장 ㈎의 경우에는 그렇지 않다. 문장 ㈎에서 찾아볼 수 있는 '대도', '계숙', '사꿔지키'는 한국어 어휘의 범주에서 이해할 수 없으며, 따라서 학습자가 어떠한 의미를 전달하고자 하였는지를 파악하기 어렵다. 특별히 한국어를 학습하는 학습자들은 표현하고자 하는 지시 대상을 언어 형식으로 옮기는 과정에서 자신의 모국어가 아닌 다른 언어를 빌려와야 한다는 부가적인 어려움도 함께 가지고 있다. 따라서 이러한 어휘의 오류를 빈번하게 생성하게 되며, 심하게는 의사소통 실패를 경험하게 된다. 그러므로 의사소통을 중시하는 한국어 교육에서 어휘의 이러한 의미 전달적 기능은 더더욱 강조되어야 한다.

한편 의사소통 과정에서 화자는 '의미'를 동인으로 하여 자신의 표현 의도에 따라 '동일한 어휘 유형에 속하는 단어들 가운데 어느 하나를 선택하여' 발화를 구성한다(이동혁, 2013). 즉, 의미를 전달하는 과정은 곧 유형화된 어휘의 의미 관계를 알고, 의미 전달의 목표에 맞게 어휘를 선택하는 과정이라고 할 수 있다. 따라서 의미 관계에 따른 어휘의 목록은 잠재적으로 화자가 선택할 수 있는 가능 집합을 구성한다. 구조주의 언어학자들은 이러한 어휘의 의미 관계를 크게 계열관계와 결합관계로 나누어 살펴보고 있다.[12] 계열관계는 곧 각 어휘가 종적으로 대치되는 관계를 말하며 결합관계는 이와 반대로 어휘의 횡적인 관계를 의미한다.

이 두 의미 관계가 각각의 어휘소끼리 맺는 관계에 관한 것이라면, 하나의 어휘소가 가지는 내부적인 의미끼리 맺는 관계도 존재한다. 임지룡(1992)에서는 의미의 계열관계와 결합관계를 형태와 의미가 일대일의 대응관계에 있는 경우로 보고, 하나의 형태나 표현이 둘 또는 그 이상의 의미를 지닌 일대다의 관계에 대해서도 살펴보아야 한다고 하였다. 이는 곧 의미의 복합관계라고 할 수 있는데, 이러한 어휘 간, 어휘 내 의미 관계를 가시적으로 도식화하면 다음과 같은 3차원 구조를 도출할 수 있다.

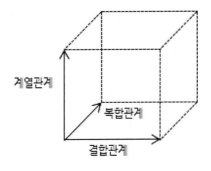

[그림 1-3] 어휘 의미 관계의 3차원 구조

임지룡(1992)는 계열적 축 곧 선택(choice)은 종적인 선을 지향하며, 결합적 축 곧 연쇄(chain)는 횡적인 선을 지향한다고 하였다. 그러나 선택 가능한 집합 가운데 특정 어휘를 추출해 내는 과정에서는 어휘의 여러 가지 '다의' 중

---

12) 최호철(2006)에서는 구조주의 언어학이 소쉬르(Sassure)의 두 가지 개념으로부터 비롯되었음을 밝혔는데 하나는 공시적인 접근 방법과 통시적인 접근 방법을 구분한 것이고, 다른 하나는 언어를 유기적 전체로 봄으로써 계열적(paradigmatic)관계와 결합적(syntagmatic)관계를 보인 것이라고 하였다.

에서 어떤 의미를 가져올 것인가에 대한 고려 역시 필요하다. 따라서 의미를 전달하기에 적절한 어휘를 선택해 내기 위해서는 어휘 의미의 계열관계와 결합관계, 복합관계에 대한 다면적인 지식이 필요하다.[13] 따라서 이 장에서는 2차원적인 종적, 횡적인 논의에 더해 3차원 구조에서 어휘의 의미를 이해하고자 한다.

어휘의 계열관계는 주로 유의관계와 반의관계, 그리고 상하관계에 대한 것으로서 한 어휘의 의미를 보다 명확하게 파악하기 위해, 동시에 어휘를 풍부하게 사용하기 위해 알아야 한다. 특별히 의미의 전달이라는 측면에서 계열관계는 더욱 중요하게 다루어질 수 있는데, 유의관계 혹은 반의관계에 있는 어휘들 중 어느 하나를 선택하거나 상하관계에 있는 어휘를 선택하는 궁극적인 동인이, 의미를 더욱 세밀하고 정교하게 전달하고 강조하기 위한 데에 있기 때문이다.

(다) 재미(→흥미), 월급, 성공감은 직업을 선택할 때 빠짐 어려운 조건이지만 어떤 것은 다른 것보다 더 중요할까?

(라) 이 위대한 사람이 지금까지 한국사람 사용하던 문자 또는 일상사람 사용 말 창조했다. 이 아름다운 문자 보통 사람으로 또는 누구나 발명할 수 어려운 일이다.

---

13) 일반적으로 국어학 관련 논의의 경우, 계열관계와 결합관계를 어휘의 의미 관계에서 다루며 복합관계는 이와 별도의 차원에서 바라보는 경우가 많다(김광해, 1990;남경완, 2005 등). 그러나 임지룡(1992)에서는 어휘 의미 관계의 전체 체계 내에 계열관계와 결합관계 뿐만 아니라 복합관계를 따로 설정한 바 있으며, 한국어 교육학에서도 그 논의의 초점이 교육과 설명의 편의성과 체계성에 있으므로, 이러한 층위의 정치한 구분보다는 계열관계와 결합관계, 그리고 복합관계를 각각 어휘 외부와 내부의 의미 관계로 보고, 의미 관계라는 하나의 범주에서 다룰 수 있다(이유경,2009;문금현;2010).

㈐ 그리고 영어를 진짜 미국사람처럼 말하는 그 분의 모습을 보면 존경할 수밖에 없습니다. 그렇게 다른 나라의 언어를 할 수 있으면 더 넓은 생각을 할 수 있고 세계 중에서도 친구를 사귈 수 있기 때문에 아주 부럽다고 생각합니다.

위의 예14)들은 각각 유의관계, 반의관계, 상하관계에 있는 어휘 쓰임을 보여 준다. ㈐는 유의관계에 있는 어휘 사용에 관한 예로, 유의관계에 있는 선택 가능한 어휘 중 하나를 잘못 선택하였기 때문에 양산된 오류이다. ㈐에서는 '재미'라는 어휘를 선택하고 있는데, 재미와 유의관계에 있는 어휘들은 즐거움, 흥미, 낙(樂), 맛, 수익, 이익 등 그 의미에 따라 다양하다.

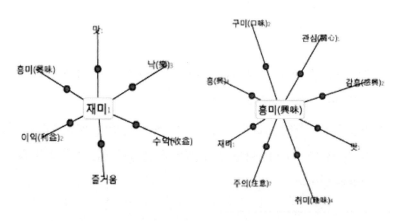

[그림 1-4] 재미, 흥미의 유의어 목록(www.wordnet.co.kr)

㈐의 문장을 살펴보면, 단순한 심리적인 즐거움만을 뜻하는 것이 아닌 일에

---

14) 연구 목적으로 수집한 TOPIK 답안지 중 중급, 고급 학습자가 생산한 작문에서 예를 찾았다.

몰두함으로써 느끼는 흥으로부터 오는 재미를 의미하는 것이므로, '재미'가 아닌 '흥미'를 선택하는 것이 보다 적절하다. ㈑는 반의관계에 있는 어휘를 사용한 예이다. '안', '-지 않다' 등의 부정 표현을 통해 동일한 단어를 반복하여 사용할 수도 있으나, 반의관계에 있는 단어를 선택하여 배치함으로써 각 단어의 의미를 보다 명확하게 하고, 표현을 풍부하게 하는 효과를 의도하였다.[15] ㈒는 상하관계에 있는 어휘를 적절하게 사용한 예로서 '영어'를 그대로 반복하여 사용하지 않고, 상위에 있는 '언어'를 사용하며 보다 일반적인 이야기를 할 수 있었다.

이렇듯 동일한 의미 관계에 있는 집합의 어휘 중 적절한 단어를 선택하여 사용할 수 있다는 것은 곧, 각 단어에 대한 의미와 용법에 대한 지식을 갖추고 있음을 의미할 뿐 아니라 어휘가 사용되는 맥락 및 층위에 대한 정보, 사회언어학적 지식 모두를 갖추었음을 뜻한다. 또한 유의관계, 반의관계, 상하관계에 있는 어휘들을 선택하여 사용하는 것은, 궁극적으로 의도한 의미를 보다 분명하고 효과적으로 전달하기 위한 것임을 알 수 있다.

한편 어휘의 결합관계는 선택 제약 관계나 연어, 관용표현 등 어휘의 선택과 연쇄에 따라 맺어지는 관계로 간주될 수 있으며 의미 사이의 관계를 구성한다 (남경완, 2005). 임지룡(1992)에서는 의미의 결합관계 내에 대등합성어와 혼성어, 관용어와 연어를 두고 있으며, 윤평현(1995)에서는 의미 관계를 등위적 관계, 계층적 관계, 연상적 관계로 나누어 설정하고 연상적 관계[16] 내에 공유

---

15) 물론, '위대한 사람'과 비견하여, '평범한 사람'이라는 표현을 사용하였다면 보다 분명하게 '비범인'과 '범인'의 차이를 드러낼 수 있었을 것이다.

16) 일반적으로 논의하는 어휘 간의 결합관계가 곧 윤평현(1995)에서는 연상적 관계로 분류되는 것으로 보인다.

관계와 포용관계를 포함시켰다. 한편, 남경완(2008)에서는 어휘소 외부의 의미 관계에 계열적 의미 관계와 결합적 의미 관계를 두고, 결합적 의미 관계에 각각 논항 구조와 선택 제약을 두었다. 이렇듯 어휘의 결합관계는 관점과 분류 방식에 따라 그 용어 및 하위 내용이 달라지는 것으로 보이나, 실제 논의되는 대상을 살펴보면 곧 한 어휘소가 다른 한 어휘소를 의미적으로 포함하거나 의미적 속성에 의해 선택하여 공기하는 현상을 다루고 있음을 알 수 있다. 이동혁(2011a)에서는 이러한 결합적인 어휘의 의미관계를 다음과 같이 정의하고 있다.

> ※ **결합적 어휘 의미관계의 정의(이동혁,2011a)**
> 단어의 조합을 임의로 X+Y라고 표시하고, X 자리에 오는 단어를 A라 하고
> Y 자리에 오는 단어를 B라고 한다면, 결합적 어휘 의미 관계는
> ① X와 Y의 의미 조합이 의미의 적절성을 유지하고,
> ② 연어적 제약을 어기지 않는 단어 A와 B의 의미적 관계를 말한다.

이러한 어휘의 결합관계는 사실상 어휘 간의 결합일 뿐, 어휘의 의미 관계라고 볼 수 없다고 주장하는 학자들도 존재한다. 이 때문에 이동혁(2011a)에서는 어휘를 저장부와 운용부의 두 층위로 새롭게 양분하여 다루고 있는데 저장부에서는 유의관계, 반의관계, 상하의관계, 전체·부분관계 등의 의미관계가 포함되며, 운용부에서의 의미 관계를 계열관계와 결합관계로 나누어 볼 수 있다고 주장하였다. 이러한 논의는 어휘의 결합적 관계 역시 의미적인 차원에서 해석될 수 있다고 한 최경봉(1996), 김진해(2000) 등과 맥락을 함께 한다.

하나의 어휘가 제한적으로 어떤 특정한 부류의 어휘를 곁에 둔다는 것은,

곧 해당 어휘의 내적인 의미 속성에 따른 것이라고 할 수 있다. 이러한 의미적인 제약은 표면적으로 드러나지 않더라도, 내적인 층위에서 발견될 수 있다. 이를테면, '먹다'라는 동사의 앞에는 '밥, 술, 떡, 국, 빵'등 다양한 어휘가 올 수 있으나 '먹다'라는 의미적인 속성 때문에, 《섭취가 가능한 음식》이라는 의미적인 속성으로 묶여 있는 어휘만이 결합될 수 있다. 연어 관계 역시, '마음을 먹다', '눈을 감다'와 같은 예에서 볼 수 있듯이, 서로 다른 의미 계열에 있는 어휘소들이 의미 분절로 인해 직접적으로 관계를 맺고 있으며(이동혁, 2004), 특정 어휘가 다른 어휘를 요구함으로써 발생하는 제한적인 관계(김진해, 2000)이므로, 표면적으로는 통사적인 관계를 맺지만 심층적으로는 의미적인 속성의 교류가 나타난다.17)

'의미의 전달'이라는 측면에서 이러한 어휘의 결합관계를 다루어야 하는 것은, 한국어 학습자들이 유창하게 의미를 전달하는 데에 있어 결합관계에 대한 지식이 필수적인 요소이기 때문이다. Lewis(1993)는 언어의 새롭고 독창적인 사용을 가능하게 하는 정형화 혹은 반-정형화된 조립식 항목(pre-fabricated items)18)의 습득에 의해 유창성이 획득된다고 보았으며 양수영(2008)의 연구

---

17) 그러나 이러한 연어 관계가 어떠한 제약에 의한 것이 아니라 '우리의 머릿속에 특별히 기억된 결합적 어휘 의미관계'로 보아야 한다는 견해도 존재한다. 이는 동일한 문맥에서 자주 공기하는 단어들이 반복적으로 또는 습관적으로 공기하게 되면, 언중들은 이를 하나의 덩어리(chunk)로 인식하고 이를 어휘부에 저장하게 되는 것이라는 입장이다(이동혁, 2011). 한송화·강현화(2004)에서도 연어의 개념을 한국어 교육에 적용하며, '함께 나타나는 단어들의 결합 혹은 통계적으로 일정한 수준 이상으로 함께 나타날 가능성이 더욱 많은 어휘들의 결합'으로 정의하고 있다.

18) Lewis(1993)는 어휘 항목을 낱말(word)과 다항어(polyword), 연어(collocation), 관습화된 발화(institutionalized utterance), 문장 틀 혹은 문두어(sentence frame or sentence head)의 네 가지 유형으로 나누어 정리하고 있다. 이에 따라 '정형화 혹은 반-정형화된 조립식 항목(pre-fabricated items)'은 낱말 이상의 단위로 두세 낱말의 결합으로

에서도 중, 고급 학습자의 어휘적 연어 능력과 한국어 숙달도의 상관관계를 분석하여 연어를 사용하는 능력이 한국어 숙달도를 구성하는 중요한 요소이며, 연어 능력이 증가할수록 한국어 숙달도 역시 증가하게 됨을 입증하였다. 이유경(2009) 연구 역시 Lewis(1993)의 견해를 빌려 와, 연어, 관용어, 고정된 표현 등을 포함하는 '어군'은 언어 유창성이라는 측면에서 언어 표현 능력을 촉진시키는 데 도움을 줄 수 있는 개념이라고 하였다. 어휘 간의 결합에 대한 지식이 없는 학습자들이 어색한 표현을 빈번하게 생산해 내며 이로 인해 전반적인 의미 전달력이 저하되는 것을 볼 때, 이러한 주장은 충분히 납득 가능하다.19)

한편 어휘의 복합관계 역시 의미의 전달 과정에서 유의미하게 다루어져야 한다. 앞서 살펴본 바와 같이 임지룡(1992)에서는 어휘 의미 관계에서 계열관계 및 결합관계와 더불어 복합관계를 포함하여 다루고 있다. 임지룡(1992)에서 정의하는 복합관계는 하나의 형태나 표현이 둘 또는 그 이상의 의미를 지닌 것으로서, 다의어, 동음어 및 이와 관련된 중의성을 함께 다루고 있다. 그러나 의미적 관련성 없이 단순히 음의 동일함만을 가지는 동음어는, 어휘소의 의미 관계에서 다룰 수 없다는 비판이 존재하며(김광해, 1990;남경완, 2005), 중의성 역시 어휘의미를 넘어서는 문장 이상의 의미에서 논의해야 할 부분이므로 본고에서는 다의어를 중심으로 의미 복합관계를 설명하고자 한다. 임지룡(2001)에서는 다의관계를 하나의 어휘 항목이 둘 이상의 관련된 의미를 지닌 것으로 정의하였으며, 문금현(2005)에서는 다의어를 '한 단어가 여러 의미를

이루어진 다항어, 연어, 관습화된 발화, 문장 틀 혹은 문두어 등으로 이해될 수 있다.
19) 한송화·강현화(2004:307-308)에서는 한국어 학습자의 연어 오류의 예로, '서명을 쓰다(→하다)', '해가 나가다(→나다)', '창문은 남쪽에 짓다(→내다)', '찬(→식은) 땀이 흐르다', '속도가 높아진다(→빨라지다)', '소원은 더욱 심하다(→간절하다)', '친구를 만들다(→사귀다)' 등을 들고 있다. 이러한 오류는 실제 한국어 교실에서 빈번하게 나타난다.

가진 것으로서 개념 의미에서 출발하여 의미 전이 및 유추 등의 기제에 의해 어원적으로 관련된 확대 의미를 갖게 된 것'으로 보았다. 이러한 다의어를 이해하기 위해서는 우선적으로, 하나의 어휘가 단 하나의 의미만을 담고 있지는 않다는 것을 전제하여야 한다.20) 이는 곧, 학습자가 어떤 특정한 어휘를 맥락에 맞게 사용하기 위해서는 하나의 어휘가 가지고 있는 여러 단의들에 대한 지식과 각 단의가 어떠한 환경에서 실현되는지에 대한 지식을 보유하여야 함을 뜻한다.

 (ㅂ) <u>밥</u>을 먹었다.
 (ㅅ) 내가 <u>손봤다.</u>

위의 예 (ㅂ)의 '밥', (ㅅ)의 '손보다'는 고립된 맥락에서는 정확한 의미를 파악할 수 없다. 이는 '밥'과 '손보다'의 다의성21) 때문으로, '밥'은 쌀로 지은 밥을 의미하기도 하나, 끼니로 먹는 음식을 총칭하기도 하므로 정확히 어떠한 의미로 사용되었는지를 확인할 수 없다. '손보다' 역시 내가 어떠한 문제가 있었던 물건을 수리하였다는 의미로 사용되었는지, 혹은 버릇을 고치기 위해 따끔하게

---

20) 다의관계의 의미에 대해서는 '중심의미'와 '주변의미', '기본의미'와 '파생의미(전이의미)', '원형의미'와 '확장의미' 등의 용어가 혼용되어 왔다(임지룡, 2009). 이러한 용어의 혼용은 곧, 단의들 간의 의미 관계에 대한 관점이 학자에 따라 달랐기 때문이다. 이에 대해서는 이민우(2010)에서 자세히 다루어져 있다.

21) 표준국어대사전에 의하면, '밥01',은 「1」쌀, 보리 따위의 곡식을 씻어서 솥 따위의 용기에 넣고 물을 알맞게 부어, 낟알이 풀어지지 않고 물기가 잦아들게 끓여 익힌 음식, 「2」끼니로 먹는 음식, 「3」동물의 먹이, 「4」나누어 가질 물건 중 각각 갖게 되는 한 부분의 네 가지 뜻이 등재되어 있다. 한편, '손보다02'는 「1」결점이 없도록 잘 매만지고 보살피다, 「2」(속되게) 혼이 나도록 몹시 때리다의 두 가지 의미가 등재되어 있다.

혼을 냈다는 의미로 사용된 것인지 알 수 없다. 이는 곧, 단어가 맥락이 없이는 온전히 해석될 수 없음을 의미한다. 해석의 차원에서뿐만 아니라, 문장을 만들어 내는 과정에서도 이러한 어휘의 복합관계에 대한 지식이 요구된다. 즉, 모국어 화자에게는 자연스럽게 생산될 수 있는 문장이지만, 한국어 학습자들의 경우 '밥', 또는 '손보다'가 가지는 다른 의미에 대한 지식을 갖추고 있지 않다면 위와 같은 문장을 결코 만들어 낼 수 없을 것이다. 따라서 만약 한국어 학습자가 위와 같은 예를 기본 의미가 아닌, 파생적인 의미로 사용하였다면 해당 학습자가 어휘에 대한 심도 있는 이해를 가지고 이를 맥락에 맞게 사용할 수 있는 능력을 갖추었음을 확인할 수 있을 것이다.

이민우(2012)에서도 특정 단어의 사용 가능한 범위를 아는 것은 곧 다의적 어휘에 대한 지식과 관련 있으며, 다의어의 실제적 쓰임을 아는 것은 곧 적절한 사용이라는 의사소통 능력과 직결된다는 점에서 매우 중요하다고 하였다. 이러한 점에서 어휘의 복합관계는 의사소통 내용을 전달하기 위해 필요한 지식의 하나로 이해할 수 있을 것이다.

지금까지 의사소통의 내용을 구성하는 의미 전달 요소로서의 어휘에 대해 살펴보았다. 이를 통해 어휘가 본질적으로 '의미'를 담은 언어 형식이며, 학습자가 표현하고자 하는 지시 대상이 어휘를 통해 언어 형식으로 변환됨을 알 수 있었다. 또한 어휘와 어휘가 맺는 의미 관계는 크게 계열관계, 결합관계, 그리고 복합관계로 나누어 살펴볼 수 있었는데, 이는 각각 학습자가 계열관계의 망 내에 있는 어휘 중 특정 하나를 선택함으로써 전달하고자 하는 의미를 정교화하고, 내적인 의미 속성을 공유하는 어휘의 결합 관계에 대한 지식을 토대로 보다 효율적이고 유창하게 의미를 전달하고자 하며, 어휘가 맥락 내에서 다양한 파생 의미를 가질 수 있음을 알고 이를 적극적으로 의미 전달 과정에서 활용하고자 하는 능력과 관련을 맺고 있음을 알 수 있었다. 이는 곧 의사소통 수행의 단계에서 어휘의 의미 관계에 대한 이해가 전제되어야 하며, '의미 전달'이라는 목적을 토대로 어휘를 선택하고 사용하는 능력을 살펴보아야 함을 의미한다.

(2) 상황 맥락 요소로서의 어휘

어휘는 그 어휘가 사용되는 의사소통적 맥락과 분리되어서는 이해될 수 없다. 어떤 어휘가 특정 맥락 내에서 정확하고 적절하게 사용되었는지를 판단하기 위해서는, 단순히 그 어휘의 기본 의미를 알고 잘 사용하였는지에 대한 평가에 그쳐서는 안 되며 그 어휘가 사용된 의사소통적 상황 맥락(situational context)이 복합적으로 고려되어야 한다. 동일한 어휘를 사용하였다고 하더라도, 어휘가 사용된 상황 맥락이 변함에 따라 어휘 사용의 적절성 여부는 다르게 평가될 수 있다. 이러한 의미에서 사용 문맥에 의한 의미는 의사소통에서 언어 사용자들이 보이는 역동적인 의미 재구성 과정에서 발생하는 것이기 때문에 맥락에 한정된 것이고, 경우에 따라서 맥락을 떠나면 해당 의미가 사라질 수도 있다고 한 김은혜(2012:41)의 논의는 충분히 설득력을 가진다.

Manlinowski(1923)에 의해 처음으로 사용된 상황 맥락이라는 용어는, 의사소통에서 맥락의 의미가 발화 환경에 따라 변하는 현상을 반영하기 위해 도입되었으며 진정한 발화의 의미는 상황 맥락 내에서 알 수 있다는 전제를 토대로 발전하였다(한하림·양재승, 2014에서 재인용). 이러한 논의를 필두로 하여, 의사소통이 실현되는 장면, 그리고 언어 형태에 영향을 끼치는 여러 가지 상황들이 새롭게 조명받기 시작하였다. 박수자(2009)에서는 의사소통의 상황을 중시하고 텍스트의 사용에 교육의 초점을 둘수록 텍스트를 둘러싼 맥락의 기능이 더 중요하게 다루어져야 함을 강조하고 있다. 이에 의하면 맥락은 크게 내재적 맥락과 외재적 맥락으로 구분할 수 있으며, 언어 사용자나 시공간, 물리적 환경 등의 상황적인 조건은 후자인 외재적 맥락에서 다루어진다고 하였다. 국어학에서는 맥락을 '발화의 표현과 해석에 관여하는 정보, 또는 그러한 정보를 제공하는 언어적, 물리적, 사회적, 문화적 요소'로 정의하고 있는데, 이때 언어적 맥락은 내재적 맥락으로, 물리적·사회문화적 맥락은 외재적 맥락으로 구분해 볼 수 있다. 특별히 물리적인 맥락은 곧, 텍스트를 사용한 화자와 청자를 포함한 시공간 등의 물리적 상황인 '상황적 맥락'과 관련된다(박수자, 2008:37).

Lewis(1993)에서도 상황적(situational) 요인을 맥락(context)으로, 언어학적 맥락은 공텍스트(co-text)라는 용어를 사용하여 구분하고 있다. 그는 상황에 따라 의미가 달라지는 어휘는 맥락(context)의 영향을 받은 것이며, 이를 탈맥락적으로 분리해 내어 연습, 강화하는 것에 반대하는 입장을 취한다. 대신, 어휘가 사용되는 문맥의 언어학적 환경인 공텍스트(co-text)[22]를 언어 교수의 대상으로 삼아야 한다고 주장하였다. 이는 동일한 어휘라고 하더라도 그 사용 상황에 따라 의미가 완전히 달라질 수 있으므로, 단순히 상황적 요인을 중심으로 어휘를 제시하는 것은 무리가 있다고 본 것이다. 이러한 그의 견해에서도 물리적이고 시공간 의존적인 상황 맥락의 속성을 발견할 수 있다.

Halliday & Hasan(1989)는 맥락을 크게 언어 맥락과 언어 외적 맥락으로

---

22) 그가 중요하게 다루어져야 한다고 주장한 공텍스트(co-text)는 어휘가 사용된 문맥 전후의 언어학적 환경을 의미하는 것으로, 개별 단어의 앞뒤에 공기(co-occurrence)하는 단어뿐만 아니라 함께 올 수 있는 언어 요소를 제한하는 연어를 포함한다.

구분하고 이를 다시 '상황 맥락(context of situation)', '문화 맥락(context of culture)', '텍스트 간 맥락(intertextuality)', 그리고 텍스트 내 맥락(coherence)23)' 등으로 세분하기도 하였다. 특별히 Halliday(1999)에서 밝힌 언어와 맥락의 관계를 살펴보면, 이러한 상황 맥락과 그 속성, 유사한 맥락들 간의 관계 등을 쉽게 찾아볼 수 있다. 이에 따르면, 상황 맥락은 체계화되어 있는 관습적인 맥락과 대비되는 개념으로 사용되며, 의사소통이 발생한 그 시점에 한한 일시적이고 한정적인 것으로 정의된다. 이러한 상황 맥락이 동일한 조건에서 오랜 시간 굳어진 의미로 사용되고, 이것이 언어 공동체에서 약속된 의미로 합의되면, 곧 관용 표현이나 문화적인 은유 표현으로 승격될 수 있을 것이다.

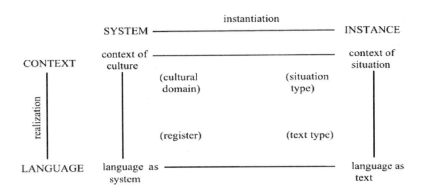

[그림 1-5] 언어와 맥락의 관계(Halliday, 1999:8)

Halliday(1994)에서는 맥락을 사람이 말하고 쓸 때 관여하게 되는 주변의 사건들로 기술하면서, 간혹 맥락이 약화된 경우나 탈맥락적인 경우에는 담화

---

23) 이때의 '텍스트 간 맥락(intertextuality)'은 상호텍스트성으로, 그리고 텍스트 내 맥락(coherence)은 응집성으로 번역되어 광범위하게 연구되고 있다.

그 자체의 형식과 언어학적 기호(code)의 자질들에 의해 의존적으로 해석되기도 하지만, 일반적으로 담화의 의미는 발화와 함께 생성되는 환경 안에 있는 맥락적 자질들에 의존하며 이러한 점에서 담화는 맥락을 내포하는 것으로 간주될 수 있다고 하였다(김혜정, 2009:44-45).

Hymes(1972)는 맥락을 네 가지 요인들이 포함된 복합적인 것으로 이해하며, 물리적 공간이나 시간을 의미하는 '상황', 참여자 간의 관계와 상호작용의 목적을 의미하는 '참여자', 메시지의 내용, 형식, 장르, 전달을 의미하는 '텍스트', 상호작용과 해석을 위한 '사회적 규범'이 다층위적으로 작용하는 것으로 기술하였다. 이러한 상황 맥락에 대한 논의는 한국어 교육에서도 김유정(2008), 황성은·심혜령(2013), 한하림·양재승(2014) 등에 의해 이루어진 바 있는데, 김유정(2008)에서는 담화 분석과 관련하여 텍스트 유형, 발화 장소, 발화 유형, 화청자의 성별, 지위, 친밀도, 발화 장면, 발화수반행위로 상황 맥락을 분석하고 있으며, 황성은·심혜령(2013)에는 상황 맥락의 구성 요소로 담화 유형, 담화 장면, 담화 내용, 담화 참여자를 선정한 바 있다. 이후 논의인 한하림·양재승(2014)의 경우, 담화 유형, 참여자 관계, 담화 영역, 담화 목적 및 기능, 담화 소재, 채널을 설정하고 그 요소들 간의 유기적인 연결을 통해 상황 맥락이 구현되는 것으로 보았다.

한편 김정숙·이준호(2014)에서는 문제 은행을 기반으로 하는 한국어 숙달도 평가 개발을 전제로, 문항의 구성 요소를 선정하고 이를 체계적으로 목록화하는 연구를 진행한 바 있다. 여기에서는 일반적인 언어 사용의 국면을 태깅할 수 있는 정보 요소를 구축하기 위해 영역(domain)의 개념을 활용하고 있다. 이때, 영역은 발화가 이루어지는 상황적 맥락에 해당하는 것으로, 앞선 연구들에서 상황 맥락으로 정의하였던 내용을 지시하는 것이라고 이해할 수 있다.

김정숙·이준호(2014)는 사회언어학적 차원에서의 논의를 토대로, '장소(place), 주제(topic), 담화 참여자의 역할 관계(role-relation)' 등을 영역의 하위 요소로 나누어 볼 수 있음을 언급하며, 이를 실제 메타 데이터의 정보 요소에 포함할 수 있는 방안을 살피고 있다. 이러한 논의에 의하면, '장소'와 관련하여서는 '담화 상황' 또는 '채널' 등의 정보 요소가 선정될 수 있으며, '담화의 공식성'과 '담화 유형' 역시 언어 사용에 영향을 준다는 점에서 정보 요소에 포함된다. 또한, '주제'와 관련하여서는 '담화의 소재' 및 '담화의 목적', '담화의 기능' 등이 있으며, '담화 참여자의 역할 관계'에서는 '참여자 친숙도', '참여자 상하 관계'에 대한 정보 요소가 포함될 수 있다.24)

이들 연구에서 밝힌 상황 맥락 구성 요소들은 크게 담화의 목적과 기능, 주제, 담화의 유형과 채널, 참여자들 간의 관계 등으로 살펴볼 수 있으며, 이러한 상황 맥락 요소들은 모두 문/구어 어휘, 공적/사적 어휘, 친밀도 및 사회적 지위에 맞는 어휘 등 어휘를 선정하는 데에 중요한 영향을 끼친다. 본고에서 어휘를 상황 맥락적 요소로 보고, 의사소통의 효과적인 수행을 담보할 뿐만 아니라 수행의 질을 높이는 요소로 강조하여 다루게 된 이유가 여기에 있다.

이 절에서는 상황 맥락을 "의사소통적 행위가 펼쳐지는 장(場)인 동시에, 전달의 방법과 표현 방식 등을 결정지어 의사소통의 목표가 효율적으로 이루어질 수 있도록 하는 능동적인 요인"으로 정의하고자 한다. 또한 어휘 선정에 영향을 끼치는 상황 맥락의 하위 요소는 김정숙·이준호(2014)의 논의에서 참조한 영

---

24) 김정숙·이준호(2014)의 논의는 사실상 그 연구 목적이 문항의 일반 정보를 분류하는 구체적이고 세분화된 정보 요소를 도출하는 데에 있으므로, 상황 맥락의 하위 요소를 연구하고 있는 다른 연구들과 동일선상에서 논의하는 것이 다소 애매하다. 그러나 상황 맥락이 매우 상세하고 치밀하게 분류되어 있어 본고에서 참고할 수 있는 내용이 많은 연구이므로, 논의에 포함하였다.

역(domain)의 개념과 범주를 참고하여 크게 상황과 목적 및 기능, 그리고 참여자의 세 가지로 구분하여 살펴볼 것이다.25) '상황'은 곧 의사소통이 이루어지는 장면에 대한 것으로서, 담화가 이루어지는 상황의 격식 정도, 전달 매개로서의 문/구어, 담화의 유형 등이 이에 해당한다고 볼 수 있다. 또한 '목적 및 기능'에서는 의사소통을 수행하고자 하는 본래의 목적과 전하고자 하는 주제, 이를 통해 성취하고자 하는 의사소통의 기능 등이 포함되며, 전달하고자 하는 주제가 일상 영역에 속하는지 아니면 학업 등을 포함하는 전문 영역에 속하는지와 관련된 상황 맥락 역시 이러한 범주에서 논의될 수 있다. 마지막으로 '참여자'의 범주는 담화 참여자들 간의 관계에 대한 것으로서 앞선 논의들에서 고려되었던 참여자들 간의 친숙도와 상하관계가 포함된다.

이러한 상황 맥락에 의해 결정된 의사소통의 방법과 표현 방식 등은 담화에 사용된 어휘를 통해 드러나며, 어휘 역시 상황 맥락의 변화에 맞추어 그 모습을 변조함으로써 이러한 상황 맥락적 요소로서의 역할을 더욱 민감하게 드러낸다. 어휘와 상황 맥락의 연관성은 곧, 어휘 사용의 양상을 통해 상황 맥락을 유추해 볼 수 있게 하는 기제로 작용한다. 즉, 상황 맥락이 어휘를 결정하기도 하지만, 어휘 사용 양상을 통해 상황 맥락을 파악할 수 있으며 구체적인 상황

---

25) 김정숙·이준호(2014)에서 참조하고 있는 논의들에서는 장소(place)라는 용어를 사용하고 있으나, 그 하위 범주로 담화 상황과 담화의 공식성, 그리고 텍스트 유형 등을 상정하고 있음을 볼 때, 물리적인 공간으로 이해되는 장소라는 용어보다, 담화가 이루어지는 시·공간적인 특징, 그 시점에서의 분위기 및 격식 등 전반적인 '상황'이라고 지칭하는 것이 더 어울릴 것으로 생각하였다. 또한, 담화의 소재와 영역, 목적 및 기능 등을 주제(topic) 범주에서 다루고 있는데, 이 역시 오히려 하위 요소로 설명되고 있는 '목적 및 기능'이, 그 모든 요소들의 상위 개념으로 이해되며, 어휘 변이형이 나타나는 데에 가장 전제로 작용할 수 있다는 점에서 '목적 및 기능'을 더 큰 범주로 상정하고 '상황', '참여자'와 동등한 층위에서 다루고자 하였다.

맥락을 설정할 수도 있다는 것이다. 예를 들어, 어떤 필자가 글을 사용하여 의사소통 목표를 이루고자 하였다고 가정해 볼 때, 필자는 먼저 상황에 대해 이해하고자 노력할 것이다. 그리고 그 상황이 공식적이고 정중한 자리이며 사회적 지위가 높은 사람들을 상대하는 자리임이 파악된다면 필자는 곧 격식적인 어휘들을 선택하게 될 것이고, 공식성을 드러내는 표현을 담화에 담아낼 것이다. 반대로 친밀하고 비공식적인 자리에서의 간단한 요청을 목적으로 하는 상황 맥락에서는 구어적인 어휘를 굳이 피하지 않고 전달하고자 하는 내용을 간결하고 직접적으로 드러내어 자신의 의사소통 목표를 달성할 것임을 짐작해 볼 수 있다. 반면 필자와 독자 및 상황 맥락에 대한 정보가 없는 상황에도, 정중하고 고급스러운 어휘들을 사용하거나 특정한 의사소통 기능을 드러내는 어휘, 예를 들면 초대, 공지, 계약 등의 어휘가 사용되었을 경우, 이러한 어휘를 통해 필자와 독자가 처해 있는 위치와 장면, 의사소통 기능 등을 파악할 수 있다. 이뿐만 아니라, 어휘 사용은 보다 적극적으로 상황 맥락을 창조해 내기도 하는데 이는 어휘 사용을 통해 친근감이나 거리감을 표시하거나 동일한 지시 대상을 뉘앙스에 따라 다르게 표현하는 등의 예26)를 생각해 볼 수 있다.

---

26) 황미향(2004)에서는 표현하고자 하는 대상이나 사태에 대한 화자 또는 필자의 주관적 판단이 어휘를 통해 실현될 수 있음을 밝히며 그 예로 아래와 같은 문장을 들었다.
  (1) 가. 그 *분* 다녀가셨어.
     나. 그 *자식* 다녀갔어.
  (2) 가. ### 연구소는 야채와 과일을 많이 섭취하는 사람이 살이 덜 찐다고 *주장했습니다.*
     나. ### 연구소는 야채와 과일을 많이 섭취하는 사람이 살이 덜 찐다고 *밝혔습니다.*
  위의 두 문장에서 (1)의 경우 한 남성을 지칭하는 것을 동일하지만, 이를 지칭하고 있는 화자/필자의 주관적인 감정은 매우 다른 것을 짐작해 볼 수 있다 또한 (2)의 경우, '주장하다'와 '밝히다'라는 단어를 선택함으로써 각각 주관적인 견해와 객관적인 타당성이라는 가치를 부여할 수 있게 되었다.

어휘의 이러한 상황 맥락적 기능은 황미향(2004)에서도 강조되고 있다. 황미향(2004)는 목적하는 바가 동일하다고 하더라도, 의사소통이 어떤 상황에서 이루어지느냐에 따라 언어로 실현된 양상이 달라짐을 언급하며, 필자, 독자 그리고 사회·문화적 배경을 상황 맥락을 구성하는 요소로서 주목해서 살펴보아야 한다고 하였다. 이에 따르면, 의사소통을 성공적으로 수행하기 위해 대화에 참여하는 참여자들은 각자 상대방을 충분히 고려하여 의사소통의 전략을 세우게 된다. 즉, 자신의 감정이나 생각을 상대방에게 전달하기 위해서는, 먼저 상대방의 처지, 자신이 다루고자 하는 문제에 대한 상대방의 관심이나 지식의 정도, 필자 자신과 상대방과의 거리 등을 사전에 검토하게 될 것이며, 이러한 검토 결과를 토대로 수립된 계획은 실현된 텍스트에 여러 가지 방법으로 반영되고, 어휘 선택에도 영향을 미친다(황미향, 2004).

이러한 어휘의 상황 맥락적 기능은 Bachman(1990)의 화용적 능력을 상기하는 동시에, 특별히 이에 포함된 요소로 다루어졌던 언어 사용역(register)의 개념을 떠올리게 한다. 언어 사용역(register)은 발화 상황이나 발화 참여자 등에 따라 달라지는 발화의 형식을 나타내는데(김정숙·남기춘, 2002:28)[27], 곧 위에서 살펴본 상황 맥락에 따른 언어의 변이 형태로 이해해 볼 수 있다. 언어 사용역은 김유정(2011)에서 강조한 바와 같이, 문장 차원을 벗어나 담화 차원에서 언어 이형태의 다양한 용법을 파악할 수 있다는 점에서 중요하게 다

---

27) 김정숙·남기춘(2002)에서는 언어 사용역이라는 용어 대신 격식이라는 용어를 사용하고 있으나, 모두 register로 가리키는 바가 같다. 이에 의하면, 문어 담화와 구어 담화의 격식(register)이 다르며, 격식적 상황에서의 담화와 비격식적 상황에서의 담화의 격식(register)이 다르므로 담화 상황에 따라 격식에 맞는 문법 표현이나 어휘를 적절히 선택해 사용해야 한다. 여기에서는 정도 부사와 '죽다' 유의어 부류를 통해 격식(register)의 차이에 따른 실현 양상의 변화를 예로 들고 있다.

루어질 수 있다. 특별히 담화 차원에서 어휘 사용의 양상을 살피고, 상황 맥락 요소를 포함하는 어휘 유창성의 본질을 밝히기 위해서는 언어 사용역에 대한 이해가 제고되어야 할 필요가 있다.

Halliday와 Hasan(1985)에 따르면 언어 사용역은 언어 사용자(User)와 관련된 변이형과 언어 사용(Use)과 관련된 변이형으로 구분되며 이는 각각 '방언' 과 '언어 사용역'으로 명칭될 수 있다고 하였다. 김유정(2011)에서는 황순희 (2007)과 진실로·곽은주(2009)의 내용을 참조하여 언어 사용역의 구성요소를 '담화의 장(field of discourse)와 담화의 매체(mode of discourse), 그리고 담화의 형식(style of discourse)'으로 구분하고 이에 대해 구체적으로 살피고 있다. 이때 담화의 장은 의사소통의 목적, 내용에 관한 것으로서, '무엇'에 대해 '왜' 말하고 있는지와 관련을 맺는다. '무엇(what)'과 '왜(why)'는 각각 주제와 기능28)을 의미한다고도 볼 수 있는데, 김유정(2011)에서는 결국 '무엇'과 '왜' 로 인해 화자의 언어 선택이 달라지는 것으로 보았다. 이는 이 절에서 구분한 상황 맥락의 하위 범주 중 하나인 '목적 및 기능'과 관련을 가진다.

한편 담화의 매체는 의사소통의 통로, 즉 의사소통이 수행되는 매체와 관련 된다. 이는 언어를 '어떻게(how)' 전달하고 있는지에 대한 것으로서, 일차적으 로는 구어와 문어의 구분, 이차적으로는 대화, 독백, 전화 통화, 에세이, 비즈니 스 문서 등 텍스트의 유형(장르)에 따라서도 구분이 가능하다고 보았다. 이러한 내용은 상황 맥락 중 '상황' 범주에서 다룰 수 있으며, 담화의 격식 정도를 함께 고려해 볼 수 있다.

---

28) 김유정(2011)에서 다루고 있는 담화의 기능은 담화의 목적으로도 설명할 수 있으며, 제보 기능, 호소 기능, 책무 기능, 접촉 기능, 그리고 선언 기능의 다섯 가지로 나눌 수 있다고 하였다.

마지막으로 담화의 형식은 의사소통 참여자들의 관계를 나타내는 것으로서 '누구에게(to whom)'와 관련된 것이라고 볼 수 있다. 화자와 청자의 관계는 친밀도와 지위 등의 상하 관계에 따라 달라지며 이는 언어 형식으로서 구분된다. 의사소통 참여자들의 관계는 곧 '참여자' 범주와 관련 있는데, 이에 따른 담화 형식의 변화는 사실상 '상황'이나 '주제' 범주를 넘어서지 않는다. 즉, 의사소통이 공적인 장면인지 사적인 장면인지에 대한 판단은 화청자의 관계를 규정하기 이전에 이루어지며 이러한 판단에 따라 친밀한 관계임에도 공적인 어휘를 선택하여 사용하는 것이 의사소통 장면에 더 적절하기 때문이다. 지금까지 논의한 상황 맥락의 하위 범주와 언어 사용역을 정리하고, 각각에 해당하는 예를 들면 다음과 같다.

⟨표 1-1⟩ 상황 맥락의 하위 범주와 언어 사용역의 예

상황 맥락 (situational context)		언어 사용역 (register)	예[29]
상황	채널	담화 매체(mode)	문어/구어
	담화 유형		대화, 전화, 에세이, 강의, 토론, 신문, 잡지, 편지, 발표 등
	공식성		공식적(격식적) /비공식적 (비격식적)
목적 및 기능	담화 기능	담화의 장(field)	초대, 조언, 요청, 설득, 건의, 약속 등
	담화 주제		자기소개, 주말 계획, 직업, 물건 사기, 안부, 직장생활, 학교생활, 정치, 경제, 사회 문화 전반 등
	담화 영역		일상적/전문적(학업, 직업 등)
참여자	친숙도	담화 형식(tenor)	친숙/보통/친숙하지 않음
	상하관계		상/하/지위 동등/지위 무관/상호 존중 등

먼저 어휘의 변이에 영향을 끼치는 상황 맥락적 요소는 크게 '상황', '목적 및 기능', 그리고 '참여자'로 구분될 수 있다. '상황' 요소에는 담화가 전달되는 통로인 채널과 담화의 유형, 그리고 담화가 이루어지는 장면의 공식성 등의 하위 요소가 포함되며, 이러한 상황 맥락에 따라 '담화의 매체'가 변이형을 택한다고 볼 수 있다. 채널의 변화는 문어 어휘와 구어 어휘 중 어느 하나의 매체를 선택하는 근거가 되며, 대화, 전화, 에세이 등 담화 유형의 변화는 특정 담화 유형에 적절한 어휘의 변이형을 선택하게 한다. 마지막으로 담화가 이루어지는 장면이 공식적인 상황인지 비공식적인 상황인지에 대해 아는 것은, 해당 상황의 맥락에 맞게 격식적인 어휘와 비격식적인 어휘를 구분하여 사용할 수 있도록 한다.

한편 담화의 '목적 및 기능'은 다시 담화의 기능과 주제, 그리고 영역에 대한 내용을 포함한다. 즉, 의사소통을 수행하는 목적, 곧 담화의 기능과 그 내용이 되는 주제, 마지막으로 해당 주제가 속한 영역은 학습자가 어휘를 선택할 때 영향을 끼칠 수 있는 상황 맥락적 요소가 된다. 특별히 이러한 영역들은 '담화의 장'과 관련한 변이형을 결정짓게 되며, 이와 관련하여 생각해 볼 수 있는 어휘의 선택 가능 집합으로는 주제 관련 어휘 및 의사소통 기능 수행을 위한 메타 어휘, 영역에 대한 어휘 등을 생각해 볼 수 있다. 기능 수행을 위한 메타 어휘는 곧 어휘 자체가 내용이 되면서 한편으로는 기능을 드러내는 표지어가 되는 경우를 뜻한다. 위의 표를 예로 들면, '초대/초대하다, 건의/건의하다, 사과/사과하다' 등의 어휘를 찾아볼 수 있다. 또한 주제 관련 어휘와 영역에 대한 어휘 역시, 동일한 내용을 전달하고자 하더라도 그 주제가 학문적인 영역 등의

---

29) 예들은 김유정(2011), 한하림·양재승(2014), 안의정(2014) 등을 참고하였다.

전문적인 영역을 중심으로 하고 있다면 일상적인 영역의 어휘와는 달리 선택되고 사용된다.

마지막으로, 참여자들의 관계에 따른 상황 맥락은 담화 참여자들 간의 친숙도와 상하 관계로 나누어 살펴볼 수 있으며, 이러한 상황 맥락은 '담화의 형식'이라는 측면에서 어휘의 변이를 끌어낸다. 담화의 형식은 화·청자와의 관계에 관한 것으로서 '밥/진지, 집/댁, 나이/연세, 먹다/잡수시다, 죽다/돌아가시다'와 같은 어휘 중 어느 하나를 선택하는 것은 이러한 담화의 형식이 고려된 것이다. 또한, 상호 관계를 고려하지 않는 상황 맥락, 이를테면 시험 상황이나 보도 등에서는 높임법 어휘가 배제된 중립적인 어휘를 선택하게 된다. 물론 참여자 맥락은 어느 정도 화자 또는 필자의 주관적인 가치 판단을 담고 있으며, 이로 인해 상황 맥락에 맞지 않는 어휘가 선정되기도 한다. 그러나 이 역시 화자/필자의 생각이나 감정, 태도 등을 적절하게 표현하기 위한 의도가 담겨 있다면, 그 선택이 적절하지 않았다고 판단할 수는 없을 것이다. 앞서 언급한 바와 같이, 이러한 참여자 맥락은 '상황' 범주의 담화 유형, 공식성의 영향을 받게 되며, '목적 및 기능'의 담화 영역 역시 참여자의 관계를 어휘 선택에 반영하기 이전에 먼저 고려된다.

지금까지 상황 맥락 요소로서의 어휘를 살피고, 어휘 선택에 영향을 주는 상황 맥락과 언어 사용역을 검토하였다. 이를 통해 학습자가 어휘를 선택하고 사용하는 데에는 '의미 전달'의 동인과 더불어, 의사소통 목적이나 기능, 의사소통이 이루어지는 상황, 담화 참여자들의 관계 요소가 영향을 미침을 알 수 있었다. 어휘를 유창하게 사용한다고 말할 때는, 이러한 상황 맥락의 변이에 따라 적절한 언어 변이형을 선택할 수 있다는 것을 포함해야 하며 이는 언어 사용역에 대한 이해를 전제로 한다.

3. 의사소통 단위 구성 요소로서의 어휘

지금까지 의사소통적 관점에 기대어 어휘가 갖는 중요성과 그 기능에 대해 정리하였다. 이 절에서는 어휘가 의사소통의 단위, 특별히 담화 구성에 어떠한 역할을 하는지를 살피고, 향후 담화 차원에서의 어휘 유창성을 논의할 때에 고려해 보아야 할 점들을 고민해 보고자 한다.

의사소통 목적을 염두에 두고 담화를 구성해 나갈 때는, 정확하고 적절한 어휘를 선택하여 이를 응집성 있게 사용하는 것이 중요하다. 따라서 담화를 구성하는 것과 그 완성도를 높이는 데에 있어 어휘 능력이 간과되어서는 안 될 것이다. 이러한 관점에서 어휘 능력과 담화의 관계를 이론적으로 살펴보고, 이를 통해 담화 차원에서의 어휘 선택과 사용의 원리를 탐색해 보고자 한다.

(1) 의사소통 단위로서의 담화

1960년대까지는 문장을 최상위 단위로 보고 이를 연구의 대상으로 삼는 통사론과 문장 의미론에 대한 연구가 대다수를 이루었다. 그러나 이후 문장의 단위를 넘어서는 담화 단위 설정의 필요성이 꾸준히 제기되면서 1990년대 이후부터 최근에 이르기까지 '담화'와 '텍스트' 차원에 대한 연구가 양적, 질적으로 발전하게 되었다(박영순, 2004:13).[30]

---

30) 한국어 교육에서도 이러한 연구의 흐름이 이어졌는데, 강현화(2012)에 따르면 한국어 교육과 관련한 담화 연구는 2004년을 기점으로 하여 급격히 증가하였으며 그 연구 주제 역시 담화 기능과 패턴, 담화 유형에 관한 연구 등으로 다양해지고 있는 추세라고 할 수 있다.

'담화(discourse)'에 대한 정의는 학자마다 조금씩 다르게 나타나며, 그 범위를 설정함에 있어서도 많은 입장 차이가 있다. 그러나 문장 층위를 넘어서는 완결된 의미 구조를 지닌 언어 단위[31](김정숙, 1996:295~296)라는 점에서는 대체적인 합의가 이루어진 편이라고 할 수 있다.[32] 그러나 담화라는 용어에 대해 보다 면밀한 논의를 전개하기 위해서는 '담화(discourse)'와 유사 맥락에서 자주 나타나는 '텍스트(text)'의 개념을 정리하고 담화와의 관계를 밝히는 것이 선행되어야 한다.

담화와 텍스트를 각각 미국과 유럽에서 선호하는 용어라고 정리하는 입장도 있으나, 대체적으로는 (1) 담화와 텍스트를 문장 이상의 언어 단위(a level of structure higher than the sentence)로 구별하지 않고 혼용하거나(Harris, 1951[33]; Chafe, 1992[34]), (2) 동일한 층위에서 두 용어를 취급하되 담화와

---

31) 김정숙(1996)의 원문에서는 '발화의 단위'로 기술하고 있다. 그러나 '발화'가 문어를 배제한 구어 차원에서 이루어지는 것이라는 통념을 고려해 볼 때, 보다 중화적인 의미인 언어 단위로 풀어 옮겨 적은 것이다. 이에 대해서는 '담화'와 '텍스트' 간의 관계를 살피는 가운데 보충하여 논의하겠다.

32) 김정숙(1996)에서는 이를 상술하며, '최소한 형식적인 응집성과 내용상의 결속성을 갖춤으로써, 서로 관련성을 지닌 문장들의 연쇄체로서의 유의적 총체'로 부연한 바 있다. 이러한 논의에 따르면, 담화가 갖추어야 할 기본적인 요건으로 응집성, 결속성을 도출해 낼 수 있으며, '관련성을 지닌 문장들의 유의적 총체'라는 기술을 통해 의미적인 완결성(의미성)을 갖추어야 함도 알 수 있다.

33) Widdowson(1995)에서 비판한 것처럼, Harris(1951)의 정의는 담화를 언어 사용의 측면에서 바라보지 않고, 결합 관계에 있는 문장들 사이의 규칙적인 패턴이 드러나 있는 구현체(manifestation) 정도로 파악하고 있다. 이는 '확장된' 것이라는 외에는 담화와 문장을 동일한 것으로 이해한 것이다. 그러나 이러한 견해는 문장 수준에서 설명할 수 없는 담화 구조, 담화 의미 등에 대한 논의는 배제하고 있으며, 이후 많은 학자들에 의해 비판되어졌다.

34) The term 'discourse' is used in somewhat different ways by different scholars, but underlying the differences is a common concern for language beyond the

텍스트의 의미 범주를 다르게 보는 입장, (3) 담화와 텍스트 중 어느 하나를 취하여, 다른 개념을 포괄하는 상위 개념으로 설명하는 입장의 세 부류로 나누어 살펴볼 수 있다. 이 절에서는 추후 사용하게 될 개념의 엄밀성을 확보하기 위해, (2)와 (3)의 입장을 구체적으로 살펴보고 이를 통해 논의하고자 하는 대상의 개념과 범위를 명확히 하고자 한다.

먼저 동일한 층위에서 담화와 텍스트를 바라보고 있으나 이 두 용어를 사용하는 맥락을 달리하는 입장에서는 언어 사용 모드(mode)를 그 구분기준으로 삼고 있다. 담화를 '구어 담화(spoken discourse)', 문어를 '문어 텍스트(written text)'로 나누어 지칭하는 연구35)가 그 예이다. 정희자(1998)에서는 좁은 의미에서 담화와 텍스트를 정의하며, 담화를 '언어 수행, 구어, 기술 중심'의 성격을 가진 것으로, 텍스트는 '언어 능력, 문어, 규범화'의 성격을 가진 개념으로 규정한 바 있다. 그러나 최근에 이르러 문어와 구어의 경계가 모호해지고, 특히 구어의 전유물이라고 여겨졌던 상황적인 맥락 요소가 문어에서도 중요하게 다루어지게 되면서 담화와 텍스트의 정체성을 다른 데에서 찾고자 하는 연구의 흐름이 나타나게 되었다.

Brown & Yule(1983)은 담화를 사용상의 언어(language in use)로 보았으

---

boundaries of isolated sentences. The term TEXT is used in similar ways. Both terms may refer to a unit of language larger than the sentence : one may speak of a 'discourse' or a 'text'. (Widdowson, 1995; 162에서 재인용, 밑줄은 본고에서 임의로 처리)

35) 서혁(1994)에서는 discourse와 text라는 용어의 개념은 학자에 따라 크게 1) 둘을 구분하지 않고 자유롭게 쓰는 경우, 2) discourse를 취하여 포괄적 개념으로 사용하는 경우, 3) text라는 용어를 취하여 포괄적인 개념으로 사용하는 경우가 있다고 정리하며, 여기에서 드러나는 대체적인 공통 특징은 담화라는 용어가 구어 지향이라면, 텍스트는 문어 지향적이라는 점임을 밝히고 있다(서혁, 1994:245).

며, 이러한 담화가 표현된 것이 텍스트로서 텍스트는 의사소통 행위의 언어적인 기록이라고 정의하였다. 즉, 담화를 언어 사용의 차원으로, 텍스트는 언어의 표상으로 이해한 것이다. Enkvist(1989)에서는 담화와 텍스트를 맥락의 포함 여부에 따라 구분하였는데, 텍스트가 맥락 없는 담화에 해당되는 것인 반면 담화는 상황적 맥락이 포함된 텍스트라고 하였다(안병길, 2002에서 재인용). 이러한 논의들을 종합하여 보면, 담화는 언어 사용, 맥락이 포함된 포괄적인 용어로서 동적인 개념으로 사용된 반면, 텍스트는 담화에서 맥락이 결여된, 언어 수행의 산물이라는 정적인 개념으로 주로 사용되고 있음을 알 수 있다.

한편 담화와 텍스트 중 하나를 취하여, 어느 하나가 다른 하나를 포괄하는 상위 개념이 된다고 설명하는 연구 또한 존재한다. 이들 연구는 대체적으로 텍스트를 담화보다 상위의 개념으로 살펴보고 있는데, 대표적인 연구로는 박영순(2004), 김정남(2008)이 있다. 박영순(2004)에서는 담화(discourse)를 화·청자가 한 가지 화제, 사건, 주제에 대하여 교환하는 언어 단위, 혹은 두 개 이상의 문장으로 구성되어 응집성, 결속성, 의미성을 가진 언어 단위라고 정의하고 있으며, 텍스트(text)를 담화보다 큰 단위로서 결속성, 응집성, 의미성, 완결성, 정체성을 가지는 언어 단위 중 가장 큰 단위로 보았다.

반면 김정남(2008)에서는 텍스트(text) 유형을 하나의 완결된 형식을 의미하는 좁은 의미의 텍스트 장르를 말하는 것으로 보며, 담화(discourse) 유형은 하나의 텍스트를 구성하는 여러 가지 기술 양식을 의미하는 것이라고 하였다.

이와 같은 논의들을 살펴본 결과, 이 절에서는 담화를 의사소통 맥락을 포함하는 언어 수행의 단위로, 텍스트는 이러한 수행의 결과물로서 수행의 양상을 관찰, 기록한 것으로 정의하고자 한다. 즉, '담화'라는 용어는, 의사소통 목적을 가지고 수행된 문장 이상의 단위를 지칭하게 될 것이며, 특별히 의사소통이 이루어지는 상황 맥락을 포함하는 단위에 대해 사용할 것이다. 또한 이것이 실현된 구현체를 '텍스트'로 지칭할 것인데 학습자가 생산한 작문이나 구어 전사 자료를 직접적으로 가리킬 때에 사용하게 될 것이다. 다만 작문이나 구어 전사 자료를 논의할 때 그것이 상황 맥락을 포함하는 의사소통의 단위라는 의미에서 다루게 된다면 작문 담화, 구어 담화로 지칭할 수 있다.

'어휘 유창성'은 의사소통 목적을 가지고 실제 의사소통을 수행하는 차원에서 논의되어야 하므로, 여기에서는 '담화'를 채택하여 '담화 차원'에서의 어휘 유창성이라는 용어를 사용할 것이다. 이때 '담화 차원'이라는 것은, 단순히 문장 층위 이상의 층위를 의미하는 것이 아니라, 의사소통 목적과 맥락을 포함하는 언어 수행의 단위임을 뜻하며, '담화 차원에서의 어휘 유창성'은 곧, 의사소통 목적을 가지고 담화라는 언어 단위를 통해 이러한 목적을 달성해 나가고자 할 때, 보다 효과적으로 의미를 전달하기 위해 또는 의사소통이 이루어지는 상황적인 맥락을 반영하기 위해 어휘를 선택하고 사용하는 것을 의미한다. '담화 차원에서의 어휘 유창성' 개념과 그 범위는 이후 3장에서 보다 면밀하게 살펴보게 될 것이며 다음 절에서는 이러한 '담화'를 구성하는 것과 관련된 어휘 차원에서의 논의가 이루어질 것이다.

(2) 담화의 구성요소로서의 어휘

담화의 본질에 대해 논하기 위해서는 담화를 담화답게 하는 것에 대한 논의가 반드시 이루어져야 한다. Beaugrande와 Dressler(1981)의 연구에서는 텍스트성을 판정하는 7가지 기준을 제시하고, 텍스트를 '7가지의 텍스트성 기준을 모두 만족하는 의사소통적 발화체'로 정의한다. 여기에서 말하고 있는 텍스트성 기준으로는 결속성, 응집성, 의도성, 용인성, 정보성, 상황성, 상호텍스트성 등이 있다.

박영순(2004)에서는 Beaugrande와 Dressler(1981)의 기준을 비판적으로 받아들이고 있다. 이 연구에서는 Beaugrande와 Dressler(1981)에서 말하는 결속성과 응집성에 대해 형태론적 결속성은 '결속 장치'로 이루어지는 '결속성'으로, 글이나 말의 의미론적 통일성에 관한 것은 '응집성'으로 명명할 수 있다고 하였다. 또한 의도성과 정보성은 전달하고자 하는 '의미'에 관한 것으로 보아 '의미성'으로, 상호텍스트성은 기존 텍스트와 연관을 가지는 성질인데, 이것이 텍스트성을 이루는 데에 핵심적인 기준으로 보기는 어렵다고 판단하여 제외하였다. 또한 용인성과 상황성 역시 이들 개념이 구태여 담화나 텍스트 단위에서만 고려될 성질의 것이 아니므로 필수적인 요소나 기준이 될 수 없다고 하였다.

박영순(2004)는 이러한 관점에서 담화와 텍스트가 공통적으로 가져야 하는 구성 요소로서 결속성, 응집성, 그리고 의미성을 들었다. 해당 연구에서는 결속성을 문장과 문장, 담화와 담화를 서로 연결시켜 주는 결속 장치를 통해 전달하고자 하는 의미를 하나의 담화나 텍스트로 결속시켜 주는 원리로서, 문법적인 장치나 어휘를 통하여 구현될 수 있다고 보았다. 또한 응집성은 주제나 의미가 하나로 모아지는 성격을 말하며, 의미성은 하나의 담화나 텍스트가 전체적으로 어떤 의미를 가지고 있어야 한다는 것으로 보았다. 이때, 의미성에는 논리적인 의미와 언어적 의미, 정보, 화자의 의도, 상황적 의미까지도 모두 포함된다고 하였다. 그러나 담화가 결합한 단위인 텍스트의 경우 담화에 비해 몇 가지 성질을 더 가지게 되는데, 이때 논의되는 것이 완결성과 정체성이다. 완결성이란 하나의 언어적 표현이 완결됨을 말하는 것이며, 정체성은 주어진 텍스트가 어떤 종류의 글인지 또 어떤 주제를 담고 있는지 등 글의 전체적인 모습과 특징을 확인할 수 있어야 한다는 것이다. 따라서 박영순(2004)에서는 담화의 필수적인 구성 요소로서 결속성, 응집성, 그리고 의미성을, 텍스트의 필수적인 구성 요소로서는 앞의 세 가지 요소에 완결성과 정체성이 더 고려되어야 한다고 하였다.

그러나 박영순(2004)의 텍스트 혹은 담화성의 기준은 다음과 같은 측면에서 재고의 여지가 있다. 첫 번째는 의미성(meaningness)의 모호함으로, 의미성 개념의 범위가 지나치게 넓어 논의되는 층위가 다른 기준들과 맞지 않는 문제가 있다. 두 번째는 상황성(situationality)의 배제이다. 박영순(2003)에서는 상황성이 구태여 담화에서만 고려될 성질의 것은 아니라는 점에서 상황성을 배제하고 있다. 그러나 담화를 구성한다고 하였을 때에 상황성을 배제하고서는 의미 있는 담화를 구성할 수 없다. 이러한 관점에서 본고에서는 담화의 필수적인 구성 요소로서 결속성(cohesion)과 응집성(coherence), 그리고 상황성(situationality)을 이야기하고자 한다. 또한, 담화의 구성 요소에서는 누락되었으나 텍스트의 구성 요소로서 언급하였던 완결성과 정체성 역시, 담화가 의사소통의 단위로서 완성된 의미를 가져야 하며, 특정한 의사소통 기능을 수행해야 한다는 점에서 완결성과 정체성을 가지고 있어야 한다고 보고, 본고에서는 담화의 필수 구성 요소로 결속성과 응집성, 상황성, 완결성, 정체성의 다섯 가지를 고려하고자 한다.

다음으로 '어휘'와 담화 사이의 관계는 어떻게 규정할 수 있을 것인가? 여기에 대한 답을 모색하기 위해 담화의 범위와 특성을 논의해보고자 한다.

담화는 앞서 살펴본 바와 같이, 의사소통 목적을 가지고 수행된 문장 이상의 단위로 정의할 수 있다. 박영순(2004)의 정의처럼 담화는 일반적으로 두 개 이상의 문장이 서로 응집, 결속, 의미성을 가지고 결합된 의미 단위로 이해되다. 있다. 그러나 다음과 같은 예는, 위와 같이 담화를 이해하는 것에 대해 의문을 가지게 한다.

1) (주문을 받은 종업원이 주방을 바라보며 큰 소리로)
   "백반 둘!"

2) (도서관 건물 벽에 붙어 있는 글씨)
   정숙

위의 1), 2)는 두 문장 이상이 결합된 언어 단위가 아닌 하나의 문장, 하나의 어휘에서 완결되고 있는 예라고 할 수 있다. 그렇다면 이와 같은 경우도 담화로 볼 수 있는가? 결론적으로 말하자면, 이 책에서는 이 두 가지의 예 모두 담화로 보고자 한다. 앞서 논의하였던 바와 같이, 담화가 담화로서 기능할 수 있기 위해서는 결속성, 응집성, 상황성, 완결성, 정체성의 다섯 가지 요소가 충족되어야 하며, 이는 곧 의미를 전달하고, 상황 맥락을 드러내는 어휘의 사용과도 관련 있다. 담화는 수행을 전제로 하며 상황 맥락을 포괄하는 것임을 앞서 논의하였다. 이에 따르면 예 1)과 2) 모두 '음식 주문', '경고(혹은 요청)'이라는 언어 기능을 수행하고 있으며, 주변적 상황과 맥락에 의해 그 의미를 온전히 이해할 수 있다는 점에서 담화로서의 자격을 갖추고 있다. 조성식 외(1990)에서는 한 개 이상의 문장으로 구성된 문장의 연속체가 독립적인 하나의 화행, 예컨대 회화나 이야기로 인지될 수 있을 때 이를 '담화'라고 부른다고 하였다(김호정, 2006에서 재인용). 따라서 한 개의 문장 혹은 문법 기능어가 생략된 하나의 단어인 경우에도, 그것이 독립적인 하나의 의미 기능을 수행하며 상황 맥락을 전제로 한다면 담화라고 볼 수 있을 것이다.

이러한 예를 통해, 어휘가 곧 담화를 완성하는 핵심적인 단위임을 알 수 있다. 어휘를 배제하고서는 담화를 구성할 수 없으며, 또한 그 의미를 이해할 수 없다. 반면 상황에 맞는 어휘를 적절하게 사용하였을 때에는 그 길이나 문법의 포함 여부와 관계없이 완성된 담화를 구성할 수 있다. 이러한 점에서 어휘는 의사소통 단위를 구성하는 결정적인 요소로서 이해될 수 있다.

김지영(2014)에서는 텍스트의 구성 과정에 어휘가 매우 중요한 역할을 함을 지적하며, 텍스트와 어휘의 관계에 대해 상향적 관점과 하향적 관점으로 나누어 설명하고 있다. 특별히 상향적 관점에서 텍스트가 구성될 때, 어휘가 밀접한 관련을 가지게 되는 개념은 결속성(cohesion)이라고 하였다. 이러한 결속성에 대하여서는 박수자(1994)에서도 언급된 바 있는데, 박수자(1994)의 연구에서는 어휘적 결속성을 기제로 어휘의 텍스트 형성 기능이 수행된다고 보았다.

Haliday & Hasan(1976)에서는 결속성(cohesion)에 대해 텍스트 표면의 구성 요소들, 즉 우리가 실제로 듣고 보는 단어들의 연쇄를 이루는 문법적, 형태적 장치에 의해 실현되는 것으로 설명하였으며, 응집성(coherence)는 이러한 결속성을 이루는 장치들로 인해 전달되고 해석되는 의미론적 일관성이나 통일성을 말한다고 하였다.36)

---

36) 박영순(2004)에서는 Haliday & Hasan(1976)의 결속성과 응집성을 각각 결속 구조와 결속성으로 번역하고 있다. 이를 통해 결속성과 응집성이라는 용어가 혼재되어 사용되고 있으며, 그 이해 범주가 학자마다 다르게 나타나고 있음을 알 수 있다. 그러나 본고에서는 이하 설명을 토대로 용어를 통일하여 사용하고자 하였다. 본고에서는 통사적인 장치에 의한 표층적인 결속성은 결속성(cohesion)으로, 의미적인 차원에서 각각의 내용 요소들이 하나의 의미에 의해 일관되고 긴밀하게 결합하는 것을 응집성(coherence)으로 보았다. 이는 Michael Stubb(1983)에서 외형적 결속(cohesion)과 내면적 결속(coherence)을 구분하

본고에서는 통사적인 장치에 의한 표층적인 결속성은 결속성(cohesion)으로, 의미적인 차원에서 각각의 내용 요소들이 하나의 의미에 의해 일관되고 긴밀하게 결합하는 것을 응집성(coherence)[37])으로 보고자 하며, 담화의 필수적인 구성 요소인 결속성과 응집성에 어휘 요소가 적극적으로 관여함을 밝히고자 한다.

먼저 담화의 결속성은 담화 요소들 사이에 존재하는 문법적인 연결 관계를 나타내는 것으로, Halliday & Hasan(1976)에서는 지시와 대치, 접속, 생략, 어휘 결속의 다섯 가지 유형을 들고 있다. 김은희(2007:18)에 의하면, 한국어의 경우 대치의 개념이 약하고 지시와 중복되거나 구분되지 않는 부분이 있으므로, 국내 학자들은 지시와 대치를 포괄하는 개념으로서 대용이란 용어를 사용하는 경향이 있다. 따라서 어휘적 결속을 제외하면, Halliday & Hasan(1976)의 결속 장치는 곧 대용, 접속, 생략의 세 가지로 구분해 볼 수 있다.

박영순(2004)의 논의에서는 외형적 결속과 내재적 결속으로 나누어 살피고 있는데, 박영순(2004)에서의 외형적 결속 장치는 다음과 같은 것들을 포함하고 있다.

- 문법적 결속 장치 : 접속어, 지시어, 대용어
- 논리적 결속 장치 : 논증, 인과, 조건과 비교

며, 외형적 결속은 표면적 결속, 내면적인 결속은 기저 결속으로 본 것과 동일하다. 이때, 형태적인 결속 장치와 비견되는 의미적인 결속 장치로 내재적인 결속이 있을 수 있는데, 내재적인 결속의 유형 및 예는 제3장의 2절에서 살펴볼 것이다.

37) H. Büßmann(1990)은 응집성을 넓은 의미에서의 응집성과 좁은 의미에서의 응집성으로 구별하고 있다. 전자는 "텍스트 형성적 결속 관계"로 모든 종류의 문법적 관계와 의미적 관계들을 포함하는 반면, 후자는 의미적 결속 관계만을 말한다(정희자, 2008에서 재인용). 이러한 구분에 따르면, 본고에서 말하는 응집성은 좁은 의미에서의 응집성이라고 할 수 있다.

- 어휘적 결속 장치 : 주제어 반복, 핵심어 반복, 부사의 사용, 어휘의 대치
- 의미적 결속 장치 : 첨가 및 강조, 화제 바꿈, 요약 및 응집, 답변
- 인용 장치 : 인용조사

박영순(2004)의 문법적 결속 장치는 Halliday & Hasan(1976)에서 말한 결속 장치와 대응된다고 할 수 있다. 그러나 문법 장치를 통해 표층적으로 확인할 수 있는 문법적 결속 장치를 제외하고는, 본고에서 의도하는 '결속성'의 범주에 해당하지 않는 것들이 존재하므로 비판적인 검토가 필요하다.

박영순(2004)의 논리적 결속 장치는 자신의 생각이나 주장을 정당화하기 위한 논증과 원인과 결과를 나타내는 인과, 조건과 비교를 나타내는 결속 장치 등으로 구분될 수 있는데, 이때 각각의 예로 '왜냐하면, 예를 들어서, 따라서, 그러므로, 만약, 만일, 한편' 등을 들고 있다. 이는 접속사와 어휘 표현이 혼재되어 있는 것이므로 이에 대한 면밀한 구분이 이루어져야 할 것이다. 앞서 통사적인 장치에 의한 표층적인 결합은 결속성(cohesion)으로, 의미적인 차원에서 각각의 내용 요소들이 하나의 의미에 의해 일관되고 긴밀하게 결합하는 것을 응집성(coherence)으로 보고자 하였다. 이러한 정의에 등장하는 내용 요소는 곧, 어휘를 가리킨다. 어휘적 결속(lexical cohesion)은 어휘의 의미적인 속성으로 인해 의미 응집성과 동떨어질 수 없으며, 의미적 응집은 곧 어휘 결합과 사용의 양상을 통해 그 정도성을 확인할 수 있다. 이러한 관점에서 박영순(2004)의 어휘적 결속장치 및 의미적 결속장치는 의미 응집성에서 다루어질 수 있을 것이다. 또한 위에서 언급한 인용 장치 역시, 담화의 외부에 있던 새로운 담화를 담화의 내부로 끌어 오는 인용 조사를 의미하는 것이므로, 본고에서 고려하는 담화를 구성하는 차원의 결속성에 포함되지 않는다. 따라서 본 책에

서는 박영순(2004)의 문법적 결속 장치만을 '결속성' 범주에서 다루고자 한다.

한편 정희자(2008)에서도 대용, 생략, 접속에 의해 결속이 이루어진다고 하였는데, 각각에 해당하는 예로는 아래와 같은 것들이 있다.38)

(3) *이 빵들*은 오래되었으니, 갓 구운 *것*으로 가져가는 게 좋겠다.
(4) 가 : 이쪽이 오늘 할인하는 품목들인가요?
　　나 : 아니요. 그건 내일이요.(내일 할인하는 품목이요.)
(5) 그 사람은 학교에 오지 못했다. *왜냐하면* 하루 종일 아팠기 때문이다.

(3)은 선행문의 '이 빵들'을 후행절에서 '것'으로 받아 사용한 예이다. 이는 대용어의 사용을 통해 결속성을 확보한 것이라고 해석할 수 있는데, 한국어의 대용어로는 보통 대명사를 논할 수 있으며, '것, 분, 곳' 등의 의존명사, '이러하다', '그러하다'와 같은 동사에 의해 실현된다. 이를 정리하면 다음과 같다.

---

38) 정희자(2008)에 실린 예들을 한국어로 번역한 것이며 번역하는 과정에서 자연스러운 표현으로 조금씩 수정을 가하였다.

〈표 1-2〉 한국어 대용어의 예[39]

대명사	인칭대명사		나, 저, 우리, 그, 그녀, 그것, 그들, 누구, 아무, 자기[40] 등
	지시대명사	사물대명사	이것, 그것, 저것, 무엇, 아무것 등
		처소대명사	여기, 저기, 거기, 이곳, 그곳, 저곳, 어디, 아무데 등
		방향대명사	이쪽, 그쪽, 저쪽 등
의존명사			것, 분, 곳, 쪽 등
대동사			이러하다, 그리하다, 저리하다 등
대형용사			이렇다, 그렇다, 저렇다 이러하다, 그러하다, 저러하다 등

한편 (4)의 경우 '나'의 생략된 부분을 해석하기 위해 '가'의 정보를 활용하게 함으로써 결속성을 확보한 예이다. 생략(ellipsis)을 담화 결속 장치로 보는 이유는, 생략된 담화 구성 요소를 환원하는 과정에서 결속성이 확보되기 때문이다. 즉, 생략된 빈자리의 모호함을 극복하기 위해서는 앞과 뒤에 나온 정보에 의존해야 하는데, 이러한 과정에서 앞뒤의 담화 구성 요소들에 대한 환기 및 주의 집중이 이루어진다. 다만, 생략의 기제가 담화의 결속에 관여하기 위해서는 담화의 전체적인 의미가 일관성, 혹은 완결성을 가지고 있어야 한다.

(5)는 접속사의 사용을 예시로 든 것이다. 한국어에 접속사 범주가 존재하느냐에 대해서는 많은 논란이 있어 왔으나, 이러한 논란이 지속적으로 빈번히

---

39) 양명희(1994), 안경화(2001), 이은영(2007)의 대용어 연구 및 대명사, 의존명사 등의 문법 관련 연구 등을 참고하였다.

40) 인칭 대명사는 지칭하는 대상에 따라 1, 2, 3인칭으로 나눌 수 있으며, 가리키는 사람을 정확히 모르거나 특정한 사람을 가리키지 않을 때 미지칭 대명사와 부정칭 대명사를 사용한다. 또한 한 문장에서 3인칭 주어가 되풀이될 때 그것을 다시 가리키는 대명사로서 재귀 대명사 자기, 제, 당신 등이 있다.

나타났던 것은 결국 단어와 단어, 문장과 문장의 연결을 담당하는 어휘 범주가 쉽게 관찰되며 이것이 다른 품사와 별도의 행태를 보이기 때문일 것이다. 따라서 이 책에서는 이러한 기능을 하는 어휘를 접속 부사로 구분할 수 있다고 보고, 한송화(2013)에서 정리한 접속 부사의 분류를 따르고자 한다.

〈표 1-3〉 한국어 접속 부사의 예(한송화, 2013)

단어 연결 접속부사		및, 또는, 곧, 혹은 등
문장 연결 접속부사	나열 관계	그리고, 또, 더구나, 하물며, 또한 등
	인과 관계	그래서, 그러니까, 그러므로, 그리하여, 그런즉, 따라서 등
	조건 관계	그러면, 그렇거든, 그래야 등
	대립 관계	그러나, 그렇지만, 하지만, 하나, 그래도, 그럴지라도, 그런데 등

한편 정희자(2008)은 응집성을 문장 간의 내용적·인지적 결속 관계에 대한 것으로 이해하며 다음의 잘 알려진 예를 통해 응집성을 논하고 있다.

a. 절차는 사실상 아주 간단하다. 우선, 물건들을 여러 그룹으로 분류한다. 물론 해야 할 일이 얼마나 많은가에 따라서 한 덩어리로도 충분할 수 있다. 시설이 부족해서 다른 곳으로 가야 한다면, 그것은 다음 단계에 할 일이다. 그렇지 않다면, 준비가 꽤 잘 된 상태이다.

b. 지나치게 많이 하지 않는 것이 중요하다. 다시 말해서, 한꺼번에 아주 많이 하기보다는 아주 적게 하는 편이 낫다. 단기적으로는 이것이 중요한 것처럼 보이지 않을지도 모른다. 그러나 복잡한 일이 생길 수도 있다. 한 번의 실수는 아주 값비싼 것이 될 수도 있다.

c. 처음에는 그 모든 과정이 복잡한 것처럼 보일 것이다. 그러나 그것은 삶의 다른 면에 불과할 것이다. 가까운 미래에 이런 일이 필요 없게 되리라는 것을 예측하기는 어렵다. 그러나 그렇다고 해도 아무도 장담할 수는 없다.

d. 모든 과정이 끝난 후에 그들을 다시 여러 그룹으로 분류한 후에 적당한 장소에 넣는다. 결국 그들은 한 번 더 사용될 것이며, 그 모든 과정이 반복되어야 할 것이다. 그러나 그것은 삶의 한 부분이다.

위와 같이 문단 간의 연관성을 명시적으로 확인할 수 없을 때에도 '세탁에 대한 지식'이라는 주제를 텍스트에 적용하면, 각각의 조각난 내용들이 하나의 주제 아래 응집력 있게 선택되어 사용되었음을 알 수 있으며, 내용 간의 관련성 역시 보다 분명하게 확인할 수 있다. 이처럼 응집성은 담화를 하나의 주제 아래 긴밀하게 응집하는 의미적인 결속으로 이해될 수 있다.

특별히 어휘를 통해 담화의 응집성이 확보되는 예로는 동일어의 반복이나, 유의어를 통한 대치, 상·하위어로의 대치 등을 생각해 볼 수 있다. 안경화 (2001)에서는 담화의 응집성 기제를 어휘에 의한 응집과 논리에 의한 응집으로 나누어 살펴보고 있으며[41] 어휘적 응집에는 동일어 반복, 동의어, 반의어, 상·하위어, 연어[42] 등을, 논리적 응집으로는 나열, 대조, 배경, 선택, 인과,

---

41) 안경화(2001)은 담화의 논리성을 보장하고자 표면적으로 사용하는 어휘나 문법 등의 언어적 표현을 응결장치로 정의하고, 문법적 응결 장치와 어휘적 응결 장치, 그리고 논리적 응결 장치의 큰 세 가지로 구분하고 있다. 본고에서는 표층적으로 살펴보기 힘든 의미적인 결합 관계를 응집성으로 보고 있으므로, 안경화(2001)의 어휘적, 논리적 응결 장치는 모두 의미적인 응집성 기제에서 다루고자 한다.

42) 안경화(2001)에서는 연어를 어휘적 응결 장치로 다루고 있다. 연어는 하나의 어휘가 의미적

조건, 시간 및 방식 등의 의미 기능을 가진 연결 어미, 접속 부사, 관용적 연결 어를 들고 있다.

이러한 응집은 표면적으로 찾아볼 수 있는 통사적 장치를 전제하지 않고, 내용 요소들 간의 의미적인 연관성에 의해 실현되기 때문에 응집성이 획득되는 정확한 지점을 발견하고 설명하기가 어렵다. 이로 인해 그 중요성에도 불구하고 교육과 평가에서 적극적으로 다루어지지 않았던 것이 사실이다. 그러나 Hoey(1991)[43]의 연구에서는 어휘에 의해 실현되는 의미적인 응집이 텍스트의 응집적 연결에서 40%의 비중을 차지하는 것으로 보았으며, 텍스트를 이루는 문장 간의 다양한 어휘적 관계들이 텍스트 응집성 정도를 측정하는 척도가 될 수 있다고 주장하였다(Nunan, 1991).

이러한 점에서 이선영(2013)의 논의는 많은 시사점을 던져준다. 이선영(2013)은 한국어 교육에서의 응집성 개념을 종합적으로 다루며 기존의 연구들에서 응집성을 어떻게 바라보고 있는지를 세 가지 차원에서 살펴보고, 한국어 교육에서 응집성 개념에 대한 합의가 이루어져야 함을 역설하였다. 이에 의하면, 응집성에 대한 연구는 결속성과의 관계를 설명함으로써 응집성의 개념을

으로 관계가 있는 다른 어휘와 빈번하게 공기하는 것을 의미하므로, 어휘 차원에서의 결합일 뿐, 순수한 의미에서 연어가 담화가 일관된 하나의 의미, 논리를 유지하게 하는 기능을 주도한다고 보기는 어렵다. 따라서 본고에서는 연어를 담화의 의미적 응집에서 이해하기보다는, 담화를 형성하는 기능을 하는 장치로 파악하고자 한다.

43) Hoey(1991)은 텍스트의 응집 정도를 측정하기 위해 반드시 고려되어야 하는 것으로, 특정 문장이 가지는 중심성(centrality) 또는 중요도(importance)를 들고 있다. 이는 우리가 일반적으로 중심 문장, 중심 생각이라고 이야기하는 문장을 대상으로 하였을 때, 해당 문장을 이루고 있는 각각의 어휘가 다른 문장의 어휘와 어느 정도로 연결되어 있는지와 관련이 있다. 그의 연구는 화자 또는 필자의 중심 생각을 구심점으로 응집성을 살펴보아야 함을 시사하며, 어휘적 연결을 통해 담화의 응집성 정도를 측정하고자 하였다는 점에서 의미를 가진다.

강화한 연구, 언어 사용자 개념을 포함시켜 응집성을 정의한 연구, 그리고 일반적으로 논의하는 의미의 연결이 아닌 의미의 '통일' 측면을 중심으로 논의한 연구의 세 가지 범주로 나눌 수 있다. 이러한 고찰을 통해 이선영(2013)에서는 응집성을 결속 장치를 통해 나타나는 결속성과는 별개로, '의미적인 연결'만으로도 확인될 수 있는 개념으로 인식해야 한다는 것과 응집성이 의미적인 통일성보다는 의미들 간의 연결이 잘 이루어졌는지를 통해 판단되어야 함을 주장하였다. 해당 논의에서 주목해야 할 것은, 담화의 결속 장치가 빈번히 사용된다고 하여서 담화의 결속성이 높아지는 것이 아니라 오히려 결속 장치를 과다하게 사용하는 경우가 발생할 수 있으므로, 의미를 논리적으로 전개해 나가는 방법에 대한 학습자들의 인식을 고양해야 한다는 문제 인식이다. 또한 응집성을 확인하는 기준을 결속 장치에만 두게 될 경우 교육이나 평가에 모호성이 발생하게 되므로, 이를 어떻게 지도하고 평가해야 할 것인가에 대한 기준 마련이 시급하다는 주장 역시 심도 있게 고찰할 필요가 있다.

지금까지의 논의를 토대로 하여 담화 구성 요소로서의 어휘는 다음의 세 가지 차원에서 나누어 다루게 될 것이다. 첫째는 담화 형성 기제로서의 어휘이다. 이는 구조주의적인 입장에서 설명될 수 있는데, 언어 단위인 담화를 형성하는 것은 어휘로 실현되는 내용과 내용들의 결합이라는 점에서 그러하다. 어휘는 일반적으로 문법 요소와의 결합을 통해 다른 어휘와의 관계, 문장에서의 기능을 드러내며, 이러한 방식으로 구조를 쌓아 나가 하나의 담화를 형성한다. 문법 요소뿐만 아니라 어휘와 어휘 간의 결합 역시 담화 형성의 기제가 될 수 있다. 여기에서는 이를 각각 문법적 연어와 어휘적 연어로 구분하고 어휘 층위에서 이루어지는 외적인 결속으로 분류할 것이다. 한편, 앞선 논의에서 의사소통 기능을 수행하며 완결된 언어 형식으로 나타나는 어휘 이상의 단위를 담화로 볼 수 있음을 이야기하였다. 이러한 관점에서 담화는 어휘 이상의 단위로 새롭게 범위를 규정할 수 있을 것이며 어휘와 어휘의 외적인 결속을 떠나 하나의 어휘를 생성하는 내적인 차원에서의 결속 역시 생각해 볼 수 있다. 이러한 결속은 형태론적인 차원에서의 결속을 의미하는데, 어근과 접사 등 단어를 형성하는 의미적인 단위와 이들의 결합에 대한 지식을 토대로 하는 적극적이고 생산적인 차원으로 이해할 수 있다.

둘째는 담화 결속 기제로서의 어휘이다. 이는 담화가 하나의 의미 단위로 긴밀하게 짜여질 수 있도록 하는 결속성에 대한 것이다. 어휘는 담화 내에서 적절하게 대용되거나 문장과 문장, 단어와 단어를 이어주는 역할을 함으로써 담화의 결속에 기여한다. 결속 기제로서의 어휘는 문장 층위와 담화 층위에서 살펴볼 수 있으며 대용, 접속, 생략에 의해 실현된다.

셋째는 표층적인 형성과 결속의 기제로서의 어휘가 아니라, 담화가 일관된 의미를 유지해 나갈 수 있도록 의미적인 응집을 이루게 하는 요소로서의 어휘이다. 앞서 논의한 바와 같이 동일어의 반복이나, 유의어를 통한 대치, 상·하위 어로의 대치 등이 의미의 응집에 기여하는 것이라고 할 수 있다. 그러나 이선영(2013)에서 언급한 바와 같이, 단순히 어휘를 반복하거나 대치해서 사용하는 것만으로는 의미적인 연결이 일어났다고 보기 어려우며, 의미를 논리적으로 전개해 나가는 것을 통한 의미적 응집이 중요하게 다루어져야 한다. 이 책에서는 어휘의 반복과 대치가 담화의 주제를 중심으로 이루어질 때 진정한 의미에서의 의미적 응집이 일어났다고 보며, 담화를 전개해 나감에 있어 논리적인 연결 역시 의미적 응집을 가능하게 하는 중요한 기제라고 볼 것이다. 따라서 어휘를 통한 의미적 응집은 주제 응집성과 논리 응집성으로 나누어 볼 수 있다.

4. 의사소통 능력으로서의 어휘 능력

이번 절에서는 앞서 논의한 어휘의 의사소통적 기능을 토대로 의사소통 능력
으로서 어휘 능력을 정의하고자 한다. 이를 위해 어휘 능력을 다룬 여러 연구들
을 비판적으로 검토한 후, 이를 토대로 한국어 어휘 교육 및 평가에서 지향해야
할 한국어 어휘 능력의 본질을 명확하게 탐구해 보고자 한다.

1970년대에 이르러 등장한 의사소통 접근법은 기존 언어 교육의 큰 흐름을
획기적으로 바꾸어 놓았다는 평가를 받는다.[44] 의사소통 접근법은 언어 자체
에 대한 지식을 확장하고, 결과에 지대한 관심을 가지고 있었던 기존의 교수
이론 및 교수법과 달리, 의사소통 행위를 수행하게 하는 동기와 목적에 집중하
고 수행 '과정'을 통한 학습에 주목해야 한다는 의식의 전환을 가지고 왔으며
현재까지도 언어 교육에 가장 강력한 영향을 미치고 있다. 그러나 이러한 의식
의 변화는 다소 극단적인 시각을 낳기도 하였다. 목표 언어를 분절하거나 독립
시켜 교수의 대상으로 삼거나 언어의 규칙이나 구조에 집중하는 것을 지양하게
되면서 문법 혹은 어휘를 중심으로 한 교수법을 전통적이고 고리타분한 것으로
생각하게 된 것이다.

Hymes(1972)에서는 언어 능력과 언어 수행을 양분하였던 Chomsky(1965)
의 언어 능력에 대한 설명에 문제를 제기하면서, 언어 사용의 의미가 더 강조된
의사소통 능력의 개념을 도입하였다(이선영, 2014:29). Hymes(1972)는 언어
의 습득과 사용을 충분히 설명하기 위해서는 언어적 능력(음성 체계에 대한

---

44) 김정숙(1997:120-121)에서는 의사소통적 접근법을, 언어 교육을 언어의 사용법이 아닌
사용에 대한 교육으로 간주하거나 맥락화된 상황에서의 언어 교육의 필요성을 강조하는
등 이전의 언어 교수법의 한계를 극복한 획기적인 언어 교수법으로 정리한 바 있다.

규칙, 음성-음소-형태소-문장으로의 결합에 대한 규칙)과 더불어 사회언어학적 능력(언어를 맥락에 맞게 적절하게 사용하는 규칙)의 개념이 더 필요함을 주장하였다. 또한 이때의 언어적 능력을 가리켜, 곧 '화자로 하여금 무한정한 문장의 세트(set)를 생산하거나 이해하는 것을 가능하게 하는 지식'이라고 하였다(David, 1988:155). 어휘는 이러한 차원에서 결합을 통해 문장 단위 이상을 창출해 내는 기능적인 요소로 다루어졌다고 볼 수 있다.

이후 Canale & Swain(1980)은 언어적 능력[45]과 사회언어학적 능력에 더하여 전략적 능력을 의사소통 능력에 포함하였으며, Canale & Swain(1983)에 이르러서는 담화적 능력을 추가적으로 다루고 있다. 이러한 Canale & Swain(1980)의 문법적 능력은 어휘에 대한 지식과 형태론적, 통사론적, 의미론적, 음운론적 규칙에 관한 지식을 포함하는 의사소통 능력으로 요약할 수 있는데(김은혜, 2012:22), 여기에서 어휘에 대한 지식이 의사소통 능력의 하위 구성요소 중 일부로 다루어지고 있음을 확인할 수 있다. Celce-Murcia et al(1995, 2007:42-47)에서는 앞선 연구들에서 다루어진 문법적 능력을 다시 언어적 능력으로 재조정하고, 명시적으로 음소 체계와 어휘에 대한 지식을 문법과 동등한 위치에서 다루고 있다. 이에 따르면 언어적 능력에는 네 가지 유형의 지식이 포함되어 있는데, 그 중 하나로 어휘적 지식을 들 수 있으며 이는 곧 내용을 구성하는 어휘에 대한 지식과 이에 일정한 의미를 첨가하는 어휘에 대한 지식을 말한다고 하였다. 이 연구에서는 '어휘'를 명시적으로 다루고 있으며 어휘 지식

---

45) Canale & Swain(1980)은 Hymes(1972)의 언어적 능력(linguistic competence)을 곧 문법 능력(grammatical competence)으로 재명칭한 바 있다.. Canale & Swain(1980, 1983)에서 포함한 전략적 능력은 곧 의사소통상의 문제와 장애를 보상하는 능력이며, 다양한 계획을 수립하는 능력으로 정의되었으며, 담화적 능력은 문장 수준을 넘어서는 차원의 언어를 생산하고 이해하는 능력으로 정의되었다(Celce-Murcia et al., 1995:42).

을 두 유형으로 다시 분류하였다는 점에서 기존의 연구들에 비해 어휘에 대해서도 관심을 보였다고 할 수 있다. 그러나 여전히 의사소통 능력의 하위 요소로 어휘를 다루고 있으며 '지식적' 차원을 넘어서지 못하고 있다.

이처럼 '어휘'는 의사소통적 관점에서 다소 소홀히 다루어진 영역이었으며, 어휘에 대한 지식만이 논의의 대상이 되었을 뿐, 어휘를 통해 무엇을 수행할 수 있는가에 대한 논의는 부족하였다. 이후 어휘를 지식으로 보지 않고, 능력으로 보아야 한다는 많은 논의들이 등장하였으나 위에서 언급한 한계점들은 이어지는 논의에서도 동일하게 나타나고 있다. 즉, 어휘 능력을 지나치게 축소하거나 지식적인 측면으로만 바라보며 모호하게 설명하였다는 점에서 그러한데, 이는 다음 절을 통해 보다 자세히 검토해 보고자 한다.

(1) 기존 논의에 대한 비판적 검토

어휘 능력에 대한 본격적인 탐색이 이루어진 것은 김광해(1993)으로부터라고 할 수 있다. 김광해(1993:305~314)에서는 어휘 능력을 '어휘를 이해하거나 구사하는 일에 관한 어휘 사용자의 능력'이라고 논의하였다.[46] 또한 어휘 능력의 구조를 다음과 같이 정리한 바 있다.

---

46) 김광해(1993)에 대한 비판적 검토는 이경·김수은(2014:198-199)에서 간략히 다룬 바 있다. 본고에서는 이경·김수은(2014)에서 다루었던 내용을 본격적으로 발전시켜 보다 심도 있는 논의를 끌어내고자 하였다.

〈표 1-4〉 어휘력의 구조 (김광해, 2003)

어휘력의 구조

1. 양적 능력 ·············· 어휘의 양
2. 질적 능력
   가. 어휘소의 의미에 대한 이해
      1. 단일 어휘소의 의미 (단어의 의미, 多意)
      2. 관용적 어휘소의 의미 (숙어, 속담, 四字成語)
      3. 단어의 多意性에 대한 이해
   나. 어휘소 사이의 연관성에 대한 이해
      1. 유의관계, 반의관계
      2. 공기관계

해당 논의에서는 어휘 능력의 구조를 크게 양적인 능력과 질적인 능력으로 나누고, 질적인 능력을 다시 어휘소의 의미에 대한 이해, 어휘소 사이의 연관성에 대한 이해로 세분하여 제시하고 있다. 이는 어휘소의 개별적인 의미를 이해할 수 있는 능력뿐만 아니라, 어휘소 간의 연관성을 알고 사용할 수 있는 능력까지도 어휘 능력에 포함된다고 보는 것으로, 어휘소의 의미에 대한 이해 차원에 머물렀던 기존 논의에서 더욱 발전된 시각을 던져 주었다는 점에서 의미를 가진다. 그러나 '어휘를 이해하거나 구사하는 일에 관한 능력'을 어휘 능력으로 보는 김광해(1993)의 정의는 모국어 화자의 어휘 지식 체계를 전제하여 성립한 것으로, 본 책에서 논의의 대상으로 하는 어휘 능력과는 구분하여 살펴보아야 할 필요가 있다. 모국어가 아닌 외국어로 한국어를 학습하는 학습자의 차원에서 '어휘 능력을 가지고 있다'는 것은 또 다른 차원의 문제가 포함되어야 하기 때문이다.

또한 김광해(2003)에서 논의하고 있는 어휘 능력은, 그 대상과 적용 범위를 구체적으로 명시하지 않고 있어 교육과 평가에 직접적으로 활용하기가 어렵다는 한계를 지닌다. 어휘 능력을 '단어들의 집합인 어휘를 이해하거나 구사하는 일에 관한 언어 사용자의 능력'으로 정의한다면, 이해와 사용의 대상이 되는 어휘의 범위가 '단어의 집합'에 국한되는 인상을 지울 수 없다. 실제로 위의 정의를 토대로 마련된 어휘 능력의 구조를 살펴보았을 때도, '어휘소' 차원에서의 이해와 사용만을 다루고 있어 그 범위가 다소 제한적이다. 또한 질적 능력에 포함되어 있는 '어휘소 사이의 연관성에 대한 이해' 범주에서도 '어휘소' 간의 계열적 관계 외에 결합에 관한 어휘소 내적인 정보를 찾아볼 수 없다. 어휘를 구사한다는 것은, 개별 어휘소에 대한 정보를 넘어 한 어휘소가 어떠한 결합 정보를 가지고 상위의 구조를 형성하는지에 대한 지식을 포괄한다. 따라서 이에 대한 내용이 어휘 능력의 구조에 기술되어야 한다.

이어지는 논의로는 이영숙(1997)이 가장 주목할 만하다. 이영숙(1997)은 어휘 능력을 크게 양적 능력과 질적 능력으로 나누고 있다는 점에서 김광해(1993)을 비롯한 기타 논의들과 별반 다르지 않다. 그러나 질적 능력을 언어 내적 지식과 언어 외적 지식으로 나누고, 언어 내적 지식을 다시 선언적 지식과 절차적 지식으로 나누어 살펴보고 있어 질적 능력의 구체화를 꾀하고 있다고 할 수 있다. 이때 언어 내적 지식의 선언적 지식은 어휘의 형태, 의미, 통사, 화용에 대한 지식을 말하며 절차적 지식은 단어 처리 과정에 대한 수행적 정보에 대한 지식이나 행동 목록에 대한 지식 등을 말하는데 이를 표로 정리하면 다음과 같다.

〈표 1-5〉 어휘력의 구조 (이영숙, 1997)

양적 어휘력	어휘의 양		
질적 어휘력	언어내적 지식	선언적 지식	형태에 대한 지식 (발음, 철자, 단어구조) 의미에 대한 지식 (여러 의미, 의미 관계) 통사에 대한 지식 (품사, 연어 관계, 호응) 화용에 대한 지식 (상황에 따른 제약, 사용 효과)
		절차적 지식	단어 처리 과정에 대한 수행적 정보에 대한 지식 단어 처리 과정에 대한 행동 목록에 대한 지식 빠르고 효과적인 단어 처리에 관한 지식
	언어외적 지식		단어의 지식 대상에 대한 백과사전적 지식 단어에 관한 일화적 기억 단어의 원어에 대한 지식 단어의 어원에 대한 지식

이영숙(1997)에서 정의하고 있는 어휘 능력에는 어휘와 관련한 거의 모든 지식이 포함되어 있다. 특별히 어휘 내적 지식에 선언적 지식 외에 절차적 지식까지 포함하여, 어휘를 이해하고 처리하는 모든 능력까지를 포함하고자 하였다. 이러한 논의는 어휘 능력과 관련한 전반적인 영역으로부터 구성 요소를 추출해 내어 총체적인 차원에서 어휘 능력을 이해할 수 있도록 하였다는 점에서 가치를 가진다. 다만 이영숙(1997)에서 정리한 어휘 능력 구성 요소 역시 본격적인 논의에 앞서 가감되어야 할 부분이 존재한다.

첫 번째는 언어 내적 지식에 절차적 지식이 포함되어야 하는가에 대한 문제이다. 어휘 능력을 어휘와 어휘를 둘러싼 언어·사회적 요소를 의사소통 상황에서 적절하게 이해하고 사용하는 능력이라고 정의하였을 때, 선언적 지식을 조건화하여 수행의 차원과 관련짓는 절차적 지식에 대한 논의는 반드시 필요하다. 그러나 절차적 지식을 언어 내적 지식에 포함시켜 기술한 것은, 이영숙

(1997)의 논의가 수행을 지향한다고 표방하고 있지만 실제로는 지식 차원 범주 안에서 이를 다루고 있음을 의미한다.

두 번째는 각 요소들 간의 상호작용 관계에 대한 부분이다. 이영숙(1997)의 논의는 각 요소들 간의 상호작용 관계가 잘 드러나지 않는다는 한계를 지닌다. 즉, 어휘 능력을 구성하는 각 요소들이 어떻게 상호작용하여 적절한 이해·사용을 이끌어내는지에 대한 설명이 부족하다.

세 번째는 학습자가 기존에 가지고 있던 모국어 어휘 지식에 대한 부분이다. 외국인 학습자가 어휘를 이해하고, 개념화하며 분류하는 과정에서 모국어 어휘 지식 체계는 간과될 수 없다. 또한 모국어 화자와는 달리 외국인 학습자들에게는 기존의 모국어 어휘 지식을 효과적으로 사용하여 통역이나 번역과 같은 언어 중개적 의사소통 상황에 맞닥뜨리게 되는 경우가 많다. 즉, 언어의 이해와 사용에 있어서 외국인 학습자들에게는 모국어 어휘 지식에 대한 고려가 반드시 필요하며, 이것이 한국어 어휘 능력을 구성하는 요소에도 포함되어야 할 것으로 보인다.

신명선(2004)는 이영숙(1997)의 논의를 기본 전제로 어휘 능력을 살펴본 후, 어휘 교육의 목표와 방향성을 재정립하고자 하였다. 특별히 신명선(2004)는 기존의 논의들이 '사용으로서의 어휘'가 아닌 '정태적 존재로서의 어휘'를 중심으로 이루어졌음을 지적하고, 어휘 능력 역시 의사소통적 관점에서의 전략적 능력과 심리 운동 기술을 포괄하여야 하며, '구체적인 의사소통 상황에서 어떤 대상이나 일, 현상 등을 상황을 고려하여 적절하게 명명하거나 명명화된 것을 이해할 수 있는 능력'에 대한 것임을 기술한 바 있다. 이는 다음과 같이 도식화된다.

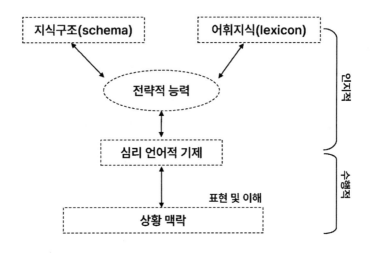

[그림 1-6] 어휘 능력의 구조 (신명선, 2004)

위의 도식은 어휘 능력의 구조를 역동적으로 보여주고 있다. 이에 따르면 어휘 능력은 어휘 지식(lexicon)과 지식 구조(schema)를 바탕으로 하며, 전략적 능력과 심리 언어적 기제에 의해 상황 맥락을 파악하고 평가, 계획, 실행하는 총체적인 과정을 일컫는 능력으로 설명될 수 있다. 이는 어휘 능력을 지식과 수행을 아우르는 포괄적인 차원에서 바라보고 있다는 점에서 능력이라는 본질적인 개념에 보다 가까우며, 개인의 인지와 수행 과정에서 영향을 주는 요인들 간의 관계가 비교적 잘 설명되어 있다는 점에서 주목할 만하다.

또한 신명선(2004)에서는 어휘 능력의 두 가지 구성 요소로서 상징 능력과 지시 능력을 들어 설명하고 있다. 이에 따르면 상징 능력은 곧 어휘의 형식과 내용과의 관계에 관한 것으로 정확성, 체계성, 과학적인 개념을 중시하는 특징을 가지며, 의사소통 상황과 일정한 거리를 유지하고 있다는 점에서 탈맥락적이다. 반면, 지시 능력은 어휘의 내용과 세계와의 관계를 탐구하는 것으로서,

일상적 개념, 적절성을 중시하는 개념이다. 또한 의사소통 상황을 중시한다는 점에서 상징 능력에 비해 맥락적이며, 의미론, 화용론 등과 주로 관련을 맺는 수행적인 차원에서의 능력이라고 할 수 있다. 이를 정리하면 다음과 같다.

〈표 1-6〉 어휘 능력의 구성 요소 (신명선, 2004)

상징 능력	지시 능력
주로 단어(어휘)의 형식과 내용과의 관계 탐구	주로 단어(어휘)의 내용과 세계와의 관계 탐구
정확성, 체계성, 과학적 개념 중시	적절성 중시, 비체계적, 일상적 개념
탈맥락적(의사소통 상황과 일정한 거리 유지)	맥락적(의사소통 상황 중시)
형태론, 음운론, 통사론, 의미론 등과 주로 관련	의미론, 화용론 등과 주로 관련
궁극적으로는 CALP 추구 언어 의식(language awareness) 고양과 관련	궁극적으로는 BICS 추구

특히 신명선(2004)에서 다루고 있는 지시 능력은 어휘 교육의 목표를 단순히 특정 단어의 의미를 아는 것에 두는 것을 지양하고 상황에 적합한 개념의 어휘를 사용할 수 있는지 혹은 어휘를 심미적으로 사용할 수 있는지 등의 차원으로까지 확장해야 한다는 주장의 근거로서 제시되고 있다. 이러한 확장된 차원의 세부 목표들은 궁극적으로 어휘 교육이 국어적 사고력 신장 및 문화 능력 함양 등을 기르기 위한 것이 되어야 함을 의도하는 것이라고 할 수 있다. 이렇듯 신명선(2004)에서는 어휘 능력과 어휘 교육의 목표를 의사소통적 관점인 시각에서 거시적으로 살피고 있으며 어휘 능력을 세분화하여 체계적으로 구조화하였다는 점에서 본고에 시사하는 바가 크다고 할 수 있다.

다만 신명선(2004)에서 이루어진 논의는 국어교육학적 목표를 염두에 두고 발전되었기 때문에 이 책의 논의와는 범위 및 방향성에 있어 차이를 가진다.

신명선(2005, 2007, 2008, 2011) 등의 이어지는 논의에서 밝히고 있는 바와 같이, 해당 논의에서의 어휘 능력 및 어휘 교육은 개념적 사고력 발달, 혹은 국어 문화에 대한 긍정적인 태도 배양에 있어서도 일정한 책임을 가지는 것으로 보인다. 즉, 기존의 도구적 차원에서의 교육을 넘어 인지적 차원을 포함하는 상보적인 차원에서의 교육이 이루어져야 하며, 어휘의 기능적인 내용과 더불어 어휘가 지니는 언어·문화적인 가치 역시 교육의 내용에 포함되어야 한다는 입장을 취하고 있는 것이다. 그러나 이 책에서 본격적으로 다루고자 하는 어휘 능력은, 이미 제1언어 능력을 보유하고 있는 제2언어 학습자들을 대상으로 하는 것이므로 이와는 다른 접근법을 취해야 한다.

모국어 화자의 경우, 해당 어휘에 대한 지식이 없어도 그것이 사용되는 전후 문맥과 말하는 사람의 어조 등에 따라 그 어휘를 추측할 수 있거나 어휘가 내포하는 분위기를 민감하게 포착할 수 있다. 또한 하나의 어휘를 학습한다고 하였을 때에도, 단순히 개별 단어의 의미를 아는 것이 아니라 해당 어휘가 사용된 맥락 내에서 의미와 함께 형태·화용적 정보에 대한 지식을 자연스럽게 획득할 수 있다. 반면 외국인 학습자의 경우는 개별 단어에 상응하는 의미만을 학습하였을 때, 형태는 물론이고 화용적 차원에서 잘못된 사용 양상을 보일 수 있다. 다음의 예를 함께 살펴보자.

(1) 훌륭하신 교수님처럼 되고 싶어서 많은 욕심 (→열심)을 가지고

(2) 고등학교 졸업할 때 언니가 나랑 같이 축하하고 나의 부모님도 요청해서 (→초대해서) 함께 밥을 먹었다.

(3) 요즘에 물가 상생하고(→물가가 오르고) 소비도 과대해서(→소비도 늘어나서) 돈 많이 벌어야 된다.

위의 예들은 중·고급 수준의 학습자가 생산해 낸 오류이다.[47] (1)의 경우, '욕심'이라는 단어가 대체적으로 부정적인 맥락에서 사용된다는 정보가 없었기 때문에 나타난 오류로 보인다. 따라서 보다 긍정적인 맥락에서 사용되는 의욕, 열심 등의 단어를 사용하였다면 보다 더 자연스러운 문장을 만들 수 있었을 것이다. 또한 예문 (2)의 경우, '요청하다'가 사용되어서 어색한 문장이 된 예이다. '요청하다'의 사전적 의미가 '필요한 어떤 일이나 행동을 청하다'임을 생각할 때, 위와 같은 문장에서는 '필요'를 배제한, 불러서 대접한다는 의미인 '초대하다'를 사용하는 것이 좋다. 마지막으로 (3)의 경우, 지나치게 한자어를 사용한 예로 볼 수 있다. 이는 모국어를 그대로 번역하는 과정에서 발생한 오류로 볼 수도 있으며 한편으로는 '물가가 오르다', '소비가 늘어나다' 등의 연어적 구성에 대한 지식이 부족한 데에서 오류가 생긴 문장으로 해석해 볼 수도 있다.

그렇다면 의미는 잘 알고 있지만 그것을 맥락 내에서 적절하게 사용하지 못하였을 때 우리는 해당 학습자에게 어휘 지식이 있다고 말할 수 있을 것인가? 만약 적절하게 사용했다고 하더라도, 해당 단어가 대화가 이루어지는 담화 공동체의 분위기에 적절하지 않을 경우는 어떠한가? 이러한 문제로 인해 한국어 교육에서 논의되어야 할 '어휘 능력'은 모국어 교육에서 말하는 어휘 능력과 다른 차원에서 기술되어야 할 필요가 있다.

한국어 교육에서도 어휘 능력을 정의하고 이를 교육과 평가의 목표로 삼고자 한 노력들이 존재하였다. 이정민·김영주(2010)에서는 어휘를 안다는 것을, 그 기본적인 뜻은 물론이고 다의적인 뜻에 대한 이해, 그리고 맥락적 쓰임, 적절한 공기 관계의 이해를 포괄적으로 안다는 것을 말한다고 하였다. 이정민·김영주

---

47) 제33회 한국어 능력 시험(TOPIK)의 주관식 답안지를 대상으로, 함께 논의하고 싶은 오류의 예를 부분적으로 발췌하여 실었다.

(2010)에서는 이러한 어휘 능력에 대한 이해를 잘 살펴볼 수 있는 것이 Read(1993, 2000)의 단어 연상 시험(WAT)임을 밝히며, 해당 시험에서 측정의 목표로 삼는 '어휘 지식의 깊이'를 어휘 능력으로 정의하고 논의를 진행하였다. WAT는 한 어휘에 대해 계열적 관계, 통합적 관계, 분석적 관계에 놓인 어휘를 고르게 평가함으로써 개인이 가지고 있는 어휘 지식의 깊이를 측정하고자 한 것이다.

이유경(2012)에서도 한국어 어휘 지식 평가를 통해 어휘 교육의 방안을 모색하는 연구에서, 어휘 지식을 양적, 질적인 지식으로 구분하고 있다. 이에 따르면 양적 지식은 학습자가 얼마나 많은 어휘에 노출되었으며, 그 어휘의 개념적 의미를 알고 있는가와 관련이 있으며, 질적인 지식은 학습자의 어휘 지식 안에 어휘 개별 의미뿐만 아니라 다른 어휘와의 의미 관계, 어휘 사용, 다의, 개념적 의미, 연상적 의미 등이 어느 정도 포함되어 있는가와 관련이 있다고 보았다. 이러한 논의는 이정민·김영주(2010)과 마찬가지로 Read(2000)의 연구 성과에 기댄 것으로, 얼마나 많은 어휘를, 어느 정도로 '깊이' 아는가에 대한 기존의 논의를 한국어 교육 현장에 적용하고 이를 통해 교육 방안을 이끌어내고자 한 것으로 볼 수 있다.

이 두 연구는 '어휘를 안다는 것'에 대한 고민이 한국어 교육 현장에서도 실제적으로 이루어져야 한다는 문제 의식을 기반으로 진행되었다는 점에서 그 의의를 찾아볼 수 있다. 그러나 한국어 교육 현장에의 적용점 및 어휘 교육의 방안을 이끌어 내고자 한 부분에서는 구체적인 노력이 이루어진 반면, 한국어 교육에서 목표로 해야 할 어휘 능력에 대해서는 기존에 이루어진 논의를 빌려와 내용을 전개하였다는 점에서 아쉬움이 남는다.

한편 이경·김수은(2014)에서는 본격적인 논의를 진행하기에 앞서 한국어 어휘 능력을 한국어 교육학적 관점에서 새롭게 정의하고자 하였다. 이 연구의 차별점은 한국어 어휘 능력에 대한 정의에 대상과 맥락을 구체화하여 포함하고자 하였다는 점이다. 해당 논의에서는 2010년에 발표된 『국제 통용 한국어교육 표준 모형 개발』을 토대로 한국어 어휘 능력을 '어휘와 어휘를 둘러싼 언어적·사회적 요소들을 의사소통적 상황에서 적절하게 이해하고 사용할 수 있는 언어 능력'이라고 정의하였다. 이러한 논의는 한국어 교육의 대상과 맥락을 고려하여 어휘 능력을 정의하고자 노력하였다는 점에서 의의를 가지나, 실제로 도출된 어휘 능력의 정의를 살펴볼 때 기존 언어 능력과의 차별성을 찾기가 어려우며 지나치게 포괄적이고 관념적인 기술에 그치고 있다는 한계가 있다.

(2) 한국어 어휘 능력의 개념 및 구성 요소

이번 절에서는 앞서 살펴본 논의의 의의와 한계점을 토대로, 모국어 교육에서의 어휘 능력과 대별되는 한국어 교육에서의 어휘 능력을 정의하고 이에 어떠한 요소들이 포함될 수 있는지 구체적으로 논의해 보고자 한다.

모국어 교육에서 의도하는 어휘 교육의 경우, 어휘와 함께 해당 어휘가 내포하는 개념을 동시에 습득하게 되는 아동·청소년 학습자를 대상으로 어휘를 통한 개념적 사고력의 확장을 목표로 한다. 반면 제2언어로서 어휘 교육이 이루어질 경우 어휘 습득이 개념의 습득을 직접적으로 의도하지는 않으며 이미 보유하고 있는 언어적, 인지적 능력을 바탕으로 새로운 어휘에 접근하게 된다는 점에서 차이점을 가진다. 또한 성공적인 의사소통은 타문화에 대한 이해와 존중을 전제로 하기에 어휘에 내재된 사회·문화적인 의미 역시 반드시 교육되어야 한다. 이러한 차원에서 제2언어로서의 어휘 교육이 포괄하는 교육 목표 및 내용의 범위가 조정될 필요가 있다.

또한 전술한 바와 같이 한국어 학습자의 대부분은 자신의 제1언어를 습득 또는 학습한 경험을 가지고 있기 때문에 제1언어에 관한 지식, 인지적·정의적 경험, 배경 지식 등을 활용하여 한국어를 학습하게 된다. 이에 한국어 어휘 교육 및 평가에서는 학습자가 기존에 지니고 있는 어휘 지식과 학습 전략, 세계에 대한 지식을 고려해야 하며 학습자가 이러한 지식을 활용해 전략적으로 어휘를 이해, 표현할 수 있도록 지도해야 한다.

신명선(2004)에서도 '전략적 능력'은 어휘 능력의 구조의 중심부에 위치하여, 평가, 계획, 실행의 전 단계를 총괄하는 능력으로 기술되고 있다. 다만 신명선(2004)의 전략적 능력은 지식 구조와 어휘 지식을 바탕으로 하는 인지적 능력에 포함되는 것으로 구조화되고 있다. 이는 이영숙(1997)에서 절차적 지식을 언어 내적 지식의 범주에 포함하였던 것과 동일한 한계를 가지는 부분이라고 볼 수 있다. 전략적인 능력을 계획과 실행, 평가의 전반적인 과정을 관장하는 능력으로 정의하였을 때, 이러한 능력은 인지적 차원에서뿐만 아니라 수행적 차원에서도 동일하게 요구되기 때문이다.

특별히 한국어 학습자들의 경우, 모국어 화자와는 달리 어느 수준 이상의 인지 능력을 갖춘 상태에서 새로운 언어 체계를 습득하기 때문에, 어휘 능력과 인지 능력 사이에 간극이 존재한다. 이러한 간극은 새로운 어휘 및 표현을 학습하는 과정에서 기존의 모국어 지식이나 학습 전략을 활용하게 한다는 점에서 장점으로 작용하기도 하지만, 자신이 이해하고 표현하고자 하는 인지적 수준의 과제를 제한된 어휘를 통해 수행해야 하므로 반드시 전략적 능력이 요구되는 영역이기도 하다. 따라서 한국어 학습자들은 과제를 수행할 때 자신이 가진 전략적 능력을 활용하여 제한된 어휘 체계의 빈자리를 채우고, 상대방과 의미를 협상하기 위한 직·간접적인 다양한 전략들을 활용하는 한편, 자신의 수행 과정을 초인지적으로 감시하여 의사소통을 성공적으로 수행하고자 노력한다.48)

따라서 한국어 어휘 능력을 논할 때, 전략적 능력은 인지와 수행 전반에 작용하는 상위의 능력으로 이해되어야 한다. 이렇듯, 한국어 어휘 능력을 논하는 데에는 학습자의 모국어 어휘 지식에 대한 고려뿐만 아니라, 학습자가 자신의 세계와 언어를 연결하기 위해 결여된 지식이나 능력적인 부분을 메우고 효과적으로 의사소통을 수행할 수 있도록 돕는 전략적 능력 역시 중요하게 다루어져야 한다. 이는 기존의 논의에서 다루어진 어휘 능력과 차별화되는 지점이기도 하다.

또한 한국어 어휘 능력을 논할 때는 학습자의 화용적 능력49) 역시 간과되어

---

48) 제2언어 교육을 염두에 둔 Celce-Murcia at al.(1995), Bachman & Palmer(1996), Celce- Murcia(2007)의 연구에서도 전략적 능력을 의사소통 능력을 구성하는 핵심적인 요소로 보고 있다. 특별히, Bachma&Palmer(1996)에서는 전략적 능력을 의사소통장애나 실패를 극복하기 위한 능력으로 보았던 Swain(1980)의 개념을 확장시켜, 의사소통을 가능하게 하는 총체적인 능력으로 인식하였으며, Celce-Murcia(2007)에서도 이와 마찬가지로, 숙련된 대화 상대방과 함께 의미를 협상하고, 모호함을 극복하며, 다른 능력의 부족을 보상할 수 있게 하는 의사소통적, 인지적, 초인지적 전략들의 목록으로서 전략적 능력을 정의하고 있다.

49) 여기에서의 화용적 능력은 Bachman(1990;87)의 모형에서 설명되고 있다. Bachman(1990)에 따르면, 화용적 능력은 크게 언표내적 능력과 사회 언어적 능력으로 구분되며, 언표내적 기능을 화자나 저자가 의도했던 의미를 청자나 독자가 바르게 이해하는 것과 관련되는 것이라고 정의할 때, 사회 언어적 능력은 방언 등의 다양한 언어, 언어 사용역, 자연스러운 언어 구사, 그리고 문화적 또는 은유적 표현에 대한 민감성 등을 포함하는 능력이라고 정의할 수 있다. 공손함, 격식, 은유, 언어 사용역, 언어의 문화적 측면 등에 관련되는 것으로, 언어 사용의 '적절성'을 판단할 수 있는 능력으로 볼 수 있다(Brown, 2007:235-236). 본고에서 논의하고자 하는 화용적 능력의 범위는 후자인 사회 언어학적 능력과 유사하며, 언어가

서는 안 되는 요소이다. 화용적 능력은 언어 공동체에서 사용하는 언어에 대한 민감성으로도 이해될 수 있는 능력으로서, 한 사회에서 사용되는 언어의 다양성과 언어 사용역, 적절성, 그리고 문화적 표현 등을 이해하고 그에 맞게 언어를 사용하기 위해 필요한 능력이라고 할 수 있다. 따라서 한국어를 사용하는 공동체에서 사용하는 방언 어휘나 은유적 표현 등에 대한 이해와 사용, 문체나 격식 등 언어 사용역에 맞게 어휘를 선택하여 이해·사용할 수 있는 능력, 해당 언어 공동체에서 기대하는 어휘를 알고 사용하는 능력 등이 모두 한국어 어휘 능력에 포함될 수 있을 것이다.

이 절에서는 이전의 연구들에서 정의한 어휘 능력이 대상과 맥락을 배제한 채 논의되어 왔다는 이경·김수은(2014)의 문제 제기를 출발점으로 하여 어휘 능력에 대한 정의에 그 대상과 맥락을 보다 구체화하여 포함하고자 한다. 이에 제2언어 교육 및 한국어 교육의 목표와 범위를 면밀하게 검토하여, 외국인 학습자들에게 요구되는 어휘 능력의 수준과 범위를 논해볼 것이다.

먼저 제2언어 및 외국어 교육의 목표와 범위를 살펴보기 위해 유럽 평의회에서 간행한 『언어 교수, 학습, 평가를 위한 유럽공통참조기준』을 검토 대상으로 삼았다. 유럽공통참조기준은 기초단계(A1)부터 모국어 화자와 유사한 수준인 단계(C2)까지의 폭넓은 언어 숙달도와 다양한 언어 사용의 국면을 논의의 대상으로 삼고 있으므로, 어휘 능력의 발달과 수행 맥락의 확장을 체계적으로 살펴보기에 적합하기 때문이다. 또한 학습자의 실제적인 요구에 중심을 둔 행위 중심의 기술이 이루어졌기 때문에 본고에서 다루고자 하는 의사소통 능력으로서의 어휘 능력을 이해하는 데에 도움을 줄 수 있다.

사용되는 사회에서 용인되는 언어의 다양성과 적절성에 대한 것으로 논의하고자 한다.

유럽공통참조기준에서는 의사소통적 언어 능력의 구성 요소로 언어적 능력과 사회언어적 능력, 그리고 화용적 능력을 상정하고 있다. 이때, 언어적 능력은 의미가 있는 메시지를 형성하는 형식적인 수단에 대한 지식과 이 수단을 활용할 수 있는 능력으로 정의된다. 이러한 언어 능력은 다시 어휘 능력과 문법 능력, 의미론적 능력과 음운론적 능력으로 나누어 살펴볼 수 있다. 유럽공통참조기준에서는 어휘 능력을 한 언어의 어휘적인 요소와 문법적인 요소로부터 이루어진 단어에 대한 지식과 그것을 사용하는 능력을 포함하는 것으로 정의하였다. 이에 따르면 어휘 능력은 만들어진 어휘에 대한 지식과 사용할 수 있는 능력을 포괄하는 것으로 이해된다.

유럽공통참조기준에서 어휘적인 요소는 관용적 표현과 개별 단어로 나누어지며, 관용적 표현에는 다시 관용문과 관용구, 관용화된 유형, 기타 관용화된 구문, 굳어진 연어 등이 포함된다. 즉, 관용적 표현은 몇 개의 단어로 이루어지나 하나의 표현 단위로 학습되고 사용되는 것을 뜻하는 것이다. 또한 개별 단어는 명사, 동사, 형용사, 부사와 같은 열린 품사에 속한다고 하였다. 마지막으로 문법적인 요소는 닫힌 품사에 속하는 것으로, 관사와 수량사, 지시대명사와 인칭대명사, 관계대명사, 소유대명사, 전치사, 조동사, 접속사 등이 포함된다.

이러한 내용을 정리하여 어휘의 숙달과 어휘 범위를 숙달도별로 정리하면 다음과 같다.

〈표 1-7〉 유럽공통참조기준(2010)의 어휘 숙달과 범위표

	어휘의 숙달	어휘 범위
C2	일반적으로 정확하고 적절한 어휘 사용	구어적이고 숙어적인 표현을 포함한 매우 폭넓은 어휘를 구사할 수 있으며 이에 내포된 의미도 의식한다.
C1	가끔 작은 실수가 있지만, 어휘의 사용에서 큰 실수는 없다.	폭넓은 어휘를 구사할 수 있고, 부족한 어휘는 아무 문제없이 바꾸어 말할 수 있다. 대화중에 단어를 몰라 찾거나 회피 전략을 사용하는 것은 드물다. 구어적이고 일상적인 표현을 능숙하게 사용한다.
B2	의사소통을 방해하지 않는 범위 내에서 다소의 혼동이나 잘못된 단어의 선택도 있지만, 어휘 사용의 정확도가 일반적으로 높다.	본인의 전문분야나 대부분의 일반적인 주제에 관해서 폭넓은 어휘를 소유하고 있다. 자주 반복되는 표현을 피하기 위해 표현에 변화를 줄 수 있다. 그러나 어휘가 부족하여 머뭇거리거나, 바꾸어 말할 수도 있다.
B1	비교적 복잡한 일을 표현하거나 친숙하지 않은 주제나 상황에 대해서 말할 때 초보적인 실수를 하기도 하지만, 기본 어휘를 능숙하게 사용할 수 있다.	충분히 많은 어휘를 소유하고 있어서, 다소 바꾸어서 말하더라도 가족, 취미나 관심, 일, 여행 시 사문제 등 자신의 일상생활에 관계되는 대부분의 주제에 대해서 표현할 수 있다.
A2	구체적인 일상의 요구와 관련된 제한된 어휘를 구사한다.	친숙한 상황이나 주제와 관련된 반복적인 일상생활의 용무를 해결할 수 있을 만한 충분한 어휘를 소유하고 있다. 기초적인 의사소통의 욕구를 해결할만한 어휘를 가지고 있다. 단순하고 기본적인 욕구를 충족시킬만한 어휘를 가지고 있다.
A1	해당 능력기술문항이 없음.	특정한 구체적인 상황과 관련된 기본적인 개별 단어나 표현 등의 기초적인 어휘를 가지고 있다.

이를 통해 숙달도가 높아짐에 따라 개인이 구사할 수 있는 어휘가 제한적이고 기본적인 어휘의 사용으로부터 정확하고 적절한 어휘의 사용으로 나아가며,

사용할 수 있는 어휘의 범위도 개별 단어나 표현 등의 기초적인 어휘로부터 구어적이고 숙어적인 표현뿐만 아니라 그에 내포된 의미를 알고 사용할 수 있는 데까지 나아가게 됨을 알 수 있다. 또한 학습자가 어휘를 사용하는 맥락 역시 처음에는 특정한 구체적인 상황, 친숙한 상황이나 일상생활과 관련된 어휘에서부터 점차적으로 전문 분야 등에서 폭넓게 사용하는 어휘로 확장되고 있음을 살펴볼 수 있다.

한편 『한국어 표준 교육과정』(문화체육관광부고시 제2020-54호)는 다양한 주제와 맥락에서 한국어로 의사소통할 수 있는 능력을 배양하는 것을 목표로, 등급별 총괄목표와 성취기준을 제시하고 있다. 해당 교육과정은 교육 현장과 학습자의 다양성을 모두 포괄할 수 있는 최상위 교육과정의 성격을 가지고 있으므로, 지역과 학습자를 한정하지 않으며 교육 내용이 아닌 등급별 성취 기준과 그 기준의 도달에 필요한 교수, 학습 및 평가 방법을 기술하고 있다. 등급별 총괄목표를 제시하면 다음과 같다.

〈표 1-8〉 『한국어 표준 교육과정』의 등급별 총괄 목표

등급	세부 목표 및 세부 내용
1급	기초적이고 일상적인 내용의 짧은 대화에 참여할 수 있으며, 자주 접하는 소재의 짧은 글을 읽거나 쓸 수 있다. 인사나 소개, 간단한 메시지, 정보의 이해나 교환 등의 기초적인 의사소통 기능을 수행할 수 있다.
2급	일상적으로 접하는 공적 상황에서의 간단한 대화에 참여할 수 있으며 이러한 상황에서 필요한 글을 읽거나 쓸 수 있다. 정보에 관해 묻고 답하기, 허락과 요청, 메시지의 이해나 교환 등의 의사소통 기능을 수행할 수 있다.
3급	자주 접하는 사회적 상황에서의 대화에 참여할 수 있으며, 자신과 관련된 사회적 소재의 글을 읽거나 쓸 수 있다. 권유나 조언, 간단한 설명에 대한 이해나 표현, 정보 교류 등의 의사소통 기능을 수행할 수 있다.

등급	세부 목표 및 세부 내용
4급	친숙한 사회적·추상적 소재나 직장에서의 기본적인 업무와 관련된 담화에 참여할 수 있으며 평소에 관심이 있는 사회적·추상적 주제의 글을 읽거나 쓸 수 있다. 동의와 반대, 지시와 보고, 생각이나 의도의 이해나 표현 등의 의사소통 기능을 수행할 수 있다.
5급	사회 전반에 대한 소재와 자신의 업무나 학업과 관련된 담화에 참여할 수 있으며, 사회적이거나 일부 전문적인 내용의 글을 읽거나 쓸 수 있다. 업무 보고, 협의, 체계적인 정보 전달, 의견이나 주장에 대한 이해와 표현 등의 의사소통 기능을 수행할 수 있다.
6급	전문적이거나 학술적인 영역에서 이루어지는 담화에 참여할 수 있으며 사회·문화적인 특수성이 드러나는 소재의 글이나 학술적인 소재의 글을 읽거나 쓸 수 있다. 설득이나 권고, 의견이나 주장에 대한 논리적이고 효과적인 이해와 표현 등의 의사소통 기능을 수행할 수 있다.

위의 총괄목표를 살펴보면 주제와 맥락이 사적이고 친숙하며 구체적인 것에서 사회적이고 추상적인 것으로 확장되어 감을 살펴볼 수 있다. 또한 해당 교육 과정에서는 내용 체계의 구성 요소 중 하나로 언어지식을 설정하며, 언어지식을 메시지의 형태를 최종적으로 결정하는 언어적 요소인 어휘, 문법, 발음 등에 대한 지식으로 정의하고 있다. 특히 이러한 언어적 요소들이 의사소통 기능을 성공적으로 수행하는 데에 기여하기 위해서는 주제, 기능, 맥락, 기술 및 전략, 텍스트에 대한 이해가 수반되어야 함을 강조하고 있다. 이는 탈맥락적인 언어 지식이 실질적인 언어 사용 능력으로 이어지기 어렵다고 본 것이다.

한편 『국제 통용 한국어교육 표준 모형 개발』(2010년)[50]에서도 어휘를 언

---

50) 〈국제 통용 한국어 표준 교육과정〉은 2010년에 1단계 개발이 시작되었으며 2011년, 2016년, 2017년에 걸쳐 2~4단계 연구가 이루어졌다. 3, 4단계에 이루어진 연구는 각각 활용 점검 및 보완, 적용 연구에 해당하는 것으로, 구체적인 어휘 교육 내용이 제시된 것은 2010년도 연구이므로 이를 인용하였다. 다만 1단계 시기에는 등급 체계가 7급까지 있어 4단계 최종 연구(2017년) 및 『한국어 표준 교육과정』(2020년)의 등급 체계와는 다르다.

어지식의 영역에서 다루며 등급별 교육 내용을 구체적으로 제시하고 있다.

〈표 1-9〉 어휘의 등급별 내용 기술(국제 통용 한국어교육 표준 모형, 2010)

등급	내용
7급	1. 신문기사, 논설문 등에서 사용되는 어휘를 대부분 사용한다. 2. 사회 현상을 나타내는 추상적인 어휘를 대부분 사용한다. 3. 자주 접하지 않는 속어, 유행어, 신조어, 약어 등을 추측하여 사용한다. 4. 사고 도구어와 전문어의 의미를 안다.
6급	1. 정치, 사회, 문화 전반과 관련된 어휘를 적절하게 사용한다. 2. 신문기사, 논설문 등에서 자주 사용되는 어휘를 사용한다. 3. 사회 현상을 나타내는 추상적인 어휘를 사용한다. 4. 자주 쓰이는 시사용어를 사용한다. 5. 빈도가 낮은 어려운 한자어를 사용한다. 6. 신문기사, 논설문 등에서 사용되는 어휘를 대부분 안다. 7. 사회 현상을 나타내는 추상적인 어휘를 대부분 안다. 8. 자주 접하지 않는 속어, 유행어, 신조어, 약어 등의 의미를 추측하여 안다. 9. 대부분의 맥락에서 비유적 표현의 의미를 안다. 10. 사고 도구어와 전문어의 의미를 안다.
5급	1. 자신의 전문 분야(직업적, 학문적 영역 등)와 관련된 어휘를 알고 사용한다. 2. 정치, 사회, 문화 전반과 관련된 어휘를 안다. 3. 신문기사, 논설문 등에서 자주 사용되는 어휘를 안다. 4. 사회 현상을 나타내는 추상적인 어휘를 안다. 5. 자주 쓰이는 시사용어를 안다. 6. 빈도가 낮은 어려운 한자어를 안다. 7. 자주 쓰이는 사자성어, 속담 등을 알고 사용한다. 8. 빈도가 높은 속어, 유행어 등을 안다. 9. 감탄사, 접속 부사 등의 독립어(어머, 저기, 뭐 등)를 이해하고 상황에 맞게 사용한다. 10. 빈도가 높은 신조어, 약어 등의 의미를 안다.
4급	1. 자신의 관심 분야(직업적, 학문적 영역 등)와 관련된 어휘를 사용한다. 2. 사회 현상과 관련한 기본적인 어휘를 안다. 3. 빈도수가 높은 관용 표현을 맥락에 맞게 사용한다. 4. 빈도가 높은 비유적 표현을 안다.

등급	내용
3급	1. 자신의 전문 분야(직업적, 학문적 영역 등)와 관련된 어휘를 안다. 2. 외모, 성격 등을 표현하는 어휘를 안다. 3. 공적인 상황에서 사용하는 기본적인 어휘를 안다. 4. 빈도수가 높은 관용 표현을 안다.
2급	1. 일상 생활에 필요한 기본적인 어휘를 알고 사용한다. 2. 공공장소에서 사용되는 기본 어휘를 알고 사용한다.
1급	1. 자신의 생활과 관련된 주변의 사물 어휘를 알고 바르게 사용한다. 2. 위치어를 알고 바르게 사용한다. 3. 가장 기본적인 의사소통(인사, 소개 등)에 필요한 기본 어휘를 알고 바르게 사용한다. 4. 감정을 표현하는 가장 기본적인 어휘(기쁘다, 슬프다 등)을 알고 사용한다.

한국어 교육에서 목표로 하는 어휘 능력은 아는 것으로부터 사용할 수 있는 것까지 포괄되는 것이며 기본적인 어휘에서 점차적으로 추상적이고 비유적인 표현, 뿐만 아니라 자신을 둘러싸고 있는 영역에 관련된 어휘를 포함하는 것이라고 할 수 있다.

위의 두 가지 참조 기준51)과 교육과정을 살펴보았을 때, 외국인을 대상으로 하는 언어 교육에서의 '어휘 능력'은 지식적인 차원에서의 학습뿐만 아니라, '어휘 사용 환경'의 변이에 맞게 어휘를 이해하고 사용하는 능력이 중시되고 있음을 알 수 있다. 이때의 '어휘 사용 환경'에는 자신을 둘러싸고 있는 개인적, 사회적 맥락과 더불어 직업적, 학문적 영역, 나아가 사회 전반의 정치와 사회, 문화적인 차원이 모두 포괄되어 있다. 이렇듯 사용 환경에 따라 자신이 가진

---

51) 유럽공통참조기준뿐만 아니라 국제통용 한국어교육 표준 모형 역시 한국어교육의 '참조 기준'의 성격을 띠며 이를 기준으로 교육 기관의 환경에 맞게 변형·적용하는 데에 연구의 목적을 두고 있다. 한편 한국어 표준 교육과정은 참조 기준이 아닌 성취 기준으로서의 '표준 교육과정'임을 밝히고 있다.

지식을 활용하여 어휘를 알고 사용할 수 있는 능력이 외국어 교육과 한국어 교육에서 모두 중요하게 다루어지고 있음을 알 수 있다.

김정숙·김유정(2002)의 논의에서도 의사소통적 방법에서의 어휘 교육에서 형태와 의미, 그리고 화용이 모두 함께 다루어져야 함을 강조하며, 이 중 화용은 다른 관련 어휘와의 차이를 나타내는 사용역에 관한 것이라고 언급하였다. 이때 사용역(register)은 2장에서도 논의한 바와 같이 의사소통 목표 수행의 차원에서 어휘 사용의 적절성을 나타내므로, 이는 특별히 담화 차원에서 중요하게 다루어질 수 있다. 이러한 개념은 어휘 능력과 관련하여 어휘 사용의 다양성 및 적절성을 설명하기 위한 이론적 토대로 활용될 수 있으며 나아가 한국어 어휘 능력을 면밀하게 정의하는 데에도 고려될 수 있다. 어휘 능력을 정의할 때, 이러한 언어 사용역에 대한 지식, 즉 담화 영역, 담화 방법, 담화 경향에 대한 지식을 포함하는 것은 상황 맥락에 적절하고 정확하게 어휘를 선택하여 사용할 수 있는 능력을 포괄하기 위함이다.

지금까지의 논의를 종합하면, 한국어 어휘 능력은 다음과 같은 내용을 고려하여 정의 되어야 한다.

첫째, 모국어 어휘 능력과 한국어 어휘 능력은 그 대상과 맥락의 차이를 근거로 서로 다른 관점에서 정의되어야 한다. 이를 위해 이 절에서는 한국어 학습자의 한국어 학습 목표와 더불어 한국어 사용의 맥락을 검토하였다.

둘째, 한국어 어휘 능력은 한국어 학습자의 모국어 어휘 지식과 배경지식, 학습 전략 등을 염두에 두고 정의되어야 한다. 특별히 모국어 어휘 지식과 배경지식을 어휘 학습 및 어휘의 이해와 사용에 활용하기 위해서는 한국어 학습자의 전략적 능력이 필수적이며, 이러한 점에서 한국어 어휘 능력에서는 전략적 능력이 강조되어야 한다.

셋째, 한국어 학습자의 경우 모국어 화자와 달리 화용적 정보에 대한 지식을 갖추어야 적절하게 어휘를 선택하여 사용할 수 있다. 따라서 화용적 능력에 대한 내용을 어휘 능력에 포함하여 다루어야 한다. 또한 화용적 능력과 함께 언어 사용역에 대한 지식 역시 고려되어야 한다. 한국어 교육에서 목표로 하는 어휘 교육의 내용을 검토하였을 때, 한국어 어휘 능력은 고립된 맥락과 영역에서의 능력이 아닌, 학습자가 경험하는 외부 세계의 영역과 범위가 확장되고 심화됨에 따라 어휘의 다양한 변이형을 이해하고 사용할 수 있는 역동적인 능력으로 이해되어야 한다.

이에 근거하여 한국어 어휘 능력을 정의하면 다음과 같다.

> 자신의 모국어 어휘 지식 및 경험 세계에 대한 지식을 바탕으로 한국어 어휘와 상황 맥락에 따른 어휘의 다양한 사용역(register)을 알고 의사소통 목표와 상황에 맞게 담화를 구성해 나가는 전략적이고 역동적인 능력

이를 다시 구체적으로 풀어 보면, 위의 정의는 기존에 학습자가 보유하고 있는 지식인 모국어 어휘 지식과 경험 세계에 대한 지식을 제외하였을 때 ㈎ 한국어 어휘와 어휘의 다양한 사용역(register)52)에 대한 지식과 ㈏ 의사소통 목표

---

52) 언어 사용역과 스타일은 자주 혼동되어 사용되기도 한다. 아래의 글에서는 언어 사용역과 스타일의 차이에 대해 설명하고 있다. 이에 따르면, 언어 사용역은 어떤 특정한 변이형을 사용하는 데에 있어서 상황적 맥락이 기능적인 차원에서 영향을 끼치지는 못하나, 스타일의 경우 특정 시대나 작가에 따라 문체의 변화 등 변이를 겪기도 한다.
- The underlying assumption of the register perspective is that core linguistic features like pronouns and verbs are functional, and, as a result, particular features are commonly used in association with the communicative purposes and situational context of texts.
- The style perspective is similar to the register perspective in its linguistic

와 상황 맥락에 맞게 담화를 구성하는 능력 (다) 어휘를 전략적으로 이해·사용할 수 있는 능력으로 구분할 수 있다. 따라서 한국어 교육의 목표는 첫째로는 한국어 어휘53)와 어휘의 사용역에 대해 아는 것, 둘째로는 의사소통 목표와 상황 맥락에 맞게 담화를 구성할 수 있는 것, 마지막으로 전략적으로 지식과 의사소통 상황에 대한 이해를 활용함으로써 성공적인 의사소통을 수행하는 것이 되어야 할 것이다. 이러한 정의를 바탕으로, 어휘를 이해하고 사용하는 과정을 도식화하면 [그림 1-7]과 같이 나타낼 수 있다.

[그림 1-7] 어휘의 이해 및 사용 과정의 구조

---

focus, analyzing the use of core linguistic features that are distributed throughout text samples from a variety. The key difference from the register perspective is that the use of these features is not functionally motivated by the situational context; rather, style features reflect aesthetic preferences, associated with particular authors or historical periods. (Douglas Biber & Susan Conrad, 2009).

53) 한국어 어휘 지식에는 어휘 의미에 대한 지식과 개별 어휘의 내적, 외적 정보 등이 모두 포괄될 수 있다.

먼저 학습자는 이미 보유하고 있는 자신의 모국어 어휘 지식과 경험 세계에 대한 지식을 토대로 한국어 어휘에 대한 지식과 상황 맥락에 따른 언어 사용역에 대한 지식을 확장시켜 나간다. 그러나 학습자의 모국어 지식 및 경험 세계에 대한 지식이 일방향으로 새로운 어휘 학습에 영향을 끼치는 것이 아니라, 새로운 한국어 어휘를 학습하는 과정에서 기존의 어휘 지식이 풍부해질 수 있으며 경험 세계 역시 확장된다. 이러한 과정을 순환적인 의미로서의 화살표로 도식화하였다. 또한 이를 통해 학습자의 머릿속에 저장된 지식은, 의미를 이해하거나 의미를 재구성해 나가는 데에 활용되는데, 이 과정에서 학습자의 전략적 능력이 요구된다. 앞서 이야기한 바와 같이, 한국어 학습자의 어휘 이해와 사용의 과정에서 전략적 능력은 매우 중요한 역할을 한다. 학습자들이 보유하고 있는 제한된 어휘 체계의 빈자리를 채워 초기의 의사소통 목적을 달성하도록 하며, 상대방과 보다 효율적으로 의미를 협상하기 위해서는 간접적이고 직접적인 전략들을 활용할 수 있는 전략적인 능력이 필요하기 때문이다. 전략적 능력은 보유하고 있는 지식을 토대로 새로운 의미를 이해하고 상대방의 의도에 맞게 재구성하게 하는 역할을 하기 때문에, 지식과 의미 구성 및 재구성 사이에 위치하게 하였으며 양방향 화살표를 통해 그 상호 연관성을 표시하였다.

한편 이러한 전략적인 능력은 의사소통 목표 및 상황 맥락에 대한 이해가 적극적으로 반영될 때 더욱 효과적으로 수행될 수 있으며, 이러한 의사소통 상황에 대한 이해는 의미를 전달하거나 상대방의 의도를 파악하는 데에도 기여한다. 보다 정확하고 적절하게 어휘를 이해하고 사용하기 위해서는 의사소통 상황에 대한 이해가 전제되어야 하며 동시에 어휘를 통해 수행하고자 하는 의사소통 목표가 구체화되고 상황 맥락이 결정된다는 측면도 존재한다. 따라서 어휘 이해 및 사용 과정과 의사소통 맥락은 상호 영향을 끼치는 것이라고 할 수 있다.

제3장 담화 차원에서의 한국어 어휘 유창성

한 개인이 보유하고 있는 어휘의 이해·사용 능력을 어휘 능력이라고 했을 때, 이러한 어휘 능력을 발휘하여 의사소통을 효과적으로 수행토록 하는 것이 어휘 유창성이라고 할 수 있다. 그렇다면 일반적으로 우리가 '어휘를 유창하게 사용할 수 있다'라고 하였을 때 '유창하다'는 개념은 무엇인가? 또한 '유창하다'와 '유창하지 않다'를 판단하는 기준은 무엇인가? 3장은 이러한 의문들에 대한 답을 모색해 보고자 한다. 유창성이라는 용어는 이미 교육과 평가 현장에서 널리 사용되고 있다. 그럼에도 불구하고, 그 구체적인 정의와 본질에 대해서는 아직까지도 합의가 이루어지지 않은 것이 사실이다. 읽기와 쓰기, 말하기 등과 관련하여서는 유창성에 대한 연구가 이루어진 바 있으나, 이 역시 교육이나 평가 목표로서의 유창성을 기술한 데에 그치고 있어 유창성의 본질과 유창성의 정도를 판단하는 기준에 대한 논의가 부족하다.

이러한 문제 의식을 출발점으로 삼은 김상수(2009), 이정희(2010)의 연구는 유창성의 개념과 이를 판단하는 기준을 객관적으로 마련하고자 하였다는 점에서 주목할 만하다. 김상수(2009)는 유창성, 특별히 표현 영역에서의 유창성에 대해 본격적으로 논의한 연구라고 할 수 있다. 그에 따르면 유창성은 주로 구어 능력과 관련된 개념이며, 언어의 표현 영역과 관계를 가진다고 하였다. 또한 유창성을 판단하는 변인으로 전체 발화 속도, 평균 발화 속도, 휴지 횟수, 반복과 망설임, 자기 수정을 설정하고 실험을 통해 객관적인 상관 관계를 살펴보고 있다. 그러나 김상수(2009)의 연구는 발화의 유창성을 물리적인 기제에 의해서만 판단하고, 질적인 판단 요소를 평가자의 주관적 판단, 자질의 문제로 다루고 있다는 점에서 아쉬움이 남는다.

이정희(2010)에서도 이러한 접근에 대한 아쉬움을 표명하며, 유창성의 개념이 언어 능력 그 자체로 보는 것과 언어 능력을 이루는 물리적 요소를 다루는 능력으로 나누어 논의되어 왔음을 지적한 바 있다. 이정희(2010)에서는 유창성에 대한 인식 조사를 통해 속도 및 휴지의 적절성이나 발화량 등의 물리적 요인뿐만 아니라, 어휘나 문법, 담화 전개, 내용 전개 등의 언어의 내용적인 부분까지도 유창성 판단의 근거가 될 수 있음을 밝히며 종합적인 관점에서의 유창성을 지향하고 있다.

이 장에서는 이들 연구에서 논의하고 있는 기존 연구에 대한 지적과 보다 실제적이고 구체적인 차원에서 유창성 연구가 이루어져야 한다는 문제의식에 공감하며 다음과 같은 두 가지 차원에서 큰 전제를 함께하고자 한다. 첫째는 기존에 논의되었던 유창성의 개념이 서술식의 기술에 의존해서만 설명되고 있어 그 내용과 결정 요인을 파악하기에 다소 모호하고 관념적이었다는 사실이다. 따라서 개념에 대한 설명과 더불어 유창성을 결정하는 요인에 대한 보다 실증적이고 구체적인 연구가 진행되어야 할 필요가 있다. 둘째는 이정희(2010)에서 논의한 바와 같이, 유창성을 의사소통 능력과 언어 능력의 전체적인 양상을 표현하는 개념으로서 접근해야 한다는 것이다. 즉 기존에 이루어졌던 기술적인 측면, 즉 수행상의 물리적인 기술로 유창성을 논의하는 데에 그치지 않고, 개인이 가지고 있는 언어 능력을 설명하는 총괄적인 개념으로 확장하여 논의할 필요가 있다는 것이다. 이 장에서 본격적으로 탐색하고자 하는 "어휘 유창성"
이라는 용어 역시 이러한 전제에서 출발하며 개인이 보유하고 있는 어휘 능력
을 토대로 의사소통을 수행할 때, 그 수행의 양상 및 결과를 설명하기 위해
사용할 것이다. 또한 이는 향후 어휘의 교육의 목표로서 논의될 것이다.

1. 담화 차원 어휘 유창성의 개념과 범위

유창성은 평가의 차원에서 비중 있게 다루어져 왔으며, 특별히 수행 중심의
언어 평가에서 핵심적인 평가 범주로 간주되고 있다. 이는 유창성이 학습자의
머릿속에 존재하는 지식에 대한 것이 아니라, 의사소통 수행 상황을 전제로
언어를 사용할 때 학습자가 얼마나 의사소통 목적을 잘 수행하고 있는지를 살
펴볼 수 있는 것이기 때문이다.

수행 중심의 언어 능력을 평가하고자 하는 현재의 추세에서 언어 숙달도
(proficiency)는 언어 능력의 개념을 규정하는 주류를 이루게 되었고, 언어를
이용하여 '무엇'을 '수행'할 수 있는가에 대한 기능적 측면을 강조하게 되었다
(김정숙, 1994). 즉 전통적인 언어 교육에서는 학습자의 언어 능력을 구성하는
개별 요소를 교육과 평가의 대상으로 삼았다면, 숙달도 기반 교육에서는 학습
자가 자신이 가지고 있는 언어 능력을 토대로 주어진 과제의 목표와 맥락에
맞게 풍부하고 자연스럽게 '수행'하도록 하는 것을 주된 내용으로 삼고 있다.
이러한 시대적 흐름에서 어휘 교육의 목표 역시, 어휘를 사용하여 언어적 행위
를 수행할 수 있는가에 두어야 하며, 궁극적으로는 보유하고 있는 어휘 능력을
토대로 의사소통 목표를 '충분히' 수행할 수 있도록 하는 데에 지향점이 있다고

할 수 있을 것이다.

이 절에서는 이러한 어휘 교육의 목표인 동시에 어휘 교육의 내용이 될 수 있는 숙달도 차원의 어휘 사용 능력으로서 '어휘 유창성(lexical fluency)'을 정의하고자 한다. 김정숙(1994)에서 언급한 바와 같이, 숙달도는 한 학습자가 보유하고 있는 언어 능력의 위치를 가늠하게 하는 언어 발달의 연속체로서 정의될 수 있다. 또한 다양한 요인들로 인해 결정되기 때문에, 연구자의 직관이나 연구 목적 및 범위 등에 따라 그 구성 요소들이 다르게 도출해 낼 수 있다. 그러나 일반적으로 숙달도의 중요한 영역들은 복잡성(Complexity), 정확성(Accuracy), 그리고 유창성(Fluency)에 의해 충분히 그리고 완전하게 설명될 수 있다고 보는 입장이 존재한다(Skehan 1998;Ellis, 2003; 2008; Ellis & Barkhuizen, 2005; Housen & Kuiken, 2009 등). 특별히 Housen & Kuiken(2009, 2012)에서는 CAF(Complexity, Accuracy, Fluency)가 구어와 문어 평가에서 학생들의 수행을 기술하는 요인이자 수행에 기반을 둔 학습자의 숙달도를 예측하는 요인이 되기도 함을 논하였다.

Lennon(1990)은 유창성을 광의의 개념과 협의의 개념으로 나누어 살펴보고 있다. 광의의 차원에서 유창성은 구어 숙달도(oral proficiency)를 포함하는 것으로, 외국어 구사 능력을 측정할 때 최상위 지점을 지칭하는 것으로 이해할 수 있다. 이러한 관점에 따르면 외국인 학습자들은 그저 그런(fair)의 수준에서부터 잘하는(good) 수준을 거쳐 유창한(fluent) 수준의 어느 지점에 위치하게 된다. 한편 협의의 유창성은 구어 숙달도의 한 요소로서 정확성, 자연스러움(idiomaticness), 적절성(relevance), 발음, 어휘의 다양성 등과 같은 범주에서 다루어지며, 이러한 관점에서는 '유창하지만 문법적으로 부정확하다', 혹은 '유창하지만 폭넓고 다양한 어휘를 사용하지 않는다'와 같은 평가가 나타날 수 있다고 하였다.

한국어 교육에서의 유창성 개념은 Lennon에서 논의된 광의와 협의의 관점 중 어느 하나를 취하여 발전해 왔으며, 따라서 연구마다 조금씩 다른 개념으로 논의되어 왔다. 지금까지 유창성을 정의하고자 한 연구들은 대체로 능력(competence)의 개념으로 보는 입장과 기술(skill)로 보는 큰 두 가지 입장으로 나눌 수 있었다. 유창성을 하나의 기술(skill)로 보는 연구에서는 다음과 같은 하위 요소들이 유창성을 결정하는 것으로 보고 있다.

- 말이 진행되는 대화 속도나 길이, 주저, 반복과 휴지 (최연희, 2000)
- 말의 속도, 리듬 및 주저함 (이영식, 2004)
- 학습자의 상황을 고려한 상대적인 속도 (강승혜 외, 2006)

반면 유창성을 의사소통 능력의 하위 개념으로 보거나 하나의 능력으로 보는 입장에서는 다음과 같이 유창성을 정의하였다.

- 한국어를 사용하여 막힘없이 <u>자연스럽게</u> 사용하는 능력이나 정도 (이미혜, 2002)
- <u>자연스러운</u> 속도로 풍부하고 <u>정교하게</u> 발화하는 것 (김정숙 외, 2006)
- 원어민 화자와 같은 <u>자연스러운</u> 발화를 해낼 수 있는 능력 (이정희, 2010)
- 언어형식에 맞게 <u>정확하게</u> 말을 하면서 그 언어에 <u>숙달되어</u> 의사소통을 능숙하게 구사하는 것 (권도하 외, 2012)

한국어 어휘 유창성은 학습자가 자신이 보유하고 있는 어휘 능력을 수행하는 양상을 통해 관찰될 수 있는 능력이므로, 기술적인 측면을 다룬 연구들과는 차별되게 정의해야 한다. 따라서 본고에서는 유창성을 능력(competence)의 차원에서 바라보고 있는 연구들을 중심으로 살펴보고자 한다. 위에서 언급한 정의를 분석적으로 살펴보면, 유창성은 대체적으로 '자연스러움', '풍부성', '정교성', '정확성' 등의 개념으로 정의되고 있음을 살펴볼 수 있다. 이는 유창성을 '정확성'이나 '정교성' 등의 다른 요소를 아우르는 능력으로 인식하고 있음을 뜻한다.[54)]

이 절에서도 유창성을 보다 넓은 차원에서 살피고자 하며, Lennon(1990)의 광의의 유창성, 이정희(2010) 등에서 논의한 언어 능력으로서의 유창성에 가까운 것으로 그 개념을 정의하고자 한다. 또한 '수행'이라는 측면에 초점을 두었을 때, 유창성을 의사소통의 성공과 실패의 차원을 넘어서는 수행의 질적인 영역과 관련되는 것으로 보았다. 즉, 유창성은 의사소통이 이루어졌음을 전제로 그 수행의 질이 어떠한지를 논하는 것이 되어야 하기 때문에 의사소통의 실패가 일어났을 때는 언어의 사용이 우수하다고 하더라도 유창하다고 말할 수 없다. 따라서 앞의 논의들과 달리, 의사소통의 성공을 담보하는 의사소통

---

54) Thornbury(2006)에서도, 유창성을 지나친 휴지나 외국인 억양이 없이, 의사소통 맥락에 적절한 언어를 자연스럽고 정확하게 말하는 것으로 정의하고 있다. 이러한 정의에서도 마찬가지로 맥락에 맞는 적절한 언어 사용, 자연스러움, 정확성 등이 유창성의 하위 요소로 다루어지고 있다. 또한 그는 의사소통 접근법의 몇 지지자에 의해, 유창성과 정확성의 구분이 나타났으며, 그 이후에 유창성이 '형식적인 정확성이나 전달 속도' 등을 배제하는 개념으로 논의되어 왔다고 하였다. 그 대표적인 연구로 Brumfit(1984)을 들 수 있다. 그는 그의 논의에서 정확성과 유창성을 구분하고 있는데, 그 목적이 교수법의 편의에 있었다고 하였다. 따라서 본고에서는 유창성을 종합적인 능력의 차원에서 살펴보며, 정확성이나 복잡성, 속도 등을 그 하위 요소로 보는 것이 타당하다고 보았다.

맥락에 대한 이해가 유창성의 개념에 포함되어야 하며, 의사소통 맥락이 포함된 의사소통의 단위인 담화 차원에서 유창성을 이해해야 한다. 즉 유창성은 음운, 형태, 통사, 의미, 화용의 유창성, 혹은 발음, 문법, 어휘 유창성 등 다양한 범주와 영역에서 논의될 수 있다. 이 중에서도, 특별히 어휘와 관련된 유창성은 의사소통 수행 과정에서 자신의 의도와 목적에 맞게 어휘를 잘 선택하고 사용할 수 있는지와 관련된다. 이에 따라 담화 차원에서의 어휘 유창성은 어휘를 풍부하고 정교하게 사용하는 것 이상으로 의사소통의 수행 단위인 담화에서 적절한 어휘를 사용할 수 있는지에 대한 것이라고 할 수 있다.

이정희(2010)에서 인용하고 있는 Fillmore(1979)의 유창성 개념은 이러한 담화 차원에서의 어휘 유창성에 대한 전체적인 그림을 그릴 수 있게 한다. Fillmore(1979)에서는 유창성을 다음의 네 가지 차원에서 설명하였다. 첫 번째는 '비정상적인 휴지 없이 길게 말할 수 있는 능력(The ability to talk at length without abnormal pauses)'이다. 이는 양적인 차원에서의 능력으로, 말을 하면서 시간을 채울 수 있는 것을 의미한다.

두 번째는 '문장을 의미적으로 촘촘하게 연결하여 일관성 있게 말하는 능력(The ability to talk coherently, employing semantically dense sentences)'이다. 이러한 능력은 언어의 의미와 통사 규칙을 알고, 의미적으로 응집성을 가진 문장들을 사용할 수 있는지에 대한 것으로 질적인 접근에 의해 판단될 수 있다.

세 번째는 '넓은 범위의 맥락을 전제하였을 때에도 적절성을 확보할 수 있는 능력(The ability to have appropriate things to say in a broad range of contexts)'이다. 일반적으로 초급과 그 이상을 구분하는 것으로 언어 사용 맥락의 확장을 논할 수 있다. 즉, 언어의 숙달도가 낮은 경우 개인과 자신에게 친숙한 맥락 내의 과제를 해결하도록 하며, 숙달도가 높아짐에 따라 친숙하지 않은 맥락, 나아가 전문적인 영역에서의 과제 수행을 요구하게 된다. 따라서 넓은 맥락에서의 의사소통을 원활하게 할 수 있다는 것은, 언어로 수준 높은 주제 및 과제를 수행할 수 있는 유창성을 갖추었다는 뜻으로 해석해도 무방할 것이다.

한편으로 언어 사용 맥락이 넓어진다는 것은 단문과 단문들로 구성된 짧은 글 수준에서 복잡한 문장, 문장 층위를 넘어서는 담화 차원에서의 언어 활동을 무리 없이 수행할 수 있음을 뜻하기도 한다. 특별히 확장된 맥락에서 '적절성'을 확보한다는 것은 이 모든 사용 환경에 대한 지식을 갖추고 있으며, 사용역과 격식55)에 맞게 언어를 사용할 수 있는 담화·화용적 능력을 갖춤을 의미한다. 이정희(2010)에서도 이러한 세 번째 능력을 화용적인 부분으로 해석하며 언어를 사용할 때 말하는 목적, 상황, 언어 형식의 적절성을 가지고 발화할 수 있느냐에 관한 것이라고 이야기하고 있다. 실제로 한국어 교육에서도 문어와 구어를 구분하여 각각의 상황에 맞는 적절한 언어를 선택하여 사용할 수 있는 수준을 중급 이상으로 평가하고 있다.56)

마지막으로 Fillmore(1979)는 유창성의 네 번째 영역으로 '창조적이고 창의적인 언어 사용 능력(The ability to be imaginative and creative in language use)'을 이야기하였다. 이는 곧 언어의 심미적인 사용에 대한 것으

---

55) Joos, M.(1967)에서는 '격식(formality)'의 정도에 따라 연설조, 전달식, 상담조, 일상적, 친밀한 스타일의 다섯 가지 유형으로 분류하고 있는데, 이러한 각각의 상황들이 내포하는 주제와 청중, 상황이 각각 다르므로 이에 대한 고려가 선행되었을 때 '적절한' 언어를 사용할 수 있다.

56) 국제통용 한국어 표준 교육 모형에서도 중급이 시작하는 3급에서부터 문·구어의 구분을 시도하고 있다.

로서, 모국어 화자에게서 찾아볼 수 있는 언어 유희, 말장난 등에 해당하는 언어 능력에까지 이르는 것을 의미한다.

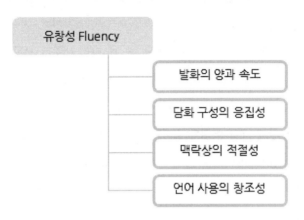

[그림 1-8] Fillmore(1979)의 유창성 범주

Fillmore(1979)의 유창성 개념은 이후에 이어진 많은 연구들에서 채택되어 왔다.57) 특별히 담화 구성의 응집성과 맥락상의 적절성 범주는 이후 논의하게 될 '담화 차원에서의 어휘 유창성'의 핵심적인 내용과 맥락을 함께 한다는 점에서 중요하게 다루어질 수 있다. 그러나 Fillmore(1979)의 유창성 범주는 일반적인 언어의 유창성에 대한 것이기 때문에 어휘적 차원에서 새롭게 논의되어야

---

57) 향후 Brumfit(1984)와 Schmidt(1992)에 의해 '언어 사용의 자연스러움(Natural use of language)'과 '자동성(automaticity)'이라는 특징이 유창성의 범주에 추가되어 논의된 바 있다. '언어 사용의 자연스러움(Natural use of language)'은 언어의 속도와 지속성이라는 개념과 긴밀하게 논의되었으며, '자동성(automaticity)'은 의식적인 주의 집중 없이 언어의 형태를 즉각적으로 탐색하고 사용할 수 있는 능력을 의미한다. 이때의 자동성은 McLaughlin의 주의 집중·처리 모형의 의미적으로 자동화된 영역에서 논의된 것으로, 언어를 구성하고 있는 여러 부분들에 대해서 그다지 신경을 쓰지 않고 자동적으로 처리할 수 있는 능력이다.

할 필요가 있다. 또한 각각의 범주 하위에 속하는 내용에 대한 체계적인 논의가 누락되어 있고, 각 범주들 간의 층위 또는 상관성을 밝히고 있지 않고 있다는 한계를 가지며, '정도(degree)'에 대한 수준별 기술이 없다는 점 역시 보완되어야 할 것으로 보인다.

특별히 해당 유창성 범주를 살펴보았을 때, 네 가지 범주가 모두 어휘의 유창성을 결정하는 데에 동등한 영향을 끼치지는 않을 것으로 보인다. 앞서 논의한대로, 의사소통 관점에서의 어휘 능력은 궁극적으로 전달하고자 하는 의사소통 목적과 의도에 맞게 해당 어휘를 얼마나 다양하고 적절하게 사용하느냐를 전제로 이해되어야 하며 어휘의 유창성 역시 의사소통 맥락을 근거로 판단되어야한다. 즉, 많은 어휘를 알고 수준 높은 단어를 알고 있다고 하더라도 초기에의도한 담화의 목적과 주제에 적합한 어휘를 선택하여 사용하지 못하거나 의사소통이 이루어지는 상황에서 적절한 어휘를 선택·사용할 수 있는 전제 지식이없다면 어휘를 유창하게 사용한다고 평가할 수 없을 것이다.

이러한 유창성을 결정하는 요인은 영향력의 크기 또는 영향을 끼치는 순서에따라 제1수준과 제2수준으로 나누어 볼 수 있을 것이다. 따라서 이 책에서는어휘 유창성이 결정되는 데에 결정적인 영향을 끼치는 제1수준의 요인과 이러한 제1수준의 요인들이 어느 정도 충족되었다는 전제하에 논의될 수 있는 제2수준의 요인이 있음을 가정하고, 이를 바탕으로 논의를 전개하고자 한다.58)

---

58) 실제로 요인을 검증하는 과정에서 받은 코멘트 중에는 '글의 내용에 어울리는 중급 수준의 어휘와 문법을 안정적으로 사용', '다양하고 실제적인 어휘와 표현을 사용하고 있으나 구어와 문어를 구분하지 못함(예) 되게, 나빠졌으니까)', '특별히 어려운 어휘를 쓰고 있지 않으나 주제에 적합한 단어들을 선택하여 사용' 등과 같이 '글의 내용'이나 '담화 스타일', '주제 적합성' 등에 대한 고려가 이루어져 있었으며, 기술한 내용을 살펴보았을 때도 양적인 측면과 질적인 측면 중 더 우선적으로 적용되는 수준과 그렇지 않은 것이 있는 것으로 관찰되었다.

먼저 Fillmore(1979)의 유창성 범주 중 '발화의 양과 속도'는 어휘의 양적인 측면에서 다룰 수 있다. Fillmore가 '비정상적인 휴지 없이 길게 말할 수 있는 능력'으로 정의하고 있는 해당 범주는, 곧 풍부하고 다양한 어휘를 알고 사용하는 능력과 관련되는 것으로 이해할 수 있다. 화자 혹은 필자가 자신의 의도를 충분히 길게 표현할 수 있다는 것은 계속해서 새로운 어휘를 생성해 낼 수 있는 능력을 가지고 있는 것을 의미한다. 특별히 이 절에서는 어휘의 양적인 측면을 어휘를 풍부하게 사용하는 것에 관련된 측면으로 정의하고, 문헌을 통해 어휘 다양도, 어휘 밀도, 어휘 세련도, 어휘 오류 빈도 등의 하위 요소를 도출하여 유창성 요인 목록에 포함시키고자 하였다.59)

한편 담화 차원에서의 어휘 유창성이 담화와 담화에 포함된 상황 맥락에 대한 고려를 전제로 하므로, Fillmore의 '담화 구성의 응집성'과 '맥락상의 적절성'을 구체화하여 유창성 범주에 반영할 필요가 있다. Fillmore에서 '담화 구성의 응집성'으로 통칭한 '문장을 의미적으로 촘촘하게 연결하여 일관성 있게 말하는 능력'은 형태·통사적 결속성과 의미적 응집성으로 나누어 구체화될 수 있다.60) 형태·통사적 결속성은 다시 담화 형성에 관한 범주와 담화 결속에 관한 범주로 나눌 수 있는데, 담화 형성이 어휘 내부, 어휘와 어휘, 어휘와 문장 간의 결합을 통해 담화를 조직하는 것에 대한 것이라면, 담화 결속에 관한 범주에서는 문장이나 담화 층위에서 담화를 하나의 의사소통 단위로 묶어주는 어휘적인 결속이 다루어질 수 있다. 또한 의미적 응집성은 담화를 하나의 일관된

---

59) 하위 요소의 개념과 도출 과정은 3.2.1.에서 본격적으로 다루게 될 것이다. 여기에서는 어휘 유창성의 범주 및 하위 요소, 그리고 그 적용 수준을 도식화하기 위해 간략히 언급하였다.

60) 이를 구분하여 다루고자 한 이유는 어휘 유창성을 결정하는 요인들에 대해 깊이 있게 살펴봄으로써 궁극적으로 어휘 유창성의 본질에 더 가까이 다가갈 수 있으며, 또한 교육 및 평가의 지침을 마련하는 데에 있어 더욱 분석적이고 구체적인 틀을 마련할 수 있기 때문이다.

의미로 응집하는 것으로서 어휘의 내적, 외적 정보에 대한 지식 및 어휘를 통해 의미를 구성해 나가는 능력과 관련된다.

'맥락상의 적절성'은 곧 어휘 사용의 화용적 적절성으로 대치될 수 있으며 의사소통 상황에 맞는 적절한 어휘를 선택하고 사용하는 것으로 볼 수 있다. 다만 한국어 어휘 유창성은 교육을 염두에 둔 개념이기 때문에, 개인 변인 및 사회적 변인에 따라 달라질 수 있는 '언어 사용의 창조성'에 대한 범주는 다소 축소하였다. 한국어 교육에서도 언어를 창조적이고 심미적으로 사용할 수 있는 부분은 중요하게 다루어질 수 있다. 그러나 이는 개인의 성격, 국적, 나이 등에 따라 그 양상이 달라질 수 있는 영역이기 때문에 교육 및 평가에 있어 절대적인 기준을 마련하기 어렵다는 문제를 가진다. 또한 한국어 담화 공동체가 이해할 수 없거나 수용할 수 없는 정도의 언어 사용을 '창조적'이고 '심미적'인 것으로 볼 수 있는가에 대한 고민 역시 필요하다. 따라서 해당 영역을 한국어 담화 공동체를 염두에 둔 '적절성'의 차원에서 논하고자 하며, 다만 학습자에게 요구하는 언어 사용의 수준이 높아짐에 따라 개방 집합으로서의 어휘를 이해하고, 다양하고 풍부한 신조어 혹은 유행어를 사용할 수 있는지를 교육 내용으로 다룸으로써 '어휘 사용의 창조성'을 포괄하고자 한다.

이러한 몇 가지 고려사항들을 반영하여 '어휘 유창성'은 어휘를 풍부하게 사용하는 것에 관련된 양적인 측면과 더불어 의사소통 맥락과 필요에 맞게 어휘들을 적절하게 선택하고 있는지, 선택한 어휘를 정확하게 사용하여 담화를 구성할 수 있는지, 나아가 사용한 어휘들이 궁극적으로 하나의 의미 응집성을 이루는지 등의 질적인 측면에 의해 결정되는 것으로 정리할 수 있다. 위의 논의들을 종합한 어휘 유창성 범주를 [그림 1-8]에 적용하여 재도식화하면 [그림 10]과 같이 나타낼 수 있다.

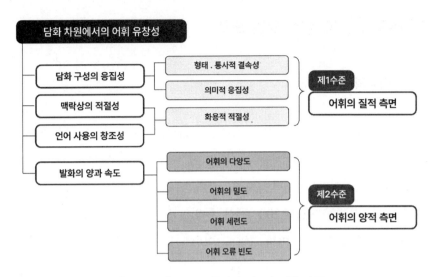

[그림 1-9] 어휘 유창성의 범주와 적용 수준

어휘의 양적인 측면과 질적인 측면에서의 요인들은, 담화 차원에서 어휘 유창성에 미치는 영향력의 크기 및 순서를 기준으로 다시 제1수준과 제2수준으로 층위를 달리 상정해 볼 수 있다. 앞서 2장에서 의사소통 관점에서의 어휘 능력은 궁극적으로 전달하고자 하는 의사소통 목적과 의도에 맞게 해당 어휘를 얼마나 다양하고 적절하게 사용하느냐를 전제로 해야 함을 주장하였으며, 어휘 유창성 역시 의사소통 맥락을 근거로 판단해야 한다고 기술한 바 있다. 이는 곧, 어휘를 다양하게 많이 아는 것보다 의도한 담화의 목적과 주제에 적합한 어휘들을 선택하여 하나의 의미를 가진 담화를 구성할 수 있는 능력이 본고에서 의도하는 어휘 유창성의 본질에 가깝다는 것을 의미한다. 따라서 이를 근거로 [그림 1-9]과 같이 어휘의 질적 측면을 제1수준, 어휘의 양적 측면을 제2수준으로 상정할 것이다.

이후 이어지는 절에서는 각각의 범주에 해당하는 어휘 유창성 결정 요인들을 보다 구체적으로 살피고, 그 내용과 범위, 도출 과정을 밝혀보고자 한다.

2. 어휘 유창성 결정 요인 도출

(1) 어휘의 양적 측면

어휘 유창성을 결정짓는 양적 요인을 도출하기 위해서는 어휘 풍부도 (richness), 어휘 사용 양상 등을 살펴본 여러 문헌을 참고할 수 있다(Read, 2000;Weigle, 2002;안경화, 2003; 진대연, 2006; 배도용, 2011, 2012, 2014 등). 특별히 Read(2000)에서 논의되고 있는 어휘 풍요도(Lexical Richness) 측정 요소인, 어휘 다양도, 어휘 밀도, 어휘 세련도, 어휘 빈도표, 오류 발생과 Weigle(2002)에서 작문의 어휘 영역 채점 기준으로 꼽고 있는 '어휘 선택의 적절성, 어휘 사용의 범위, 어휘의 형태, 오류의 빈도, 주제 관련 성' 등을 참고할 수 있다. 그러나 본 절의 논의에서는 어휘의 양적 측면에서의 요인들을 도출하고자 하는 것이므로 질적인 측면에서 이해해야 하는 요소들은 배제하였다. 이를 통해 도출한 어휘의 양적 요인은 어휘 다양도, 어휘 밀도, 어휘 세련도, 어휘 오류 빈도이며, 이러한 요인들에 대한 설명과 값을 구하는 공식 등은 연구의 의도에 맞게 수정하여 반영하였다.

1) 어휘 다양도(lexical diversity)

Read(2000)에서 언급하고 있는 어휘 다양도는 하나의 글 혹은 말에 나타나는 어휘의 범위(range) 및 중복 사용을 제외한 어휘 사용의 개수를 측정함으로써 도출된다. 일반적으로 어휘 다양도는 '(중복을 제외하고 사용된) 서로 다른 어휘 수(the number of types, NDW)/전체적으로 사용된 어휘의 개수(the number of tokens, TNW)'인 TTR(type-token ratio)을 통해 측정값을 구한다.

$$어휘\ 다양도 = \frac{서로\ 다른\ 어휘\ 수\ (the\ number\ of\ types)}{총\ 어휘\ 수\ (the\ number\ of\ tokens)} * 100$$

사용 어휘의 다양도를 측정하는 중요한 척도라고 할 수 있는 총 어휘 수 (TNW : Total Number of Words)는 고정된 길이의 글 또는 말에서 발생하는 총 어휘의 수를 측정한 것이며, 서로 다른 어휘 수(NDW : Number of Different Words)는 고정된 길이에서 나타나는 서로 다른 어휘의 수를 측정한 것인데, 이 수치가 낮을 경우 제한된 단어만을 반복해서 사용하고 있거나 인출할 수 있는 어휘의 수가 빈약한 것으로 판단해 볼 수 있다.

안경화(2003), 진대연(2006)[61], 장경희·전은진(2008), 배도용(2012) 등에

---

61) 진대연(2006)에서는 '가독성(Readability)'을 구하는 방법으로서의 '어휘 밀도'를 논하고 있으며, 그의 논의에 따르면 어휘 밀도는 사용된 어휘의 수(type)를 총어휘수(token)로 나누어 구해지는 비율을 통해 알 수 있다고 하였다. 그는 또한 학습자가 얼마나 다양하게 표현어휘를 구사하는가에 초점을 맞추면 '어휘 밀도'를 '어휘 다양도'로 부르기도 한다고 기술하였는데, 이를 통해 어휘 밀도를 어휘 다양도와 특별히 구분하지 않은 개념으로 사용하고 있음을 알 수 있다. 그러나 본고에서는 '어휘 밀도'와 '어휘 다양도'를 각각 구분하여, '어휘 밀도'는 '텍스트의 정보를 담고 있는 내용어의 비율'로, '어휘 다양도'는 '일정한 범위

서 이러한 어휘 다양도 개념을 핵심어로 두고 실증적인 연구를 진행한 바 있다. 장경희·전은진(2008)에서는 중·고등학생의 어휘력을 어휘 다양도(TTR)을 통해 조사하였는데, 학년별, 성별로 총 낱말 수와 서로 다른 어휘 수를 각각 산출하여 심층적으로 어휘력을 측정하였다. 배도용(2012)에서도 종합적인 어휘력 측정 방안 모색을 염두에 두고, 한국어 학습자 쓰기의 어휘 다양도 및 밀도를 평가하였다. 배도용(2012)의 연구는 특별히 학습자의 언어권별로 결과를 분석하였으며 모국어 화자와의 비교를 통해 이러한 어휘력 측정 방법의 효용성을 검증하고자 하였다.

그러나 전통적인 어휘 다양도 측정 방법이었던 TTR은 샘플의 길이를 동일하게 제한하였을 때 진정한 측정의 의미를 지닌다고 할 수 있다. 즉, TTR에 의해 측정된 어휘 다양도는 측정 대상이 되는 담화의 '길이'에 영향을 받으며, 텍스트의 길이가 짧을수록 TTR 비율은 높아진다(Meunier, 1998:32). 이러한 한계를 극복하기 위해 Johnson(1944)에서는 MSTTR(Mean Segmental Type-Token Ratio)을 도입하였으며, 이후 많은 연구들에서 MSTTR은 TTR을 보완하기 위한 방법으로 사용되었다. MSTTR은 전체 담화를 고정적인 단어 수에 따라(MSTTR-30, MSTTR-50, MSTTR-100, MSTTR-500, MSTTR-1000) 하위 문단으로 구분하고[62], 각각의 TTR 비율을 구한 다음 이를 평균한 것이다.

내에서 중복하지 않고 사용한 서로 다른 단어의 비율'로 나누어 살펴보고자 한다. 따라서 이러한 본고의 기준에 따라 진대연(2006)에서 의도한 연구는 '어휘 다양도'를 다루는 절에서 소개하였다.

62) MSTTR 측정에서 의미하는 문단의 개념은, 의미적인 구분에 의한 것이 아니라 단어 수에 따른 기계적인 구분에 의한 것이다.

이러한 MSTTR은 샘플 '길이'의 다양성이라는 문제를 해결할 수 있으며, 고정적이고 일정한 개수의 문단에서 얻어낸 데이터를 측정함으로써 안정적이고 신뢰할 만한 결과를 얻을 수 있다는 장점을 지닌다. 그러나 MSTTR은 다음과 같은 점에서 한계를 지닌다(Malvern, Richards, Chipere & Duran, 2004:97).

- 다른 크기의 문단으로 나누어 측정한 MSTTR 비율은 서로 비교할 수 없다. 즉, MSTTR-100에서 도출된 값과 MSTTR-500을 통해 구해진 값은 직접 비교할 수 없으며, 500단어씩 문단을 구분하여 평균값을 구한 MSTTR-500의 값이 MSTTR-100에 비해 더 낮은 비율을 보일 경향이 있다.
- 매우 짧은 문단(적은 단어 수로 통제한 문단)은 결과를 왜곡할 가능성이 높은데, 이는 문단이 짧을수록 해당 문단 안에서 동일한 단어를 반복해서 사용할 확률이 적기 때문이다.
- 글 혹은 말은 일관된 사이즈의 문단으로 정확하게 구분되지 않으며, 이때

문에 데이터의 손실이 뒤따를 수밖에 없다.

- 개별 글 혹은 말 각각에서 확인할 수 있는 서로 다른 낱말 수와 전체 낱말 수의 관계는 역동적인 선상에 위치하고 있어서 MSTTR은 결국 전체 낱말 수가 증가할수록 떨어지는 TTR 값의 하강 곡선에 위치한 한 점에 불과하다.
- Richards& Malvern(2000)의 연구에서 견지된 것처럼, 교사와 학습자의 MSTTR 다양도 모두 다른 측정 요인과 비교했을 때에 낮은 값을 보였다. 이를 통해 MSTTR 값이 다른 요인에 비해 다소 약화된 값을 나타낸다는 비판을 제기할 수 있다.

이러한 한계점들을 근거로, Malvern et al.(2004)에서는 'Measure, D'의 개념을 제시하기도 하였는데, 이는 TTR값을 함수로 나타내어 해당 곡선면의 평균값을 구하는 방식으로 어휘 다양도를 측정하고자 한 것이다.

그러나 이 장에서는 MSTTR의 한계를 극복하는 방식을 통해, 학습자 작문의 '어휘 다양도'를 도출해 내고자 한다. 이는 함수 D의 결과가 매우 신뢰할 만한 것임에도 불구하고 언어 교육에 있어 교사와 학생, 그리고 교육 관계자들의 직관적인 이해를 끌어내기 힘들기 때문이다.

다만 위에서 살펴본 MSTTR이 가지는 한계점은 다음과 같이 극복하고자 한다.

- 평가의 대상이 되는 작문은 초, 중, 고급 모두 동일한 단어의 개수로 끊어 작문 간의 비교를 가능하게 하되, TTR값이 왜곡될 가능성을 최소화하기 위해 가급적 많은 수의 단어로 문단을 구분한다.
- 초급 학습자인 경우 작문의 길이가 짧기 때문에 너무 많은 단어 개수로

문단을 구분할 경우 하나 이상의 평균값을 도출해 내기가 어려우며, 소실되는 데이터 역시 많을 것으로 예측된다. 실제로 32, 33, 34회 한국어능력시험 초급 학습자의 작문을 살펴본 결과 평균적으로 100~200개의 단어를 사용하고 있었다. 따라서 100개 단어 이내로 문단을 구분해야 한다.

- Meunier(2001:32-33)에서는 텍스트의 크기가 작을수록 다양도가 커짐을 지적하며 텍스트의 처음 100개 단어가 뒤에 나오는 텍스트에 반복적으로 나오기 때문에 어휘 다양도의 단순 수치 비교를 경계해야 함을 강조한 바 있다(안경화, 2003에서 재인용함). 따라서 최소 100개 단어 이상으로 텍스트를 구분해야 할 것이다.

- Richards & Malvern(2000)에서는 불어 학습자의 구두 인터뷰를 분석함에 있어 MSTTR-30을 적용하여 타당한 결과를 이끌어내고 있다. 문어의 경우 기본적으로 동일 범위 내에서 중복되는 단어의 수가 구두에 비해 적다. 따라서 이 연구에서는 MSTTR-100을 문어에 적용한다면 나름의 객관적인 수치를 얻을 수 있을 것으로 보이며, 초급 작문의 경우에도 두 문단 이상의 평균값을 구할 수 있을 것으로 기대된다.

2) 어휘 밀도(lexical density)

어휘 밀도의 개념은 Ure(1971)에서 나온 것으로, 기능어 대비 내용어의 비율을 통해 계산된다. 이때 내용어(lexical or content words)는 일반명사나 동사, 형용사, 부사 등 텍스트의 내용을 마련하는 어휘이며, 기능어(functional words)는 그 외의 요소를 의미한다. Read(2000), 배도용(2012)에서는 어휘 밀도(LD : Lexical Density)를 계산하는 공식을 다음과 같이 정리하였다.

$$\text{어휘 밀도 (LD)} = \frac{\text{내용어 수 (total number of lexical words)}}{\text{총 어휘 수(total number of words in the composition)}} * 100$$

일반적으로 내용어의 비율이 높은 텍스트는 그렇지 않은 텍스트에 비해 더 많은 정보를 포함하고 있을 확률이 높으며, 이는 곧 어휘 사용을 통하여 풍부하고 다양한 내용을 전달하고 있음을 의미한다. 또한 내용어의 비율은 텍스트의 유형에 따라 어휘 밀도가 달라질 수 있을 가능성이 존재하기도 한다. Johansson(2008)은 실험 연구를 통해 서사적인 텍스트 유형이 설명적인 텍스트 유형에 비해 어휘 밀도가 높게 나타남을 보여, 텍스트 유형 요소가 어휘 밀도 값에 영향을 끼치고 있음을 실증적으로 입증하였다.

Ure(1971)은 어휘 밀도라는 개념을 도입하면서 어휘적 속성을 가지는 단어와 그렇지 않은 단어를 구분하였으며, 구어 텍스트의 경우 평균 40% 미만의 어휘 밀도를, 문어 텍스트의 경우 평균 40% 이상의 어휘 밀도를 가진다는 결론을 도출해 내었다. 그러나 어휘 밀도 역시 몇 가지 고려해야 할 사항이 있는데 첫 번째는 언어의 특성에 따라 어휘 밀도가 영향을 받는다는 사실이다. Ure에 따르면 의존 형태소(bound morphology)가 많은 언어가 내용어의 비율이 높을 가능성이 크다. 이를테면 한국어는 조사나 어미, 접사가 발달한 언어이기 때문에 내용어의 비율이 높게 나타나는 경향이 있으나, 영어는 자립적으로 사용되는 기능어의 비율이 높기 때문에 한국어에 비해 상대적으로 낮은 값을 보이게 된다. 따라서 서로 다른 언어 간의 어휘 밀도는 비교가 불가능하며, 한국어 학습자의 경우 자신의 모국어 구조의 영향을 받을 가능성도 배제할 수 없다.

두 번째 고려사항은 내용어의 범위에 대한 문제이다. 즉, 내용어의 범위를 어디까지로 볼 것인가에 따라서 어휘 밀도 값이 달라질 수 있는 것이다. 전통적으로는 내용어 범주에 일반 명사와 동사, 그리고 형용사가 포함되는 것으로 이해되었으나, Halliday(1985)의 연구에 이르러 내용어에 대한 이해가 확장되면서 어휘 밀도의 개념 역시 진일보하게 되었다(Johansson, 2008). Halliday는 내용어와 기능어의 구분이 어휘 밀도 개념에 있어 중요하게 다루어져야 함을 지적하면서 이들이 한 단어 이상으로 이루어질 수 있음에 대해 논의하였는데, 이는 Ure(1971)에서 언급된 내용어의 범위와 차이를 보인다.

turn up, take off, pass out, go on[63)

위의 예들은 두 단어 이상으로 이루어져 있으며, 하나의 의미 기능을 수행하고 있는 어휘 유형이라고 할 수 있다. Ure 및 전통적인 방법을 고수하는 학자들은 이러한 예들을 하나의 내용어(turn, take, pass, go)와 하나의 기능어(up, off, out, on)으로 분석하였다. 그러나 Halliday는 의미적 연어 관계에 있는 어휘들의 기능은 의미적인 것이며, 문법적인 체계로 이해할 수 없기 때문에, 이러한 어휘 유형을 폐쇄 집합이 아닌 개방 집합에 포함시켜야 한다고 주장하였다. 이러한 언급은, Halliday가 내용어는 새로운 신조어나 개념어들이 계속해서 포함되는 개방 집합으로, 기능어는 그 수가 고정적인 폐쇄 집합에 속한 것으로 이해한 데에 따른 것으로, 곧 의미적 연어 관계를 맺는 어휘 유형을 내용어로 이해해야 함을 뜻한다. 이러한 그의 견해에 따르면 'turn up', 'take

---

63) Johansson(2008)에서는 Ure(1971), Ure & Ellis(1977)의 내용어와 Halliday(1985)에서 말하는 내용어가 그 개념과 범위 설정에 있어 차이를 보인다는 사실을 언급하며 "turn up" 과 같은 예를 들어 설명하였다. 'turn up'과 동일하게 다루어질 수 있는 유형의 예들은 본고에서 임의로 선정하여 추가하였다.

off', 'pass out', 'go on'은 각각 하나의 내용어로 분석될 수 있다. Halliday 는 또 어휘와 문법의 연속체 개념에 대해 이야기하였는데, 그가 파악한 연속체 를 도식화하면 다음과 같다.

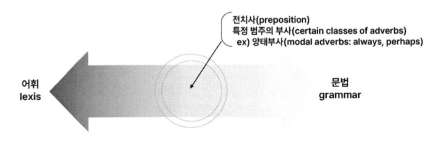

전치사(preposition)
특정 범주의 부사(certain classes of adverbs)
ex) 양태부사(modal adverbs: always, perhaps)

어휘
lexis

문법
grammar

[그림 1-10] Haliday(1985)의 어휘와 문법 연속체

그는 구분선이 정확히 어느 쪽에 치우치는지는 중요하지 않으나, '어휘적인' 부사와 '문법적인' 부사 사이에 경계 구분선이 위치하고 있음을 명확히 견지하 였다. 또한 어휘 밀도를 "전체 운용 어휘64) 수에 대비한 내용어의 수"(Halliday, 1985)로 정의하며, '어휘적인' 부사를 내용어에 포함시키고 있다.

Johansson(2008)에서도 이러한 Halliday의 정의에 기대어 비문법적인 부 사(형용사로부터 도출된 부사를 포함하는) 역시 내용어로 분류할 수 있으며, 어휘 밀도 역시 내용어의 개수를 각 텍스트에 나온 전체 어휘 수로 나눈 것으로 계산할 수 있음을 밝혔다.

이 절에서도 어휘 밀도를 분석함에 있어 다음의 두 가지를 고려하고자 한다.

---

64) 원문에서는 'running words'로 나와 있으며, 운용 어휘로 번역될 수 있다. 이는 '내용어'에 대비되는 개념으로서, 어휘를 계량할 경우 그 대상이 되는 전체 언어 집합 내에 사용된 모든 어휘를 가리키는 말, 즉 전체 어휘 수를 나타낸다.

- 한국어 학습자의 작문을 분석할 때 한국어가 아닌 다른 어휘가 등장할 경우 어휘 밀도를 구할 때에 국한하여 이를 한국어로 번역한다. 또한 어휘 밀도를 비교함에 있어 필요할 경우 학습자의 국적을 참고한다.
- Halliday(1985)와 Johansson(2008)의 정의에 따라, 내용어를 개방 집합으로 이해하며 두 단어 이상이 사용될 수 있음을 인정한다. 그러나 한국어의 경우 의미적 속성을 가지지 않은 형태소가 자립적으로 사용되는 경우는 드물며 조사와 어미, 접사처럼 내용어와 결합하는 방식으로 의존적인 모습을 보인다.65) 본고에서는 한국어 단어 설정의 절충적인 입장을 수용하여, 자립 성분인 단어로 인정되는 조사는 기능어로 구분하되, 선·후행어에 결합되는 정도가 매우 긴밀하며 단어로서의 지위를 부여받지 못하는 어미와 접사는 별도로 구분하지 않고 선·후행어와 더불어 하나의 내용어로 파악하고자 한다.
- 또한 일반 명사, 동사, 형용사, 일반 부사 외에 의존명사, 고유명사, 수사, 관형사, 감탄사, 지정사, 보조용언까지를 내용어에 포함시키며, 문법적 성격이 강한 접속 부사의 경우 기능어로 분석한다.66)

---

65) 신현숙(1999)에서는 한국어의 기능어를 다음과 같은 네 가지 범주로 나눌 수 있다고 하였다.
ㄱ. 말이나 글 속에서 [사람]3/[사물]/[장소]/[사건]/[상태]/[방향] 등을 가리키거나 꾸미는 기능을 하는 **지시어 범주**
ㄴ. 말이나 글 속에서 단어와 단어/문장과 문장/발화와 발화 등을 이어주거나 나열하는 기능을 하는 **접속어 범주**
ㄷ. 통합하는 어휘 항목 특히 명사에 대한 통사 정보와 의미 정보, 나아가 언어 사용자(language users)의 인지 방법과 인지 태도를 포함하는 화용 정보까지 제공하는 **조사 범주**
ㄹ. 통합하는 어휘 항복 특히 동사에 대한 통사 정보와 의미 정보는 물론, 언어 사용자의 인지 방법과 인지 태도를 포함하는 다양한 화용 정보를 제공하는 **어미 범주**
66) 강범모·김흥규(2009)에서는 내용어의 범주로 일반명사, 의존명사, 고유명사, 대명사, 수사, 동사, 형용사, 관형사, 일반부사, 접속부사, 감탄사, 지정사, 보조용언까지 넣고 있으며, 배

<표 1-10> 내용어와 기능어 구분의 예

⟨NNG⟩학생+⟨JKS⟩이 = 내용어 1(학생), 기능어 1(이)
⟨NNG⟩대학+⟨JKB⟩에 = 내용어 1(대학), 기능어 1(에)

⟨VV⟩다니 ⟨ETM⟩는 ⟨NNG⟩학원 = 내용어 2(다니는, 학원)
⟨VV⟩그만두 ⟨EP⟩ㅓㅆ ⟨EF⟩어 = 내용어 1(그만뒀어)

⟨NP⟩니 ⟨JKS⟩가 ⟨MAG⟩언제 = 내용어 2(니, 언제), 기능어 1(가)
⟨MAJ⟩그래서 ⟨MAG⟩지금 = 내용어 1(지금), 기능어 1(그래서)

NNG 일반명사   EP 선어말어미
JKS 주격조사   EF 종결어미
JKB 부사격조사   NP 대명사
VV 동사   MAG 일반부사
ETM 관형형 전성어미   MAJ 접속부사

- 어휘적 연어는 공기하는 두 개 이상의 단어를 의미적으로 결합한 것으로 보고, 공기된 단어의 개수만큼 내용어로 구분한다. (예) 눈을 감다 = 내용어 2(눈을, 감다) 그러나 다음과 같은 경우 별도의 고민이 필요하다.

-아/어야 한다, -(으)ㄹ 수 있다/없다, -(으)ㄹ 것이다

도용(2012)에서는 일반명사, 동사, 형용사, 일반부사만을 내용어에 포함하고 있다. 본고에서는 내용어가 실질적인 의미를 전달한다고 정의하였을 때, 배도용(2012)에서 배제한 의존명사, 고유명사, 대명사, 수사, 관형사, 감탄사, 지정사, 보조용언을 제외할 근거가 없다고 보고 강범모·김흥규(2009)의 논의에 따라 이들을 모두 계수에 포함하였다. 다만, 접속 부사의 경우 문장과 문장, 단락과 단락을 연결해 주는 문법적 기능이 크다고 보아, 내용어 목록에서 제외하였다.

위의 구성은 의존 명사와 보조 용언이 사용된 문법적 연어이다. 따라서 의존 명사, 보조 용언에 대한 처리를 어떻게 해야 할지에 대한 기준이 필요하다. 이 절에서는 의존 명사는 자립할 수 없는 형태소임을 들어 기능어로 처리하며, 보조 용언 역시 본래의 용언이 의도하는 의미적 속성을 상실하였다고 보아 기능어로 분류하고자 한다. 이러한 처리는 한국어 교육에서 문법적 연어를 하나의 단위로 가르치며 문법 항목으로 다루는 것에도 부합한다고 할 수 있다.

• 또한 중, 고급 수준 작문인 경우 속담, 관용어에 대한 처리 역시 기준이 마련되어야 한다. 본고에서는 결합 구성에 새로운 단어가 끼어들 수 있는 연어와 같은 경우 구성 성분 각각을 개별적으로 처리할 것이며, 이러한 방침을 관용어에서도 동일하게 적용시키고자 한다. 이를테면, 관용어 '눈이 높다', '바람을 맞다' 등은 '눈이 어마어마하게 높다', 혹은 '바람을 매몰차게 맞다' 등 부사 성분이 개입될 여지가 있다. 이러한 경우는 '내용어 3(눈, 어마어마하게, 높다, 기능어 1(이)', '내용어 3(바람, 매몰차게, 맞다), 기능어 1(을)'로 분석하게 될 것이다. 그러나 다른 성분이 개입되거나 성분의 순서가 바뀔 수 없는 속담의 경우, 하나의 의미 단위로서 사용하였다고 보고 이를 하나의 내용어로 처리하고자 한다. 즉, '말 한마디에 천 냥 빚도 갚는다.'는 각각의 형태소로 구분하여 살피지 않고 하나의 내용어(말 한마디에 천 냥 빚도 갚는다)로 처리하게 될 것이다.

3) 어휘 세련도(lexical sophistication)

어휘 세련도는 담화 또는 텍스트에서 사용된 어휘의 수준을 고려하는 개념으로, 전문어나 빈도수가 낮은 어휘 등을 적절하게 선택하여 사용하고 있는지에 대해 평가하는 항목이라고 할 수 있다. 학습자가 산출해 낸 텍스트에서 사용된 어휘가 매우 기초적이고 일상적인 수준에 머무른다면 어휘 세련도는 낮게 나타나며, 사용된 어휘가 전문적이고 고급 수준에 이를수록 어휘 세련도는 높게 측정되는 경향이 있다. 어휘를 유창하게 사용한다고 하였을 때, 일반적으로 여러 단어를 많이 썼는지에 대한 고려도 필요하지만 사용된 어휘의 수준이 너무 낮거나 너무 기초적이지는 않은지를 함께 고려해야 할 것이다. 따라서 이 절에서는 어휘 세련도 역시 어휘 유창성 결정 요인 중 하나로 설정하고자 한다.

어휘 세련도와 관련이 높은 요인으로는 '어휘 독창성'(lexical originality) 정도와 '어휘 희소성(rareness)' 정도를 이야기해 볼 수 있다. '어휘 독창성'은 Laufer(1991)에서 정의한 개념으로서, 다른 학습자들이 쓰지 않은 독창적인 어휘를 단독적으로 사용한 비율을 의미한다. 즉, 다른 작문에는 한 번도 나타나지 않은 어휘가 해당 작문에 출현하였는가에 대한 것으로, 특정 수준의 작문에서 자주 나타나는 일반적인 어휘 목록을 벗어나는 어휘를 사용한다는 것은 일정 수준 이상의 어휘 유창성을 가지고 있다고 판단할 수 있는 근거가 된다.

'희소성' 역시 이러한 측면에서 중요하게 다루어질 수 있다. 담화 또는 텍스트에 사용된 어휘가 희소성을 가진다는 것 역시 어휘 독창성과 마찬가지로 어휘 사용의 폭이 일반적인 학습자에 비해 넓음을 뜻한다. 이를 방증해 주는 것으로 조남호(2002, 2003)의 연구를 살펴볼 수 있다.

조남호(2003)에서는 한국어 학습용 어휘를 선정함에 있어 먼저 출현 빈도[67]

---

67) 이때의 출현 빈도는 조남호(2002)에서 진행한 현대 국어 사용 빈도 연구를 따르고 있다. 조남호(2002)에서 조사 대상으로 삼은 말뭉치는 균형 말뭉치로서 총 1,531,966어절의 규모를 가지고 있다.

에 따라 10,352순위의 단어를 추출하고, 이를 6인의 전문가 판정을 통해 A, B, C 등급으로 구분하는 방식을 취하고 있다. 이 연구에서는 어휘 등급 판정 결과를 조남호(2002)에서 제시한 빈도 순위와 비교하여 제시하였는데, 이는 〈표 1-11〉와 같다.

〈표 1-11〉 한국어 학습용 어휘 등급 및 빈도순위 (조남호, 2002)

빈도 순위 \ 등급	A	B	C	계
1~999	457	359	138	954
1000~1999	187	437	281	905
2000~2999	96	484	291	871
3000~3999	30	208	516	754
4000~4999	36	120	436	592
5000~5999	31	100	424	555
6000~6999	20	86	207	313
7000~7999	22	78	135	235
8000~8999	14	77	121	212
9000~9999	14	54	145	213
10000~19999	40	66	123	229
20000~29999	9	8	26	43
30000~39999	1	3	9	13
40000~49999	1	-	1	2
50000~58437	2	1	3	6
등외	22	30	16	68
계	982	2,111	2,872	5,965

〈표 1-11〉을 살펴보면, A등급에 속하는 어휘의 46%가 빈도 순위 1구간 (1~999)에 위치하며, 빈도 순위 2구간(1000~1999)까지를 고려하였을 때는 A등급 어휘의 65% 이상이 높은 빈도순으로 출현함을 발견할 수 있다. 또한

B등급인 어휘는 빈도 순위 1구간에만 집중적으로 분포되어 있지 않고, 1, 2, 3구간에 걸쳐 나타나고 있으며 빈도 순위 3구간(2000~2999)에 가장 많은 수의 어휘가 분포되어 있다. 가장 어렵다는 판정을 받은 C등급 어휘는 빈도 순위 4구간(3000~3999)에 516개, 빈도 순위 5구간(4000~4999)에 436개, 빈도 순위 6구간(5000~5999)에 424개의 순서로 집중되어 있었다.

이러한 결과는 빈도수가 높은 단어는 기초적인 단어, 쉬운 단어일 경향성이 있으며, 빈도수가 낮은 단어는 고급 수준의 단어일 가능성이 높다는 것을 의미한다. 또한 반대로 초급 수준의 단어는 일상에서 자주 반복되어 나타나며 고급 수준의 단어는 상대적으로 낮은 빈도로 출현하고 있음도 생각해 볼 수 있다. 이러한 점에서 출현 어휘의 빈도순과 어휘 수준은 부적 상관을 보이며, 이는 어휘 세련도가 등급이 높은 어휘의 비율을 살펴보거나 출현 빈도가 낮은 저빈도 어휘의 비율을 확인하는 두 가지의 방식으로 측정될 수 있음을 의미한다.

(ㄱ) 어휘의 등급 ∝ 어휘 세련도
   : 사용한 어휘의 등급이 높을수록 어휘 세련도가 높다.

(ㄴ) 1/어휘의 빈도 ∝ 어휘 세련도
   : 사용한 어휘의 빈도가 낮을수록 어휘 세련도가 높다.

(ㄴ)에서 말하는 어휘의 빈도는 전체 말뭉치를 대상으로 빈도순 목록을 추출하여 해당 어휘가 어느 구간에 속하는지를 살펴봄으로써 파악할 수 있으나, (ㄱ)에 나오는 어휘의 등급을 판단하기 위해서는 보다 공신력 있는 기준이 마련되어야 한다. Arnaud(1984)와 Linnarud(1986)에서는 중·고등학교용 공식적인 어휘 리스트(Official Vocabulary List)를 참조하여 어휘의 수준을 판정하였으며,

Laufer(1991)에서는 Nation(1990)의 대학 수준 어휘 리스트(University Word List)를 토대로 수준을 측정한 바 있다(Read, 2000:203).

한국어 교육에서는 진대연(2006)이 한국어 학습자 작문의 어휘 수준 (lexical level)[68]을 측정하였는데, 이 연구에서는 조남호(2003)의 한국어 학습용 어휘 등급과 학습자가 한국어를 학습한 기관의 교과서에 출현한 등급을 고려하여 어휘 세련도를 파악하고 있다. 진대연(2006)에서 참고하고 있는 조남호(2003)은 한국어 어휘 5,965개를 대상으로, 현대 국어 사용 빈도 조사와 전문가 평정을 통해 학습자 학습 단계에 따라 1단계 어휘 982개, 2단계 2,111개, 3단계 2,872개를 선정한 목록이다.

어휘의 수준을 어떻게 판정할 것인가에 대한 문제를 해결하기 위해 이 절에서는 진대연(2006)에서 참조한 조남호(2003) 어휘 목록을 중심으로 하되, 누락된 어휘에 관해서는 국어교육 및 한국어 교육용 어휘 목록을 제안한 김광해(2003), 그리고 한국어 능력 시험에 특화하여 초급과 중급 어휘 목록을 추출한 김중섭 외(2009, 2010)을 기준으로 삼고자 한다. 또한 국제통용 한국어교육 표준모형 2단계의 어휘 부록을 함께 참조하였다.

---

68) 진대연(2006)은 어휘 수준을 한국어 학습용 어휘와 교과서 어휘 등에서 A~C, 1~6등급으로 표시된 목록을 통해서 판단하고 있다. 용어의 차이는 있으나, 기술된 내용을 살펴보았을 때 학습자가 사용한 어휘가 속한 등급의 출현 횟수를 어휘량으로 나누고 있어 본고에서 말하는 어휘 세련도와 동일한 개념을 의도하고 있음을 알 수 있다.

〈표 1-12〉 어휘 세련도 판정을 위한 참고 목록

	조남호(2003)	김광해(2003)	김중섭 외(2009)	김중섭 외(2010)
어휘 목록 선정의 목적	외국인 학습자들의 한국어 학습에 도움을 주기 위함	국어교육 및 한국어교육용 등급별 어휘 목록 도출	한국어능력시험 문항 개발에 활용할 '초급 표준 어휘 목록' 선정	한국어능력시험 문항 개발에 활용할 '중급 표준 어휘 목록' 선정
수집 자료 (총 어절 수)	한국어 교재, 교과서, 교양, 문학, 신문, 대본, 구어, 기타 (총1,531,966어절)	기존의 어휘 목록 17건[69]을 메타적으로 계량 (총 97,897어절)	한국어 교재, 한국어능력시험(6-14회), 세종구어말뭉치 (총 240,795어절)	한국어 교재, 한국어능력시험(6-20회), SJ-RIKS 코퍼스 (총15,447,067어절)
선정 방법	빈도순 추출 + 6인의 전문가 평정	메타 계량 + 메타 평정	출현 빈도순 어휘 목록 추출 + 전문가 평정	빈도순 어휘 목록 추출 + 10인의 전문가 평정
제시 어휘 수	5,965개	33,819	1,560개	3,065개
등급 구분	A/B/C	초/중/상/고급	초급	중급

　　다만 진대연(2006)은 어휘 유형 수(type)를 분모로 하여 각 등급별로 몇 개의 어휘가 출현하였는지의 비율을 계산한 반면, 이 절에서는 Laufer & Nation(1995)의 공식에 따라 담화 내에 '상위 수준(advanced)'의 어휘가 어느 정도의 비율로 사용되었는지를 감안하여 측정하고자 하였다. Laufer & Nation(1995)에 제시된 어휘 세련도 측정 공식은 다음과 같다.

---

69) 김광해(2003)에는 14건의 어휘 목록을 통합하여 하나의 목록으로 만들었다고 하였으나, 실제로 제시한 어휘 목록에는 총 17건이 포함되어 있어 정정하여 기술하였다. 김광해(2003)에서 참고한 어휘 목록은 조현용(2000), 배주채(2000), 한국어세계화추진위원회(1999), 서상규(2000), 임지룡(1991, 1998a, 1998b), 서정국(1968), 이충우(1992a, 1992b, 1992c), 서종학(1999), 동경외대(1996), 신현숙 외(2000), 연세대(1998), 고려대 민족문화연구원(2000), 21세기 세종계획(1999)이다.

$$\text{어휘 세련도 (LS)} = \frac{\text{상위 수준의 어휘 수 (number of advanced words)}}{\text{총 어휘 수(total number of words in the composition)}} * 100$$

이때 '상위 수준의 어휘'는 단순히 어휘 목록의 C등급 혹은 상급을 의미하는 것이 아니며, 해당 작문의 수준을 넘어서는 수준에서의 어휘를 뜻한다. 즉, 초급 학습자의 작문에서 중급, 고급의 어휘가 사용되었다면 모두 초급 수준을 상회하는 어휘로 보고 계수하였다. 그러나 고급 학습자가 생산한 작문의 경우, 상급 수준의 어휘를 넘어서는 어휘 이상을 교육 목표로 삼지 않으므로 어휘 목록의 C등급 혹은 상급의 어휘를 '상위 수준의 어휘'에 포함시키되, 김광해 (2003)의 국어교육용 어휘 목록의 고급 단계를 적극적으로 활용하였다. 또한 목록에 나타나 있지 않은 고급 어휘 혹은 전문어인 경우, 연구자의 주관적인 판단에 따라 '교육자가 학습하기를 기대하지 않았던(unexpected) 어휘70)', X등급으로 분류한 후 '상위 수준의 어휘'로 처리하였다.

한편 동일한 '상위 수준의 어휘'라고 하더라도 등급 간의 차이를 공식에 반영하여 계산하고자 하였다. 이는, B등급의 어휘를 5개, C등급의 어휘를 1개 쓴 학습자와 B등급의 어휘 3개, C등급의 어휘 3개를 사용한 학습자 간에 세련도의 차이가 존재한다고 전제하였기 때문이다. 전체 사용된 상위 수준의 어휘 수는 6개로 동일하나 C등급의 어휘 개수가 더 많은 후자의 학습자의 어휘 세련도가 더 높다고 보아야 한다. 이러한 등급간 차이를 고려하기 위해 본고에서는

---

70) LEP profiles에서도 어휘 목록을 수준에 따라 세 가지로 분류하고 있다. 하나는 first list로서 기본적인 어휘 목록의 성격을 지니고 있으며, 또 하나는 second list로 보다 세련된 수준의 어휘의 목록이다. 마지막은 "not in the lists"에 속한 어휘에 대한 것으로서, 이는 시험의 출제자가 학생들이 알기로 기대하지 않았던 어휘의 목록을 의미한다고 하였다 (Martin, 2006:184).

등급별로 가중치를 두는 방식을 취하였다. 가중치의 비율을 어느 정도로 두어야 할지에 대해서는 통계적인 검증이 필요하나, 본고에서는 A등급=1, B등급=2, C등급=3, X등급=4의 가중치를 두고자 한다.[71]

또한 어휘 세련도를 구하는 과정에서 고려해야 할 점은, 앞서 논의하였던 Laufer의 '어휘 독창성'의 개념을 반영해야 한다는 것이다. 사용된 어휘의 수준이 높다고 하더라도, 그 어휘가 특정 언어권의 모국어 형태나 발음과 유사하여 해당 언어권 학습자들에 의해 공통적으로 많이 사용되는 어휘라고 한다면 어휘 세련도가 높다고 볼 수 없을 것이다. 이와 마찬가지로 사용된 어휘의 수준이 높지만 특정 기관 및 대학의 교육과정에서 기학습되어 많은 학습자들 사이에서 사용되고 있는 어휘인 경우 이러한 어휘를 사용한 학습자의 어휘 세련도가 다른 학습자에 비해 더 뛰어나다고 평가할 수 없다.

따라서 이 절에서는 한 학습자의 어휘 세련도를 정밀하게 살펴보기 위해, Antconc 3.4.1의 핵심어 목록(Keyword List) 기능을 사용하고자 한다. 핵심어 목록(Keyword list)은 분석하고자 하는 파일을 제외한 다른 말뭉치 목록을 참조 파일로 두었을 때, 참조 파일에 비해 그 사용이 두드러지는 어휘의 목록만을 추출한 것이다. 이러한 핵심어 목록을 활용하여, 상위 핵심어 20개를 토대로 어휘 등급을 검토해 보고자 한다. 어휘 세련도 도출 공식은 다음과 같이 정리할 수 있다.

---

71) 장미경(2012)는 어휘의 등급별 가중치를 설정하는 과정에서 [1, 2, 3, 4]와 [1, 2, 4, 7] 등의 여러 방식으로 어휘의 난이도를 귀납적으로 계산해 본 결과 [1, 2, 3, 4]의 가중치를 부여하는 것이 텍스트 등급을 잘 반영하고 있음을 밝힌 바 있다. 또한 구민지(2013)에서도, 초급보다는 중급이 2배 어렵고, 고급은 3배, 최상급은 4배 어렵다는 가정을 바탕으로 [1, 2, 3, 4]의 가중치를 설정하여 측정 방법을 도출하고 있다.

$$\text{어휘 세련도 (LS)} = \frac{(\text{A등급 어휘}*1)+(\text{B등급 어휘}*2)+(\text{C등급 어휘}*3)+(\text{X등급 어휘}*4)}{20 \text{ (상위 핵심어)}} * 100$$

4) 어휘 오류 빈도(lexical error frequency)

어휘 양적 요인의 결과 값은 출현 횟수를 계수하여 단순 비교한 것이기 때문에 학습자의 실제적인 숙달도를 왜곡시킬 위험성이 존재한다. 이를 극복할 수 있는 요인이 바로 '어휘 오류 빈도'이다. 즉, 학습자가 다양하고 수준 높은 어휘를 사용하여 담화를 완성하였다고 하더라도 어휘 사용에 있어 심각한 오류가 빈번하게 나타난다면 해당 학습자의 어휘 유창성이 높다고 말할 수 없다. 따라서 많은 학자들 역시 어휘 오류를 정의하고, 그 빈도 값을 구해 평가에 반영하고자 하였다. 대표적인 연구로는 Mendelsohn(1981)과 Arnaud(1984)가 있다. Mendelsohn(1981)은 '어휘적 풍부성'과 '어휘 오류'라는 두 가지 요소를 어휘 수행의 서로 다른 측면으로 보고 수행을 평가할 때에 두 요소 모두를 중요하게 다루어야 함을 역설하였다. Arnaud (1984) 역시 어휘 오류가 많아지면 의사소통을 방해하는 강력한 요소가 될 수 있음을 논하며, 철자, 어휘적 선택, 파생 형태소 및 다른 언어로 인한 부정적 전이 등에 의한 오류를 유형별로 정리하였다. 한국어 교육에서도 학습자의 어휘 오류를 주제로 이루어진 연구들이 이루어진 바 있다(이정희, 2002;김미옥, 2003;이정희·김중섭, 2005;양수향, 2005; 신성철, 2007;임지아, 2007; 이정희, 2008). 이 중 이정희(2008)에서 정리한 어휘 오류의 유형을 중심으로 어휘 오류 빈도 값을 도출하는 공식을 마련해 보고자 한다.

〈표 1-13〉 한국어 학습자 어휘 오류의 유형 (이정희, 2008)

구분 기준	어휘 오류의 유형	
(1) 현상	ⓐ 대치 ⓑ 누락 ⓒ 첨가	
(2) 범주	ⓐ 오류 영역	단어, 구, 절
	ⓑ 품사	명사, 대명사, 수사, 관형사, 부사, 동사, 형용사, 조사, 감탄사 등
	ⓒ 어종	고유어, 한자어, 외래어
	ⓓ 의미	유의 관계, 반의 관계, 연어 관계, 관용 표현
	ⓔ 단어 형성	단일어, 파생어, 합성어
(3) 원인	ⓐ 모국어 영향 ⓑ 목표어 영향 ⓒ 학습자 전략	

이 절에서는 어휘 오류의 현상과 원인을 체계적으로 살피기 위함이 아니라, 학습자가 생산해 낸 총 어휘 중 오류를 보이는 어휘의 수를 계량화하는 데에 목적이 있으므로, 어떤 오류를 어휘 오류로 판단할 것이며 어떤 범위 내의 오류를 하나의 오류로 계수할 것인가에 대한 기준 마련이 필요하다. 앞서 정의한 어휘의 정의와 범주를 상기하였을 때, 다음과 같은 범위 내에서 오류의 빈도를 측정할 수 있을 것이다.

어휘 내적	철자적 오류	의도한 의미에는 맞으나, 철자 상의 오류가 나타난 경우 ex) 초등학교부터 *정끄(→전공)*을 생각하면서 공부하는 것이 좋다고 생각한다.
	내용적 오류	어휘를 잘못 선택하여 애초에 의도한 의미를 전달하는 데에 실패한 경우 ex) 사람이 좋아하는 일을 할 때에는 그 일에 대해 성취감이 생기고 *열등감*이 있기 때문입니다.
	활용적 오류	잘못된 품사 정보를 가지고 있어, 활용에서 오류가 난 경우 ex) 근무 시간이 많으면 *소중하는* 가족들과 시간을 함께 보내기 어렵다.
어휘 외적	연어적 오류	두 개 이상의 어휘가 결합된 연어 구성에서 공기 관계에 있는 어휘가 선택되지 않았을 경우. ex) 너무 감동적이고 행복한 *눈물을 내렸다.*
	화용적 오류	문어/구어에 적절하지 않은 어휘를 사용하였거나 관습적이지 않은 어휘 사용이 나타나 어색할 경우 ex) 남자친구하고 여행할 때 기분이 *너무* 좋습니다. 우리 지식을 많이 가르쳐서 *책상 지식*하고 인생 지식을 다 배웠다.

특별히 어휘 외적 측면에서의 오류인 경우, 오류를 중복해서 계산하는 것을 피하기 위해 핵심어가 되는 어휘에 한해 계수하였다. 즉, 연어 관계에 있는 둘 이상의 어휘 모두에 오류가 나타났을 경우에는 오류의 원인이 핵심어가 되는 어휘의 내적, 외적인 정보가 부족한 데에 있었다고 보고 핵심어만 오류어로 측정하였다. 그러나 주변어와 핵심어 모두 어휘 내적 정보가 잘못되어 발생한 오류인 경우에는 두 내용어 각각을 오류가 나타난 어휘 수에 포함하였다.

또한 어휘 오류 빈도를 고려할 때에는 어휘의 양과 다양도를 모두 함께 고려해야 할 필요가 있다. 이는 어휘를 다양하고 풍부하게 사용하고자 하는 학습자의 경우, 정확하게 알고 있는 단어만 제한적으로 사용하는 학습자에 비해 오류 빈도수가 높아질 수 있기 때문이다. 따라서 결과가 왜곡되는 것을 극복하기 위하여 학습자가 생산한 서로 다른 어휘 수에 대비하여 오류를 보인 어휘의 수를 계산하는 방식을 택하였다. 이를 정리하면 다음과 같다.

$$\text{어휘 오류 빈도} = \frac{\text{어휘 오류의 수(the number of lexical error)}}{\text{서로 다른 어휘 수}} * 100$$

(2) 어휘의 질적 측면

어휘가 하나의 완성된 담화를 구성하기 위해서는 담화 내부의 결속 및 응집성이 담보되어야 한다. 앞서 담화 구성 요소로서의 어휘를 크게 담화 형성 기제로서의 어휘, 담화 결속 기제로서의 어휘, 그리고 의미적 응집을 위한 어휘로 나누어 살펴본 바 있다. 이 절에서는 담화의 결속성과 의미적 응집성으로 나누어 논의하고자 한다. 이때 담화 결속성은 형태·통사적인 결속성을 말하는 것으로 담화를 형성하고 결속하게 하는 기제인 어휘를 통해 실현되는 결속성이라고 할 수 있다. 본고에서는 어휘 내·외적인 결속과 문장과 담화 층위에서의 결속에 대해 살펴볼 것이며, 의미적 응집성에서는 담화를 하나의 일관된 의미로 묶어주는 어휘가 담화에서 실제로 어떻게 기능하는지를 살펴볼 것이다. 또한 한어휘가 담화 내에서 적절하게 사용되었는지를 판단하기 위해서는, 해당 어휘가맥락 내에서 의도한 의미를 잘 전달하고 있는지, 담화가 실현되는 상황 맥락에는 적절한지 등에 대한 고려 역시 필요할 것이다. 따라서 어휘의 질적 측면에서는 형태·통사적인 결속성과 의미적 응집성, 그리고 화용적인 적절성의 세 측면의 요인을 다루게 될 것이며, 형태·통사적 결속성에서는 어휘 내적, 외적인 결속, 의미적 응집성에는 주제, 논리적 응집, 그리고 화용적 적절성에서는 의미상의 적절성과 언어 사용역의 적절성으로 나누어 살펴볼 것이다.

1) 형태·통사적 결속성

'어휘를 유창하게 사용할 수 있다'는 것은 어휘를 어휘 내, 어휘와 어휘 간, 어휘와 문장 사이를 결속하여 짜임새 있는 담화를 구성할 수 있는지에 대한 능력을 포괄한다. 따라서 어휘 사용에서 고려되어야 할 결속의 층위는 크게 내적 결속과 외적 결속으로 나누어 볼 수 있다. 이때 내적 결속은 어휘의 생성 과정에서의 결속성에 대한 것이며, 외적 결속은 어휘와 어휘, 어휘와 문장 차원에서의 결속에 대한 것이다.

(가) 어휘 내적 결속

단어를 생성하는 원리에 대한 지식을 갖추고 있는 학습자는 보다 풍부하고 창의적으로 어휘를 사용할 수 있다. 이에 내적 결속에서는 어휘를 생성하고, 창조하는 과정에서 내적인 구성에 관여하는 기제를 살펴보고자 한다.

한국어에서는 일반적으로 접두사, 접미사와 같은 접사와 어근에 의해 단어가 형성된다. 한국어의 접사와 어근은 그 생산성이 다른 언어에 비해 제한적이며, 생성 과정에서 일정한 규칙이나 원리를 발견하기가 어려운 것이 사실이다. 이러한 점 때문에 많은 외국인 학습자들이 이해와 활용에 어려움을 느끼며, 이로 인해 어색한 단어를 자주 생성하게 된다. 다음의 예는 한국어능력시험(TOPIK) 고급 답안지에서 발췌한 오류이다. 모든 예들은 각각 다른 답안지에서 발췌하였으며, 이를 유형에 따라 분류하였다.

a. 소방-자(者), 취직-자(者)
b. 흥미-감(感), 성공-감(感), 융통-감(感)
c. 분위-환경 (직장환경, 지리환경)

a의 경우, 각각 '소방관'과 '취직한 사람'의 오류로 보인다. 이는 과학자, 교육자, 기술자 등에 결합하는 접사 '-자(者)' 과잉 적용의 예로 해석된다. 이는 접사 '-자(者)'가 붙을 수 있는 어근에 대한 정보가 부족한 데에서 기인한 것이다.

b는 a의 경우와 마찬가지로 접사 '-감(感)'이 과잉 적용된 예이다. 학습자들의 생산한 텍스트에는 안정감, 소속감, 성취감 등 접사 '-감(感)'과의 결합으로 생성된 단어들이 빈번히 출현하였는데, 이 중 일반적으로 쓰지 않는 위와 같은 예들이 관찰되었다.

c는 어근과 어근의 결합에서 발생한 오류의 예이다. '분위환경'은 '직장환경', '지리환경'과 동일한 층위에서 사용된 것으로 분위기와 환경을 합성하고자 한 것으로 추측된다. 이 역시 단어와 단어의 결합을 통해 본인이 표현하고자 한 새로운 단어를 형성하고자 한 적극적인 행위에 따른 것이라고 할 수 있으나 한국어에는 존재하지 않는 어휘를 만들어 내는 결과를 낳았다.

학습자가 이러한 내적 결속에 대한 지식을 갖추기 위해서는, 접사 및 어근 목록을 제시해 주는 방법도 있으나 한국어의 특성상 그 규칙성을 발견하고 새로운 단어에 적용하기가 쉽지 않다. 따라서 많은 예들에 노출시켜 주고 자연스럽게 단어의 양을 확장해 나가도록 하는 것이 더 유익하다.

(나) 어휘 외적 결속 : 어휘 층위

어휘 층위에서의 외적 결속으로는 연어적 결속(lexical cohesion)을 들 수 있다. 하나의 핵심어에 대해 적절한 인접어를 선택하여 구, 표현을 만들어 내는 능력은 보다 자연스러운 문장을 생성해 내는 데에 결정적인 역할을 한다. Nation(2001)에서도 연어 단위, 혹은 덩어리 단위로 언어를 학습하는 것을 유창성 신장의 핵심으로 보고 있는데, 이는 학습자들이 연어에 대한 지식을 쌓을수록 말과 글을 생성해 내는 속도가 빨라질 뿐더러 보다 정확하고 적절하게 의미를 구성할 수 있기 때문이다.

한국어의 연어 구성은 크게 문법적 연어와 어휘적 연어로 구분된다. 문법적 연어는 문법 요소와 어휘 요소의 결합, 즉 기능어와 내용어의 결합을 뜻하며, 어휘적 연어는 어휘 요소 간의 긴밀한 결합 구성을 의미한다. 문금현(2002)에서는 한국어 교육을 위해 연어를 유형별로 분류하여 제시하고 있다.

〈표 1-15〉 한국어 교육을 위한 연어의 목록 (문금현, 2002)

문법적 연어		결코 ~(으)ㄹ 수 없다, 단지 ~(으)ㄹ 뿐이다, 만약에 ~(으)면, ~ㄴ/는 바람에, 반드시 ~아/어야 한다, 비록 ~(이)ㄹ지라도, 아무리 ~아/어도,……
어휘적 연어	주술관계 연어	구역질이 나다/군침이 돌다/나이가 들다/눈이 부시다/……
	목술관계 연어	몸부림을 치다/손뼉을 치다/물구나무를 서다/……
	수식관계 연어	우연의 일치/깜빡 잊다/병에 걸리다/단적인 예

Martin(1981)에서는 연어 구성을 교육하는 데에 있어 어려움을 주는 요인으로 어휘적 결속이 열린 범주의 항목에 의해 실현되기 때문임을 지적하였다(Nunan, 1991에서 재인용). 닫힌 범주의 경우, 이미 항목이 고정되어 있는 문법적 범주의 대명사, 접속사, 수사, 조사 등의 품사의 것을 지칭하는 반면

열린 범주는 닫힌 범주를 제외한 모든 어휘 항목들을 뜻한다. 대부분의 외국인 학습자들이 어색한 연어 구성을 계속해서 생산해 내게 되는 원인이 바로 여기에 있다. 그럼에도 불구하고 이러한 연어적 결속은 학습자가 생산하는 말과 글의 결속성을 높이는 가장 강력한 기제 중 하나이며, 나아가 학습자들의 어휘 지식의 깊이와 수준을 파악할 수 있는 중요한 근거가 된다.

(다) 어휘 외적 결속 : 문장, 담화 층위

문장 및 담화 층위에서의 외적 결속을 이루는 기제로는 대용과 접속, 생략이 있다. 먼저 대용어의 사용을 통해 어휘 외적인 측면에서의 결속성을 획득할 수 있다. 일반적으로 한국어 교육에서 다루는 대용어의 하위 범주로는 인칭대명사, 지시대명사, 대동사, 대형용사가 있다. 이은영(2007)에서는 한국어 교재 3종과 조현용(2000), 조남호(2003)의 어휘 목록을 종합적으로 살펴, 대용어의 출현 시기와 그 등급을 정리한 바 있다. 이은영(2007)은 한국어 교육용 대용어를 분포와 빈도수, 대용어 체계를 고려하여 다음과 같이 제시하였다.

〈표 1-16〉 한국어 교육용 대용어 (이은영, 2007)

			초급	중급	고급
대명사	사람	1인칭	나, 저, 우리		
		2인칭	너, 여러분	저희, 너희	그대, 자네
		3인칭	이분, 그분, 저분	자기, 당신	이놈, 그놈, 저놈 그, 그녀
	사물		이것, 그것, 저것 이거, 그거, 저거 이, 그, 저		
	장소		여기, 거기, 저기		

	초급	중급	고급
방향	이곳, 그곳, 저곳		
	이쪽, 그쪽, 저쪽		이편, 그편, 저편
대동사			이리하다, 그리하다, 저리하다
대형용사	이렇다, 그렇다, 저렇다 이러다, 그러다, 저러다	이러하다, 그러하다, 저러하다	

이러한 등급의 구분은 대용어 사용으로 인한 유창성 정도를 판단하는 데에 중요한 정보를 제공해 줄 수 있다. 첫 번째는, 초급 단계에서부터 대부분의 대용어가 출현하고 있다는 점이다. 이는 초급 단계에서도 대용어의 다양하고 정확한 사용이 유창성을 결정하는 요인으로 작용할 수 있음을 의미한다. 두 번째는 재귀 대명사가 중급 단계의 등급에서 다루어질 수 있다는 점이다. 이는 초급과 중급 수준을 차별화하는 지점으로 작용한다. 마지막으로 고급 수준에서는 새롭게 등장하는 대용어의 수가 적음을 알 수 있다. 다만 장소나 방향 대명사 '여기, 거기, 저기', 그리고 '이쪽, 그쪽, 저쪽, 이편, 그편, 저편'등이 인칭을 나타내는 대명사로도 활용할 수 있음을 알고 이를 다양한 맥락에서 활용할 수 있는지의 여부와 빈도수가 낮은 대용어를 사용하고 있는지 등이 고급 수준의 유창성을 결정지을 수 있다. 이 절에서는 초, 중, 고급에서 이러한 대용어의 쓰임이 어느 정도로 기대되고 있는지를 살피고, 실제의 예를 함께 살펴보고자 한다. 특별히 대명사의 경우, 초급과 중급 그리고 고급에 따라 주체가 되는 사람을 정확하게 가리키고 있는지, 담화에 맞는 적절한 대명사를 구분하여 사용하는지, 특별히 미지칭, 부정칭, 재귀 대명사 등을 적극적으로 활용하고 있는지를 살펴볼 것이다.

한편 접속 역시 담화의 결속성을 이루는 중요한 역할을 수행한다. 한국어의 접속부사는 단어와 단어, 문장과 문장을 연결해 주는 역할을 수행한다. 이러한 접속부사의 경우에도 그 빈도순에 따라 등급을 구분해 볼 수 있다. 한송화 (2003)에서는 구어와 문어 말뭉치를 토대로, 접속부사를 빈도순으로 제시하고 있다. 일반적으로 자주 쓰이고 노출이 빈번한 어휘의 경우, 학습자에게도 먼저 제시될 가능성이 높으며 학습이 용이할 것으로 기대된다. 반면 그 쓰임이 제한 적이고 출현 빈도가 낮을 경우 해당 접속부사를 학습하고 연습할 기회가 적으 며, 제한 없이 사용되는 접속부사에 비해 학습해야 할 정보가 많아지게 되므로 자연스럽게 학습자들에게 어렵고 난이도가 높은 것으로 인식된다. 한송화 (2003)에서 제시한 접속부사 목록을 조남호(2003)의 어휘 등급을 기준으로 구 분하면 빈도순이 높은 어휘는 대체적으로 A등급에 속해 있었으며, 빈도순이 낮은 어휘는 B나 C등급에서 발견되었다.[72] 이를 토대로 접속부사를 등급화하 면 다음과 같이 등급화할 수 있다.

그러나A, 그리고A, 그런데A, 따라서C, 그래서A, 또A, 하지만A, 즉B, 또한B, 그러니까A, 그러면A, 그러므로B, 또는B, 및B, 그렇지만A, 오히려C, 그리하여A, 다만C, 그럼A, 한편 B, 그래도B, 혹은B, 이른바X, 더욱이C, 왜냐하면A, 그러자X, 그러니X, 예컨대C, 더구나 B, 하기야X, 그러면서X, 요컨대X, 그러다가X, 하긴C, 도리어C, 이를테면X, 하물며X, 단X

---

72) 상위 빈도에 속하는 접속부사 중 '따라서'는 C등급에 속하였다. 이는 문어 말뭉치에서 분석 대상으로 삼은 언어 자료에 학술문, 신문 등의 장르가 높은 비중으로 포함되어 있었기 때문 인 것으로 보인다. 학술문 혹은 신문의 칼럼인 경우, 설득하는 기능을 수행하기 때문에 상대 적으로 '따라서'의 빈도가 높게 나타난 것으로 해석된다.

한송화(2003)의 목록 중 조남호(2003)의 어휘 목록에 포함되어 있지 않은 것은 X로 등급화하였다. 조남호(2003)가 빈도순을 중심으로 어휘를 추출하였음을 감안해 볼 때, 목록에 포함되지 않은 어휘가 낮은 빈도로 나타났음을 가능성이 높으며 일반적으로 빈도수가 낮은 어휘의 난이도가 높음을 고려한다면 등급 X를 C등급과 동일하거나 더 높은 등급으로 분류할 수 있을 것이다.

2) 의미적 응집성

(가) 주제 응집성 - 반복, 대치

의미적인 응집을 성립하게 하는 것은 담화의 주제라고 할 수 있다. 앞서 Hoey(1991)의 논의를 통해 강조했듯이, 텍스트의 주제와 중심 생각을 중심으로 한 어휘적 연결 관계는 응집성의 정도를 측정해 볼 수 있게 한다. 따라서 여기에서는 어휘의 반복과 대치 관계를 통해 담화의 응집을 살펴보고자 한다.

Halliday & Hasan(1976)에서도 어휘적 응집[73]의 유형 중 하나로 반복(reit-eration)을 언급하고 있으며, 반복에 동어, 동의어 또는 준동의어, 상위어, 그리고 일반어 등이 포함된다고 하였다. 이 절에서는 엄격한 의미에서 동의어는 존재하지 않는다고 보고 '반복'에 동일어 반복만을 다루고자 한다. 그리고 '대치'에서 유의어와 반의어, 상위어와 하위어, 그리고 일반어와 전문어를 살펴

---

73) Halliday & Hasan(1976)에서는 형태적, 의미적인 결속을 모두 결속성의 범주에서 설명하고 있으며, 결속성의 하위 범주의 하나로 어휘적 응집(lexical cohesion)을 다루었다. 그러나 본고에서는 형태적 혹은 통사적인 장치 없이 어휘의 의미적인 속성을 통해 이루어지는 연결성을 응집성으로 정의한 바 있다. 이러한 정의에 따라 Halliday와 Hasan(1976)의 lexical cohesion의 설명이 본고에서의 주제 응집성과 긴밀하다고 판단하여, 여기에서는 주제 응집성의 유형으로 설명하였다.

볼 것이다. 각각의 예를 살펴보면 다음과 같다.

   a. 휴가철에는 많은 사람들이 여행을 <u>떠난다</u>. 일상을 벗어나 미지의 장소로
      <u>떠난다</u>는 것은 늘 가슴 설레는 일이다.(동일어)

   b. <u>여인</u>천하라는 말이 생길 정도로 <u>여성</u>들의 사회적 지위가 높아지고 있다.
      (유의어)

   c. <u>물질적인 가치</u>는 시간이 흐를수록 퇴색되지만, <u>정신적인 가치</u>는 오히려
      더 숭고해진다.(반의어)

   d. 나이가 들수록 <u>가족과 친구, 직장 동료</u> 등 챙겨야 할 <u>인간</u> 관계가 많아진다.
      (상위어·하위어)

   e. <u>능숙한 필자</u>는 글을 쓸 때 계획 단계에서 많은 시간을 할애한다. <u>글을</u>
      <u>잘 쓰는 사람</u>의 글쓰기 과정을 관찰해보면, 전체 글쓰기 시간 중 50%
      이상을 계획하는 데에 투자하고 있다.(일반어·전문어)

어휘를 대치하여 사용할 수 있다는 것은 어휘의 계열적 관계에 대한 지식을
갖추고 있음을 의미한다. 그러나 주제에 관계 없는 어휘를 지나치게 반복해서
사용하거나 잘못된 어휘로 대치하여 사용하는 경우 담화의 응집성이 저해된다.
한국어 능력시험(TOPIK) 답안지로부터 가지고 온 몇 가지 예를 통해 이를 설
명해 보고자 한다.

   a. 나의 대학교 공부한 전공은 <u>광고학</u>이다. <u>광고학</u>은 매우 재미고 흔미로운
      전공이다. <u>광고학</u>을 공부할 때 나는 항상 교수님의 강의를 열심히 듣는
      다. 성적도 나쁘지 않다. 나는 <u>광고학</u> 공부하고 여러 <u>광고</u>를 보고 <u>광고</u>에

대해서도 많은 책 읽었다. 그래서 나중에 직업을 선택할 때 나는 반드시 <u>광고회사</u> 선택할 것이다.

b. 직업을 선택할 때 중요한 조건이 바로 <u>지역</u>이다. 일하는 도시의 <u>환경과 위치</u>는 매우 중요하다.

c. <u>좋아하는</u> 직업을 선택하면 행복한 느낌이 느낄 수 있다. 따라서 제일 중요한 조건은 사람의 <u>선호</u>이다.

a는 '광고'라는 동일어를 반복적으로 사용하고 있는 예이다. 그러나 '직업을 선택하는 기준'을 주제로 하는 글에서 해당 어휘는 주제와의 관련성이 떨어진다. 주제와 상관성이 낮은 어휘를 반복해서 사용하는 것은 담화의 의미를 파악하기 어렵게 만들 뿐 아니라 다른 문장, 다른 문단들과의 응집성을 와해한다. 한편 b, c의 경우 상·하위어를 잘못 대치하여 쓴 경우이다. b의 경우 도시의 환경과 위치를 포괄하는 개념으로서 '지역'을 선택하고 있다. 그러나 하위어로 사용되고 있는 '위치'라는 어휘는 '지역'을 포함하는 보다 넓은 개념을 가지기 때문에 해당 작문이 잘 응집되어 있다고 판단할 수 없다. 마지막으로, c의 경우 '좋아하다', '선호'를 유의어로서 사용하고 있다. 이러한 유형에서는 사용 맥락에 따라 응집성 실현 여부가 달라질 수 있다. 예를 들어, 두 가지 대상을 놓고 그 중 하나를 다른 것보다 더 좋아한다는 의미에서 두 단어를 사용하였을 경우에는 '좋아하다'와 '선호'의 의미 범주가 동일하므로 해당 글이 응집성을 가진다고 판단할 수 있다. 그러나 어느 것을 다른 것에 비해 더 좋아한다는 맥락이 아닌 경우, '좋아하다'라는 어휘 대신 '선호'를 사용하는 것은 적절하지 않으며 글의 응집성이 저해된다.

(나) 논리 응집성 - 메타 어휘(예, 비교, 덧, 서론, 본론, 결론, 비교, 요약)

응집성을 갖춘 글은 논지를 진행하는 과정 혹은 논리를 전개해 나가는 과정이 긴밀하고 짜임새 있다. 이러한 응집을 이루는 요소로 이 절에서는 메타 어휘와 무표적 어휘(내재적 표지)를 설명하고자 한다. 다음을 통해 메타 어휘의 기능과 예, 그리고 무표적 어휘의 기능과 예를 면밀히 살펴보도록 하겠다.

말을 배울 때 반대말을 배우는 이유는 반대말을 알면 의미를 직관적으로 파악할 수 있기 때문이다. ⓐ **예를 들어** '붙다'라는 말을 알면 반대말 '떨어지다'는 쉽게 파악이 된다. 그리고 흔히 혼동하는 '다르다'와 '틀리다'의 경우도 반대말이 ⓑ **각각** '같다'와 '맞다'라는 생각하면 혼동할 필요가 없다. 그런데 하나의 말이 여러 개의 반대말을 가지고 있는 경우는 사용이 애매한 경우가 많은데 그중 하나가 '이르다'와 '빠르다'이다.

많은 참고서나 공무원 수험서를 보면 '약효가 빠르다/느리다' ⓒ **처럼** '빠르다'는 '느리다'의 반대로 사용하고, '이른/늦은 아침'처럼 '이르다'는 '늦다'의 반대말로 사용한다고 설명을 하고 있다. 그렇지만 '빠르다'는 속도가 빠른 것에서 확장되어 '어떤 기준이나 비교 대상보다 시간 순서상으로 앞선 상태에 있다'는 의미가 있고(빠르면 앞에 서니까), 부정적인 문맥과 결합해서 '어떤 일을 하기에는 시간이 더 필요한 상태에 있다'는 의미도 있다.(빠르면 성숙하지 못하니까) 이때는 '생일이 빠르다/늦다', '번호가 빠르다/늦다'와 같이 반대말이 '늦다'이기 때문에 ⓓ **앞에서 말한** 구분법으로는 설명이 불가능하다. '해수욕장을 개장하기에는 아직 빠르다/늦다'의 경우에는 '이르다'와 의미 영역이 거의 겹치기도 한다.

ⓔ **이런 경우**는 맞다/틀리다로 판단할 문제가 아니라 실제 용례를 보면서 어느 것이 보다 상황에 적절한 것인지를 판단해야 한다. 사전을 찾아보면 '이르다'는 '대중이나 기준을 잡은 때보다 앞서거나 빠르다.'로 설명이 되어 있다. 여기에서 말하는 '대중이나 기준'은 사람들이 ⓕ **일반적으로** 생각하는 것이다. 그래서 '이르다'를 쓰는 경우는 일반적인 기준보다 앞서 있다는 의미가 강조된다. 예를 들어 '이른 나이에 직장을 잡았다'고 하면 일반적으로 직장을 잡는 이십 대 중후반에 앞서 직장을 잡은 것이 중요하지, 얼마나 더 앞선 시점에 직장을 잡았는지는 중요하지 않다. 그런데 축구에서 '승리를 위해서는 최대한 빠른/이른 시간에 골을 넣어야 한다.'의 예에서는 '이른'보다는 '빠른'이 더 적절해 보인다. '내가 너보

---

74) 매일신문 칼럼 [민송기의 우리말 이야기(2014.7.7.)]에 실린 글이다.

다 생일이 석 달 빠르다.'에서 '빠르다'를 '이르다'로 바꾸기 어려운 데서 볼 수 있듯 기준이 보다 세분화된 경우에는 '빠르다'를 쓰는 것이 더 적절하기 때문이다.

　신문에서는 흔히 '빠르면/이르면 이번 주 내에 개각 발표가 있을 것이다.'는 표현을 쓴다. 일부 책에서는 '빠르면'이 틀렸다고 하지만 ⑨ **결론부터 말하면** 둘 다 맞는 표현이다. 다만 미묘한 어감의 차이는 있다. '빠르면'을 쓰는 경우는 '(인선 작업 속도가) 빠르'다는 것을 의미하는 것으로 속도에 방점이 가 있는 경우이다. 만약 사람들의 일반적인 예상보다 앞선 시점에 개각 발표를 하는 것을 강조하려 한다면 '이르면'을 쓰는 것이 더 정확하다고 할 수 있다.74)

　ⓐ의 경우, '예를 들다'의 활용 형태로서 학자에 따라 이를 어휘적 결속장치로 보기도 한다. 그러나 '예를 들다'는 연어적 구성으로 그 의미의 핵심이 '예'에 있다. '예'는 본보기가 되는 것이라는 의미를 가지고 있으므로 '예'라는 하나의 어휘로 사용되어도 그 담화 내에서 어떠한 내용의 본보기가 될 만한 것을 보충해서 나열할 것임을 알 수 있게 해 준다. 이처럼 '예'가 가지고 있는 의미 자체가 담화적인 기능을 수행하므로 이를 메타 어휘의 한 요소로 볼 수 있다. 이와 비슷한 기능을 하는 것으로 ⓓ '앞에서 말한', ⓗ '결론부터 말하면'과 같은 표현을 들 수 있다. ⓓ '앞에서 말한'의 '앞'은 이어질 내용이 선행해서 나타난 것과 연결된 것임을 알 수 있게 해 주며, 위의 글에서도 이후에 다룰 경우가 앞에서 이야기한 내용과 다른 것임을 예측할 수 있게 한다. 또한 ⑨ 역시 '결론'이라는 어휘 자체가 글을 마무리하고 지금까지 이어진 생각이나 의견을 종합한다는 의미를 지닌다. 따라서 독자들은 '결론'이라는 어휘를 보고 이어질 내용이 앞의 내용들을 정리하고 종합하는 내용일 것이라고 추측하게 되며, 실제로 뒤에 그러한 내용이 이어졌을 때 담화가 긴밀하게 응집되어 있다고 여기게 된다. 메타 어휘의 다른 예로는 '앞/뒤', '비교/대조', '덧', '서론-본론-결론', '요약'

등이 있다.

한편 ⓑ, ⓒ, ⓔ, ⓕ는 어휘 자체가 말이나 글에서 수행하는 기능을 의미하지는 않으나 글을 이끌어 감에 있어 내재적으로 문장과 문장을 짜임새 있게 응집하는 기능을 하는 예이다. ⓑ의 '각각'과 같은 경우, 둘 이상의 주제어가 있을 때 그에 대한 서술을 주제어의 순서대로 하나씩 할 것임을 뜻한다. 예문에 있는 '그리고 흔히 혼동하는 '다르다'와 '틀리다'의 경우도 반대말이 각각 '같다'와 '맞다'라는 생각하면 혼동할 필요가 없다.'를 살펴보면, '각각'이 있기 때문에 '같다'가 '다르다'에 대응되고, '맞다'가 '틀리다'에 대응되는 것임을 알 수 있다. '각각'의 이러한 쓰임은 여러 대상에 대한 서술이 길게 나열되는 경우 의미 파악을 더욱 용이하게 한다. 또한 ⓒ '처럼' 역시 논리 응집의 내재적 표지로서 사용되어, 의견이나 서술을 그와 비슷한 상황이나 맥락의 예와 연결하여 줌으로써 응집성을 높인다. ⓔ '이런 경우'는 기술하는 내용에 여러 가지 국면이 존재할 수 있음을 내포하는 동시에 논지를 펼칠 범위를 보다 좁힘으로써 더 압축적으로 뜻을 전달하게 한다. '이런 경우는 맞다/틀리다로 판단할 문제가 아니라 실제 용례를 보면서 어느 것이 보다 상황에 적절한 것인지를 판단해야 한다.'의 주장이 더 큰 설득력을 가질 수 있는 것은 앞서 '이런 경우'라고 범위를 제한하였기 때문이다. 마지막으로 ⓕ '일반적으로'는 언뜻 보기에는 어떠한 내재적인 응집 기능을 수행할 것으로 보이지 않으나 장르에 따라 다양한 응집 기능을 수행한다. '일반적으로'와 같은 표현을 설명문에 사용할 경우, 이는 개개인의 주관적인 생각이 아니라 보편적으로 받아들여지는 내용임을 피력하여 논지의 객관성을 확보하게 해 준다. 그러나 논설문과 같이 설득하는 기능을 하는 글에서의 '일반적으로'는 자기의 논리를 펼치기에 앞서, 사람들의 생각이 때로는 '잘못' 정립되어 있어서 조정이 필요하거나 재고해 보아야 할 문제를 제기하기 위한 목적으로 사용된다.

이처럼 의미적 응집성을 이루는 요소의 예를 제시하면 다음과 같다.

- 주제 응집성 - 반복, 대치
- 논리 응집성 - 메타 어휘(예, 비교, 덧, 서론, 본론, 결론, 비교, 요약)
  - 내재적 응집

3) 화용적 적절성

앞에서 살펴본 형태·통사적 결속성, 의미적 응집성에 대한 논의가 담화의 형성 및 담화의 완성도를 높여 주는 차원에서 이루어졌다면, 화용적 적절성은 효과적인 의사소통 수행을 위해 필요한 의사소통의 내용과 형식을 마련하고자 할 때 고려해야 하는 부분이라고 할 수 있다. 즉, 앞의 두 질적 요인이 담화를 형성하는 차원이라면, 화용적 적절성이라는 요인은 담화라는 그릇에 실리는 어휘의 내용과 형식에 대한 것이다. 이때의 내용은, 어휘가 의사소통 과정에서 의도한 의미를 적절하게 전달하고 있는지에 대한 것이며, 이는 곧 의미상의 적절성 요인으로 나타낼 수 있다. 또한 담화에 실리는 어휘의 형식은 곧 상황 맥락을 반영하는 어휘의 기능과 관련되므로, 맥락상의 적절성 역시 결정 요인 으로 다루어질 수 있다. 한편 의사소통의 형식을 마련하는 차원에서 유창한 학습자는 언어 사용역에 적절한 어휘를 선택하여 사용할 수 있어야 한다. 따라서 언어 사용역과 관련한 요인에 대해 살펴보고자 한다.

(가) 의미상의 적절성

어휘의 본질이 어떠한 내용을 전달하는 데에 있음을 상기할 때 의미상의 적절성은 어휘의 유창성을 고려하는 데에 있어 중요한 요인이라고 할 수 있다. 의미를 적절하게 전달한다는 것은 오류, 비오류의 차원을 넘어 청자 및 독자가 이해 가능한 정도와 관련된다. 따라서 이해의 주체가 되는 한국어 언어 공동체가 이해하는 어휘의 의미역에 대한 고려를 배제할 수 없다.

> a. 그 때 우리 집이 *곤란하여* 다른 집 애들이 다 싸 가지고 다니는 도시락을 나는 못 싸 가지고 학교에 다녔다.

위에서 살펴볼 수 있는 문장 a는 의미상의 적절성이 저해된 예라고 할 수 있다. 이는 학습자의 모국어와 한국어가 의미역의 차이를 가지고 있어 그 쓰임이 적절하다고 볼 수 없는 경우이다. a의 사용 맥락을 들여다보았을 때, 중국인 학습자가 생산해 낸 것으로 판단해 볼 수 있는데, 문장 a에서 사용된 '곤란하다'는 중국어의 困难 [kùnnan]에 대응되는 것으로, 심리적인 어려움을 나타내는 의미도 있지만 '빈곤하다', '생활이 곤궁하다' 등의 의미를 가진다. 한국어의 '곤란하다'가 일차적인 유의어로서 '난감하다, 괴롭다, 거추장스럽다, 거북하다, 딱하다' 등과 관계 맺는다는 것75)을 유념할 때, 이 두 언어 사이의 의미역은 서로 딱 맞아떨어지지 않으며 이는 곧 한국어 모국어 화자가 어색함을 느끼는 원인이 될 수 있다.

---

75) 한국어의 '곤란하다'의 유의어 및 반의어 관계는 다음과 같이 나타난다. (www.wordnet.co.kr)

(나) 맥락상의 적절성

학습자가 기본 의미를 잘 알고 썼다고 하더라도 일반적으로 한국어 모국어 화자가 사용하지 않는 맥락에서 어휘를 사용하거나 문장 내에서의 주체와 화용적으로 적절한 관계를 맺고 있지 못할 경우 어휘를 유창하게 사용하고 있다고 말할 수 없다. 이는 맥락상의 적절성 요인으로 설명할 수 있는데, 아래의 문장 a를 통해 더욱 분명히 살펴볼 수 있다. 문장 a에서는 '착하다'는 단어를 사용하여 주어의 성품을 표현하고자 하였다. 그러나 '착하다'라는 단어는 한국어 언어 공동체에서 주로 발화자와 동등하거나 더 어린 대상에 대해 표현하는 것으로서, 교수님의 성품을 설명하기 위한 어휘로는 적절하지 않다. 또한 '똑똑하다'라는 단어 역시 발화자와 주어의 관계를 고려해 보았을 때, 한국인 모국어 화자들은 문장 b와 같은 예를 만들어 내지 않을 것이다.

a. 교수님은 아주 *착한* 교수님입니다.
b. 그 선생님은 너무 *똑똑하고* 모르는 일이 없다.

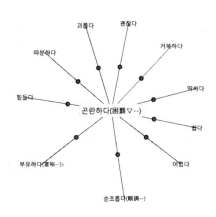

따라서 어휘를 유창하게 사용할 수 있다는 것은 맥락 내에서 해당 어휘가 다른 문장 성분과 어떠한 관계를 맺는지, 특정 맥락에서 빈번하게 사용되는 어휘는 무엇인지, 맥락이 변함에 따라 어휘 의미가 변하는 경우에는 어떠한 것들이 있는지 등에 대한 지식이 내재되어 있음을 의미한다.

(다) 언어 사용역의 적절성

한편 언어의 사용역에 맞게 어휘를 구사할 수 있는 능력은 어휘 유창성에 대한 논의에서 중요하게 다루어질 수 있다. 의사소통 상황에 맞는 적절한 어휘를 사용하는 능력은 한국어 어휘 능력의 중요한 부분이며 의사소통의 실패와 성공을 결정하는 데에 있어서도 중요한 영향을 끼친다. 따라서 어휘 사용의 적절성 여부를 판단하기 위해서는 화·청자의 관계, 독자와 필자의 관계에 맞는 적절한 어휘를 선택하고 있는지에 대한 고려가 필요한데, 이는 나이와 지위, 성, 친소 관계 등에 따라 적절한 어휘의 목록이 달라지기 때문이다. 이에 담화의 장, 담화 매체, 담화 형식에 맞게 어휘를 선택하여 사용하고 있는지를 언어 사용역의 적절성 차원에서 살펴볼 필요가 있다.

또한 한국어 언어 공동체에서 공유되고 있는 어휘 사용 원리를 준수하고 있는지 역시 어휘의 적절성 여부를 판단하는 데에 중요한 역할을 한다. 즉, 공적인 자리에서 은어를 사용하지 않는다든지, 한국 사회에서 금기시되는 금기어 혹은 속어를 사용하고 있지는 않은지, 소속된 공동체에서 자주 쓰는 용어를 선택하여 사용하는지 등에 대한 것이다. Joos, M.(1967)에서는 '격식 (formality)'의 정도에 따라 연설조, 전달식, 상담조, 일상적, 친밀한 스타일의 다섯 가지 유형으로 분류하고 있는데, 이러한 각각의 상황들이 내포하는 주제와 청중, 상황에 맞는 '적절한' 어휘는 각기 다를 것이다. 유창하게 언어를 사용할 수 있다는 것은 친구와 만나서 대화하는 상황과 여러 사람들 앞에서 공식적인 발언을 할 때의 언어 사용에 차이가 있음을 인식하고 각기 다른 상황에 맞는 언어를 사용할 줄 아는 능력을 갖추었음을 포함하기 때문에 이러한 측면에서의 고려 역시 필요하다.

제4장 담화 차원에서의 어휘 유창성 결정 요인 검증

3장에서는 어휘 유창성의 개념과 범위를 규명하고 이를 결정짓는 요인을 양적 측면과 질적 측면으로 나누어 살펴보았다. 이를 통해 어휘의 유창성은 어휘를 풍부하고 다양하게 사용할 수 있는지, 수준 높은 어휘를 필요에 따라 정확하게 사용하였는지 등에 의해 결정될 수 있음을 알 수 있었으며, 이와 동시에 담화를 응집성 있게 구성하기 위해 어휘를 적절하게 선택하고 짜임새 있게 결합하였는지, 그 결과로 초기의 의사소통 목적을 잘 수행하였는지 역시 중요하게 고려되어야 함을 알 수 있었다. 이를 양적, 질적 측면에서 구분하여 기술하면 어휘 유창성을 결정하는 양적 요인으로는 어휘의 양, 어휘의 다양도, 어휘 밀도, 어휘의 세련도, 그리고 어휘 오류 빈도로 나누어 볼 수 있으며, 질적 요인으로는 어휘의 의미적 응집성, 형태·통사적 결속성, 그리고 화용적 적절성을 꼽을 수 있다. 또한 이러한 요인들이 담화 차원에서의 어휘 유창성에 영향을 끼치는 정도와 순서를 고려해 볼 때, 제1수준과 제2수준으로 구분할 수 있으며, 어휘의 질적인 측면에 관한 요인들이 제1수준, 그리고 어휘의 양적인 측면에 포함되는 요인들이 제2수준에서 영향을 끼침을 가정해 볼 수 있다. 이를 도식화하면 [그림 1-11]과 같다.

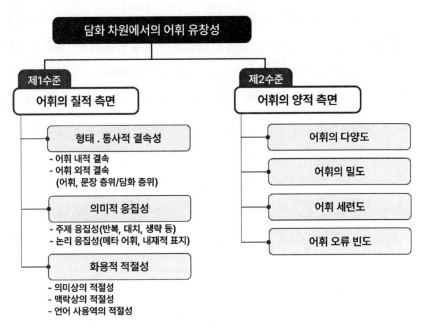

[그림 1-11] 어휘 유창성 범주와 결정 요인

4장에서는 이러한 양적·질적 측면에서의 어휘 유창성 결정 요인들이 실제로 한국어 학습자들이 산출해 낸 담화의 완성도에 어떠한 영향을 끼치는지 검증해 보고자 한다. 이를 위해 한국어 학습자들의 작문을 수준별, 등급별로 구분하고 각 그룹에서 보이는 어휘 유창성 결정 요인의 양상과 특징, 그리고 숙달도 평가 결과와의 상관성에 대해 논의해 볼 것이다.

1. 검증 방법 및 절차

어휘 유창성 결정 요인이 담화 완성도에 미치는 영향을 검증하기 위해 본고에서는 한국어 학습자의 작문, 즉 문어 자료를 중심으로 분석을 실시하였다. 담화 차원 어휘 유창성의 결정 요인을 다양한 측면에서 검증하기 위해서는 문어와 구어에서 나타나는 어휘의 특징을 살피고, 각 맥락에서의 어휘 사용을 비교하는 것이 더 적절할 것이다. 그러나 구어 자료는 상황 맥락에 맞는 어휘를 적절하게 사용하고 있는지를 확인할 수 있다는 점에서는 좋은 자료이나, 구어 상황에서 나타나는 여러 변수에 대한 통제가 어렵기 때문에 학습자의 어휘 능력을 정확하게 분석적으로 살펴볼 수 없다는 단점이 있다. 또한 의사소통에 포함된 다른 요소, 제스처나 표정, 지시물 등을 통해 의미를 전달할 수 있으므로 전사된 자료를 살펴보는 것만으로는 어휘 사용의 양상을 충분히 관찰할 수 없다는 한계를 가진다.

한편 문어 자료는 구어 자료에 비해 상황 맥락의 반영이 두드러지지는 않으나, 독자와 필자 사이의 의사소통을 전제로 하며 일정한 의사소통의 목표와 기능을 수행하고, 이에 따라 다양한 장르와 유형으로 실현된다. 이러한 점에서 문어 자료 역시 어휘의 상황 맥락적 변이를 관찰할 수 있는 자료로서 의미가 있을 것이라 판단하였다. 이뿐만 아니라 격식체나 문어식 표현 등은 오히려 문어 담화에서 뚜렷하게 살펴볼 수 있는 상황 맥락적 요소이며, 구어에 비해 언어적 표현 외에는 의미를 전달할 수 있는 여지가 적기 때문에 학습자들이 어휘 사용에 신중을 기한다는 점에서 장점을 가진다.76) 따라서 본고에서는 일차적으로 문어 자료의 분석을 통해 학습자의 어휘 유창성과 결정 요인을 검증하고자 한다. 그러나 문어와 구어에서 사용되는 어휘의 양상이 다르며, 이에

---

76) 특별히 분석 대상이 된 문어 자료의 경우, 시험 상황에서 구성된 담화이기 때문에 학습자들이 자신이 보유하고 있는 어휘 능력을 토대로 유창하게 어휘를 사용하고자 노력했을 것으로 추측해 볼 수 있다.

따라 어휘 유창성을 결정하는 요인의 경중과 도출 과정이 다르게 나타날 수 있다. 따라서 본고에서는 4장의 3절에서 실제 5급 학습자가 산출한 구어 자료인 인터뷰 담화를 참고로 하여 담화 차원 어휘 유창성의 개념이 구어에서는 어떻게 적용될 수 있는지 살펴볼 것이다.

또한 배운 것을 잘 이해하여 사용하고 있는지를 확인하는 성취도 기반 평가의 경우, 배운 어휘에 국한된 한정된 어휘만이 출현할 가능성이 높으며 모든 학습자 작문에 공통된 어휘가 중복해서 나타나 어휘 사용의 다양성을 효과적으로 살필 수 없다. 따라서 본고에서는 숙달도 기반 평가 환경에서 산출된 작문을 분석 대상으로 삼았으며, 현재 가장 널리 시행되고 있는 숙달도 평가인 한국어능력 시험(TOPIK)의 답안지를 초, 중, 고급에 걸쳐 각 150개씩 3회분 총 1,350개를 수집하였다. 수집한 답안지의 주제와 매수는 다음과 같다.

〈표 1-17〉 분석을 위해 수집한 답안지의 주제와 매수

	32회	33회	34회
초급	다시 가고 싶은 곳	자주 가는 가게	함께 여행하고 싶은 사람
	150	150	150
중급	하지 못한 일	내가 존경하는 사람	인생에서 가장 행복했던 하루
	150	150	150
고급	대학의 역할	직업 선택의 조건	자연 보존과 자연 개발
	150	150	150

앞서 어휘 유창성 결정 요인을 측정함에 있어 고려해야 할 사항을 살펴본 결과, 담화의 유형과 담화의 길이가 결과에 영향을 미칠 수 있음을 알 수 있었다. 따라서 분석 대상 작문을 선정함에 있어 담화의 유형과 길이를 맞추는 절차

를 거쳤다. 고급을 제외하고는 명확하게 텍스트 유형을 구분하는 것이 쉽지 않았으나, 수행해야 하는 과제의 유형이 비슷한 회차의 주제를 선정하고자 하였다.

초급은 '다시 가고 싶은 곳', '자주 가는 가게', 그리고 '함께 여행하고 싶은 사람'이라는 세 가지 주제로 평가가 이루어졌으며 이들 주제는 모두 개인적인 경험 혹은 가까운 주변에 대한 것이라고 할 수 있다. 이때 개인적인 경험에 대한 글은 사용하는 어휘의 범주가 지나치게 사적이거나 한국어 학습자가 할 수 있는 경험 내의 것으로 제한되는 경향이 있다. 실제로 작문을 살펴본 결과, 자신의 거주하는 국가의 지명이나 특정 가게에 대해 이야기하거나 혹은 한국에서 경험한 일부 장소(부산, 제주도, 남이섬, 명동, 대학로 등)로만 내용이 국한되어 있었다. 따라서 초급에서 목표로 하는 개인적인 영역을 크게 벗어나지는 않되 어휘의 다양한 쓰임을 살펴볼 수 있도록 '함께 여행하고 싶은 사람'에 대해 쓰고, 거기에 대한 이유를 쓰도록 한 34회 차의 작문을 분석 대상으로 삼았다.

중급은 '하지 못한 일', '내가 존경하는 사람', '인생에서 가장 행복했던 하루'에 대한 주제로 작문 문항이 구성되어 있었다. '하지 못한 일'과 '인생에서 가장 행복했던 하루'는 자신의 경험에 대한 서사적인 글을 쓰는 문제이며, '내가 존경하는 사람'의 경우는 존경하는 사람과 그 이유에 대해 써 보도록 하여 각각 서로 다른 유형의 과제를 요구하였다. 초급 작문에서 수행해야 하는 과제의 내용이, 자신의 생각을 쓰고 거기에 대한 이유를 작성하도록 하는 것이었으므로 본고에서는 서사적인 텍스트 작문을 요구하는 32회차와 34회차는 배제하고 '내가 존경하는 사람'을 주제로 하는 33회차의 작문을 선정하였다.

마지막으로 고급의 경우, 모두 자신의 견해를 제시하고 이에 대한 이유를 서술하는 과제 유형이 출제되었다. 그러나 '대학의 역할'과 '자연 보전과 자연 개발'의 경우, 두 가지의 상반된 입장을 제시하고 그 중 하나의 입장을 선택하여 자신의 의견을 기술하는 데에 반해, '직업 선택의 조건'은 직업을 선택할 때 중요하게 생각하는 조건을 세 가지 들고 그 중 가장 중요하다고 생각하는 조건과 그 이유를 기술하도록 하였다. 이에 본고에서는 상반된 두 가지 입장 내에서 자신의 입장을 결정하는 과제 유형보다 평소에 가지고 있던 생각을 정리하고 자신의 견해를 밝힌 후 그에 대한 이유를 기술하는 과제 유형이 초급, 중급의 유형과 비슷하다고 판단하여 33회차의 '직업 선택의 조건'을 분석 대상으로 삼았다.

비슷한 과제 유형의 작문을 선정한 후에는 다시 담화 길이를 기준으로 분석 대상을 재추출하였다. 이 연구에서는 분석 대상이 되는 담화 사이의 길이 편차를 줄이기 위해 일정한 길이 범위를 벗어나는 텍스트 50개씩을 제외하였다. 그 결과 초급은 225자~300자 범위에서, 중급은 400~600자, 고급은 600~800자 범위의 텍스트들이 선정되었으며, 선정된 텍스트를 대상으로 70개씩의 텍스트를 무작위로 추출하여 최종적인 대상 작문을 선정하였다.

다음으로는 급별, 수준별로 나타나는 어휘 사용의 양상과 특징을 체계적으로 살피고, 이를 숙달도 평가의 결과와 비교 분석하기 위해 작문을 상, 하 두 등급으로 분류하는 작업을 절차에 포함시켰다. 작문을 두 등급으로 분류하기 위해 급별 3인, 총 9명의 채점 전문가의 도움을 받아 채점을 진행하였으며, 각 급별로 3인의 채점 결과를 합산하여 도출한 평균 점수를 최종 등급 판정에 활용하였다. 3인의 채점 평균값을 최종 점수로 활용한 것은 채점자 간 점수 부여의 기준이 다를 수 있음을 감안하였기 때문이다. 즉, 채점자마다 가장 높은 점수와 가장 낮은 점수를 부여할 때 서로 다른 점수를 시작점으로 할 수 있으며, 각각의 채점자가 일관성을 가지고 채점을 한다고 하였을 때 채점자에 따라 일정 점수 이상의 점수 차이가 발생하기 때문이다. 이러한 오차를 최대한 줄이기 위해 채점 전문가 3인이 부여한 점수의 경향성을 그대로 가져오기 위한 하나의 방안으로 3인의 평균값을 최종적으로 활용하였다.77)

채점은 1차와 2차 두 차례에 걸쳐 실시하였는데, 1차 채점은 한국어 능력 시험(TOPIK)의 배점대로 30점을 만점으로 작문 전체에 대한 인상 평가를 하게 하였으며, 2차는 학습자 작문 평가 내용을 다시 점검하면서, 평가 결과에 영향을 미친 어휘 요인에 대한 인상을 논평하게 하였다. 2차 채점의 논평은 평가에 영향을 끼친 어휘 요인을 질적으로 살펴보고, 향후 어휘 교육 및 평가 방안을 모색하는 데에 있어 중요한 근거로 활용되었다. 채점자 논평은 다음과 같은 형식으로 작성되었다.

---

77) 이러한 방식으로 최종 점수를 도출해 내었을 때, 3인의 채점 결과의 양상이 다르게 나타나는 답안지인 경우 점수 차이가 나타난 이유에 대한 고려 없이 단순 평균 값만을 취하게 되며, 이로 인해 중간 점수 구간이 대거 발생하는 문제가 나타났다. 이러한 이유로 비슷한 점수 구간을 가진 2인의 채점 값을 평균하고, 일정 점수 이상의 차이가 나는 답안지에 대해서만 나머지 1인의 채점 점수를 합산하는 방식도 고려하였다. 그러나 이미 다른 점수 구간으로 채점한 나머지 1인의 채점 결과를 합산하는 것은 최종적인 채점 결과의 경향성을 왜곡하는 결과를 도출할 수 있다는 우려를 낳을 수 있다. 본고에서는 채점의 목적이 단순히 숙달도가 높은 그룹과 낮은 그룹의 구분에 있음을 감안할 때, 채점자 간의 점수 차이를 고려하는 것보다 채점자가 부여한 점수의 경향성을 그대로 취하는 것이 더 채점의 목적에 적합하다고 판단 하였다. 따라서 여기에서는 3인의 채점 결과를 평균한 값을 최종 숙달도 점수로 반영하였다. 이는 채점 전문가가 각각의 기준을 토대로 일관성 있게 점수를 부여하였으며, 이러한 점수를 합산한 것이 텍스트의 숙달도가 높고 낮음을 설명하는 하나의 기준이 될 수 있다는 것을 전제로 한 것이다.

〈표 1-18〉 채점자 논평의 예

답안지 번호	인상평가 점수(30)	평가에 영향을 미친 '어휘'에 대한 코멘트
21	19	'시간을 보내다, 얼마나~인지 모르다' 등의 표현을 적절히 사용하며 효과적으로 글을 전개시키고 있음. 전반적으로 주제에 맞는 어휘들을 잘 사용하고 있지만 정확도를 좀 더 높일 필요가 있음.
22	13	'단짝, 동갑' 등 수준 높은 어휘들이 나타나 있기는 하지만 전반적으로 사용된 어휘들이 주제와 밀접하게 연결되어 글을 전개하고 있지 못함. 중간 단락에서는 문어에 맞지 않는 표현들도 눈에 띔. 문어적인 표현으로 고칠 필요가 있음.

채점에 참여한 채점자들은 모두 박사 수료 이상의 학력을 갖추고 있었으며, 한국어 능력시험과 관련된 평가 경험을 보유하고 있었다. 특별히 채점과 관련하여서는 최소 4회에서 최대 8회까지의 경험을 가지고 있었다. 이러한 채점자의 경력은 작문 등급 판정의 신뢰성을 확보할 수 있게 한다는 점에서 중요하다고 할 수 있다. 또한 어휘 유창성 교육 방안을 마련하는 데에도 이러한 교육 및 평가 전문가들의 견해가 매우 중요하므로 본고에서는 채점 전문가 집단이 직접 작성한 어휘 요인에 대한 견해를 어휘 유창성 판단의 근거로 활용하고자 하였다. 채점자 집단에 대한 정보는 아래와 같다.

<표 1-19> 채점자 정보

급		최종 학위	교육 경력	TOPIK 채점 경험	TOPIK 출제 경험
초급	가	박사수료	3	6	3
	나	박사수료	2	5	3
	다	박사수료	9	8	–
중급	가	박사수료	5	5	2
	나	박사수료	7	6	5
	다	박사수료	3	6	1
고급	가	박사	6	6	7
	나	박사수료	13	6	2
	다	박사	7	5	2

답안지의 등급 판정이 완료된 후에는 본격적인 분석 및 검증을 위해 데이터 처리 과정을 거쳤다. 초, 중, 고급 답안지 총 210부를 텍스트 파일로 입력하고, 지능형 형태소 분석기를 통해 텍스트를 형태소 단위로 분석하고 태깅하였다. 태깅이 완료된 파일은 개별 파일과 등급별 파일, 급별 파일로 각각 나누어 저장하는 전처리 과정을 거쳤다.

텍스트 파일로 입력할 때는 학습자 작문을 원형태 그대로 밝혀 적는 것을 기본 방침으로 삼았다. 그러나 오류가 포함된 경우, 형태소 분석 프로그램에서 정확한 결과 값이 도출될 수 없기 때문에 오류가 존재하는 부분에 한해 이를 수정하고 〈 〉 괄호에 원형태를 남겨, 이후 어휘 사용의 정확성 및 오류 빈도를 측정할 때 참고하고자 하였다. 수정 작업은 형태소 분석에 영향을 줄 수 있는 어휘의 형태적 오류인 경우에 국한되어 이루어졌으며, 문법 형태소에서도 마찬가지로 형태 오류가 나타난 경우에만 수정을 가하였다. 또한 친구의 이름, 식당

이름 등 고유명사가 나올 경우에는 모두 〈 〉안에만 기입하고, 형태소를 분석하고 전체 단어의 양을 측정할 때에는 삭제하여 진행하였으며, 인명이나 상호명이 아닌 표준국어대사전에 등재되어 있는 국명, 지명의 경우는 그대로 살려 계량에 포함하였다.

내년에 나는 바로 직장생활을 시작 할 것이다. 우리 직업 선택〈선태〉할 때 중요한 조건이 많다. 내 생각은 제일 중요한〈종요한〉 조건은 바로 월급과 자기 취미이다.

고5_오류 수정의 예

그 말씀을 들으면 힘이 생겨서 내년도 힘내자고〈힘내자도〉 생각할 수 있기 때문이다. 이런 이유로 클래식 발레 선생님 부부를 존경하고 있다.

중3_오류 수정의 예

〈꺼멀〉 같이 여행가서 재미있는〈제미있는〉 장소에 재밌게〈제밌깨〉 놀고 아름다운 곳에 사진을 많이 찍었습니다. 그런데 이번 방학에 우리는 제주도에 가고 싶습니다. 제주도에 〈꺼멀〉하고 다른 친구들 같이 갈 겁니다.

초29_고유명사 삭제의 예

내〈네〉 존경하는 사람은 〈스타브 저브스〉이다. 그 사람은 1980년에 〈애플〉 회사는 시작했고 그 때부터 정말 새로운 물건을 만들었고 새로운 생각도 만들었다.

중9_고유명사 삭제의 예

또한 원형태를 통해 의미를 추측하기 어렵거나, 의미 전달에 치명적인 방해 요소로 작용한다고 판단되는 단어를 ***으로 처리하고 계량 시 삭제하였다. 이는 학습자가 어휘를 선택하여 쓰기는 하였으나 성공적으로 사용하였다고 볼 수 없으므로, 전체 사용한 어휘의 양과 어휘 다양도, 밀도, 세련도 등의 통계에서 배제하기 위함이다. 그리고 위에서 논의하였던 것처럼 속담의 경우에는 "속

담"으로 표시하고 하나의 내용어로 처리하였다.

여자 친구 함께〈함게〉여행을 가서 좋은 시간을 보내고〈본내고〉 멋있는〈멋있〉 사진도〈사진은도〉 찍고 맛있는 음식도〈음식을도〉 먹고 싶습니다. 그래서 여자 친구 함께 여행을 * ***
〈유 듭니다〉.

초33_어휘 삭제의 예

둘째는 〈만도하이〉가 왕이 되기 전에는 우리나라를 다른 나라가 지배하려던 참이었는데 다행히 왕이 되자마자 전쟁을 일으키고〈이루키고〉, 흩어져 있었던 우리나라를 다시 한 *
〈결〉로 가게 됐다는 것이다. 그래서 〈만도하이〉의 ***〈붙잡칠〉 수 있는 지도력 덕분에 우리나라 독립했던 것이다.

중22_어휘 삭제의 예

중국 속담에서는 "속담"〈"선생님이 하루만 가르쳐 주셔도 영원히 선생님이 된다"〉라는 말이 있다. 그래서 나는 선생님이 자랑해〈차랑해〉 할 수 있는 사람이 되도록 노력하겠다.

중2_속담 삭제의 예

"속담"〈비 온 뒤에 땅이 굳어진다〉는 말처럼 자기 자신도 향상적으로 발전할 수 있다. 돈과 환경은 일시적인 요소이고 성취는 계속적으로 능력을 주는 요소이다. 이 때문에 성취는 직업 선택할 때 가장 중요하다는 조건이다.

고25_속담 삭제의 예

이러한 데이터 입력 과정을 거친 파일들은 21세기 세종 계획 "지능형 형태소 분석기 2.0"을 사용하여 형태소 분석하였다.[78] 또한 형태소 분석은 엄밀하게 말하면, 어휘 단위를 그대로 반영하는 것이 아니기 때문에 형태소 분석 결과를 수정해야 하는 항목이 존재하였으며, 형태소 분석 단위와 한국어 교육 현장에

---

78) 지능형 형태소 분석기는 다음과 같은 품사 집합과 기호에 따라 품사를 분류하고 있다.

서의 교육 단위가 다른 경우에도 수정을 가하였다. 예를 들어 'X-하다' 구성의
경우, 지능형 형태소 분석기에서는 동사파생접미사(XSV)와 형용사파생접미사
(XSA)로 분류하고 있다. 그러나 '생각하다, 공부하다, 선택하다, 구하다' 등의
'하다'류 동사 및 '중요하다, 심심하다, 친절하다' 등의 '하다'류 형용사의 경우
실제 한국어 교육 현장에서는 하나의 단위로 가르치는 경우가 대부분이며 '-하
다'를 별도의 접사로 분리하여 설명하지 않는다. 또한 어휘를 논할 때 접미사
및 접두사와 어근의 결합을 하나의 단어로 보는 것이 일반적이기 때문에 이
연구에서도 동사파생접미사 및 형용사파생접미사로 분리된 '-하다'류 동사와
형용사를 모두 수정하여 하나의 동사(VV), 형용사(VA)로 처리하였다. 처리의

대분류	소분류	세분류
체언	명사 NN	일반명사 NNG 고유명사 NNP 의존명사 NNB
	대명사 NP	
	수사 NR	
용언	동사 VV	
	형용사 VA	
	보조용언 VX	
	지정사 VC	긍정지정사 VCP 부정지정사 VCN
수식언	관형사 MM	
	부사 MA	일반부사 MAG 접속부사 MAJ
독립언	감탄사 IC	
관계언	격조사 JK	주격조사 JKS 보격조사 JKC 관형격조사 JKG 목적격조사 JKO 부사격조사 JKB 호격조사 JKV 인용격조사 JKQ
	보조사 JX	
	접속조사 JC	
의존형태	어미 E	선어말어미 EP 종결어미 EF 연결어미 EC 명사형전성어미 ETN 관형형전성어미 ETM
	접두사 XP	체언접두사 XPN
	접미사 XS	명사파생접미사 XSN 동사파생접미사 XSV 형용사파생접미사 XSA (부사파생접미사 XSB)
	어기 XR	
기호	마침표,물음표,느낌표SF 쉼표,가운뎃점,콜론,빗금SP 따옴표,괄호표,줄표SS 줄임표SE 붙임표(물결,숨김,빠짐)SO 외국어SL 한자SH 기타기호(논리수학기호,화폐기호 등)SW 명사추정범주NF 용언추정범주NV 숫자SN 분석불능범주NA		

예는 아래와 같다.

원형태	지능형 형태소 분석기	수정
생각하는	생각/NNG+하/XSV+는/ETM	생각하/VV+는/ETM
선택하고	선택/NNG+하/XSV+는/ETM	선택하/VV+는/ETM
친절하고	친절/XR+하/XSA+고/EC	친절하/VA+고/EC
지루할	지루/XR+하/XSA+ㄹ/ETM	지루하/VA+ㄹ/ETM

마찬가지로 접미사 '-님'의 경우에도 지능형 형태소 분석기에서는 선행어와 분리하여 분석하고 있었으나 한국어 교육 현장에서의 실제성을 반영하여 '선생님, 부모님, 교수님'과 같은 단어는 일반명사와 접미사로 분리하지 않고, 하나의 일반명사로 수정하였다.

원형태	지능형 형태소 분석기	수정
선생님	선생/NNG+님/XSN	선생님/NNG
부모님	부모/NNG+님/XSN	부모님/NNG
교수님	교수/NNG+님/XSN	교수님/NNG

이러한 방침에 따라 처리한 작문 데이터들은 다시 세 가지 측면에서 검증 과정을 거쳤다. 첫 번째는 어휘를 계량적으로 살펴보는 양적 검증이다. 이는 상하두 등급으로 분류된 담화의 어휘 다양도, 어휘 밀도, 어휘 세련도, 어휘 오류 빈도의 네 가지 요인을 살피고, 상위, 하위 그룹에 속하는 담화에서 실현된 각 요인들의 양상과 특징을 밝힘으로써 이들 요인이 실제 숙달도 점수와 어느 정도의 상관 값을 가지는지 검증하고자 한 것이다.

이때 어휘의 양과 다양도, 어휘 밀도는 Antconc 3.4.1 프로그램을 사용하여 측정하였으며, 어휘 세련도는 조남호(2003)과 김광해(2003), 김중섭 외(2009, 2010)의 어휘 목록을 참고로 하여 어휘 유형 대비 각 등급별 어휘 사용의 비율을 수치화하였다. 또한 어휘 오류 빈도의 경우, 앞장에서 분류한 오류 유형의 예에 따라 연구자가 주관적으로 판정하였다. 다만 연구자 내적 기준의 일관성을 확인하기 위해 각 답안지 당 2회에 걸쳐 오류를 계수하였으며, 그 값이 동일하게 나타났기에 검증 과정에 그대로 사용하였다.

두 번째는 어휘 유창성에 영향을 끼치는 요인 중 질적 분석이 필요한 요인들에 대한 검증이다. 앞서 논의한 질적 요인들은 양적인 분석에 의해 의미 있는 결과를 도출할 수 없기 때문에, 이 연구에서는 연구자의 질적인 해석을 통해 그 실현 양상을 분석하고자 하였다. 질적 분석은 형태·통사적 결속성, 의미적 응집성, 화용적 적절성 측면에서 각 요인별로 숙달도가 높은 그룹과 그렇지 않은 그룹에서 관찰되는 양상을 중심으로 이루어졌다.

또한 3장에서 앞서 양적인 요인과 질적 요인이 수준을 달리하여 적용될 것이라는 가설을 세웠다.79) 이러한 가설을 확인하기 위해, 이 연구에서는 양적 검증과 질적 검증을 복합적으로 실시하였다. 즉, 양적 검증 결과 중에서 숙달도 점수와 상이한 양상을 보이는 답안지에 대해 질적 분석을 시도하였는데, 이는 어휘 다양도와 밀도, 세련도가 동일 그룹의 다른 답안지에 비해 낮고, 오류 빈

---

79) 본고에서는 3.1. 어휘 유창성 결정 요인을 도출하며, 어휘 유창성이 결정되는 데에 결정적인 영향을 끼치는 제1수준의 요인과 제1수준의 요인들이 어느 정도 충족된 범위 내에서 논의될 수 있는 제2수준의 요인이 있음을 가정하고, 논의를 전개한 바 있다. 이러한 가정에 의해 본 연구자는 질적인 요인, 즉 형태·통사적 결속성, 의미적 응집성, 화용적 적절성이 만족되었다고 담보된 상황에서, 양적인 요인을 논하는 것이 가치 있음을 주장하였으며, 이는 곧 제1수준으로 질적 요인을, 제2수준으로 양적 요인을 상정하는 근거가 되었다.

도가 상대적으로 높음에도 불구하고 채점자들로부터 높은 숙달도 점수를 받았거나, 반대로 동일 그룹의 답안지에 비해 어휘 다양도와 밀도, 세련도가 높고, 오류 빈도 값이 낮은데도 상대적으로 낮은 점수를 받은 답안지를 대상으로, 높은 혹은 낮은 숙달도 점수를 받은 것에 대해 설명 가능한 이유를 발견하기 위함이다. 이러한 분석은 곧, 숙달도 점수에 양적 요인과 질적 요인이 끼치는 영향의 정도를 파악하고, 앞에서 가정한 양적 요인과 질적 요인의 경중 차이에 대한 가설을 채택 또는 기각할 수 있는 근거로 활용될 수 있다.

전체적인 답안지에 대한 분석이 아니라 양적인 요인과 숙달도 점수가 상이하게 나타나는 특정 답안지에 대해서만 분석을 실시하는 것은 비판의 여지가 있을 수 있다. 이는 몇몇 답안지를 대상으로 한 분석 결과가 전체의 그룹이 보이는 양상을 모두 설명할 수 있다고 말할 수는 없기 때문이다. 이러한 문제로 인해 본고는 질적인 결정 요인을 3점 척도 혹은 5점 척도로 수치화하여 통계적인 검증을 거치는 방법도 고려하였다. 그러나 어휘 유창성의 질적 결정 요인에 대한 논의가 이제 막 시작된 단계이며 채점자들 집단 내에서 충분히 공유되지 못하였다는 점을 고려해 볼 때, 질적인 요인에 대한 평가를 수치화하는 과정에서 채점자의 주관이 강하게 개입될 것으로 예상되었다. 이뿐만 아니라, 질적인 요인을 수치화한다는 것은 결국 담화 내에서 실현되는 질적 요인의 양상이 모두 1~3, 혹은 1~5로 대표되는 숫자의 뒤에 숨겨진다는 한계를 가진다. 따라서 본 연구자는 논란의 여지를 안고서라도, 질적인 결정 요인이 숙달도 점수에 미치는 영향과 그 양상을 면밀히 살펴볼 필요가 있다고 판단하였기에 상술한 검증 방식을 채택하였다. 검증의 절차와 방법을 정리하면 〈표 1-20〉과 같이 제시할 수 있다.

이러한 검증 과정을 통해 밝히고자 하는 연구 가설은 다음과 같다.

가. 어휘 양적 요인(다양도, 밀도, 세련도, 오류 빈도)의 값이 학습자 급별,

수준별로 다르게 나타날 것이며, 이는 학습자의 숙달도와도 긴밀한 상관성을 보일 것이다.

나. 초급, 중급, 고급에 따라 숙달도에 영향을 끼치는 어휘의 양적 요인(다양도, 밀도, 세련도, 오류 빈도)의 경중이 다를 것이다.

다. 숙달도에 따라 어휘 질적 요인(형태·통사적 결속성, 의미적 응집성, 화용적 적절성)은 서로 다른 양상과 특징으로 나타날 것이다.

라. 어휘 양적 요인과 질적 요인이 숙달도에 끼치는 영향은 각각 동일하지 않을 것이며, 그 경중의 차이를 급별, 수준별로 확인할 수 있을 것이다.

〈표 1-20〉 검증의 절차와 방법

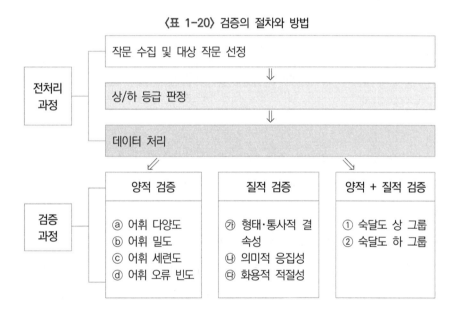

2. 검증 결과 및 해석

(1) 등급 판정 결과

학습자의 답안지는 채점 전문가의 채점에 의해 상, 하로 분류되었다. 3인의 채점 전문가가 부여한 인상 평가 결과를 합산하여 이를 평균 낸 값이 최종적인 판정의 근거가 되었다. 이때, 초, 중, 고급 채점자들의 신뢰도 분석을 실시한 결과 각각 Cronbach-α값이 .859, .875, .795로 나타나 참여한 채점자들의 내적 일관성이 높은 것으로 판단할 수 있었다.[80]

〈표 1-21〉 초, 중, 고급의 채점자 신뢰도

	초급	중급	고급
Cronbach-α	.859	.875	.795

각 급의 답안지는 평균을 중심으로 순위 매겨졌으며, 상위 30%의 답안지를 상위 그룹, 하위 30%의 답안지를 하위 그룹으로 판정하였다. 그 결과, 초급의 경우 '상위 그룹', '하위 그룹' 각각 21개씩 총 42개의 작문이 선정되었으며, 중급과 고급 역시 각각 21개씩의 작문을 그룹별로 선정하였다.

초급 학습자의 숙달도 점수 최솟값은 8.3이었으며, 최댓값은 22.3으로 나타났다. 수집한 초급 학습자의 전체 숙달도 평균은 15점이었고, 표준편차는 3.8

---

80) 일반적으로 0.8~0.9의 값일 때 바람직한 신뢰도라고 할 수 있고, 0.6~0.7 이상이면 수용 가능할 정도의 신뢰도 수준으로 여겨지나 신뢰도가 0.6 이하면 내적 일관성이 결여된 것으로 받아들여진다(이학식·임지훈, 2011:121, 이인혜, 2014에서 재인용). 따라서 초, 중, 고급에서 채점자들에 의해 채점된 값들은 그 신뢰도가 상당히 높은 편이라고 판단할 수 있다.

로 나타났다. 상위 그룹의 경우 최댓값으로부터 상위에 속한 답안지 21개가 해당되었으며, 그 점수 범위는 15.7~22.3으로 나타나 평균 18.6의 숙달도를 보였다. 하위 30%에 해당하는 하위 그룹 21개의 답안지는 8.3~13.0의 원점수 범위를 보였으며, 평균 11.6의 숙달도 점수를 받았다.

〈표 1-22〉 초급 답안지의 평균 점수와 순위, 등급

답안지 번호	평균	순위	등급	답안지 번호	평균	순위	등급
1	14.0	42		36	15.0	28	상
2	11.7	61	하	37	15.3	25	상
3	12.3	57	하	38	22.0	2	
4	14.7	33		39	19.0	7	하
5	14.0	43		40	15.0	29	
6	14.0	44		41	12.3	59	하
7	21.3	3	하	42	14.0	45	하
8	9.3	68	하	43	8.3	70	상
9	14.7	34		44	12.7	54	하
10	15.3	24		45	17.3	16	
11	11.7	62	하	46	12.7	55	상
12	18.0	13	상	47	15.0	30	상
13	19.0	6	상	48	19.0	8	하
14	21.3	4	상	49	17.7	15	하
15	22.3	1	상	50	11.3	64	
16	10.0	67	하	51	12.7	56	상
17	14.7	35		52	14.3	38	
18	16.7	17	상	53	16.3	20	

답안지 번호	평균	순위	등급	답안지 번호	평균	순위	등급
19	18.3	10	상	54	15.7	22	
20	9.3	69	하	55	14.7	36	
21	18.3	11	상	56	13.7	47	
22	13.0	50	하	57	13.3	49	
23	12.7	52	하	58	14.0	46	
24	11.0	66	하	59	15.0	31	상
25	12.3	58	하	60	15.3	26	하
26	11.3	63	하	61	18.3	12	
27	16.7	18	상	62	11.3	65	상
28	16.3	19	상	63	14.3	39	
29	18.7	9	상	64	18.0	14	
30	13.0	51	하	65	14.3	40	
31	14.3	37		66	15.0	32	
32	13.3	48		67	14.3	41	상
33	15.7	21	상	68	15.7	23	
34	12.7	53	하	69	19.3	5	
35	12.0	60	하	70	15.3	27	

상위 그룹	답안지 번호 7, 12, 13, 14, 15, 18, 19, 27, 28, 29, 33, 38, 39, 45, 48, 49, 53, 61, 64, 69
하위 그룹	답안지 번호 2, 3, 8, 11, 16, 20, 22, 23, 24, 25, 26, 30, 34, 35, 41, 43, 44, 46, 50, 51, 62

중급 학습자는 최솟값 9.0에서 최댓값 22.7의 점수 분포를 보였으며, 전체를 평균한 결과 14.9의 값을 구할 수 있었다. 또한 평균을 기준으로 3.5의 표준

편차를 보이고 있다. 상위 30%에 해당하는 답안지 21개가 상위 그룹으로 분류되었는데, 이러한 상위 그룹의 원점수 범위는 15.7~22.7이었으며, 상위 그룹의 평균 점수는 17.9였다. 반면, 하위 그룹의 경우 9.0~13.0의 숙달도 점수를 받은 답안지들로, 그 평균값 점수는 11.8이었다.

〈표 1-23〉 중급 답안지의 평균 점수와 순위, 등급

답안지 번호	평균	순위	등급	답안지 번호	평균	순위	등급
1	11.7	60	하	36	14.0	38	
2	15.7	21	상	37	14.7	33	
3	16.3	13	상	38	12.7	55	하
4	13.0	50	하	39	14.3	36	
5	15.7	22		40	20.3	3	상
6	15.3	25		41	14.7	34	
7	12.7	54	하	42	13.3	49	
8	13.7	44		43	21.0	2	상
9	13.7	45		44	15.3	27	
10	15.3	26		45	16.0	19	상
11	15.7	23		46	14.7	35	
12	17.7	10	상	47	14.0	39	
13	13.0	51	하	48	15.0	30	
14	14.0	37		49	15.0	31	
15	9.0	70	하	50	14.0	40	
16	15.0	29		51	15.7	24	
17	19.7	5	상	52	14.0	41	

답안지 번호	평균	순위	등급	답안지 번호	평균	순위	등급
18	16.0	17	상	53	11.7	62	하
19	14.7	32		54	22.7	1	상
20	12.3	57	하	55	16.0	20	상
21	18.3	9	상	56	17.3	12	상
22	19.3	6	상	57	13.0	53	하
23	11.0	66	하	58	12.3	58	하
24	11.3	64	하	59	15.3	28	
25	13.7	46		60	10.7	68	하
26	19.3	7	상	61	13.7	47	
27	11.0	67	하	62	12.3	59	하
28	13.0	52	하	63	11.7	63	하
29	19.3	8	상	64	10.3	69	하
30	11.3	65	하	65	20.3	4	상
31	16.0	18	상	66	14.0	42	
32	16.3	14	상	67	16.3	16	상
33	11.7	61	하	68	13.7	48	
34	17.3	11	상	69	14.0	43	
35	16.3	15	상	70	12.7	56	하

상위 그룹	답안지 번호 2, 3, 12, 17, 18, 21, 22, 26, 29, 31, 32, 34, 35, 40, 43, 45, 54, 55, 56, 65, 67
하위 그룹	답안지 번호 1, 4, 7, 13, 15, 20, 23, 24, 27, 28, 30, 33, 38, 53, 57, 58, 60, 62, 63, 64, 70

고급 학습자는 최솟값 8.7에서 최댓값 23.7의 숙달도 점수를 받은 답안지들

로서, 전체 숙달도 평균은 15.4, 표준편차는 3.7로 나타났다. 고급 답안지 중 상위에 속한 답안지 21개는 17.7~23.7의 원점수 범위를 보였으며, 상위 그룹의 평균값은 18.9인 것을 확인해 볼 수 있었다. 또한 하위 30%인 답안지 21개는 8.7~13.3의 점수를 받았으며, 그 평균값은 11.9였다.

〈표 1-24〉 고급 답안지의 평균 점수와 순위, 등급

답안지 번호	평균	순위	등급	답안지 번호	평균	순위	등급
1	13.7	44		36	18.3	9	상
2	10.7	67	하	37	15.7	35	
3	8.7	70	하	38	20.3	4	상
4	15.0	39		39	18.3	10	상
5	14.3	42		40	13.7	48	
6	20.7	3	상	41	13.3	51	하
7	17.3	22		42	18.3	11	상
8	13.0	52	하	43	19.0	7	상
9	16.3	26		44	12.7	57	하
10	15.3	36		45	14.3	43	
11	13.0	53	하	46	12.7	58	하
12	12.7	55	하	47	18.3	12	상
13	17.0	24		48	18.0	14	상
14	15.0	40		49	17.7	20	상
15	13.7	45		50	23.7	1	상
16	11.7	63	하	51	18.0	15	상
17	10.7	68	하	52	12.7	59	하
18	11.0	66	하	53	16.3	27	

답안지 번호	평균	순위	등급	답안지 번호	평균	순위	등급
19	12.0	61	하	54	19.3	5	상
20	16.0	28		55	18.0	16	상
21	12.0	62	하	56	21.3	2	상
22	17.7	18	상	57	18.3	13	상
23	16.0	29		58	17.3	23	
24	16.0	30		59	18.0	17	상
25	15.3	37		60	17.7	21	상
26	12.3	60	하	61	14.7	41	
27	10.0	69	하	62	19.0	8	상
28	17.7	19	상	63	16.0	32	
29	16.0	31		64	17.0	25	
30	15.7	34		65	13.0	54	하
31	13.7	46		66	11.3	64	하
32	13.3	50	하	67	16.0	33	
33	13.7	47		68	15.3	38	
34	19.0	6	상	69	13.7	49	
35	12.7	56	하	70	11.3	65	하

상위 그룹	답안지 번호 6, 22, 28, 34, 36, 38, 39, 42, 43, 47, 48, 49, 50, 51, 54, 55, 56, 57, 59, 60, 62
하위 그룹	답안지 번호 2, 3, 8, 11, 12, 16, 17, 18, 19, 21, 26, 27, 32, 35, 41, 44, 46, 52, 65, 66, 70

초급, 중급, 고급의 상, 하위 그룹의 원점수 범위와 평균 점수는 다음과 같다.

	초급		중급		고급	
	상	하	상	하	상	하
원점수 범위	15.7~22.3	8.3~13.0	15.7~22.7	9.0~13.0	17.7~23.7	8.7~13.3
평균 점수	18.6	11.6	17.9	11.8	18.9	11.9

(2) 어휘의 양적 측면에 대한 분석

3장의 논의를 통해 어휘의 양적 측면에서의 요인을 어휘의 다양도, 어휘 밀도, 어휘 세련도, 그리고 어휘 오류 빈도 요인의 네 가지로 도출해 볼 수 있었다. 이번 절에서는 이러한 양적인 요인들이 실제 학습자 작문에서 어떠한 양상으로 실현되어 있는지 확인해 봄으로써 학습자의 전반적인 숙달도를 예측할 수 있는 요인으로 활용될 가능성이 있는지를 검증해 보고자 하였다.

1) 어휘 다양도

어휘 다양도를 살펴보기 위해, 먼저 학습자 답안지를 형태소 100개 단위로 끊어 텍스트의 분량을 동일하게 맞춘 후, MSTTR-100값을 도출하였다. 학습자 답안지의 길이에 따라 1~3개의 파일로 나눌 수 있었으며, 한 답안지당 1~3회의 도출 과정을 거쳤다. 이를 모두 평균한 값을 최종적인 어휘 다양도 값으로 반영하였다. 중급 상위 그룹을 예로 들면 다음과 같다.

<표 1-26> 중급 상위 그룹의 어휘 다양도 (예)

답안지 번호	100			100			100			MSTTR-100
	token	types	TTR	token	types	TTR	token	types	TTR	
54	101	72	71.3	100	75	75.0				73.14
43	100	66	66.0	101	74	73.3				69.63
40	102	71	69.6	101	71	70.3	96	69	71.9	70.59
65	101	65	64.4	99	74	74.7				69.55
17	100	60	60.0	100	65	65.0				62.50
22	100	64	64.0	100	70	70.0				67.00
26	105	62	59.0	103	74	71.8				65.45
29	100	65	65.0	100	70	70.0				67.50
21	100	69	69.0	98	67	68.4	100	65	65.0	67.46
12	100	65	65.0	101	65	64.4	99	72	72.7	67.36
34	100	67	67.0	100	80	80.0				73.50
56	100	65	65.0	101	72	71.3				68.14
3	101	66	65.3	100	70	70.0	99	74	74.7	70.03
32	100	67	67.0	100	76	76.0				71.50
35	100	68	68.0	100	68	68.0				68.00
67	100	66	66.0							66.00
18	100	69	69.0	101	66	65.3	92	60	65.2	66.52
31	100	70	70.0	100	63	63.0				66.50
45	99	68	68.7	100	69	69.0				68.84
55	100	60	60.0	101	65	64.4	103	63	61.2	61.84
2	99	70	70.7	100	73	73.0				71.85

위의 수치를 확인해 보면, 분석 대상이 되는 답안지의 어휘 다양도가 중급의 경우 약 62~74% 사이의 값을 가지는 것으로 확인해 볼 수 있다. 이는 안경화 (2003), 배도용(2012)에서 도출한 어휘 다양도 값보다는 높으며, 진대연 (2006), 장경희·전은진(2008)의 수치와는 비슷하거나 조금 높게 나타난 것이다.[81] 이러한 차이는 분석 대상 텍스트의 길이 차이에 기인한 것으로 해석할 수 있다. Meunier(2001)에서 논의한 바와 같이 어휘 다양도의 값은 텍스트 길이에 영향을 받으며, 텍스트의 길이가 짧아짐에 따라 다양도 값이 높아진다(안경화, 2003에서 재인용). 이 연구에서는 학습자가 생산한 전체 텍스트를 100개의 형태소 단위로 끊어 활용하였다. 이를 감안하여 볼 때, 〈표 1-26〉의 어휘 다양도 값이 다소 높게 나타난 것은 텍스트 길이 대비 충분히 예측 가능한 수치이다.

초, 중, 고급의 상위 그룹과 하위 그룹이 서로 다른 어휘 다양도 값을 가지는지를 확인하기 위해서 이 연구에서는 그룹 간에 어휘 다양도 값을 비교하였다. 초, 중, 고급의 MSTTR-100값의 최솟값과 최댓값, 그리고 평균 및 표준편차를 살펴본 결과, 상위 그룹의 경우 일정한 길이 내에서 사용하는 서로 다른 어휘의 수가 하위 그룹에 비해 많음을 알 수 있으며, 하위 그룹은 이에 반해 중복해서 사용하는 어휘의 수가 더 많은 것을 살펴볼 수 있다. 이광호(2005)[82]에서는

---

81) 안경화(2003)의 경우, 어휘 다양도 값이 초급인 경우 17%, 중급은 25%, 고급은 34%로 나타났으며, 배도용(2012)에서는 고급 학습자의 어휘 다양도 값이 30.17~35.33%로 나타났다고 하였다. 반면, 진대연(2006)은 고급 학습자의 어휘 다양도 값으로 대략 50~82%, 장경희·전은진(2008)에서는 모국어 화자의 어휘 다양도 값으로 대략 40~70%의 수치를 제시한 바 있다.

82) 이광호(2005)의 본문에서는 이를 어휘 밀도로 기술하고 있으나, 계량의 방법이 '(word type / word token) *100'으로 그 값이 본고의 어휘 다양도와 동일하다. 따라서 어휘 다양도로 바꾸어 기술하였다.

어휘 다양도가 높다는 것은 동일 단어를 반복해서 사용하는 것을 회피하고 새로운 단어를 빈번하게 사용함을 뜻하며, 어휘 다양도가 낮다는 것은 새로운 단어를 사용하기 보다는 동일 단어의 반복 사용이 빈번하며 한정된 어휘만을 사용하는 것으로 해석될 수 있다고 하였다. 이를 통계적으로 검증해 본 결과, 초, 중, 고급 모두 상위 그룹과 하위 그룹 간의 점수에 유의미한 차이가 있음을 확인해 볼 수 있었다.[83]

〈표 1-27〉 급별 상하위 그룹의 어휘 다양도 t-검정 결과

어휘 다양도		N	최솟값	최댓값	평균	표준편차	(상위 그룹-하위 그룹)	
							t 자유도	유의 확률
초급	상위	21	47.9	68.5	57.49	6.85	3.925	0
	하위	21	42	60.7	50.22	5.01		
중급	상위	21	61.8	73.5	68.23	3.04	4.384	0
	하위	21	51.5	71.3	62.54	5.12		
고급	상위	21	58.3	71.1	66.11	3.78	2.996	0.005
	하위	21	56.5	69.0	62.78	3.42		

$(p<0.05)$

t-검정 결과, 초, 중, 고급의 어휘 다양도 값은 유의 확률 0.05를 기준으로 상위 그룹과 하위 그룹 간의 차이가 없다고 할 만한 근거가 충분하지 않았다. 즉, 상위 그룹과 하위 그룹의 어휘 다양도 값의 차이가 통계적으로 유의미하다고 결론 내릴 수 있다. 결국 어휘 다양도 요인은 전반적인 숙달도 점수와 비교

83) t-검정을 실시하기에 앞서 정규성 검정과 등분산 가정을 만족하는지 여부를 확인하였다. 그 결과 초, 중, 고급 모두 유의수준 0.05를 기준으로 정규성과 등분산을 만족하였으며, 이를 가정한 상태에서 t-검정을 실시하였다.

적 강한 양의 상관관계를 보이며, 상위 그룹과 하위 그룹을 구분하는 기준으로서 설명될 수 있음을 확인할 수 있었다. 이러한 결과는 상위 그룹의 답안지에 사용된 어휘가 하위 그룹에 비해 보다 풍부하고 다양하며 사용의 범위가 넓게 나타나고 있음을 의미한다. 이는 안경화(2003)에서 숙달도 단계별로 어휘의 다양도가 계속해서 증가하였다고 한 결과와 이영지(2011)에서 학습자의 숙달도가 높아질수록 어휘 다양성이 증가한다고 밝힌 것과 같은 맥락에서의 결과이다.[84]

이러한 어휘 다양도가 실제 숙달도 점수와 유의미한 상관관계를 가지는지를 검증하기 위해 변수 간 상관 정도를 통계적으로 검증하였다. 그 결과 다음과 같은 상관 계수를 도출할 수 있었다.

〈표 1-28〉 어휘 다양도와 숙달도의 상관분석

(어휘 다양도-숙달도 점수)	N	Pearson 상관 계수	유의 확률(양측)
초급	42	.606**	.000
중급	42	.563**	.000
고급	42	.431**	.004

** : 상관관계가 0.01 수준에서 유의함
* : 상관관계가 0.05 수준에서 유의함

이를 통해, 초급과 중급, 고급 모두 어휘 다양도 요인이 숙달도 점수에 영향을 끼치고 있는 것으로 확인할 수 있었다.[85] 이는 곧 어휘 다양도 요인이 학습

---

84) 반면 배도용(2012), 박정은·김영주(2014)에서는 숙달도와 어휘 다양도의 관계가 직접적으로 확인되지 않았다. 그러나 이들 연구는 텍스트의 길이가 모두 달랐으며, 텍스트의 양이 적었고, 주제가 다양한 어휘를 사용하기에는 다소 얕았음을 한계점으로 꼽고 있다. 이러한 한계점으로 인해 면밀한 통계 값이 도출되지 않았던 것으로 보인다.

자의 숙달도를 어느 정도 설명할 수 있음을 의미한다. 특별히 초급의 경우 어휘 다양도와 숙달도 사이의 상관 정도가 매우 강하게 나타났다. 중, 고급의 작문의 경우, 문법 사용이나 전개 구조 등 다른 요인에 의한 영향이 초급 작문에 비해 커 어휘 다양도가 숙달도에 끼치는 영향이 상대적으로 낮게 나타났다. 반면 학습한 문법 항목의 수가 적고 전개 구조 및 사회언어학적 격식 등에 대한 요구가 상대적으로 크지 않은 초급의 경우에는, 어휘를 다양하게 사용하는 것이 숙달도에 직접적인 영향을 끼친 것으로 보인다.

2) 어휘 밀도

어휘 밀도는 학습자가 생산한 작문에 나타난 내용어를 전체 어휘 수와 대비하여 구한 값이다. 앞서 기술하였던 바와 같이 한국어의 내용어로는 일반명사와 동사, 형용사, 일반부사를 포함하였으며 어미와 조사, 의존명사, 접속 부사 등은 배제하였다. 학습자가 배운 문법 항목이 주로 어미와 조사 등의 기능어를 통해 실현됨을 고려해 볼 때, 어휘 밀도는 곧 학습자의 문법 사용을 배제한 순수한 내용 어휘의 사용에 관한 것이라고 할 수 있다.

---

85) 일반적인 통계학 관련 논의에서는 0.6 이상의 값에 대해 높은 상관 정도를 보인다고 해석한다. 그러나 본고의 양적 검증 목적이 통계적인 경향성을 살피고, 이를 통해 교육학적 함의점을 도출하는 데에 있으므로, 상관관계 계수를 보다 관대하게 해석하는 논의를 따르게 되었다. 본고에서 참고한 기준은 Rea & Parker(2005)의 논의에 바탕을 둔 것으로, 이에 따르면 상관관계 계수 0.0~0.1은 거의 관계가 없음, 0.1~0.2 약한 양의 상관관계, 0.2~0.4 보통의 양의 상관관계, 0.4~0.6 비교적 강한 양의 상관관계, 0.6~0.8 강한 양의 관계, 0.8~1.0 매우 강한 양의 상관관계로 해석할 수 있다고 하였다. 이러한 기준에 의하면 초급은 강한 양의 상관관계, 중급과 고급은 비교적 강한 양의 상관관계를 보이는 것으로 해석된다. 그러나 결과 해석이 지나치게 왜곡되지 않도록, 0.6 전후의 값을 높은 상관 관계 정도로 두고 해석을 진행하였다.

이러한 어휘 밀도를 살피기 위해 본고는 어휘 다양도와 마찬가지로 학습자 답안지를 형태소 100개 단위로 끊어 텍스트의 분량을 동일하게 하는 작업을 하였다. 답안지는 1~4개의 파일로 나눌 수 있었으며, 이들 파일에서 밀도 값을 구한 후 모두 평균한 값을 최종 어휘 밀도 값으로 상정하였다. 고급 하위 그룹을 예로 들면 다음과 같다.

〈표 1-29〉 고급 하위 그룹의 어휘 밀도 (예)

번호	100			100			100			100			평균 밀도
	token	내용어	밀도	token	내용어	밀도	token	내용어	밀도	token	내용어	밀도	
32	99	48	48.5	101	52	51.5	100	56	56.0				52.0
41	100	52	52.0	99	53	53.5	92	48	52.2	100	50	50	51.9
8	98	50	51.0	101	53	52.5	100	50	50.0				51.2
11	100	49	49.0	99	47	47.5	100	50	50.0				48.8
65	100	52	52.0	99	52	52.5	100	53	53.0				52.5
12	97	47	48.5	98	53	54.1	99	50	50.5				51.0
35	100	47	47.0	100	49	49.0	100	52	52.0				49.3
44	100	52	52.0	100	49	49.0	100	51	51.0				50.7
46	99	52	52.5	101	48	47.5	100	52	52.0	99	54	55	51.6
52	100	51	51.0	100	55	55.0	100	51	51.0				52.3
26	101	52	51.5	100	53	53.0	100	52	52.0				52.2
19	101	48	47.5	101	48	47.5	100	52	52.0				49.0
21	100	49	49.0	101	51	50.5	100	50	50.0	100	46	46	48.9
16	100	53	53.0	100	53	53.0	100	50	50.0				52.0
66	99	51	51.5	100	50	50.0	100	52	52.0				51.2

번호	100			100			100			100			평균 밀도
	token	내용어	밀도	token	내용어	밀도	token	내용어	밀도	token	내용어	밀도	
70	100	54	54.0	100	55	55.0	98	51	52.0				53.7
18	100	53	53.0	100	51	51.0							52.0
2	100	50	50.0	100	52	52.0	101	49	48.5				50.2
17	100	53	53.0	102	59	57.8	101	57	56.4				55.8
27	100	45	45.0	100	49	49.0							47.0
3	100	54	54.0	100	47	47.0	100	48	48.0				49.7

상하위 그룹의 어휘 밀도 값이 유의미한 차이를 보이는지에 대한 검증을 실시해 보았을 때, 아래의 표에서 볼 수 있듯이 초, 중, 고급의 상하위 그룹의 평균은 비슷한 수치로 나타나고 있음을 알 수 있으며, 표준편차 값도 낮게 나타나 답안지들 간의 점수 격차가 크지 않은 것을 살펴볼 수 있다.

〈표 1-30〉 급별 상하위 그룹의 어휘 밀도 t-검정 결과

어휘 밀도		N	최솟값	최댓값	평균	표준편차	(상위 그룹-하위 그룹)	
							t 자유도	유의 확률
초급	상위	21	45.2	54.6	49.86	2.83	0.12	0.904
	하위	21	43	61.1	49.73	4.17		
중급	상위	21	44.5	51.9	48.85	1.81	-2.046	0.0502[86]
	하위	21	42.5	57.2	50.79	3.96		
고급	상위	21	47.5	54.8	50.46	2.01	-1.05	0.3
	하위	21	47	55.8	51.10	1.93		

$(p < 0.05)$

또한 t-검정을 실시한 결과, 상하위 그룹 간의 어휘 밀도 값은 유의 수준 0.05를 기준으로 모두 귀무가설(상위 그룹과 하위 점수 그룹의 차이가 없다)를 기각하지 못하였는데 이를 통해 상하위 그룹의 어휘 밀도는 유의미한 차이가 없다는 결론을 얻을 수 있었다.

이에 더하여 어휘 밀도의 값이 학습자의 숙달도 점수를 잘 반영하고 있는지를 확인하기 위해 상관분석을 실시하였다. 이를 표로 나타내면 다음과 같다.

〈표 1-31〉 어휘 밀도와 숙달도의 상관분석

(어휘 밀도-숙달도 점수)	N	Pearson 상관 계수	유의 확률(양측)
초급	42	-.036	.821
중급	42	-.400**	.009
고급	42	-.060	.705

** : 상관관계가 0.01 수준에서 유의함
* : 상관관계가 0.05 수준에서 유의함

변수 간 상관 정도를 확인해 본 결과, 초급과 고급의 경우 숙달도 점수와 밀도는 상관관계의 검정에서 유의수준 0.01을 만족하지 않았으므로, 두 변수 간의 상관관계가 없다는 귀무 가설이 채택되었다. 반면 중급의 경우에만 숙달도 점수와 밀도 사이에 유의미한 상관관계가 있음이 확인되었으며, 어휘 다양도와 같은 기준으로 그 상관 정도를 파악해 보았을 때 약한 정도의 음의 상관관

---

86) 어휘 밀도 역시 t-검정에 앞서 정규성 검정과 등분산 검정 과정을 거쳤다. 초, 중, 고급의 모든 집단이 정규성을 만족하였으며, 등분산 검정에서도 초급과 고급은 등분산을 만족하였다. 다만, 중급의 경우 등분산 검정에서 유의 확률 0.05를 기준으로 등분산을 만족하지 못하였으며, 이에 따라 spss 프로그램에서 등분산 가정이 성립되지 않았을 때의 분산값인 t값을 가져왔다.

계를 가진다고 판단할 수 있다. 이러한 결과는 문법 항목의 사용을 배제한 내용어의 수는 학습자의 숙달도 점수를 예측할 수 없음을 나타내며, 어느 정도의 상관성을 보인 중급의 경우에도 음의 상관성을 지니는 것으로 나타나 내용어를 단순히 많이 사용하는 것은 오히려 숙달도 점수를 떨어뜨리는 원인으로 작용할 수 있음을 알 수 있었다. 어휘 밀도와 숙달도가 어느 정도의 상관성을 보인 중급 하위 그룹에서 가장 높은 어휘 밀도를 보였던 답안지 60번의 경우, 다음과 같은 문장을 생산해 내었다.

㉮ 나 생각은 한국말은 세상 제일 아름다운 말이다. (7/11)
㉯ 세종대왕 아니면 다른 사람 한국어 만들면 아마 아름답지 않는 것 같
　다.(11/15)

이를 이해 가능한 수준에서 자연스럽게 수정하면 다음과 같이 바꾸어 볼 수 있다.

㉮′ 내(나의) 생각에 한국말은 세상에서 제일 아름다운 말이다. (7/13)
㉯′ 세종대왕이 아니라 다른 사람이 한국어를 만들었으면 아마 아름답지 않
　았을 것 같다.(11/20)

문장 ㉮에 사용된 단어 수는 총 11개이며, 내용어의 개수는 7개로 63.3의 어휘 밀도를 보인다. 이에 반해, 문장 ㉮′는 2개의 기능어가 더 추가되어 53.8로 어휘 밀도가 낮아진다. 문장 ㉯ 역시 내용어/기능어의 비율이 11/15으로 73.3의 어휘 밀도를 가지나, 보다 정확하게 생산된 문장 ㉯′의 경우 11/20으

로, 어휘 밀도가 55로 낮아지게 된다. 이를 통해 낮은 숙달도 점수를 받은 학습자의 작문은 조사 및 어미의 사용이 누락되어 상대적으로 어휘 밀도의 값이 높게 나타났음을 확인해 볼 수 있다. 실제로 많은 한국어 학습자가 조사와 어미 사용에 어려움을 보이며, 특별히 고립어에 속하는 모국어를 가진 학습자들은 조사와 어미를 누락한 채 단순히 내용어만으로 문장을 구성하는 양상을 보이기도 한다.87) 이는 적절한 교육적 처치를 통해 정확하게 조사와 어미를 사용하도록 지도할 필요가 있다. 즉, 일반 명사를 비롯한 내용어를 양적으로만 확장하는 교육은 숙달도를 향상시키는 것과 관계가 없으며, 내용어와 기능어를 적절하게 결합하여 사용하는 연습이 더 중요하게 이루어져야 하는 것이다. 이는 어휘 밀도 값이 학습자의 숙달도를 설명하지 못하는 이유이며, 곧 어휘 유창성을 결정하는 요인으로 어휘 밀도를 채택하지 않는 근거가 된다.

3) 어휘 세련도

이 연구에서는 어휘 세련도를 보다 면밀하게 살펴보기 위해, 어휘 빈도와 어휘 독창성을 고려하고자 하였다. 이에 따라 Antconc 3.4.1.의 핵심어 목록 기능을 사용하여 참조 파일에 비해 그 사용이 두드러지는 상위 핵심어 20개를 추출하였으며 이러한 과정을 통해 추출된 상위 핵심어 20개를 대상으로 하여, A/B/C/X등급의 어휘가 각각 몇 차례 출현하였는지를 검토하였다. 또한 각 등급에 따라 가중치를 두어 높은 등급의 어휘를 자주 사용한 학습자가 더 높은

---

87) 다음의 문장은 실제 중급 단계의 학생이 생산한 것으로서 조사와 어미, 서술어를 생략하고 단순히 명사만을 나열하고 있다.
  - 한국이란 나라 전 세계 알려지고 <u>관광 주가 상승 등 문하 산업</u> 많이 펼칠 수 있도록 한 몫이 했습니다.

어휘 세련도 값을 받을 수 있도록 조정하였다. 이때, 어휘 세련도 값의 최솟값은 20개의 단어가 모두 A등급에 속하는 경우인 100이 될 것이며, 최댓값은 20개 단어가 모두 X등급에 속할 때의 값인 400이 될 것이다.[88] 아래는 고급 상위 그룹의 어휘 분류 결과와 최종적으로 도출된 어휘 세련도 값을 정리하여 예로 든 것이다.

〈표 1-32〉 고급 상위 그룹의 어휘 세련도 (예)

답안지번호	A등급	B등급	C등급	X등급	어휘 세련도
50	1.0	7	11	1	260.0
56	5.0	8	7		210.0
6	11.0	9			145.0
38	5.0	7	8		215.0
54	5.0	8	7		210.0
34	4.0	12	4		200.0
43	5.0	11	4		195.0
62	4.0	8	7	1	225.0
36	7.0	6	6	1	205.0
39	8.0	4	7	1	205.0
42	8.0	7	3	2	195.0
47	3.0	6	9	2	250.0
57	5.0	6	9		220.0
48	5.0	12	3		190.0

---

[88] 어휘 세련도를 구하는 공식은 아래와 같다.

$$\text{어휘 세련도 (LS)} = \frac{\text{(A등급 어휘*1)+(B등급 어휘*2)+(C등급 어휘*3)+(X등급 어휘 *4)}}{20 \text{ (상위 핵심어)}} * 100$$

답안지번호	A등급	B등급	C등급	X등급	어휘 세련도
51	13.0	3	3	1	160.0
55	6.0	7	7		205.0
59	9.0	8	3		170.0
22	9.0	5	5	1	190.0
28	3.0	10	5	2	230.0
49	6.0	9	5		195.0
60	5.0	9	5	1	210.0

또한 각 급에 따라 상위 그룹과 하위 그룹의 어휘 세련도 값에 차이가 있는지를 t-검정을 통해 확인해 보았다. 그 결과 어휘 세련도는 초, 중, 고급 모두 유의 수준 0.05를 기준으로 유의미한 차이를 보이는 것으로 나타났다. 이는 곧 숙달도가 높은 집단은 배운 어휘를 사용할 수 있을 뿐만 아니라 자신이 속한 급의 수준보다 높은 수준의 어휘를 폭넓게 사용하고 있으며, 반대로 숙달도가 낮은 집단에서는 자신이 속한 등급 이내의 어휘만을 제한적으로 사용하고 있음을 의미한다. 따라서 어휘 세련도는 숙달도에 따라 분류된 상위 그룹과 하위 그룹의 점수 차이를 설명하는 데에 있어 유의미하게 활용될 수 있다.

<표 1-33> 급별 상하위 그룹의 어휘 세련도 t-검정 결과

어휘 세련도		N	최솟값	최댓값	평균	표준편차	(상위 그룹-하위 그룹)	
							t 자유도	유의 확률
초급	상위	21	100	155	120.24	16.99	2.91	0.029[89]
	하위	21	100	125	108.33	7.80		
중급	상위	21	140	220	176.90	21.76	3.07	0.004
	하위	21	120	210	155.24	23.95		
고급	상위	21	145	260	204.05	26.53	-4.46	0.006
	하위	21	135	225	181.90	22.94		

(p<0.05)

한편 어휘 세련도가 전반적인 숙달도 점수와 상관성을 가지고 있는지를 검증하기 위해 상관 분석을 실시하였다. 변수 간 상관 정도를 분석한 결과 초, 중, 고급에서 다음과 같은 상관 계수 값을 구할 수 있었다.

<표 1-34> 어휘 세련도와 숙달도의 상관분석

(어휘 세련도-숙달도 점수)	N	Pearson 상관 계수	유의 확률(양측)
초급	42	.477**	.001
중급	42	.439**	.004
고급	42	.438**	.004

** : 상관관계가 0.01 수준에서 유의함
* : 상관관계가 0.05 수준에서 유의함

---

89) 어휘 세련도 역시 t-검정을 실시하기에 앞서 정규성 검정과 등분산 검정을 실시하였다. 그런데 초급에서 어휘 세련도 값이 정규 분포를 따르고 있지 않은 것으로 나타났다. 이는, 최솟값과 최댓값의 범위가 고정되어 있었기 때문에 초급의 경우 상위 그룹과 하위 그룹의 값의 최솟값이 동일하게 나타났기 때문인 것으로 보인다. 이를 극복하기 위해 본고에서는 정규 분포를 따르지 않을 때의 검정 방식은 비모수 검정 방식을 사용하였으며, 그에 따른 유의 확률 0.029값을 도출할 수 있었다.

분석 결과 어휘 세련도 값은 숙달도 점수와 약한 정도의 상관성을 보이고 있는 것으로 나타났다. 따라서 어휘 세련도는 그 자체만으로 숙달도를 설명하기는 어휘 다양도를 포함한 다른 요인들과 더불어 하나의 참조 요인으로 활용될 수 있을 것이다.

4) 어휘 오류 빈도

어휘 오류 빈도는 서로 다른 어휘 수 대비 학습자가 생산한 오류의 개수를 구하는 방식으로 도출하였다. 서로 다른 어휘의 수는 어휘 다양도와 어휘 밀도 값을 구할 때와 마찬가지로 학습자 작문을 형태소 100개 단위로 동일하게 맞춘 후 그 평균값을 반영하였다. 학습자 작문의 길이를 통제한 것은, 어휘를 다양하게 쓸수록 어휘 오류 빈도가 높아질 가능성이 존재하기 때문이다.[90] 초급 하위 그룹의 오류 빈도 값을 구한 결과를 예로 들면 다음과 같다.

〈표 1-35〉 초급 하위 그룹의 오류 빈도 (예)

답안지번호	Types	오류수	오류 빈도	답안지번호	Types	오류수	오류 빈도
22	55	5	9.1	2	45	13	28.9
30	54	10	18.5	11	50	10	20.0
23	45	6	13.3	26	51	8	15.7
34	41	7	17.1	50	41	8	19.5

---

[90] 배도용(2014)에서는 실험을 통해 어휘 오류 수가 텍스트 길이와 무관한 개인적 어휘 능력과 관련이 있는 것으로 보았다. 그러나 배도용(2014)의 연구에서 사용된 개체의 수는 학습자 작문 4개에 불과하며, 이를 토대로 일반화된 결론을 이끌어내기는 어려울 것으로 보인다. 따라서 본고에서는 텍스트 길이가 오류 빈도의 결과 값을 왜곡시킬 일말의 가능성을 제거하기 위해, 학습자 텍스트의 길이를 통제하였다.

답안지번호	Types	오류수	오류 빈도	답안지번호	Types	오류수	오류 빈도
44	55	8	14.5	62	54	1	1.9
46	49	5	10.2	24	49	14	28.6
51	42	3	7.1	16	50	8	16.0
3	51	4	7.8	8	44	8	18.2
25	44	10	22.7	20	44	18	40.9
41	44	5	11.4	43	37	2	5.4
35	49	16	32.7				

먼저 초, 중, 고급별 상위 그룹과 하위 그룹을 비교하기 위해 그룹 간 t-검정을 실시하였다.[91]

〈표 1-36〉 급별 상하위 그룹의 어휘 오류 빈도 t-검정 결과

어휘 오류 빈도		N	최솟값	최댓값	평균	표준편차	(상위 그룹-하위 그룹)	
							t 자유도	유의 확률
초급	상위	21	0.00	15.10	5.82	3.93	-4.98	0
	하위	21	1.90	40.90	17.12	9.63		
중급	상위	21	0.00	13.40	6.46	3.66	-7.21	0
	하위	21	5.20	29.60	18.19	6.49		
고급	상위	21	0.00	11.10	5.09	2.81	-4.46	0
	하위	21	2.90	27.80	12.45	7.02		

(p<0.05)

91) t-검정에 앞서 정규성 검정과 등분산 검정 과정을 거친 결과, 초급의 경우 모두 만족하였다. 반면, 중급과 고급의 경우에는 정규성은 만족하였으나, 등분산 검정 결과 등분산 가정을 만족하지 못하고 있는 것으로 나타났다. 이는 어휘 오류 빈도 값이 오류가 하나도 나타나지 않은 상태인 0.00 이하로 나타나지 않기 때문이다. 이에 따라 중, 고급은 spss 프로그램에서 등분산 가정이 성립되지 않았을 때의 분산값을 활용하였다.

t-검정 결과, 초, 중, 고급의 어휘 오류 빈도는 유의 확률 0.05를 기준으로 할 때 모두 유의미한 차이가 존재하는 것을 확인해 볼 수 있었다. 또한 초, 중, 고급의 상위 그룹은 어휘 오류의 빈도가 일정한 범위 내에서 발생하고 있으나, 하위 그룹의 경우 최솟값과 최댓값의 폭이 넓고 일정하지 않음도 발견된다. 이는 곧 상위 그룹의 경우 오류의 수가 일정 개수 이하로 통제되고 있으나 하위 그룹은 상대적으로 많은 요소에서 불안정한 오류를 일으키고 있음을 뜻한다. 이러한 어휘의 오류 빈도의 양상 차이는 곧 숙달도가 높은 그룹과 낮은 그룹을 구분할 수 있는 기준으로 활용될 수 있다.

　또한 어휘 오류 빈도의 값이 숙달도 점수와 유의미한 상관관계를 가지는지를 검증해 본 결과, 변수 간 상관 정도가 다음과 같이 나타났으며 유의 수준 0.01을 기준으로 비교적 강한 음의 상관관계를 가지고 있음을 관찰해 볼 수 있었다.

〈표 1-37〉 어휘 오류 빈도와 숙달도의 상관분석

(오류 빈도-숙달도 점수)	N	Pearson 상관 계수	유의 확률(양측)
초급	42	-.634**	.000
중급	42	-.765**	.000
고급	42	-.497**	.017

** : 상관관계가 0.01 수준에서 유의함
* : 상관관계가 0.05 수준에서 유의함

　초급과 중급의 경우, 상관 계수 -0.6~0.8의 구간에 속하기 때문에 강한 수준의 상관관계를 가지고 있다고 할 수 있으며, 고급의 경우에도 -0.497로 어느 정도의 음의 상관관계를 보인다고 할 수 있다. 따라서 어휘 오류 빈도가 낮은 답안지는 그렇지 않은 답안지에 비해 유의미한 차이로 높은 숙달도 점수를 받앉으며 이러한 경향은 초, 중급에서 더욱 두드러지게 나타났다고 볼 수 있다. 고급 단계에서 상대적으로 상관관계가 낮게 나타난 것은, 고급 학습자가 오류 개수에 비해 높은 숙달도 점수를 받을 만큼 다른 측면에서 좋은 성과를 내었다고도 해석해 볼 수 있으며, 한편으로는 고급 학습자가 숙달도 점수와 관계없이 어느 수준 이상으로 어휘를 정확하게 사용하고 있다고도 해석해 볼 수 있을 것이다. 이는 〈표 1-36〉의 고급 학습자 답안지의 평균 오류 빈도 값이 초, 중급에 비해 낮게 나타났다는 사실로도 짐작해 볼 수 있다.

이러한 결과는 어휘 오류 빈도와 숙달도 점수 간에는 중간 정도($r= -.43$, $p<.01$)의 유의미한 상관성이 존재하며, 점수가 높아짐에 따라 오류 빈도가 감소하는 양상을 살펴볼 수 있다고 한 Engber(1995)[92]의 연구 결과와 맥락을 함께한다. 따라서 어휘 오류 빈도는 어휘의 유창성을 결정하는 결정 요인으로서 설명될 수 있으며, 학습자의 숙달도를 예측할 수 있는 근거가 될 수 있다.

한편 초급, 중급, 고급 간의 상하위 그룹이 서로 유의미한 차이를 보이는지에 대한 분산분석을 실시하였다. 이는 학습자 급별로 어휘 양적인 요인이 다르게 작용할 것이라는 가설을 검증하기 위한 것으로, 초, 중, 고급의 상위 그룹과 하위 그룹의 평균 점수를 각각 비교 분석하였다. 일원배치 분산분석 결과 어휘 다양도의 상하위 그룹, 어휘 세련도의 상하위 그룹, 그리고 어휘 오류 빈도의 하위 그룹에서 학습자 급별로 유의미한 차이가 나타났으며, 어휘 밀도의 상하위 그룹 및 어휘 오류 빈도의 하위 그룹은 학습자 급별로 평균 점수의 차이를 보이지 않았다.

---

92) Engber(1995)는 대학 및 대학원 유학생들 66편의 에세이를 대상으로 오류를 포함한 어휘 다양도와, 오류를 제외한 어휘 다양도, 그리고 어휘 오류 빈도 및 어휘 밀도를 전반적인 점수와 비교하여 분석하였다.

		F	(초/중/고급 간) 유의 확률	사후분석		
				초-중	초-고	중-고
어휘 다양도	상위	28.997	.000	.000	.000	.116
	하위	51.663	.000	.237	.027	.489
어휘 밀도	상위	2.739	.073			
	하위	0.874	.423			
어휘 세련도	상위	78.561	.000	.000	.000	.001
	하위	75.299	.000	.000	.000	.001
어휘 오류 빈도	상위	0.812	.449			
	하위	3.189	.048[93]			

(p⟨0.05)

지금까지의 논의를 종합한 결과, 연구 가설 '가'는 다음과 같이 정리할 수 있다.

가. 어휘 양적 요인(다양도, 밀도, 세련도, 오류 빈도)의 값이 학습자 급별, 수준별로 다르게 나타날 것이며, 이는 학습자의 숙달도와도 긴밀한 상관성을 보일 것이다.

어휘 양적 요인 중 어휘 다양도와 세련도, 오류 빈도는 학습자 급별, 수준별로 다르게 나타났으며, 각 요인의 값은 학습자의 숙달도와 상관성을 보였다. 반면, 어휘 밀도는 학습자 급별, 수준별로 유의미한 차이가 나타나지 않았다.[94]

---

93) 분산분석을 실시한 결과, 어휘 오류 빈도에서 집단 간에 차이가 있다는 결과 값을 얻었으나, 실제 사후분석에서는 집단 간의 차이가 유의확률을 넘지 않았다.

94) 중급 수준에서는 오히려 높은 어휘 밀도 값이 유창성을 저해하는 요인으로 작용할 가능성을

따라서 연구 가설 '가'는 다음과 같이 수정되어 채택될 수 있다.

가. 어휘 양적 요인 중 학습자 급별, 수준별로 다르게 나타나는 요인이 존재
하며, 이는 학습자 숙달도와 상관관계를 가진다.

가-1. 어휘 양적 요인 중 어휘 다양도와 세련도, 어휘 오류 빈도는 학습자
급별, 수준별로 다르게 나타나며, 이러한 차이는 학습자 숙달도와 상
관관계를 가진다.

가-2. 어휘 양적 요인 중 어휘 밀도는 학습자 급별, 수준별로 유의미한 차이
를 보이지 않으며, 학습자 숙달도와도 상관관계를 가지지 않는다.

또한 연구 가설 '나', '초급, 중급, 고급에 따라 숙달도에 영향을 끼치는 어휘
의 양적 요인(다양도, 밀도, 세련도, 오류 빈도)의 경중이 다를 것이다'를 검증
하기 위해 숙달도와 요인별 상관분석을 실시하였다. 또한 '어휘 다양도-어휘
밀도', '어휘 다양도-어휘 세련도', '어휘 다양도-어휘 오류 빈도', '어휘 밀도-
어휘 세련도', '어휘 밀도-어휘 오류 빈도', '어휘 세련도-어휘 오류 빈도'의
집단 간 상관관계를 도출하여 요인 간의 상관관계를 파악해 보고자 하였다.
이를 각각 초급, 중급, 고급별로 정리하여 제시하면 아래의 〈표 1-39〉, 〈표
1-40〉, 〈표 1-41〉와 같다.

엿볼 수 있었다. 초급과 고급에서도 음의 상관관계를 가지는 것을 확인할 수 있으나, 그
상관성 정도가 매우 낮아 유의미한 결과로 볼 수 없었다. 따라서 어휘 밀도의 값이 학습자
숙달도와 상관관계를 가지지 않는다고 보았다. 이후, 후속 연구를 통해 어휘 밀도와 숙달도
사이의 상관성을 면밀하게 살펴 위의 검증 결과를 보다 구체화할 것이다.

초급		숙달도	어휘 다양도	어휘 밀도	어휘 세련도	어휘 오류 빈도
어휘 다양도	Pearson 상관	.606**	1			
	유의 확률(양측)	.000				
어휘 밀도	Pearson 상관	-.036	.039	1		
	유의 확률(양측)	.821	.805			
어휘 세련도	Pearson 상관	.477**	.472**	.008	1	
	유의 확률(양측)	.001	.002	.958		
어휘 오류 빈도	Pearson 상관	-.634**	-.378*	.110	-.089	1
	유의 확률(양측)	.000	.014	.486	.576	

** : 상관관계가 0.01 수준에서 유의함
* : 상관관계가 0.05 수준에서 유의함

분석 결과 초급의 숙달도 점수에 가장 관계가 높은 요인은 어휘 오류 빈도임을 확인할 수 있었으며, 어휘 다양도, 어휘 세련도의 순으로 영향을 끼치고 있음도 알 수 있었다. 초급 학습자들의 경우, 학습한 어휘의 수에 한계가 있고 어휘들을 꿰는 문법 요소에 대한 사용 역시 제한적일 수밖에 없다. 이러한 점 때문에 자신이 알고 있는 어휘를 얼마나 '정확하게' 사용하는가에 대한 부분이 전반적인 숙달도 점수에 가장 큰 영향을 주는 것으로 이해해 볼 수 있다.

한편 요인 간의 상관성을 살펴보았을 때, 어휘 다양도와 어휘 세련도 간의 상관성을 어느 정도 엿볼 수 있었다.[95] 이를 통해 새로운 어휘를 빈번하게 생산

---

95) 어휘 다양도와 어휘 오류 빈도 간에도 -.378 정도의 상관성을 가지나, 이는 매우 낮은 정도의 상관 정도로 100개 중 30개만이 행동을 함께 한다고 해석될 수 있다. 따라서 그 정도의 상관성은 무시하고자 한다.

하는 학습자일수록 높은 수준의 어휘를 사용할 가능성이 존재함을 알 수 있다.

중급 역시 어휘 오류 빈도가 숙달도 점수에 가장 큰 영향을 끼치고 있었으며, 다음으로 어휘 다양도, 어휘 세련도, 어휘 밀도의 순으로 나타났다.

〈표 1-40〉 중급의 요인별 상관분석

중급		숙달도	어휘 다양도	어휘 밀도	어휘 세련도	어휘 오류 빈도
어휘 다양도	Pearson 상관	.563**	1			
	유의 확률(양측)	.000				
어휘 밀도	Pearson 상관	-.400**	-.249	1		
	유의 확률(양측)	.009	.112			
어휘 세련도	Pearson 상관	.439**	.336*	-.213	1	
	유의 확률(양측)	.004	.030	.176		
어휘 오류 빈도	Pearson 상관	-.765**	-.484**	.462**	-.310*	1
	유의 확률(양측)	.000	.001	.002	.046	

** : 상관관계가 0.01 수준에서 유의함
* : 상관관계가 0.05 수준에서 유의함

위에서 살펴볼 수 있듯이 중급 수준에서 어휘 오류 빈도는 숙달도 점수와 매우 강한 상관관계를 가지는 것으로 나타났으며, 어휘 다양도 역시 비교적 강한 상관관계를 보였다. 이는 곧, 숙달도가 높은 답안지의 경우 새로운 어휘가 빈번하게 등장하고 매우 정확한 어휘 사용 양상을 보일 가능성이 높다고 할 수 있으며 어휘 세련도 역시 어느 정도 수준 이상의 값을 갖추고 있을 것으로 판단된다.

또한 어휘 오류 빈도는 어휘 다양도와 어느 정도의 상관성을 지니고 있는 것으로 나타났는데, 이는 어휘를 풍부하고 다양하게 사용하는 학습자가 어휘를 정확하게 사용할 가능성 역시 높음을 의미한다.

초, 중급 모두 어휘 오류 빈도→어휘 다양도→어휘 세련도의 순으로 숙달도 점수에 영향을 끼치고 있는 반면, 고급의 경우에는 어휘 오류 빈도→어휘 세련도→어휘 다양도의 순으로 숙달도 점수에 영향을 끼치고 있음이 발견되었다.

<표 1-41> 고급의 요인별 상관분석

고급		숙달도	어휘 다양도	어휘 밀도	어휘 세련도	어휘 오류 빈도
어휘 다양도	Pearson 상관	.431**				
	유의 확률(양측)	.004				
어휘 밀도	Pearson 상관	-.060	.164			
	유의 확률(양측)	.705	.300			
어휘 세련도	Pearson 상관	.438**	.467**	-.225		
	유의 확률(양측)	.004	.002	.152		
어휘 오류 빈도	Pearson 상관	-.497**	-.365*	.302	-.482**	
	유의 확률(양측)	.001	.017	.052	.001	

** : 상관관계가 0.01 수준에서 유의함
* : 상관관계가 0.05 수준에서 유의함

고급에서 어휘 다양도가 가장 '덜' 중요한 영향을 끼치는 이유는 여러 가지 차원에서 해석해 볼 수 있으나, 일차적으로는 초급과 중급에 비해 고급에서는 어휘 다양도가 숙달도가 높은 그룹과 그렇지 않은 그룹을 구분하는 엄밀한 변별 기준이 되지 못한다는 점을 논의해 볼 수 있다. 즉, 고급의 경우 이미 학습자들이 학습한 어휘의 수가 많으며 숙달도가 낮은 학습자라고 하더라도 기존에 배운 어휘를 사용하여 계속적으로 새로운 표현을 만들어 낼 수 있다. 이 때문에 초, 중급에 비해 숙달도와의 관계가 덜 긴밀할 것으로 추측된다. 또한 고급 작문의 경우 문법 사용이나 전개 구조 등 초, 중급에 비해 더욱 다양한 요인이 복합적으로 숙달도에 작용할 수 있으며 어휘의 질적 요인에 대한 측면도 여전히 고려 대상으로 남아 있다.

나아가 어휘 다양도와 어휘 세련도, 어휘 세련도와 어휘 오류 빈도 사이에도 유의미한 상관 관계를 발견할 수 있었다. 이는 어휘를 다양하고 풍부하게 사용할 수 있는 학습자가 보다 높은 수준의 어휘를 사용할 가능성이 높으며, 동시에 어휘를 정확하게 구사할 수 있는 능력을 가졌을 가능성을 있음을 의미한다. 이렇듯 상호 관련성을 보이는 세 요인들을 통해 학습자의 어휘 유창성을 보다 더 다양한 측면에서 설명할 수 있다.

위의 논의들을 종합해 볼 때, 학습자의 급에 따라 숙달도에 '더' 혹은 '덜' 영향을 끼치는 양적 요인이 존재함을 알 수 있었다. 이에 따라, 연구 가설 '나', '초급, 중급, 고급에 따라 숙달도에 영향을 끼치는 어휘의 양적 요인의 경중이 각각 다르게 나타날 것이다'는 그대로 수용될 수 있으며, 그 경중의 차이를 급별에 따라 구체적으로 밝히면, 다음과 같다.

초급 | 어휘 오류 빈도 〉어휘 다양도 〉어휘 세련도
중급 | 어휘 오류 빈도 〉어휘 다양도 〉어휘 세련도 (〉어휘 밀도)
고급 | 어휘 오류 빈도 〉어휘 세련도 〉어휘 다양도

이에 따라 연구 가설 '나'를 정리하면 다음과 같다.

나. 초급, 중급, 고급에 따라 숙달도에 영향을 끼치는 어휘의 양적 요인의 경중이 각각 다르게 나타난다.

나-1. 초, 중급은 어휘 오류 빈도, 어휘 다양도, 어휘 세련도의 순으로 숙달도에 영향을 끼친다.

나-2. 고급은 어휘 오류 빈도, 어휘 세련도, 어휘 다양도의 순으로 숙달도에 영향을 끼친다.

지금까지 어휘를 양적인 측면에서 분석하였다. 어휘의 양적인 결정 요인들로는 앞서 어휘의 다양성과 어휘 밀도, 어휘의 세련도, 어휘 오류 빈도를 상정하였으며, 검증 결과 어휘 밀도를 제외한 나머지 양적인 요인들이 모두 학습자의 숙달도와 상관 관계를 가지고 있음을 확인할 수 있었다. 이에 어휘 다양성과 어휘 세련도, 어휘 오류 빈도를 담화 차원에서의 어휘 유창성 결정 요인으로 채택할 수 있었다. 특별히 어휘 오류 빈도와 어휘 다양성은 학습자의 숙달도와 가장 밀접한 관계를 가지고 있었으며 어휘 오류 빈도는 초급과 중급, 고급에 걸쳐 가장 영향력이 큰 요인임을 발견하였다. 또한 어휘 세련도의 경우, 다른 요인들과 함께 참조할 수 있는 요인이 되었으며, 초급과 중급에서보다 고급 단계에서 더욱 중요하게 다루어져야 할 요인임을 알 수 있었다.

이러한 양적인 요인들은 요인들 간에도 일정한 상관관계를 보였으며, 분석을 통해 숙달도가 높은 학습자들은 어휘를 반복하기보다는 새로운 어휘의 사용을 빈번하게 시도하며, 대체적으로 자신이 속한 등급에 비해 높은 수준에 해당하는 어휘를 폭넓게 알고 사용한다는 것을 알 수 있었다. 또한 이러한 어휘 사용이 비교적 정확하게 이루어지고 있다는 사실을 끌어낼 수 있었다. 반면 숙달도가 낮은 학습자들의 경우 제한된 어휘를 반복하여 사용하고 있었고, 어휘의 수준이 자신이 속한 등급을 벗어나지 않는 양상을 보였다. 또한 중급 수준의 학습자 중에는 알고 있는 내용어를 적절한 문법 요소와 연결하지 않고 단순히 반복, 나열하는 경우도 찾아 볼 수 있었다. 그리고 초, 중, 고급 학습자 모두 어휘 사용이 부정확하여 애초에 전달하고자 한 의미가 무엇이었는지를 확인하기 어려운 경우도 존재하였다.

따라서 어휘의 양적 요인을 확장하고 신장시키는 교육이 학습자로 하여금 보다 높은 숙달도의 담화를 생산할 수 있도록 견인하는 역할을 할 수 있음을 확인하였다. 다만, 양적 요인을 통계적으로 검증하는 것은 '다수'의 값 혹은 '경향성'을 발견하는 데에 목적을 두고 있기 때문에, 양적인 결정 요인과 숙달도의 관계는 절대적이라고 볼 수 없다. 실제 검증 과정에서, 양적 요인의 값은 숙달도가 높은 그룹과 유사하게 도출된 데에 반해 낮은 숙달도 점수를 받은 데이터들이 존재하였으며 반대로 양적 요인들의 값이 낮게 나타났음에도 불구하고 높은 숙달도 점수를 받은 데이터들도 존재하였다. 다음 절에서는 양적 요인 값이 낮음에도 높은 숙달도 점수를 받은 데이터를 중심으로 어휘 유창성의 질적 측면을 살피고자 한다. 특히 어휘의 질적인 요인들이 학습자의 급별, 숙달도별로 어떠한 양상으로 나타나는지를 살핌으로써 담화 차원에서의 어휘 유창성 결정 요인으로 채택될 가능성을 확인해 보고자 한다.

(3) 어휘의 질적 측면에 대한 분석

3장에서 논의한 바와 같이, 어휘인 질적인 측면에는 형태·통사적 결속성과 의미적 응집성, 그리고 화용적 적절성이 포함된다. 형태·통사적인 결속성은 다시 형태적인 결속성과 통사적인 결속성으로 나누어 살펴볼 수 있는데, 여기에서는 각각의 요인들이 학습자 답안지에서 어떠한 양상으로 나타나 있는지를 살펴보고, 이러한 요인이 담화 차원에서의 어휘 유창성 결정 요인으로 활용될 수 있는지를 검증해 보고자 하였다.

1) 형태·통사적 결속성

먼저 형태·통사적 결속은 담화를 형성하는 기제로서의 어휘와 담화를 결속하는 기제로서의 어휘에 의해 이루어지며, 이는 다시 내적 결속과 외적 결속으로 나누어 살펴볼 수 있다.

(가) 나는 중등학교때 한국 드라마을 처음이 봤다. 그때부터 한국어를 좋아했졌다. 나 생각은 한국말은 세상 제일 아름다운 말이다〈말인다〉. 특히 한국 여자은 말할 때 정말〈전말〉 귀엽다. 세종대왕 덕분에〈던분에〉 나는 지금 한국말을 배울 수 있다. 그런데〈그렇데〉 나는 한국말 아직 잘 못하지만 열심히 계속 배울겠다. 세종대왕 덕분에〈던분에〉 발명한〈발면하의〉 한국말을 정말〈전말〉 좋아한다. 한국말 배우 때문에 한국을 사랑해졌다. 세종대왕 아니면 다른 사람 한국어 만들면 아마 아름답지 않는 것 같다. 세종대왕은 어떤〈어떻〉 사람 얼마나 알고〈알아고〉 싶은지 모른다〈몰란다〉. 전심으로 감사합니다. 나는 세종대왕은 한국어 책에서 봤다. 멋있는 남자인 것 같다. 한국 사람도 너무 존경하지요? 지금 여러 나라의 사람 한국말을 배우고 있다. 나는 앞으로 한국말을 잘해야 한다〈할다〉. 유치한〈유차한〉 한국말으로 한국사람을 대화할 수 있다. 지금 나는 기쁘게 한국말을 배우고 있다. 이 희망 이루면〈이루하면〉 좋겠다. 열심히 하면 할 수 있지요.

중6_하

(나) 내가 존경하는 사람은 나의 초등학교 3학년 때의 담임〈단임〉선생님이다. 내가 선생님을 존경하게 된 이유는? 첫째, 그 때 우리 집이 곤란하여〈곤난하여〉 다른 집 애들이 다 싸 가지고 다니는 도시락을 나는 못 싸 가지고 학교에 다녔다. 이걸 아신 선생님께서는 나를 위하여 직접 도시락을 싸 오셔서 점심시간에 나한테 가져다 주시었다. 그렇게 맛있는 도시락은 그 때 처음 먹어 본 것 같다. 그 때 생각하면 지금도 눈물이 핑 돈다. 둘째, 하루는 내가 배탈이 좀 나서 학교에 갔는데 그만 수업시간에 바지에 실수를 해 버렸다. 너무도 창피하여 쥐구멍이라도 들어가고〈들어가기〉 싶은 심정이었다.
(후략)

중26_상

(가)의 경우 '그런데', '특히' 등의 접속 부사의 사용이 나타나기는 하지만, 제한적으로 사용되고 있으며, 결속 기제에 의한 문장 간의 결속이 다소 부족하다. 이로 인해 문장들이 유기적으로 연결되지 못하며, 글을 읽는 동안에도 다른 화제로의 전환이 급한 인상을 받게 된다. 이뿐만 아니라, '전심으로 감사합니다', '한국 사람도 너무 존경하지요?' 등과 같이 담화의 맥락과 관계 없는 구어적인 표현이 등장하여 글의 흐름을 방해하고 있다.

반면 (나)는 중급 작문 중에서 상위 그룹으로 분류된 것으로, (가)에 비해 어휘와 어휘, 문장과 문장의 결속이 긴밀하다. 특별히 (나) 글에서는 어휘의 외적 결속 중 어휘 간의 결속이 두드러지는데, 다양한 연어를 사용하여 글의 완성도를 높일 뿐 아니라 효과적으로 의미를 전달하고 있다. 특별히 '눈물이 핑 돌다', '배탈이 나다', '바지에 실수하다', '쥐구멍에 들어가다' 등의 표현을 자연스럽게 사용하고 있어 학습자가 어휘의 의미에 대한 지식뿐만 아니라, 어휘 간의 공기 관계, 그리고 이를 통해 얻을 수 있는 의미적 효과까지도 알고 있음을 확인해 볼 수 있다.

이러한 숙달도 간의 차이는 고급 학습자인 경우에도 찾아볼 수 있는데, 다음의 (다)와 (라)는 각각 하위 그룹, 상위 그룹으로 분류된 것이다. (다)의 경우, 직업 선택의 조건 중 '전공'이 가장 중요하다는 논지를 펼치고 있는데, 내용을 살펴보면 '전공'을 반복함으로써 결속성을 높이고자 하고 있다. 그러나 아래의 내용을 살펴볼 때 결국 자신의 적성, 관심에 맞는 일을 해야 함을 주장하고 있어, 이러한 내용이 '전공'이라는 핵심어로 모두 설명될 수 있는가에 대해 의문이 든다. 또한 학습자가 고급 숙달도를 가지고 있음을 감안해 볼 때, 어휘에 변화를 주지 않고 단순한 반복과 나열을 통해 결속성을 확보하고자 한 것은 아쉬운 부분이라고 할 수 있다. 두 번째 문장의 '인기가 많은 직업인지', '돈을 많이 모을 수 있는 직업인지', '사용할 수 있는 직업인지' 등 역시 '전공'과 관계가 없으며 전반적인 글에서 다시 반복되어 나타나지 않는 고립된 문장으로 보인다. 이러한 문장은 글의 결속을 저해하는 요인이 된다.

(다) 사람들이 생활 할 때 꼭 중요하게 생각하는 것은 전공〈정곤〉이다. [직업을 선택 할 때 중요하게 생각하는 조건은 그 직업이 인기〈인키〉 많은지 앞으로 더 인기가 〈인키가〉 많은지 또 직업을 할 때 돈을 얼마나 모일 수 있는지〈있은지〉 등이다. 그리고 일을 할 때 사용하는 것인지 더 생각한다.] 나는 어렸을 때부터 제 관심이〈관시이〉 있는 것을 생각해서 수업과〈소업과〉 쉬는 시간마다 그것을 했다. 젊은 사람들이 직업을 선택할 때 잘못 생각해서 선택하는 것을 많다. 그래서〈그래시〉 초등학교부터 전공을〈정곤을〉 생각하면서 공부하는 것이 좋다고 생각한다. 그렇게 하면 대학교를 입학할 때 전공을〈정곤을〉 쉽게 선택하고 대학교 수업〈소업〉 또 쉽게 재미있게 지낼 수 있다. 그리고 대학생 때 교수님〈고세님〉과 선생님들을〈성생님들을〉에게서〈에게시〉 조언과 〈조언고〉 상담을〈산담을〉 받으면서〈받으면시〉 공부하는 것이 좋다고 생각한다. (후략)
고41_하

(라) 사람이면 *자기*의 **생명력**을 유지하기 위해 일을 하게 된다. 즉 부자나 부자의 자식으로 태어나지 않을 이상 사람은 *누구*나 다 *자기*의 생존을 위해 일이나 직업을 가지려고 노력한다. 이렇게 생존과 관련되는 직업을 선택하는 데 사람마다 *자기* 나름에 조건이 있기 마련이다.

내가 생각하는 직업 선택의 조건으로는 세 가지가 있다. 이는 첫째, *자기* 적성에 맞는 일이어야 한다. 둘째, 선택한 일에 가치가 있어야 한다. 마지막으로는 **경제력**이 있어야 한다. 이 세 가지 조건 중에 가장 중요하다고 생각하는 것이 바로 첫 번째인 자기 적성에 맞는 조건이다.

왜냐하면 사람이 일을 할 때 재미를 느껴야 하기 때문이다. *자기* 일에 재미가 있어야 일할 때 적극적으로 할 수 있고 그래야 업무 성과도 잘 될 것이라 생각한다. 또는 일을 하는 것이 아무래도 경제력이 있다 해도 일에 대한 재미가 없고 돈만 생각해서 해야 된다면 나중에 일에 대한 부담이 커지고 그만두고 싶은 생각만 하게 될 것이다. 그리고 아무리 가치 있는 일이라도 *자기* 적성에 맞아야 그 일의 가치를 느낄 수 있고 자존심도 가질 수 있을 것이다. 일을 하다보면 어려움도 있을 것이고 이럴 때면 *자기* 적성에 맞는 일이어야 견딜 수 있을 것이고 이에 대한 해결책도 잘 생각해 낼 수 있을 거다. 그래서 뭐니뭐니해도 *자기* 적성에 맞는 조건이 최고라고 생각된다.

위에 제시한 것을 정리해 보면 사람마다 *자기* 적성에 맞는 조건을 선택하여 선택된 직업에 **성취감**도 느껴 보고 일의 성과를 가질 수 있도록 해야 한다는 것이다. 즉 *자기* 직업 선택의 조건이 적성에 맞아야 한다는 것이다.

고6_상

마지막으로 위의 예 (라)는 고급 답안지 중 채점에서 높은 점수를 받아 상위 등급으로 판정받은 텍스트이다. 먼저 형태·통사적 결속성을 살펴보면, '생명력'과 같이 해당 맥락에서는 조금 어색하지만, 크게 오류는 보이지 않는 어휘를 만들어 사용하고 있다. 또한 경제력, 성취감 등의 어휘 역시 오류 없이 잘 사용하고 있는 모습을 관찰할 수 있다. 대용어의 사용에 있어서도 '누구나'처럼 미지칭 대명사를 사용하고 있으며, '자기'의 재귀 대명사 사용이 풍부하고 정확함을 확인해 볼 수 있었다. 또한 '자기'를 반복하여 사용함으로써 전체적인 글의 응집을 높이고 있다. 그뿐만 아니라 '왜냐하면', '그리고', '즉', '또는' 등과 같은 부사의 사용도 자연스러워 문장 간의 연결이 긴밀하다.

2) 의미적 응집성

(가) 사람들마다 당연히 어렸을 때 다양한 꿈이 있겠다. 어른 사람이 되서 어떤 사람인지 어떤 직업인지 이렇게 반드시 자세히 생각했다. 그럼 그쪽은 원하시는 일이나 직업이 무엇입니까?
아기로서 생각하는 거 무난 되게 간단하겠다. 예를 들어서 의사, 선생님, 군인 등등 포함된다. 그런데 사람들은 생각했을 때 아무 개념도 없다고 그랬다. 그럼 우리 직업을 선택할 때 아주 중요하게 생각하는 조건은 무엇을 있습니까? 아기들은 선택할 때 농단을 맞는다고 했다. 반면에 우리끼리 어떻게 생각합니까?
우선 자기 자신의 취미는 제일 중요하다고 생각했다. 외냐하면 일을 할 때마다 ↔기분도 나쁘고 ↔아무 관심이나 정신도 없고 그렇게 ↔억지로 사기 되게 힘들을 것이다. 당연히 ?불쾌하다〈불쾌한다〉.
그리고 자기의 능력 등 조금 관련을 있으라도 괜찮을 것이다. 제가 만약에 ↔맡긴 일을 전혀 모르고 너무 ↔힘들고 ?간난한다고 생각했다.
마지막으로 직업의 수준은 자기의 생활능력과 부담할 수 있도록 좋겠다. 돈을 모자라면 사기 어렵다.
그래서 제 생각에는 자신의 취미는 다른 조건보다 더 중요하겠 생각했다.

고18_하

(가)은 작문 등급 판정에서 하위를 기록한 답안지이다. 이 답안지는 의미적 응집성을 나타내는 데에 실패한 예로 살펴볼 수 있다.

텍스트의 핵심어로는 '취미'와 '능력', '직업의 수준(돈)'이 있다. 유의하여 살펴보아야 하는 것은 '취미'와 '능력'이 뒤에 이어지는 문장과 어떠한 의미적인 연결을 보이고 있느냐에 있다. 위의 예에서는 '취미'를 '좋아하는 일을 하는 것'이라는 의미적 속성으로 이해하여 사용하고 있으며, 이는 이어지는 문장에서 반대적 의미로 '기분도 나쁘다', '아무 관심이나 정신도 없다', '억지로' 등의 어휘가 사용된 것을 통해 확인할 수 있다. 그러나 이러한 어휘들과 동등한 위치에서 '불쾌하다(불쾌한다)'라는 어휘를 사용하고 있는데, 마지막으로 사용된 이 어휘는 '취미' 또는 반대적 의미의 속성을 가진 다른 어휘들과 어떠한 의미적 연결도 맺지 않는다. 바로 이 지점이 응집성의 결여를 확인할 수 있는 부분이며 담화의 의미를 파악하는 데에 방해가 되는 부분이라고 할 수 있다. 마찬가지로 '능력'의 경우에도 '맡긴 일을 전혀 모르다', '너무 힘들다'와 같은 반대적인 의미를 가진 표현들과 함께 사용하고 있는데, 접속조사 '고'를 통해 대등하게 연결된 어휘인 '가난하다(간난하다)'는 이들과 전혀 다른 의미적 속성을 가진다. 이 역시 해당 글의 수준을 떨어뜨리고 응집성을 해치는 역할을 한다.

의미적 응집성을 해치는 또 다른 예로는 아래와 같은 경우를 들 수 있다. (나)는 평가에서 낮은 점수를 받은 것으로, 논리적인 응집성, 즉 논지를 전개하는 과정에서 응집성이 결여되어 있다. (나)는 직업 선택의 중요한 조건으로 '적성'을 들고 있다. 따라서 글의 전반에 걸쳐 '적성'이라는 조건에 대해 설명하고, 이를 중요하게 생각하는 이유를 기술하고 있다. 그러나 세 번째에 나타난 문장을 살펴보면, '보수', '장래성', '가치관'에 대한 이야기를 하고 있는데, 이는 앞 문장과 뒷 문장의 결속을 해치는 요인이 되기도 하지만 의미적으로도 흐름에 벗어난 내용임을 알 수 있다. 또한 글의 후반에 나타나는 '적성에 맞는 일은 지금은 ~ 자기가 이 일을 어울리면 좋습니다.'의 내용 역시 글의 전반적인 주제와 주장에 어울리지 않는다.

(나) 직업을 선택할 때 중요하게 생각하는 조건이 많습니다. 제 생각해는 제일 중요하는 것은 적성에 맞는 일을 찾는 것입니다. 적성에 맞는 일을 하면 잘하 수 있고 하고 싶기 때문에 즐기면서 일하 수 있습니다. 그래서 적성에 맞는 일을 찾는 것이 제일 중요합니다. [그리고 중요하게 생각하는 조건이 보수와 장래성, 그리고 가치관도 중요 합니다. 보수와 장래성이 없으면 자기 하고 싶은 일도 하기가 싫다는 생각이 있을 수 있습니다. 자기 가치관에 맞는 일도 중요합니다. 이렇게 하면 편하고 즐기 수가 있습니다.] 제일 중요하는 것은 적성에 맞는 일을 찾는 것입니다. 이제는 경쟁이 심해 서 자기 좋아하는 일을 찾기가 힘듭니다. 근데 하고 싶은 일이 아니면 자기 매일 힘이 없게 일하는 모습이 되겠습니다. 자기 하고 싶은 일을 하면 자기도 잘하 수 있습 니다. 그리고 생활도 즐기면서 일할 수 있습니다. 적성에 맞는 일은 지금은 찾을 수가 힘듭니다. 만역에 나중에 직업은 제 적성에 맞지 않아면 어떻게 해야 합니까? 제 생각해는 최선을 다하게 일을 해보니가 자기 이 일을 어울리지 않으면 다른 직업을 바꿉니다. 자기가 이 일을 어울리면 좋습니다. 직업을 선택할 때 중요하게 생각하는 조건이 많습니다. 보수와 장래성, 그리고 가치관이 중요하지만 제일 중요하는 것은 적성에 맞는 것입니다. 나중에 저도 적성에 맞는 일을 찾으며 좋습니다.

고66_하

그러나 높은 점수를 받은 답안지의 경우 위의 예 (가), (나)와는 다른 특징이 관찰된다.

(다) 나는 직업을 선택할 때 많은 여러 가지 조건을 고려해야 하겠지만 그 중에 유독 중요하 게 생각하는 조건 세 가지가 있는데 그것은 바로 적성, 급여, 사람이다. 적성이란 말 그대로 본인이 느끼는 흥미로 그 일을 할 때 얼마나 자신이 그 일을 재밌어 하고 좋아하는지이고 급여는 흔히 말하는 대로 그 직업을 통해 본인이 얻게 되는 소득이나 월급이며, 사람이란 그 직장에서 함께 일하고 생활하는 동료들을 가리키는 말이다. 물론 이외에도 그 직업에 대한 사회적 인식, 직업의 미래성, 직장의 물리적 위치 등도 중요하게 고려해야 한다고 생각하지만 이 세 가지를 중요하게 유독 생각하는지를 말해 보겠다. 우선 직업이란 자신이 늙어서 은퇴나 퇴직을 하거나 그 직장에서 해고되기

전까진 계속 해야 하는 일인데 만약 자신이 그 일을 하면서 흥미를 느끼지 못하거나 심지어 그 일을 하기 싫다고 느끼게 된다면 굉장히 곤란하고 힘든 직장이 될 것이다. 그리고 급여라는 것은 사실 이 세상에서 사람이 살아가기 위해서 돈이라는 요소는 꼭 필요한 것이므로 자신을 위해서나 주변 자신의 가족을 위해서 급여라는 요소는 당연히 중요하게 고려해야 할 것이다. 또한 내가 생각하기에 직장에서 같이 일하는 동료들은 앞서 말했듯이 오랜 시간 함께 일하고 생활하게 되는 만큼 자신과 잘 맞는 *상사 동료 부하 직원*들 역시 중요한 요인이라고 생각한다. 이 중에서 제일 중요하다고 생각하는 것은 적성이라고 생각한다. 아무리 돈을 많이 주고 사람들이 잘 맞고 좋더라도 사실 제일 중요한 것은 *본인이 그 일을 좋아하고 즐기는 것*이라고 생각하기 때문이다. 자신이 좋아하는 일을 하며 사는 게 행복이 아닐까 싶다.

고54_상

(다)은 앞의 답안지와 같은 주제로 쓴 글로서, 작문 채점에서 높은 순위로 상위 그룹 판정을 받았다. 여기에서는 다양한 주제적 응집과 논리적 응집의 예들이 발견되는데, 먼저 서두에 '요즘'이라는 부사를 사용하여 문제 상황을 도입하고, '그래서' 접속 부사를 사용하여 자신의 의견을 내세우고 있다. 이는 어휘의 의미적인 속성을 활용한 내재적 표지와 접속어를 함께 사용함으로써 논리의 응집을 높인 예라고 할 수 있다. 또한 이 텍스트에서는 '열정'이라는 핵심어가 글 전반에 걸쳐 반복적으로 사용된 것을 확인할 수 있다. 인접한 거리에서 과도하게 사용된 것이 아니라, 글을 읽는 사람으로 하여금 계속해서 핵심어를 상기할 수 있도록 하는 선에서 핵심어를 반복하는 것은 글 전체가 하나의 주제로 묶여 있다는 인상을 준다.

또한 어휘를 대치하여 하나의 어휘를 다른 표현으로 다양하게 바꿔서 사용한 예도 찾아볼 수 있다. 첫 번째 문단에서 '소득'이나 '월급', '동료'라는 핵심어가 등장하고 있는데, 이는 그 다음 문단에서 각각 '돈을 많이 벌거나', '동료들과 화목하게 지내는 것'과 같은 표현으로 바꾸어 반복되고 있다. 이 역시 주제적으로 잘 응집된 예라고 할 수 있을 것이다.

3) 화용적 적절성

앞선 논의에서 화용적 적절성 요인으로 의미적 적절성과 맥락적 적절성, 그리고 언어 사용역의 적절성에 대해 논하였다. 아래의 (가)와 (나)는 숙달도 평가 점수가 낮은 그룹의 예로, 화용적 적절성과 관련하여 논의해 볼 필요가 있다.

(가)에서는 의미적으로 어색한 단어를 찾아볼 수 있다. 아래의 글에서 찾아볼 수 있는 '선호'는 일반적으로 여러 선택지 중 특별히 가려서 좋아한다는 의미를 가지고 있다. 그러나 직업을 선택한다는 것은 선택지가 열려 있는 개방 집합에서의 좋고 나쁨에 대한 문제이고, 이때의 좋고 나쁨 역시 사실상 가치 판단이 개입된 감정이나 느낌이 아닌 자신의 관심과 흥미에 대한 부분이라고 할 수 있다. 따라서 직업을 선택하는 문제에서 '선호'를 사용하는 것은 글을 읽을 때 어색하게 느껴질 수 있게 하는 원인이 된다.96) 또한 '무리' 역시 자신이 할 수 있는 한계치를 벗어나는 상황에서 사용될 수 있는 단어로, '지루하다'와 같은 맥락에 나타나는 것이 다소 어색하다. 이 두 가지 예는 모두 단어의 기본 의미는 알고 있으나, 그 단어가 주로 사용되는 의미적인 맥락에 대한 정보가 다소 부족하였기 때문에 발생한 문제라고 볼 수 있다. 한편 아래의 글이 모두 특정 독자를 상정하지 않는, 일반적이고 중립적인 시험 상황에서 생산된 글임을 고려할 때, 이러한 상황 맥락에 적절한 단어를 구사하고 있는지를 살펴보아

---

96) 다만 직업 선택의 맥락에서, 제한된 선택지를 염두에 두고 있을 때에는 '선호'가 적절하게 사용될 수 있다. 다음의 예를 생각해 볼 수 있다.
   a. 나는 사무직보다는 생산직을 선호한다.
   b. 요즘의 대학생들은 중소기업보다는 대기업을 선호하는 경향이 크다.

야 한다. 즉, 언어 사용역에 맞는 단어를 선택하고 있는지에 대한 부분이라고 할 수 있는데, (가)와 (나)의 경우 언어 사용역에 맞지 않는 단어 선택이 나타난다. (가)에서는 대명사 '제' 등을 사용하여 자신을 지칭하고 있으며, '너'라는 대명사를 통해 독자를 직접적으로 지칭하였는데, 이 두 대명사는 문어에 어울리지 않을 뿐더러 서로 간의 층위가 맞지 않아, 동일한 독자층을 염두에 두고 어휘를 선택하였다고 볼 수 없다. 이뿐만 아니라 (나)의 경우 '-거들랑 ~(으)세요.'를 사용함으로써 문·구어에 대한 구분이 이루어지지 않고 있다.

> (가) (전략) 제 생각에는 제일 중요하는 조건은 사람의 *선호*이다. 보시다시피 〈보시와다시피〉 좋아하는 직업을 선택하면 행복한 느낌이 느낄 수 있다. 그렇지만 자기 관심이 없는 직업을 하다보면 *지루하고* *무리도* 받을 수 있다. 무엇이보다도 중요하는 것은 바로 인생의 행복함이다. 다른 〈따른〉 조건에 인해 좋아하지 않은 직업은 선택하느니 선호에 맞은 직업을 선택하면 너 좋은 선택이다.
> 그래서 이상은 제 생각이다. 사람들은 다 자기 선호에 맞고 좋은 직업을 찾을 있는 것은 제 바람이다. 직업 인생의 가장 중요한 선택이라서 꼭 신중하게 〈심중하게〉 선택해야 한다.
>
> 고11_하
>
> (나) (전략) 그래서 직업을 선택 할 때 꼭 신중하게 〈심중하게〉 생각되고 좋은 직업을 선택하도록 노력을 많이 해야 한다고 생각이 되었다 사회에게 좋은 가치도 할 수 있고 자기 성격도 〈성정도〉 맞는 〈맞은〉 직업이 있거들랑 빨리 잡으세요.
>
> 고52_하

일반적으로 '-다'체에서는 높임법의 사용이 중화되며 대명사 '나'로 주어를 교체하거나 일인칭 주어를 피함으로써 논의의 일반성과 객관성을 확보한다. (다)의 예를 살펴보면, 직접적으로 일인칭 주어를 상정하지 않고 '요즘 젊은 사람들'이라는 일반적인 대상을 가리키거나, 아예 주어가 없는 문장으로 내용을 기술함으로써 일반화된 논의를 이끌어내고 있다. 이로 인해, 앞의 (가), (나) 글에 비해 더 완성도 있고 수준 높은 글이라는 인상을 주게 된다.

(다) 최근에 우리 발전하고 있는 사회와 함께 직업의 경쟁을 점점 늘어가고 있다 현재 고속화 사회에 직업을 무엇보다 중요한다. 직업 선택할 때 잘 생각해야 한다. 직업 선택할 때 직업과 관련된 지식과 정보를 가지고 있는지 그 직업에 대해 충분히 이해하고 있는지 그리고 그 직업에 평생〈편생〉 할 수 있는지에 결정한다. 이 세 가지 매우 중요한다고 생각한다. 그 중에서 가장 중요한다고 생각하는 것은 이 직업을 선택 된다면 평생 할 수 있는 것이다. 현재와 같이 고속화 사회에서 직업의 선택을 점점 중요해지고 있다. 하지만 <u>요즘 젊은 사람들</u>이 연봉에만 바라보고 좋은 일자리 생기면 미련 없이 바로 회사에 떠난다. 떠나도 꼭 좋은 결과를 얻을 수 있는 것이 아니다. 그래서 직업 선택하기 전에 먼저 이 직업을 아무리 힘들더라도 끝까지 버티고 잘 할 수 있는지에 생각해야 한다. 현재 사회에 아무리 재능 있더라도 힘든 일을 당하면 포기하거나 피하는 사람들이 성공할 수 없다. 아무리 뛰어난리더더라도 하고 있는 직업에 대해 ****〈헌시자세〉 없으면 조직에 자신의 의미를 찾을 수 없다. 그 직업과 관련지식을 많이 있더라도 평생 끝까지 하지 〈할지〉 않으면 무의미하는 것이다. 자신 오랫동안 〈오래동안〉 일을 하는 과정을 통해 사회의 원하는 모든 새로운 것들을 창조 제공함으로써 개인의 발전으로 사회의 발전의 원동력을 될 수 있는 것이다. 오랫동안 〈오래동안〉 일을 하는 과정을 통해 더 큰 가치를 창조할 수 있는 것 이다.

고62_상

이러한 질적 분석 결과 연구 가설 '다'는 다음과 같이 검증되었다.

다. 숙달도에 따라 어휘 질적 요인(형태·통사적 결속성, 의미적 응집성, 화용적 적절성)은 서로 다른 양상과 특징으로 나타난다.

(4) 양적 분석을 토대로 한 질적 분석

이 절에서는 숙달도 점수에 양적 요인과 질적 요인이 끼치는 영향의 정도를 파악함으로써, 4.1에서 가정한 양적 요인과 질적 요인의 경중 차이에 대한 가설을 검증해 보고자 한다. 이를 위해 본고는 양적 요인의 값이 숙달도 평가 결과와 상반된 답안지를 선정하여 숙달도에 끼치는 영향을 질적으로 분석하고자 하였다.

어휘 양적 요인의 값이 숙달도와 상반된 결과를 보인 답안지를 선정하기 위해 본고에서는 통계 프로그램(R)의 박스 플롯(Box plot) 기능을 활용하였다. 해당 기능은 분포의 형태를 시각적으로 살피고, 이상값들을 찾기 위한 목적으로 활용된다. 여기에서는 데이터의 중간값을 중심으로 일정 범위를 설정한 후, 그 범위에 포함되지 않는 값들을 질적 분석의 대상으로 삼았다.97)

예를 들어 고급 학습자의 상위 집단에 나타나는 어휘 세련도를 박스 플롯으로 그리면, 아래 [그림 1-12]과 같이 나타난다. 이때, 상한 사분위수(75%)인 Q3의 1.5배수를 넘어가는 값은 상위 학습자 중에서도 특별히 어휘 세련도가 높게 나온 데이터를 표시한 것이며, 하반 사분위수(25%)인 Q1의 -1.5배수에 미치지 않는 값은 상위 학습자 중 어휘 세련도 값이 낮게 나타난 데이터를 표시한 것이라고 할 수 있다.

---

97) 데이터들의 중간 값을 기준으로 하여 정규 분포를 총 네 개의 영역(최솟값-25%, 25%-중간값, 중간값-75%, 75%-최댓값)으로 나누었을 때, 중간 값에 인근한 두 영역의 하한선과 상한선이 새로운 박스 플롯의 범위(IQR)가 된다. 이때, 이 IQR 범위의 1.5배수를 넘어서는 값에 대해서는 해당 분포를 따르지 않는, 이상값 혹은 극단값으로 판단하게 된다.

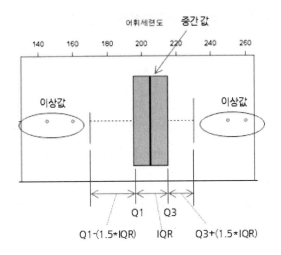

[그림 1-12] 박스 플롯(box plot)의 예

본고에서는 후자에 속하는, 숙달도가 높은 학습자 집단에서 어휘 세련도 값
이 낮게 나타난 데이터를 대상으로 질적인 분석을 실시하였으며, 동일한 절차
에 따라 숙달도가 낮은 학습자 집단에서는 양적 요인이 높게 나온 데이터를
분석 대상으로 삼았다.

※ 분석 대상 선정 기준
숙달도가 높은 집단 → 25%(Q1)에 해당하는 값의 -1.5배수에 미치지 않는 값
숙달도가 낮은 집단 → 75%(Q3)에 해당하는 값의 1.5배수를 넘어서는 값

이러한 선정 기준에 따라 초급과 중급, 고급의 어휘 다양도와 어휘 세련도,
어휘 오류 빈도를 상, 하위 그룹에 따라 나누어 살펴볼 것이며 어휘 밀도의
경우, 앞선 양적 검증 과정에서 학습자의 어휘 유창성을 설명하기 위한 요인으

로 충분하지 않다고 판단되었기에 분석에서 제외하였다.

1) 초급

초급의 어휘 다양도와 어휘 세련도, 어휘 오류 빈도 값을 상위 그룹과 하위 그룹으로 나누어 박스 플롯으로 나타낸 결과, 〈표 1-42〉를 얻을 수 있었다.

〈표 1-42〉 초급 어휘 다양도, 어휘 세련도, 어휘 오류 빈도에 대한 박스 플롯(box plot)

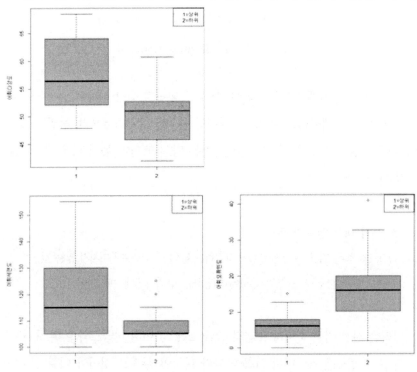

초급에서의 어휘 다양도는 중간값을 중심으로 한 일정 범위 값을 벗어나는 데이터 값이 존재하지 않았다. 이는 초급 데이터의 어휘 다양도 값이 모두 하나의 분포를 따르는 집단 내에 포함되는 것으로 간주할 수 있음을 의미하며, 곧 어휘 다양도가 숙달도 상위 집단과 하위 집단을 잘 구분하는 요인으로 활용될 수 있음을 뜻한다.

반면 어휘 세련도의 경우 하위 집단에서 이상값을 발견할 수 있었는데, 하위 집단의 중간값이 105인 데에 비해 지나치게 높은 값인 120과 125가 존재하였다. 이러한 이상값은, 하위 집단의 분포를 따르지 않고 다른 집단, 즉 상위 집단의 분포를 따르고 있을 가능성이 큰 값으로 해석해 볼 수 있다. 따라서 질적인 분석을 통해, 이들 이상값들이 상위 그룹에 속하는 어휘 세련도 수준의 값을 가지고 있음에도 불구하고 낮은 숙달도 점수를 받은 이유를 분석할 필요가 있다. 120점에 해당하는 학습자 답안지의 번호는 8번이었으며, 125을 받은 답안지는 2번과 22번이었다.

또한 어휘 오류 빈도의 경우 상위 집단과 하위 집단에서 각각 이상값들이 발견되었는데, 하위 집단의 경우 숙달도가 낮은 집단에 속한 작문의 오류 빈도가 지나치게 많이 나타난 경우에 해당되기 때문에 앞서 밝힌 선정 기준에 따라 분석에서 제외된다. 한편 상위 집단에서 관찰된 이상값은 어휘 오류 빈도가 높게 나타났는데도 높은 숙달도 점수를 받은 답안지 27번이 해당되었다. 상위 집단의 경우 6.1이 중간 값으로 나타났는데 27번의 경우, 오류 빈도의 값이 15.1에 달하였다. 따라서 27번 답안지를 분석 대상으로 삼았다.

(가) 상위 그룹

먼저 양적 요인에 대한 검증에서 하위 그룹에 해당되는 수준의 값을 가지고 있음에도 전반적인 숙달도에서 높은 점수를 받은 답안지에 대해 질적인 분석을 실시하였다. 아래의 27번 답안지는 어휘 오류 빈도 값이 하위 그룹의 답안지들과 비슷한 양상을 보였음에도 불구하고, 높은 숙달도 점수를 받았다.[98] 이에 대한 채점자의 논평은 다음과 같이 나타났다.[99]

- 주제에 맞는 어휘를 잘 사용하고 있고, 전체적으로 글도 잘 씀. 그러나 어휘의 정확성이 매우 떨어짐.
- 다양하고 풍부한 어휘를 사용하여 비교적 주제를 잘 나타냈으나 정확성이 떨어져 의미 파악이 어려운 부분이 많음.

> (가) 저는 한국어를 학생입니다. 그래서 우리〈우〉 반에 다른 나라 사람도 많습니다. 이 중에서 저는 사말 씨 너무 좋아합니다. 이 분이 미국 사람이 입니다. 사말 씨는 처음〈저음〉에 두 번 파키스탄에 가 봤습니다. 그래서 나는 사말 씨랑 파키스탄에 여행하고 싶습니다. 파키스탄에 가서 그라치 바다 가 보고 싶습니다. 그라치 바다는 전 세계〈새게〉에서 유명합니다. 바다 근처에 쇼핑 센터도 많습니다. 그 센터에서 수주 센터가 제일 유명합니다〈유명입니다〉. 수주 센터는 십오 층〈싶오 중〉까지 있습니다. 그 센터에 일 년 내내 세일〈셀일〉합니다. 이 이야기를 사말 씨한터서 들었습니다. 그래서 나도 사밀 씨랑 파키스탄에 가서 바다와 쇼핑을 보고 싶습니다.
>
> 초27_상

---

98) 분석 시 어휘 오류 빈도의 영향이 모든 값에 영향을 주는 것을 배제하고, 학습자가 의도한 어휘의 다양도와 세련도를 확인하기 위한 목적으로 연구자가 텍스트에 나타난 학습자의 오류를 임의로 수정하였다. 다만, 직관적으로 그 의미를 파악할 수 없는 경우에는 학습자가 의미 전달에 실패하였다고 보고 ***으로 처리하고 분석에서 제외하였다. 학습자가 생산한 원래의 형태는 〈 〉 안에 밝혀 두었다.

99) 채점자 논평은 모든 경우에 받지는 않았으며, 채점 과정에서 '어휘 요인이 평가에 특별히 영향을 끼친 경우'에 대해서만 논평을 간략히 작성하는 방식으로 수집하였다.

위의 답안지 (가)는 오류 빈도수가 높고, 사용된 어휘의 수가 제한적이나 문장과 문장의 연계가 자연스럽고, 의미적 응집이 긴밀한 편이라고 할 수 있다. 이에 대해 채점자들은 대체적으로 어휘를 사용하여 주제를 잘 나타낸 답안지로 평가하고 있었다. 이는 문장 층위에서의 결속을 이루는 대용어와 접속부사의 쓰임에서도 확인할 수 있는데, 접속부사 '그래서'가 적절하게 사용되고 있으며, 대용어 '이, 그'를 사용하여 결속성을 높이고 있다. 또한 '파키스탄 - 그라치 바다 - 쇼핑 센터 - 수주 센터'로 화제의 초점이 이동하는 과정에서도 문장 간의 의미적 연쇄가 자연스럽게 이루어지고 있으며, 이를 통해 다양한 접속부사를 사용하지 않았음에도 불구하고 전체적인 결속성을 획득하고 있다. 또한 함께 여행을 가고 싶은 사람이라는 주제의 글을 쓸 때 도입을 통해 함께 여행을 가고 싶은 사람을 소개하고, 그 사람이 여행을 다녀온 곳과 그곳에서 유명한 곳을 밝힌 후, 이를 그 사람을 통해 들었기 때문에 함께 그 곳을 여행하고 싶다는 글의 흐름이 매끄럽다. 이러한 이유로 위 글은 어휘 다양도와 세련도가 낮고, 오류의 빈도가 높게 나타났음에도 채점자들로부터 좋은 평가를 받은 것으로 보인다.

(나) 하위 그룹

한편 양적 요인 중 어휘 세련도 값이 상위 그룹의 어휘 세련도 수준에 이르고 있음에도, 낮은 숙달도 점수를 받은 답안지를 분석해 보고자 한다. 아래의 답안지 (나)는 어휘 세련도 값이 125로 나타나 상위 그룹에서도 평균 이상의 값에 해당하는 수준을 가지고 있으나, 숙달도가 낮은 그룹으로 분류된 것이다.

(나) 제가 어렸을 때부터〈붙어〉 친구하고 여자 친구하고 같이 여행을 가고 싶습니다. 저〈제〉의 여행을 친구를 가면 제가 마음〈마을〉에 정말〈전말〉 좋게습니다. 왜냐하면〈외냐하면〉 제〈제의〉 친구들이 다 좋은 사람입니다. 그래서 제가 친구랑 같이 여행을 가고 싶습니다. 제가 지금 여자 친구 없다. 그래서 저는 여자 친구과 같이 여행을 가고 싶다. 제가 여자 친구랑 같이 한 번도 없어다. 그래서 제가 친구〈치구〉하고 여자 친구랑 같이 여행을 가고 싶다. 저는 가고 싶은 곳을 프랑스〈부랑스〉 그리고 일본 가고 싶다. 프랑스와〈부랑스과〉 일본 가서 제가 생각〈셍각〉을 정말〈전말〉 재미〈제미〉있었습니다. 프랑스〈부랑스〉에서 세계〈세게〉 제일 음식 있었습니다. 그리고 사람도 좋은 곳입니다. 일본을 가서 벚꽃 있는데〈이는데〉 그래서 가고 싶다.

초2_하

(나)의 경우, 양적 검증 결과 어휘 다양도와 어휘 오류 빈도 값 모두 하위 그룹에 속하는 값으로 나타났으나, 어휘 세련도는 이에 비해 상위 그룹이 받은 어휘 세련도 점수와 비슷한 양상으로 나타났다. 답안지에 사용된 어휘 중 다른 답안지를 참조하였을 때 두드러지게 사용한 것으로 나타나는 어휘(keyword) 20개 중, A등급은 17개, B등급은 2개, X등급이 1개 사용된 것으로 살펴볼 수 있었다. B등급 어휘에 해당하는 것으로는 '(나이가) 어리다'와 '세계'가 있었으며, X등급은 '벚꽃'이 해당되었다. 그러나 질적 요인을 중심으로 (나)를 살펴보면 동일한 단어, '친구', '여자 친구'를 반복하여 지칭하고, '그래서'와 '그리고'의 제한적인 접속 부사를 사용하여 의미를 단순하게 연결하고 있음을 확인할 수 있다. 따라서 위 답안지는 어휘 세련도 수준과 관계없이 형태·통사적 결속성과 의미적인 응집성이 떨어져 낮은 숙달도 점수를 받은 것으로 보인다.

아래의 답안지 (다) 역시 어휘의 세련도 값이 높게 나타났으나, 전반적인 숙달도에서 낮은 점수를 받았다. (다)를 살펴보면, '한글', '물고기', '새우' 등 초급 수준을 상회하는 수준의 어휘가 나타나나 이 어휘들이 작문의 숙달도에 강력한 영향력을 끼친다고는 볼 수 없다. '외할아버지'를 반복하고 있으며, 대용어의 쓰임이 나타나지 않고 문장과 문장 사이를 연결하는 부사도 찾아볼 수 없으며 문장 간의 의미적인 연관성을 확인하기가 매우 어려워 전반적으로 '잘 쓴 글'로 평가하기가 힘들기 때문이다.

> (다) 저는 외할아버지〈외할라버지〉와 같이 여행하고 싶어요. 외할아버지〈외할라버지〉는 한국어 한글 잘했습니다. 외할아버지〈외할라버지〉는 맛있는〈마시는〉 것〈겁〉 사요. 시간 있으면 외할아버지〈외할라버지〉를 한국어 한글 가르쳐습니다. 부산 여행 가고 싶어요. 부산에 수영 같이 하고 싶어요. 맛있는〈마시는〉 음식〈금시〉 먹고〈먹어〉 싶어요. 물고기〈물거기〉 새우도 먹고〈머거〉 싶어요. 나는 외할아버지〈외하라버지〉 옷을 사 주고 싶습니다. 외할아버지〈외할라버지〉는 바지〈비지〉도 사고 싶습니다. 나는 외할아버지〈외할라버지〉와 같이 갈 거예요. 나는 외할아버지〈외할라버지〉와 같이 여행 기분〈기번〉이 즐겁습니다〈즐겁싶습니다〉.
>
> 초8_하

2) 중급

중급은 박스 플롯을 그려본 결과, 초, 고급과 같은 값인 1.5배수를 곱하였을 때 이를 넘어서는 이상값이 존재하지 않았다. 이는 중급의 경우, 숙달도를 기준으로 한 상위, 하위 그룹의 구분이 어휘 양적 요인에 의해서도 충분히 설명될 수 있음을 의미한다. 그러나 여기에서는 연구 가설을 검증하기 위한 목적으로 양적 요인과 질적 요인의 영향을 살펴보기 위해, 박스 플롯에서 이상값을 도출하는 기준을 1배수로 낮추어 적용하였다. 이를 표로 나타내면 〈표 1-43〉과 같다.

초급과 고급의 경우 일정 범위 1.5배수를 넘어서는 값에 대해 이상값으로 규정하였으나, 중급은 일정 범위의 1배수에 포함되지 않는 값을 분석 대상에 포함하였다. 초급과 고급에서의 이상값은 해당 집단이 아닌 다른 집단의 분포를 따를 가능성이 높은 값으로 해석할 수 있다. 즉, 숙달도가 높은 집단에서의 이상값은 하위 집단의 분포를 따르는 값, 숙달도가 낮은 집단에서의 이상값은 반대인 상위 집단의 분포를 따르는 값으로 볼 수 있다. 그러나 중급의 경우, 1.5배수를 넘어서는 값이 존재하지 않았기 때문에 일반적으로는 모두 해당 집단의 분포를 따른다고 해석할 수 있다.

다만 1배수 경계의 외부에 존재하는 값 중 하나를 선정하여, 질적 요인과 양적 요인이 나타나는 양상을 살피고자 하였다. 따라서 어휘 다양도가 낮게 나타났음에도 불구하고 숙달도가 높은 집단의 분포를 따르는 17번 답안지와 어휘 다양도가 높으나 숙달도가 낮다고 평가된 7번 답안지를 선정하여 양상을 살펴 보았다. 또한 어휘 세련도에서는 수준 높은 어휘를 다수 사용하고 있음에도 숙달도가 낮은 집단으로 분류된 64번 답안지를, 어휘 오류 빈도에서는 오류 수가 낮게 나타났으나 숙달도가 낮게 평가된 13번 답안지를 각각 분석 대상으로 삼았다.

〈표 1-43〉 중급 어휘 다양도, 어휘 세련도, 어휘 오류 빈도에 대한 박스 플롯(box plot)

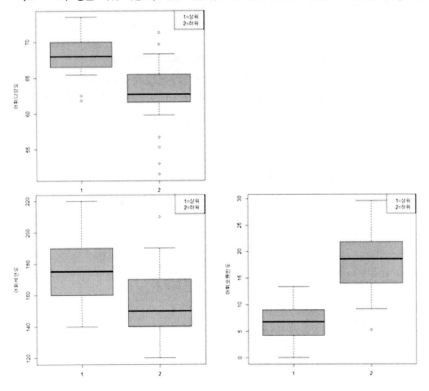

(가) 상위 그룹

아래의 답안지 (가)는 상위 그룹 중, 양적 요인의 값이 다른 답안지에 비해 낮게 나온 17번 답안지로서, 어휘 다양도의 값이 평균에 비해 약 5.8이 낮았다. 어휘를 다양하게 사용하지 않았음에도 높은 숙달도 점수를 받은 이유에 대해 채점자들은 다음과 같이 논평하였다.

• 내용이 완벽하며 중급 어휘도 정확하게 구사하고 있음.

• 중급 수준에서 사용할 수 있는 다양한 어휘를 시도하였음.

(가) 내가 존경하는 사람은 <u>캐츠비</u>이다. <u>그 사람</u>은 위대한 캐츠비라는 책 중에 남자〈남〉
주인공이다. 내가 얼마 전에 <u>그</u> 책을 읽으면서 <u>그 사람</u>에게 존경하게 됐다. 캐츠비가
어렸을 때부터 위대한 사람을 되고 싶은 꿈을 가지고 있고 <u>자기</u>의 노력을 통해 성공했
다. <u>그 사람</u>의 신분이 높지 않으니 다른 사람에게 무시 많이 받았더라도 꿈을 위해
계속 노력했다. <u>그것</u>은 내가 캐츠비에게 존경하게 된 첫째 이유이다. 마음에 꿈을 가지
고 아무 곤란을 겪어도 포기하지 않고 노력하는 것은 진짜 위대하다. 또한 두 번째
이유가 캐츠비의 사랑이다. <u>그 사람</u>은 꿈을 위해서 <u>아무 것</u>도 상관없이 노력할 수
있지만 사랑을 위해서 죽었다. <u>그 사람</u>은 사랑한 여자를 위해 맨날〈매날〉 화려한 파티
도 했고 높은 생활도 줬다. 그러나 여자가 이기적인 사람이라서 캐츠비와 헤어졌다.
결코 캐츠비가 여자 대신 나쁜 사람이 됐고 죽었다. 그렇지만 캐츠비가 끝까지 여자를
기다렸고 사랑한 마음을 가지고 있었다. 내가 캐츠비의 사랑을 감동〈감동〉을 느꼈고
<u>그 사람</u>의 따뜻한〈때뜻한〉 사랑을 존경했다. 마지막으로 내가 캐츠비를 통해 마음은
마음대로 할 수 없다는 것도 알게 됐다.

중17_상

우선 채점자에 의한 평가에서 위의 답안지 (가)는 '내용적인' 측면에서 높은
평가를 받은 것으로 나타났다. 자신이 존경하는 인물과 그 이유에 대해 응집력
있게 글을 전개하고 있다. 특별히 형태·통사적 결속성의 측면에서 (가)는 다양
한 대용어의 사용과 접속 부사의 쓰임이 나타났다. '캐츠비'를 지칭함에 있어
이름과 대명사를 자연스럽게 사용하고 있으며 재귀 대명사나 미지칭의 예도
찾아볼 수 있다. 이뿐만 아니라 의미적인 연결도 매끄러운 편인데, 인물을 존경
하는 이유를 첫째와 둘째로 나누어 기술하였으며 이것이 나열식으로 나타나지
않고 맥락 속에서 자연스럽게 이어지도록 의도하였다. 또한 첫째 이유와 둘째
이유의 단락 내에 적힌 문장들은 의미적으로 잘 응집되고 있는 것으로 보인다.

이러한 이유로 채점자들은 내용에 대해 높은 평가를 내렸으며 사용된 어휘들의 수준이 중급에 해당하고 이를 통해 정확하게 의미를 전달한 것에 대해 높은 숙달도 점수를 부여한 것으로 보인다.

(나) 하위 그룹

한편 어휘 다양도 수준이 높았음에도 낮은 숙달도 점수를 받은 답안지도 존재하였다. 특별히 아래의 답안지 (나)는 어휘 다양도에서 전체 42개의 중급 답안지 중 5번째로 높은 값을 나타냈으며, 어휘 세련도 역시 6번째로 높게 나타났다. 반면 어휘 오류 빈도의 경우 평균 이하의 빈도 값으로 나타나, 전반적인 양적 분석의 결과에서는 어휘를 다양하게 사용하며 사용한 어휘의 수준이 높고, 어휘 오류 역시 어느 정도 통제되어 있는 것으로 나타났다. 그러나 채점자들의 의견은 다음과 같이 나타났다.

- 단어의 품사 정보를 이해하지 못해 무리한 활용이 나타남.
- 구어와 문어 사용이 모호함.
- 문법 수준 이상의 시사 어휘를 시도하고 있음.

(나) "존경하는 사람은 누구입니까?" 그 질문 참 많이 받았습니다. 누구나 존경하는 사람이 있습니다. 나도 마찬가지〈마찬까지〉입니다. 사람들이 아마 다 부모님이나 선생님이 아니면 어느 위대한 사람이라고 말했습니다. 하지만 나는 존경하는 사람은 바로 가수 싸이입니다. 왜냐하면 한국에서 군대 안 가고 싶은 연예인들〈연애인들〉 얼마나 많은데〈많는데〉 싸이는 두 번이나 갔다 왔습니다. 그 용기 참 대단하게 생각했습니다. 그리고 가수로서도 더 대단했습니다. 노래 "오빠 강남 스타일" 통해서 세계적인 스타 됐습니다. 한국이란 나라 전 세계 알려지고 관광 주가 상승 등 문화산업〈문하산업〉 많이 펼칠 수 있도록 한 몫〈묵〉이 했습니다. 노래를 들면 들을수록〈들수로록〉 빠지게 됐습니다. 나는

다른 사람이라 좀 달르게〈다르게〉 생각이 가지고 있습니다. 이제 21세기라서 사회한테
는 좋은 영향 주는 사람이 존경하는 게 더 맞게 생각했습. 물론 우리 조상한테 존경하
지 않는 뜻이 아니입니다. 시기 따라서 생각이도 다르다고〈다른다고〉 생각합니다.

중7_하

(나) 작문의 경우 수준 높은 어휘를 사용하여 의미를 전달하고자 하였으나,
형태·통사적인 결속이 긴밀하지 않음을 살펴볼 수 있다. '용기가 대단하다',
'한 몫을 하다' 등 연어의 사용에서는 좋은 표현들을 생산해 내었으나 글의
중반에 주어를 찾아볼 수 없는 문장이 이어져 앞뒤 문장과의 연결이 이루어지
지 않고 있으며 지칭하는 바를 분명하게 파악하기도 어려워 보인다. 이뿐만
아니라 '관광 주가 상승 등 문화 산업'과 같은 표현은, 자칫 높은 수준의 어휘
를 구사하고 있는 것으로 볼 수 있으나 명사 어휘들만을 나열하고 있는데에
그쳐 결속성을 확보하지 못하였다. 또한 주제와 관련하여서도 도입과 마무리
에서의 내용들이 글의 전반적인 응집을 해치고 있는 것으로 보이는데, 특별히
마무리에서는 글의 주제와 크게 연관이 없는 문장에 무게가 실려 있어 글의
전체적인 성격이 달라지는 것 같은 인상을 준다. 한편 (나)는 화용적 적절성의
차원에서도 논의해볼 수 있다. (나)는 시험이라는 공식적인 상황에서 작성된
것으로 특정한 독자층을 염두에 두지 않고 중립적인 태도로 작성하게 된다.
그러나 위에서는 '얼마나 많은데', '참 대단하게' 등에서의 '얼마나'와 '참'의
경우 다소 구어적인 성격을 가지고 있다. 또한 문장의 어순에 있어서도 문어의
격식적인 특성을 따르고 있는 것이 아니라 구어의 자연스러운 어순이 나타난
다. 이러한 질적인 요인들로 인해 답안지 (나)는 일정 점수 이상의 숙달도 점수
는 받지 못한 것으로 보인다.

답안지 (다) 역시 어휘 세련도가 높게 나타났음에도 불구하고, 낮은 숙달도 평가를 받은 것이다. 아래에서 살펴볼 수 있듯이 답안지 (다)는 건축, 설계, 상상력, 발휘하다, 집중력 등 중급 수준 이상의 어휘를 다수 사용하고 있다.

(다) 나는 어린 시대부터〈어련 시대부터〉 존경하는 사람이 건축 설계사입니다. 현대〈형대〉 사회 중에 건축 빌딩이〈빌당가〉 제일 중요한 현대〈형대〉 문화입니다. 건축 설계는 사람이 상상력을 절대 발휘합니다〈입니다〉.
나는 한국의 63빌딩의 건축 설계사 존경합니다. 옛날에 기술이〈길수가〉 좋지 않습니다. 그런데 63빌딩가 그 시대 중에 세계〈세개〉 제일 유명한 건축을 되었습니다〈됐었습니다〉. 대부분 건축 설계사가 시간관이 없습니다. 건축 설계 중에〈종에〉 집중력을 많이 나왔습니다. 보통〈붕동〉 건축〈건출〉 설계사는 좋은 집에 사는 것이 중요하다고 시간이 있으면은〈있을면은〉 밖에서 풍경이〈붕경가〉 예쁜〈예쁘는〉 곳이 가 봤습니다. 그래서 그런 거 생활을 재미있는 생활입니다. 그런 거 사람이 존경하던데. 그런 거 사람이 됐습니다〈됐었습니다〉. 나에게는 어떤 설계사가 **〈되로〉 중요한 생각보다는 하루하루를 얼마나 즐겁게 보내는지가 더 중요한 것입니다.

중64_하

그러나 어휘를 풍부하고 다양하게 사용하고 있는 것과 별개로 그 쓰임에 오류가 많으며 어휘 간의 유기적인 연결이 떨어져 의미적인 응집성이 저해되는 양상을 관찰할 수 있다. '상상력'과 '발휘하다'는 조남호(2003)의 C에 해당하는 고급 수준의 어휘로서, '상상력을 발휘하다'와 같이 결합하여 사용된다. 그러나 답안지 (다)에서 발견되는 '상상력을 절대 발휘하다'와 같은 표현은 일반적으로 공기하여 사용하지 않는 '절대'라는 부사어가 결합되어 있어 오히려 한국어 모어 화자들에게 어색하게 읽힌다. 이러한 이질적인 표현은 글을 매끄럽게 읽어 내리는 것을 방해하는 요인이 된다. 특히 '대부분 건축 설계사가 시간관이 없습니다.', '보통 건축 설계사는 좋은 집에 사는 것이 중요하다고 시간이

있으면은 밖에서 풍경이 예쁜 곳이 가 봤습니다.'와 같은 문장은 전체적인 유기성이 매우 떨어지며 문장 내에서의 호응도 잘 이루어지지 못하고 있는 것을 볼 수 있다. 또한 '그런 거'라는 지시어로 지칭하는 대상이 명확하지 않음에도 불구하고, 반복적으로 사용하고 있어 표현하고자 한 내용을 이해하기가 힘들다. 이러한 점에서 답안지 (다)는 낮은 숙달도 평가를 받은 것으로 보이며 이를 통해 담화의 의미적인 연결성이 충족되지 않은 상태에서는 수준 높은 어휘를 다양하게 사용하는 것 만으로는 전반적인 완성도에 승정적인 영향을 주지 못한다는 사실을 확인할 수 있다.

또한 답안지 (라)의 경우 어휘 오류 빈도가 하위 집단의 평균에 비해 낮게 나타나고 있는 예로 들 수 있다. 어휘를 상대적으로 정확하게 사용하고 있음에도 불구하고 답안지 (라)는 숙달도 점수를 낮게 받은 집단의 분포를 따르고 있는 것으로 나타났는데, 이에 대한 채점자들의 논평은 다음과 같이 나타났다.

- 중급 어휘를 구사하려고 하였으나 전체적으로 문장을 해독하기가 힘듦.
- 복문 구성 시 두 문장 간의 연결이 어색한 경우가 자주 나타남. 연결어미를 적절히 사용하지 못하였거나, 두 문장 사이의 연결고리가 없는 경우도 있음.
- 주어의 위치가 부적절하게 나타남.

(라) 이 세상에서 많은 사람이 존경하는 사람은 역시 돈이 있는 사람이나 머리가 좋고 역사적으로 유명한 사람이다. 하지만 내가 존경하는 사람은 그런 데에 있지 않다. 내가 존경하는 사람은 내가 다니고 있던 중등학교 때 친구다. a.그 친구는 내가 잘 할 수 없는 자기의 주장을 잘 할 수 있고 그 때는 너무 부러운〈부러움〉 느낌을 나는 받고 있었다. 주장의 내용도 누가 들어도 동의할 수 있도록 이해가 쉽게 되고 그 친구야말로 사람의 앞에 가는 능력이 있다고 생각한다. 그 뿐만 아니라 그 사람은 인기가 있는

사람이었다. 어디에 가도 그 곳에 친구가 있고 즐겁게 이야기하는⟨이야기한⟩ 모습은 지금 봐도 너무 부럽고 존경한다⟨존경하는다⟩. 내가 사람보다 자기 주장도 할 수 없고 말도 잘 못하는 편이어서 그 친구처럼 언제나 되고 싶다는 희망도 있었다. 내가 존경하는 사람은 역사적으로 유명하지 않고 아직 많은 사람이 존경하지 않지만 내가 보면 누구보다 더 존경하는 사람이며 내가 가장 좋아하는 친구에 하나다.

중13_하

(라)의 경우, 자신이 알고 있는 어휘를 사용하여 주제와 관련된 내용을 표현하고자 노력하고 있다. 그러나 문장의 흐름에서 빈번히 어색한 어휘가 나타나고 있음을 발견할 수 있다. 특별히 부사어 '역시'나 '언제나'와 같은 경우, 그 쓰임이 적절하지 않거나 적절한 위치에 자리하고 있지 않아 자연스럽게 글을 읽어 내려가는 것을 방해하고 있으며 '그때'와 같은 지시어 사용 역시 지시하는 바가 명확하지 않아 의미를 이해하는 과정에서 앞뒤의 문맥을 재확인해야 하는 등 추가적인 노력이 필요하다. 또한 '사람의 앞에 가는 능력'은 '리더십'을 의도한 표현으로 짐작되는데, 이 역시 지나치게 주관적으로 풀어써 명확한 이해가 어렵다. 한편 문장의 연결 역시 부자연스러운데 이는 채점 전문가의 논평처럼 연결 어미의 적절한 사용에 실패하였기 때문일 수도 있으나 적절한 연결고리를 배치하지 못하였기 때문으로도 해석해 볼 수 있다.

　a. 그 친구는 내가 잘 할 수 없는 자기의 주장을 잘 할 수 있고 그 때는 너무 부러운⟨부러움⟩ 느낌을 나는 받고 있었다.
　a′. 그 친구는 내가 잘 할 수 없는 자기의 주장을 잘 할 수 있는 *사람*이다. 나는 그러한 *사람*이 너무 부럽다.
　a″. 그 친구는 내가 잘 할 수 없는 자기의 주장을 잘 할 수 있는 *능력*이 있다.

나는 친구의 그런 *능력*이 너무 부럽다.

답안지 (라)의 문장 a는 a′, a″와 같이 바꾸어 표현할 수 있다. 문장 a에 비해, 문장 a′, a″는 전달하고자 하는 바가 더욱 명확하며 두 문장 사이의 연결이 긴밀하다고 할 수 있다. 어휘의 적절한 반복과 배치는 이렇듯 문장의 흐름을 유기적으로 연결하는 기능을 수행할 수 있으며, 의미적인 응집성을 높이는 데에 기여할 수 있다.

3) 고급

고급의 어휘 다양도와 어휘 세련도, 어휘 오류 빈도의 값을 박스 플롯으로 나타내면 〈표 1-44〉과 같이 나타낼 수 있다.

〈표 1-44〉 고급 어휘 다양도, 어휘 세련도, 어휘 오류 빈도의 박스 플롯(box plot)

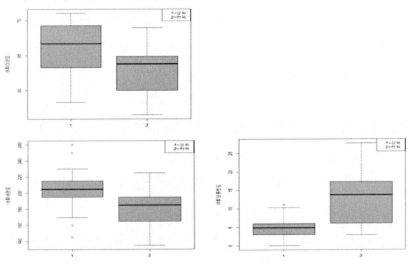

고급의 경우 어휘 다양도에서는 이상값을 발견할 수 없었다. 이는 고급에서 어휘 다양도 요인이 학습자의 숙달도가 높은 집단과 낮은 집단을 설명할 수 있는 근거로 활용될 수 있음을 의미한다. 또한 어휘 세련도에서는 상위 그룹의 75%의 1.5배수를 넘어서는 범위의 값과 하위 25%의 -1.5배수에 미치지 못하는 범위의 값이 각각 두 개씩 도출되었다. 이때 상위 그룹의 상위에 나타난 이상치는 숙달도가 높은 집단에서 극단적으로 높은 값을 보인 데이터를 보인 것이므로 제외하고, 어휘 세련도 값이 낮게 나타났는데도 불구하고 숙달도 점수를 높게 받은 6번 답안지와 51번 답안지를 분석 대상으로 삼았다.

한편 어휘 오류 빈도에서도 상위 그룹에서 하나의 이상값이 도출되었다. 이는 오류 빈도 값이 하위 집단과 비슷한 수준에서 나타났음에도 높은 숙달도 점수를 받은 경우에 해당되므로 분석 대상에 포함하였다. 분석 대상으로 선정된 답안지의 번호는 51번으로, 이는 어휘 세련도 값에 대해서도 이상값으로 발견된 번호이다. 따라서 본고에서는 상위 그룹의 6번 답안지와 51번 답안지에 대해 질적 분석을 실시하고자 한다.

먼저 다음의 답안지 (가)는 어휘의 세련도가 낮게 나타나고 있음에도 불구하고 높은 숙달도 점수를 받은 예이다. 이는 문어와 구어의 쓰임이 제한되어 있지 않고, 어휘의 수준도 높지 않지만 내재적인 표지에 의해 전반적으로 글의 흐름이 매끄러워 의미를 잘 이해할 수 있는 글이다. 특별히 직업을 선택하는 조건의 세 가지를 '젊은이', '아버지', '할머니'로 나누어 작성함으로써, 내용을 의미에 따라 구분하고 있어 구분된 범위 내에 있는 문장 간의 응집성을 높이고 있다. 또한 '자신이 좋아하는 것을 먼저 선택하는 것'을 '재미'로 바꾸어 기술하였으며, 성공감 역시 '자기를 추구하는 것'으로 변화를 주어, 글을 단조롭지 않게 하는 동시에 응집성과 결속성을 높이는 효과를 주었다.

(가) 직업을 선택 할 때 어떤 조건을 먼저 생각할까? 나에게는 물론 <u>재미</u>는 얼마나 있는지, <u>월급</u>은 얼마나 주는지, 성공감을 얼마나 얻을 수 있는지 생각하지.

　재미, 월급, 성공감은 직업을 선택할 때 빠짐⟨빠지기⟩ 어려운 조건이지만 어떤 것은 다른 것보다 더 중요할까? 예전에 친구한테서 이렇게 들었다. 젊은이들은 꿈을 이루는 것이 제일 중요하다고 생각한다. 그래서 <u>자신 좋아하는 것을 먼저 선택하는 것</u>은 좋다. 그것은 바로 재미이지. 아버지한테서 다른 답을 들었다. 가족을 위해서 <u>월급을 많이 벌 수 있는 직업</u>을 선택해야 한다. 그렇지만 할머니도 다른 답을 말했다. 살면서 돈은 중요하지 않고 그 직업도 어떤 직업인지 상관없다고 말했다. 제일 중요한 것은 바로 <u>자기 추구하는 것</u>이다. 나이에 따라 중요하다고 생각했던 일도 다를 수 있다. 할머니의 말씀을 들은 내가 이렇게 생각하게 된다. 내가 아직 젊은이 이기 때문에 재미를 먼저 즐기는 것 더 좋다고 생각한다. 어떤 일도 승진할 기회가 있으니까 <u>월급</u>과 성공감은 나중에도 얻을 수 있다. 지금은 건전하고 체력이 있기 때문에 자기의 꿈을 더 쉽게 이룰 수 있고 그 영역에서 오랫동안⟨오래동안⟩ 일하면 승진하는 기회를 잡고 월급도 그대로 증가할 수 있다. 그래서 성공감도 점점 느낄 수 있다고 생각한다.

　그래서 직업을 선택 할 때 먼저 자신에 연령에 맞고 생각하는 것은 좋다. 지금의 나는 물론 재미를 가지는⟨가지있는⟩ 일을 좋다고 생각하지.

고6_상

　한편 답안지 (나)는 어휘의 세련도도 낮고 어휘 오류의 출현 역시 빈번하지만 높은 숙달도 점수를 받은 예이다. 아래 (나)는 중, 고급 어휘 수준에 한정되어 있기는 하나 자신이 알고 있는 어휘를 바탕으로 하여 자신의 생각을 잘 전달하고 있다. 또한 하나의 어휘를 다양한 표현으로 바꾸어 기술함으로써 전반적으로 글이 한 주제 내에서 긴밀하게 응집되어 있다는 인상을 준다. 아래에서 볼 수 있듯이 '자기의 꿈이나 하고 싶은 일, 그리고 되고 싶은 사람'은 '꿈', '제일 관심이 있는 것', '꿈에 관련된 직업' '가장 되고 싶은 자기의 모습에 가장 가까운 것' 등으로 글 중간 중간에 모습을 바꾸어 나타나며, 이러한 핵심어의 반복은 직업 선택의 조건 중 '꿈'이 가장 중요함을 자연스럽게 이끌어 내고 있다. 또한 접속 부사의 사용이 풍부하고 정확하여 문장과 문장 사이의 관계를 파악하기가 쉽다. 이러한 점들은 글의 완성도를 높이는 요인들이라고 할 수 있다.

> (나) 직업을 선택 할 때 사람들은 <u>자기의 꿈이나 하고 싶은 일 또한 되고 싶은 사람</u>을 바탕으로〈파탄으로〉 그 직업의 월급이나 퇴직금은 얼마나 나올까 또 특히 여자들은 결혼하고 아기를 태어나고 나서도 <u>재취업을〈재지업을〉 할 수 있는지 육아를 하면서 일도 할 수 있는지</u>를 생각할 거 같다. 나에게도 마찬가지로 <u>꿈 돈 육아와 일의 문제</u> 이것이 중요하게 생각하는 조건이 되는 거 같다.
> 요즘〈여즘〉 젊은 사람들에게서 꿈이 없다, 하고 싶은 게 없다는 말을 듣는다. 솔직히 나도 하고 싶은 직업은 딱히 없다. 꿈도 없다. 어머니가 한국분이라서 시작한 한국어 공부도 처음에는 왜 하고 있는지 머리가 아팠다.
> 하지만 유학까지 하고 점점〈좀좀〉 하고 싶은 게 많아졌다. 바로 이것이 제일 중요하는 것이 아닌가 싶다. 먹고 살기 위해 돈은 누구나 욕심이〈역심이〉 나고 갖고 싶은 거다. 그리고 육아 문제도 큰 문제가 되고 있다. 여자가 취직을 함으로써〈하므로서〉 점점〈좀좀〉 결혼도 출산율도 낮아지고 있다. 회사에서 일을 하다보면 육아와 동시에 일을 하기 어렵기 때문이다. 하지만 그런 것은 이따가 얼마나도 생각 할 수 있는 문제라고 생각한다. 아무거나 조금이라도 자기가 관심을 갖고 그것을 하다보면 그것에 관련된 직업이 하고 싶어질 것이다. 그리고 그 직업을 하는 게 자기 인생을 빛는〈빛이는〉 직업이 될 것이라고 믿다. 한번밖에 없는 인생에서 자기 자신이 제일 관심이 있는 것이나 꿈에 관련된 직업을 찾아 취직을 하는 것이 어렵지만 그렇게〈그렀게〉 살아가는 게 내가 인생을 즐겁게 살 수 있는 법이 아닌가 싶다. 그래서 직업을 선택할 때 <u>꿈이나 가장 되고 싶은 자기의 모습에 가장 가까운 것</u>을 선택하는 게 중요하다고 생각한다.
>
> 고51_상

지금까지 양적 요인에 대한 검증 결과를 토대로 질적인 분석을 실시하였다. 그 결과, 양적 요인의 값에 비해 숙달도 점수가 극단적으로 높거나 낮은 데이터들이 존재하였으며 이들을 다시 질적으로 분석해 본 결과 질적인 측면에서 높게 평가될 수 있는 근거들을 찾아볼 수 있었다. 이러한 양상은 어휘의 양적인 측면이 학습자의 전반적인 숙달도를 설명하는 요인으로도 활용될 수 있으나, 어휘 양적 요인만으로 모든 학습자의 숙달도를 예외 없이 설명할 수는 없으며, 결국 질적 요인이 양적 요인으로는 설명할 수 없었던 데이터를 설명하는 근거로 활용 될 수 있음을 의미한다. 따라서 연구 가설 '라'를 다음과 같이 검증되었다.

라'. 어휘 양적 요인과 질적 요인이 숙달도에 끼치는 영향은 각각 동일하지 않으며, 그 경중의 차이를 급별, 수준별로 확인할 수 있다.

지금까지의 논의를 종합해 보면, 어휘 유창성 결정 요인에 대한 연구 가설은 다음과 같이 검증될 수 있다.

가'. 어휘 양적 요인 중 학습자 급별, 수준별로 다르게 나타나는 요인이 존재 하며 이는 학습자 숙달도와 상관관계를 가진다.
　　가'-1. 어휘 양적 요인 중 어휘 다양도와 세련도, 어휘 오류 빈도는 학습자 급별, 수준별로 다르게 나타나며 이러한 차이는 학습 자 숙달도와 상관 관계를 가진다.
　　가'-2. 어휘 양적 요인 중 어휘 밀도는 학습자 급별, 수준별로 유의미 한 차이를 보이지 않으며 학습자 숙달도와도 상관 관계를 가 지지 않는다.
나'. 초급, 중급, 고급에 따라 숙달도에 영향을 끼치는 어휘의 양적 요인의 경중이 각각 다르게 나타난다.
　　나'-1. 초급, 중급은 어휘 오류 빈도, 어휘 다양도, 어휘 세련도의 순으로 숙달도에 영향을 끼친다.

나'-2. 고급은 어휘 오류 빈도, 어휘 세련도, 어휘 다양도의 순으로
　　　숙달도에 영향을 끼친다.
다'. 숙달도에 따라 어휘 질적 요인(형태·통사적 결속성, 의미적 응집성, 화
　　용적 적절성)은 서로 다른 양상과 특징으로 나타난다.
라'. 어휘 양적 요인과 질적 요인이 숙달도에 끼치는 영향은 각각 동일하지
　　않으며, 그 경중의 차이를 급별, 수준별로 확인할 수 있다.

3. 담화 차원 어휘 유창성의 결정 요인 목록화

위에서 검증한 가설을 토대로, 담화 차원 어휘 유창성의 결정 요인을 목록화
하면 다음과 같이 나타낼 수 있다.

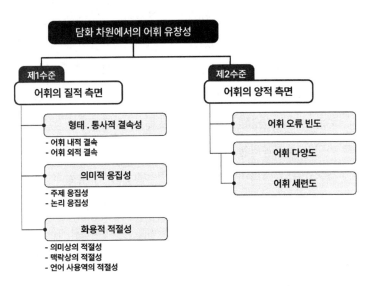

[그림 1-13] 담화 차원에서의 어휘 유창성 결정 요인

기존의 논의에서 어휘의 유창성은 양적인 측면, 즉 어휘를 얼마나 많이 알고 있는지에 머물러 있었다. 그러나 이 책에서는 '어휘를 유창하게 사용한다'는 논의가 담화 차원에서 이루어져야 함을 주장하였으며, 양적인 측면 못지않게 질적인 측면에 대한 논의가 본격적으로 이루어져야 함을 논하였다. 또한 이러한 주장을 검증하기 위해 양적·질적 측면에서의 어휘 유창성 요인들을 도출해 내었으며 이러한 요인들 간의 상관 관계를 밝히고 어휘 유창성을 결정하는데에 끼치는 영향의 경중을 파악하고자 하였다.

학습자들이 생산한 담화를 중심으로 어휘 요인이 숙달도에 따라 어떠한 양상으로 나타나고 있는지를 살펴본 결과, 어휘의 양적·질적인 요인이 학습자의 숙달도와 상관 관계를 가지고 있었으며, 학습자의 숙달도를 구분하는 근거로서 활용될 수 있음을 확인할 수 있었다. 이뿐만 아니라 양적 요인으로 설명할 수 없는 예외적인 데이터에 한하여 질적 측면에서의 요인들을 분석함으로써 질적 요인이 담화의 완성도를 높이고, 때로는 양적 요인의 부족을 극복하게 하는 요인으로 작용하기도 함을 발견하였다. 이에 따라 앞서 가정한 어휘 결정 요인에 제1수준과 제2수준이 있음을 검증할 수 있었으며, 제1수준에는 어휘의 질적 요인, 제2수준에는 어휘 양적 요인이 해당됨을 밝혔다. 또한 어휘 양적 요인을 검증하는 과정에서 어휘 오류 빈도가 숙달도와 가장 상관성이 높으며, 다음으로 어휘를 다양하게 사용하는 것이 숙달도에 영향을 끼치고 있음을 확인하였다. 이는 어휘 오류가 어휘 양적인 요인뿐만 아니라, 어휘 질적 요인이 담화 내에서 적절하게 가능하게 하는 것과도 어느 정도 상관성을 가지기 때문인 것으로 보인다. 한편 어휘 세련도는 어휘 오류 빈도 및 어휘 다양도에 비해 숙달도와의 상관성은 낮게 나타났지만, 어휘 유창성을 설명하는 데에 참조적인 요인으로 활용될 수 있어, 층위를 낮추어 목록에 포함시켰다.

이러한 담화 차원에서의 어휘 유창성은 문어 담화를 기반으로 검증되었으나, 구어 담화에서도 적용될 가능성을 찾아볼 수 있다. 이에 이 절에서는 구어 자료를 토대로 담화 차원 어휘 유창성을 구어에서 논의할 수 있는 가능성을 살펴보고자 하며 문어 담화에서 관찰하기 어려웠던[100], 상황 맥락에 따른 어휘 사용의 변이 양상을 찾아볼 것이다.

이 절에서 제시하는 구어 담화는 학국어 학습자의 인터뷰 담화로, 총 다섯 명의 학습자가 네 가지 발화 맥락에서 질문을 듣고 응답한 것을 녹음하고 전사한 것이다.[101] 전제된 발화 맥락은 모두 네 가지로, ① '가장 좋았던 여행 경험에 대해 이야기하기', ② '자신의 성격 중 좋은 점과 나쁜 점을 이유와 함께 설명하기', ③ '금연구역 확대에 대한 의견 말하기', ④ '결혼 상대 선택 시 가장 중요하게 생각하는 것에 대한 조사 결과가 나타난 그래프를 설명하고 해석해 말하기'에 대한 주제로 진행되었으며, 이 중 ①, ②는 비격식적 상황에서의 발화, ③, ④는 격식적인 상황에서의 발화를 전제한 것이다.[102]

---

100) 본고의 분석 대상이 되는 문어 담화는 급 내에서는 모두 동일한 주제의 텍스트로 선정되었기 때문에, 상황 맥락의 변화에 따라 학습자가 어휘를 어떻게 변이하여 사용하는지를 관찰하기 어려웠다.

101) 해당 자료는 2014년도 국제한국어교육학회 학술대회에서 발표된 김정숙(2014)의 연구에서 수집되었던 인터뷰 담화로서, 한국어 말하기 능력 평가를 위한 구인 설정 연구를 위해 활용된 바 있다. 이는 말하기 평가를 전제로 한 인터뷰 담화이기 때문에, 구어 상황임에도 학습자들이 보다 신중하게 어휘를 선택하였을 것임을 전제할 수 있다. 또한 격식적/비격식적인 상황의 설정과 친숙하고 개인적인 주제/추상적이고 사회적인 주제로 나누어 수행되었기 때문에, 한 학습자가 맥락에 따라 어휘를 다르게 사용하는 양상을 살펴볼 수 있을 것으로 기대되었다. 따라서 본고에서 논의하고자 하는 담화 차원에서의 어휘 유창성 요인의 적용 가능성을 타진해 보기에 적합한 자료로 판단되어, 그 수가 적음에도 불구하고 논문에 싣고자 하였다. 그러나 담화를 산출한 학습자가 모두 5급 학습자이며 동일한 채점자가 숙달도를 평가하지 않았다는 점에서 일반화를 시키거나, 숙달도에 따른 어휘 사용의 차이를 밝힐 수는 없었다. 이 부분에 대해서는 후속 연구를 통해, 구체적으로 살펴볼 것이다.

여기에서는 비격식적인 상황에서의 인터뷰 ②와 격식적인 상황에서의 인터뷰 ③를 각각 하나씩 선정하여103) 살펴보았다.

(가) *내* 성격은 <u>약간</u> 좀 <u>어</u> 좋은 점은 우선은 <u>어</u> 좀 밝은 <u>생</u> 성격이고 아 뭐랄까 좀 대인관계가 좀 원만하다고 생각해. 네 <u>음</u> 그리고 <u>아</u> 그거는 <u>아</u> 당연히 그 <u>아</u> 왜 좋은지 그냥 사람들 하고 잘 <u>친하게 친하게</u> 지내서 아무래도 그런 거 장점이고. 단점은 뭐랄까 좀 우유부단 할 때도 있어. <u>어</u> 그니까 결정을 내려야 할 때는 쫌 시간 좀 걸려. 그리고 또 <u>뭐</u> 있지. <u>약간</u> 어떨 때도 좀 까다로운 편이야. <u>음</u> 그래서 <u>음</u> <u>약간</u> 예를 들면 식당갈 때는 뭐 주문할 때 좀 시간 걸리고 그럴 때 많아,

학습자 A_②

(나) 우선 *저는* <u>금연구역을 확대하는 것은 찬성입니다.</u> 그 이유는 개인적으로는 저도 흡연자이지만 저는 주변 사람들 약간 좀 신경 쓰기 때문에 <u>아무래도</u> 금연구역이 좀 확대 확대하는 것이 좋 좋을 것 같습니다. <u>아무래도</u> 담배 그런 <u>연기 같은 걸 나오는 연기 같은 것은</u> 인간의 그 몸에 해롭고 그리고 뭐 예를 들면 한 사람이 <u>피고 싶은데 피고 싶지만</u> 그 연기가 다른 주변 사람한테도 피해도 갈 수 있으니 있기 때문에 <u>아무래도</u> 저는 <u>금연구역이 좀 더 확대하는 것에 찬성입니다.</u>

학습자 A_③

먼저 학습자 A가 발화한 내용을 살펴보면, 어휘의 양적, 질적인 요인들이 나타나는 양상을 담화 상에서 확인할 수 있었다. 학습자 A의 경우, '약간, 좀, 어, 음, 아' 등의 간투사의 사용이 두드러지는데, 이는 발화가 계속 이어지는

---

102) 비격식적인 발화 맥락은 준비 시간 없이 바로 진행되었으며, 격식적인 상황에서의 발화는 각각 30초, 1분의 준비 시간을 두고 진행되었다.

103) ①의 경우, 웜업(warm-up) 단계에 이어 바로 수행된 것이기 때문에 전반적으로 인터뷰의 길이가 짧아 학습자의 어휘 유창성을 확인하기에 어려웠으며, ④는 그래프를 보며 설명하는 것이기 때문에, 언어적 변인 외의 요소가 영향을 줄 여지가 크다고 판단하여 분석 대상에서 제외하였다.

느낌을 주기 위해 시간을 채우는 역할을 수행하고 있는 것으로 보인다. 그러나 한편으로는 지나치게 같은 어휘를 반복하여 제한된 시간 내에 다양하고 새로운 어휘를 사용하지 못하는 결과를 초래하였을 뿐 아니라, 전달하고자 하는 내용의 이해를 방해하는 요소로 작용할 수 있다. (나)에서도 '아무래도, 확대, 연기 같은 거, 피고 싶-' 등의 표현이 짧은 하나의 담화 내에서 두 번 이상 반복되고 있다. 이는 어휘의 양적 측면 중 어휘 다양도가 떨어지는 경우로 볼 수 있으며 질적 측면에서는 담화 내의 결속성이 저하되어 유창성이 떨어지는 예가 된다.

또한 구어는 즉각적인 실수의 교정이 이루어진다는 점에서 실수와 어휘 오류를 보다 정확하게 구분할 수 있다는 특징을 가진다. 위의 (가)에서도 '생'으로 도입한 어휘를 다시 '성격'으로 수정하여 발화하였기 때문에 이것이 실수였음을 확인할 수 있으며 이에 따라 학습자가 잘못된 어휘 지식을 가지고 있는 것으로 잘못 판단할 가능성이 줄어든다.

한편 어휘의 질적 측면 중 의미적 응집성을 살펴보면 구어 담화의 경우, 문어의 단락 구분이나 띄어쓰기와 같은 역할을 휴지가 담당하고 있었다. 녹음 자료를 통해 학습자가 한 호흡 내에서 발화하는 일정 정도의 범위가 곧 의미적인 응집을 돕거나 저해하는 요인이 될 수 있는 것을 확인할 수 있었다. 이는 많은 연구자들이 발화의 유창성에 대해 논할 때, 학습자가 숨을 내쉬는 '휴지'가 중요한 근거가 될 수 있음을 강조하며 휴지가 나타나는지 나타나지 않는지가 아니라, '어디'에서 나타나는지를 살펴야 한다고 주장한 것과 일맥상통한다. 또한 의미적 응집은 메타 어휘나 내재적인 표지에 의해서도 살펴볼 수 있는데 (나)에서 찾아볼 수 있는 '우선, 이유, 때문, 예'와 같은 어휘는 담화의 의미적인 흐름에 따라 적절하게 배치되어 의미의 응집성을 향상시키는 역할을 하고 있는 것으로 보인다.

이뿐만 아니라 (가)와 (나)에서 사용된 어휘의 차이를 통해, 상황 맥락에 따라 적절한 어휘를 선택하고 있는지를 확인할 수 있는데, 위의 학습자 A는 비격식적인 상황을 전제로 하는 (가)에서는 '그니까'와 같이 축약된 형태의 구어적인 표현을 사용하고 있으나 (나)에서는 '그 이유는', '-기 때문에'처럼 보다 정제된 형태의 표현을 선택하여 사용하고 있음을 확인할 수 있다. 이를 통해 학습자 A는 상황 맥락에 따라 어휘를 구분하여 사용할 수 있는 지식을 가지고 있으며 어느 정도의 유창성을 가지고 있는 것으로 판단해 볼 수 있다.

또 다른 예로는 다음과 같은 것이 있는데, 이 역시 상황 맥락에 따라 어휘 사용을 달리 하는 예이다.

(가) 저 제 성격은 활발한 편인 것 같아요 네. 활발하고 사교적이고 그 <u>되게</u> 사람들이랑 잘 어울리는 편이라고 생각해요 네. 근데 모르는 사람 옆에서 저는 조금 부끄럽고 이렇게 말 얘기 별로 안 하는 편이라고 들을 때가 있는데 그 아 제 성격의 나쁜 점은 아 리더십이 <u>되게</u> 많은 편이기 때문에 가끔 사람들한테 부담이 느낄 느껴 줄 때가 네 있습니다.

학습자 B_②

(나) 저는 금연구역을 확대하는 것에 찬성합니다. 아 <u>왜냐하면</u> 아 저 그때 아 어렸을 때부터 알레르기 있었기 <u>때문에</u> 담배 때문에 많이 고생했습니다. 저 제 아버지도 저 어렸을 때 담배 피우시는 편이었는데 저 때문에 끊었습니다. [아시다시피 그 요즘 담배 박스에 그 서 있는 거 있잖아요.] 담배 우리 몸에 해롭 해로웁니다. 그 <u>그래서</u> 사람들이 안 피우면 더 건강하게 오랫동안 살 수도 있고 돈 돈을 낭비하 낭비하지 낭비하지도 않을 수 있습니다. 네 <u>그래서</u> 옆에 안 피우는 사람들한테 불편하지 않게 할 수 있기 때문에 저는 찬 네 찬성합니다.

학습자 B_③

(가)의 경우, '근데, 되게' 등 구어에서 주로 확인할 수 있는 부사의 사용이

눈에 띈다. 그러나 동일한 학습자 B가 발화한 (나)에서는 보다 문어적인 부사를 사용하고 있다. 이는 발화가 이루어지는 수행 맥락이 달라지는 것을 학습자가 인식하였으며 이에 맞게 어휘를 변이하여 사용하였음을 의미한다. 만약 (나)에 '근데, 되게' 같은 부사가 사용되었다면 발화의 공식성에 어울리지 않고 어색한 어휘로 받아들여졌을 것이다. 따라서 상황 맥락에 따라 어휘를 적절하게 선택하여 사용하고 있는지에 대한 요인 역시 구어 상황에서도 담화 차원에서의 어휘 유창성을 설명하는 기준이 될 수 있음을 확인할 수 있었다.

이러한 양상의 관찰을 통해 본고에서 논의한 어휘 유창성 결정 요인들이 구어 담화에 적용될 가능성이 있음을 발견하였다. 그러나 분석 대상이 된 인터뷰 담화의 수가 너무 적고, 모두 같은 급의 학습자들이 생산한 담화라는 점 때문에 앞서 논의하였던 요인들 간의 경중 차이는 확인할 수 없다는 한계가 있다.

1. 교육 목표와 내용

4장까지의 논의를 통해 이 책에서는 어휘 능력을 의사소통 능력으로서 재정의하였으며 의사소통 단위인 담화 차원에서 어휘 교육과 평가가 이루어져야 함을 주장하였다. 또한 의사소통 행위를 수행하는 과정에서 논의될 수 있는 '어휘 유창성'이라는 개념을 제시하여 이러한 어휘 유창성을 결정하는 요인들에 대한 검토를 시도하였다. 이와 같은 시도는 '어휘를 안다는 것은 무엇인가?'에 대한 고민과 더불어 '어휘를 유창하게 사용한다는 것은 무엇인가?'와 같은 본질적인 질문의 연장선상에서 이루어졌는데, 이는 곧 교육의 목표와 범위, 그리고 무엇을 가르칠 것인가에 대한 질문이라고도 볼 수 있다.

앞선 논의에서 어휘 능력을 "자신의 모국어 어휘 지식 및 경험 세계에 대한 지식을 바탕으로 한국어 어휘와 상황 맥락에 따른 어휘의 다양한 사용역(register)을 알고 의사소통 목표와 상황에 맞게 의미를 구성해 나가는 전략적이고 역동적인 능력"으로 정의한 바 있다. 이는 다시 ㉮ 한국어 어휘와 어휘의 다양한 사용역에 대한 지식과 ㉯ 의사소통 목표와 상황 맥락에 맞게 의미를 구성하는 능력 ㈐ 어휘를 전략적으로 이해·사용할 수 있는 능력으로 세분해볼 수 있다. 이러한 정의에 의하면 어휘 능력은 크게 지식적인 측면과 수행적 측면으로 나누어지며, 각각에서 다루어져야 할 내용으로는 다음과 같은 것이 있다.

〈표 1-45〉 지식·수행 측면에 따른 어휘 능력의 하위 요소

지식적 측면	• 어휘에 대한 지식 • 어휘의 사용역(register)에 대한 지식 • 의미 구성 요소로서의 어휘에 대한 지식
수행적 측면	• 의사소통 목표와 상황 맥락에 대해 이해하는 능력 • 지식과 상황 맥락에 대한 이해를 토대로 성공적인 의사소통을 이끌어내는 전략적인 능력

앞서 2장에서는 의사소통 수행의 차원에서 '의사소통 목적 수립 및 상황 맥락 이해' - '의사소통 내용 및 형식 마련' - '의사소통 단위인 담화 구성' - '의사소통 수행'의 네 단계가 나타남을 논의한 바 있다. 이 중, 내용과 형식을 마련하는 단계에서는 한국어 어휘에 대한 지식과 언어 사용역에 대한 지식이, 의사소통 단위인 담화를 구성하는 과정에서는 담화를 형성하는 요소로서의 어휘에 대한 지식 및 의사소통 상황에 대한 이해가 필요하며 이러한 지식과 상황에 대한 이해를 활용하여 성공적인 의사소통을 수행하도록 하는 전략적 능력 역시 고려되어야 함을 논의하였다. 따라서 위의 지식·수행의 측면에서 살펴본 어휘 능력의 하위 요소를 의사소통의 수행 과정에 따라 구분해 보면 다음과 같이 정리할 수 있다.

〈표 1-46〉 의사소통 수행 과정에 따른 어휘 능력의 하위 요소

의사소통 내용 및 형식을 마련하는 과정	의미를 구성하는 과정
• 어휘에 대한 지식 • 어휘의 사용역에 대한 지식	• 의미 구성 요소로서의 어휘에 대한 지식 • 의사소통 목표와 상황 맥락에 대한 이해

↑

전(全) 과정
• 지식과 상황 맥락에 대한 이해를 토대로 적절한 담화를 구성해 내는 전략적인 능력

이러한 구분은 의사소통 수행을 염두에 둔 어휘 교육에 있어 각 단계별로 학습자가 수행해야 할 행동의 목록을 제시하는 동시에 학습해야 할 지식 및 능력을 보여준다는 점에서 의의를 가진다.

한편 초급, 중급, 고급 수준으로 나아감에 따라 개인이 경험하게 되는 세계와 개념이 확장되며 이에 따라 학습자가 사용해야 하는 어휘의 폭과 깊이도 확장된다. 즉, 학습자가 경험하게 되는 의사소통 맥락, 주제 그리고 과제의 난이도 등은 초급 수준에서 고급 수준으로 나아감에 따라 계속해서 심화될 것이며 학습자의 어휘 능력 역시 고정된 특정 지점에 머물러 있는 것이 아니라 확장되어 가는 연장선 위에 위치하게 된다. 따라서 학습자가 유창하게 의사소통을 수행할 수 있다는 것은 곧 해당 지점에서의 상황과 주제, 과제 등을 해결할 수 있는 능력을 갖추었음을 의미한다.

이 책에서는 유창성의 이러한 역동적인 특성을 포착하고, 계속되는 변화에 적응하여 상황과 맥락에 적절한 의사소통을 지속적으로 잘 수행해 나갈 수 있도록 하는 핵심적인 요소로서 '어휘'를 이해하였다. 따라서 학습자가 '어휘를 유창하게 사용할 수 있다'는 것은 곧 '학습자가 보유하고 있는 어휘 능력을 토

대로 어휘를 풍부하고 다양하게 사용할 수 있을 뿐만 아니라, 의사소통의 단위인 담화를 효과적으로 구성하고 의사소통 행위를 통해 전달하고자 하는 의미를 상황 맥락에 맞는 적절한 어휘를 사용하여 전달할 수 있는 것'을 의미한다.

따라서 이 장에서는 담화 차원에서의 어휘 유창성을 신장시키기 위한 방안으로 학습자의 어휘 지식을 확장시켜 주는 양적인 측면에서의 교육뿐만 아니라, 의사소통의 목적과 상황을 파악하고 이러한 목적과 맥락에 맞는 담화를 구성하기 위해 다양하고 적절한 어휘를 선택하고 사용할 수 있도록 지도하는 것을 교육 목표로 삼고자 한다.

특별히 담화 차원에서의 어휘 유창성 교육 방안의 내용은 의사소통의 목적과 상황을 파악하고, 이에 적절한 어휘를 선택하여 담화를 구성할 수 있도록 지도하는 것을 주된 골자로 한다. 이는 이러한 차원에서의 어휘 유창성 교육이 그 중요성에 비해 상대적으로 소홀히 다루어져 온 데에 대한 반성이며 앞으로의 교육이 나아가야 할 방향을 제시하기 위해서이다.

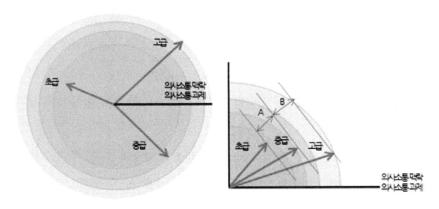

[그림 1-14] 어휘 유창성의 역동적 특성

위는 의사소통 영역과 범위, 수행해야 하는 과제가 확장되고 심화되는 과정을 나타낸 것이다. 일반적으로 초급 수준의 학습자들은 개인적이고 친숙한 상황에서 일반적인 과제를 수행할 수 있을 정도의 능력을 요구받는다. 이때 필요한 어휘는 기초 어휘, 기본 어휘 등이다. 한편 중급 학습자의 경우 초급 수준에서 요구되는 능력을 넘어 공적인 영역, 친숙하지 않은 상황에서의 의사소통 맥락을 경험하게 된다. 이를 위해 사회적인 소재와 관련된 어휘나 약간의 전문적인 어휘가 요구될 수 있다. 이때, 적절한 언어의 변이형을 사용할 수 있는 능력의 신장이 필요하다. 마찬가지로 고급 수준의 학습자는 초급과 중급에서 요구되는 상황과 과제보다 더 넓고 심화된 차원에서의 의사소통 맥락을 맞닥뜨리게 되며, 그에 맞는 언어를 선택하고 사용할 수 있는 지식과 전략, 능력을 갖추어야 한다. 전문 분야의 어휘는 물론이고 친숙하지 않은 사회적인 주제와 관련된 어휘를 이해하고 사용해야 할 필요가 여기에 있다.

오른쪽 그림의 A와 B는 초급에서 중급으로, 중급에서 고급 수준으로 나아가는 데까지의 간격을 의미한다. 따라서 이러한 간격을 메워줄 수 있는 교육 내용과 방법을 모색하는 것이 필요하다. 상황 맥락의 범주와 이에 따른 언어 사용역은 앞서 살펴본 것과 같이 목적 및 기능, 상황, 참여자에 의해 분류되며, 이는 각각 담화의 장(Field), 담화 매체(Mode), 담화 형식(Tenor)에 대응되었다.104) 이 장에서는 국제통용 한국어 표준 모형을 이러한 분류 틀에 맞게 살펴보고자 한다.

담화의 장은 학습자가 경험하게 되는 상황적인 요소와 화제, 주제에 대한 것으로, 의사소통의 목적 및 기능에 해당하는 범주로 볼 수 있다. 또한 담화

---

104) 본고의 2.2.2.에서 상황 맥락의 하위 범주와 언어 사용역을 분류하였으며, 이에 대한 예를 〈표 1〉에서 제시한 바 있다.

매체는 의사소통이 이루어지는 상황에 대한 것으로 문어 담화인 경우 텍스트 유형을 통해 살펴볼 수 있다. 마지막으로 담화의 형식은, 화자와 청자, 독자와 필자 등 참여자의 관계에 대한 것이라고 할 수 있다. 또한 의사소통 중심의 한국어 교육 현장에서는 의사소통 행위를 통해 수행해야 하는 과제의 성격과 수준 등이 중요한데, 이러한 네 가지 측면을 중심으로 A와 B에서 다루어질 수 있는 어휘 유창성 교육의 내용을 세분해서 살펴보면 다음과 같다.

〈표 1-47〉 A와 B영역에서 고려해야 할 어휘 유창성 교육의 내용

		상황 맥락에 따른 언어 사용역(register)			과제 (task)
		목적 및 기능	상황/유형	참여자	
		담화의 장(Field)	담화 매체(Mode)	담화 형식(Tenor)	
A 초급 ↓ 중급	초급	일상적인 화제, 일상적인 공공장소에서 자주 접하는 화제	간단한 대화 구, 절 단위 혹은 짧은 문장 단위의 매우 간단한 문장, 일상적인 주제의 짧고 간단한 글	개인과 개인을 둘러싼 가까운 관계	일상적이고 기본적인 화제로 구성된 과제
B 중급 ↓ 고급	중급	비교적 친숙한 소재, 자신의 관심 분야, 공적인 맥락과 상황, 기본적인 사회적 관계	간단한 설명문, 친숙한 사회적 소재에 대한 글	나이, 성, 지위 등의 특수한 상황 이해, 공적이고 격식적인 한국문화 이해	사회적 관계 유지에 필요한 기본적인 과제, 간단한 문제 해결과 관련된 과제, 직장에서의 기본적인 업무
	고급	정치, 경제,	발표, 토론,		전문성 있는

상황 맥락에 따른 언어 사용역(register)			과제 (task)
목적 및 기능	상황/유형	참여자	
담화의 장(Field)	담화 매체(Mode)	담화 형식(Tenor)	
사회 등 사회적 소재, 자신의 전문 분야, 사회적, 추상적 주제	대담, 업무 보고서, 사업 계획서 학문적 맥락이나 업무 맥락에서 수행되는 다양한 구어, 문어 활동	사회·문화적 인 내용 이해하고 사용	소재로 이루어진 과제, 전문 분야와 관련된 과제, 사회적 관계 유지를 위한 다소 복잡한 과제(의견조율, 협상)

이러한 구분에 따라 초급, 중급, 고급에서 교육해야 할 어휘 유창성 교육의 목표와 내용을 정리하면 다음과 같다. 지금까지의 논의를 종합하여 목표 및 내용을 의사소통 수행 단계에 맞게 정리하였으며, 담화 차원에서의 어휘 유창성이 어휘 능력을 토대로 하는 만큼 어휘에 대한 지식과 상황 맥락에 대한 이해를 표에 포함하였다.[105]

---

105) 본고에서 제시하는 담화 차원 어휘 유창성 교육의 목표와 범위는 어휘의 양적인 측면보다 담화를 구성하고 수행의 완성도를 높이는 어휘의 질적 측면에 집중하여 수립되었다. 이는 어휘의 양적인 측면에 대한 교육을 배제하려는 것이 아니라, 지금까지의 어휘 교육이 양적인 측면에 집중되어 있었음을 반성하고 어휘의 질적인 측면에서 고려되어야 할 내용들이 담화 차원의 어휘 유창성 교육에 균형 있게 포함되어야 함을 강조하기 위한 것임을 밝혀 둔다.

〈표 1-48〉 초급 수준 어휘 유창성 교육의 목표와 내용

초급 수준					
어휘에 대한 지식					기초 어휘, 일상적이고 기본적인 어휘를 안다.
의사소통 내용 및 형식 마련 과정	상황 맥락에 대한 이해	목적 및 기능	담화의 장	주제	자신과 가까운 주변(사람, 장소) 및 일상적인 공공장소에서 접할 수 있는 화제(하루 일과, 학교/직장 생활, 친교활동 등)에서 사용되는 어휘를 안다.
		상황/유형	담화 매개	의사소통 단위	간단한 대화에서 사용되는 어휘를 안다.
		참여자	담화 형식	관계	일반적인 화·청자, 독자와 필자 사이, 개인과 개인을 둘러싼 가까운 관계에서 사용되는 어휘를 안다.
의사소통 단위인 담화 구성 과정					매우 간단한 문장으로 이루어진 짧고 간단한 글을 구성할 수 있다. 일상적이고 기본적인 맥락에서 사용되는 담화의 특성에 맞게 글을 구성할 수 있다.
전(全) 과정					자신이 가진 지식과 이해를 전략적으로 활용하여 성공적인 의사소통을 수행할 수 있다.

초급에서 중급으로 발돋움하는 과정에서 어휘는 양적으로 팽창하게 되며, 질적인 측면에서도 일상적인 화제나 사적인 맥락에서부터 공적인 맥락으로의 확장이 나타난다. 따라서 어휘의 양적인 측면에서의 교육과 더불어 반드시 질적인 측면에서의 교육이 이루어져야 하며, 특별히 사회적이고 공적인 맥락에 맞게 어휘를 분별하여 사용하는 것에 대한 교육이 반드시 이루어져야 한다. 또한 이 과정에서는 일상적인 주제의 짧고 간단한 글에서 간단한 설명문에 이르는 텍스트 유형의 다양화가 이루어지므로, 다양한 담화 유형을 구성할 수 있는 어휘 지도가 반드시 이루어져야 한다.

〈표 1-49〉 중급 수준 어휘 유창성 교육의 목표와 범위

중급 수준				
	어휘에 대한 지식			비교적 간단한 분야에서의 어휘, 공적인 어휘를 안다.
의사소통 내용 및 형식 마련 과정	상황 맥락에 대한 이해	목적 및 기능	담화의 장 / 주제	친숙한 소재, 자신의 관심 분야, 공적 맥락과 상황(발표, 인터뷰 등)에서 사용되는 어휘를 안다.
		상황 /유형	담화 매개 / 의사 소통 단위	간단한 수준의 설명문, 친숙한 사회적 소재에 대한 글에서 사용되는 어휘를 안다.
		참여자	담화 형식 / 관계	화·청자, 독자와 필자 사이에서 나이, 성, 지위 등을 이해하고 이에 적절한 어휘를 안다. 한국어 언어 공동체에서 사용되는 공적이고 격식적인 어휘를 안다.
	의사소통 단위인 담화 구성 과정			사회적 관계 유지에 필요한 기본적인 담화를 구성할 수 있다. 직장에서의 기본적인 업무를 수행하기 위한 담화를 구성할 수 있다.
	전(全) 과정			자신이 가진 지식과 이해를 전략적으로 활용하여 성공적인 의사소통을 수행할 수 있다.

한편 중급에서 고급 수준으로 나아가는 과정에서는 사회적인 소재에 대한 어휘로부터 전문적인 어휘의 사용으로까지 그 의사소통의 상황 맥락이 확장된다. 어휘 유창성 결정 요인의 검증에서도 확인할 수 있었듯이, 고급 수준에서는 기본적으로 어휘 오류가 적고 알고 있는 어휘 지식의 양도 많기 때문에, 이를 담화 맥락에 맞게 사용할 수 있는 능력이 요구된다. 따라서 전문 분야 및 특정 담화 영역에서 빈번하게 나타나는 어휘를 제시하고, 다소 복잡한 담화를 구성할 수 있도록 독려해야 한다. 특별히 중, 고급 수준에서의 어휘 유창성은 어휘

가 사용되는 담화의 영역과 주제에 대한 이해와 지식을 포함하는데, 특정 주제에 대한 내용으로서의 어휘 지식(전문어 등)이나, 학업 영역, 업무 수행 영역에서의 어휘를 양적, 질적인 측면에서 확장하는 것을 목표로 해야 한다. 이를 표로 정리하면 다음과 같다.

〈표 1-50〉 고급 수준 어휘 유창성 교육의 목표와 범위

고급 수준				
의사소통 내용 및 형식 마련 과정	어휘에 대한 지식			사회적 소재에 대한 어휘, 전문 어휘, 추상적 어휘를 안다.
	상황 맥락 에 대한 이해	목적 및 기능	담화의 장 / 주제	정치, 경제, 사회 등에 관한 어휘, 전문 분야와 사회적이고 추상적인 주제에서 사용되는 어휘를 안다.
		상황 /유형	담화 매개 / 의사 소통 단위	발표, 토론, 대담, 업무 보고서, 사업 계획서 등 학문적 맥락이나 업무 맥락에서 수행되는 다양한 구어, 문어 어휘를 안다.
		참여자	담화 형식 / 관계	화·청자, 독자와 필자의 관계를 사회·문화적인 차원에서 이해하고 이에 적절한 어휘를 안다.
의사소통 단위인 담화 구성 과정				전문 분야와 관련된 담화를 구성할 수 있다. 사회적 관계 유지를 위한 다소 복잡한 담화(의견 조율, 협상 등)를 구성할 수 있다.
전(全) 과정				자신이 가진 지식과 이해를 전략적으로 활용하여 성공적인 의사소통을 수행할 수 있다.

2. 교육의 기본 원리

한국어 어휘 교육은 어휘 유창성의 신장을 목표로 이루어져야 한다. '어휘

유창성'은 학습자가 보유하고 있는 어휘 능력을 토대로, 어휘를 풍부하고 다양하게 사용하며 의사소통의 단위인 담화를 효과적으로 구성하고, 의도한 의미를 상황 맥락에 맞는 적절한 어휘를 사용하여 전달할 수 있는 것을 의미한다.

이러한 어휘 유창성을 결정하는 요인으로는 양적 측면과 질적 측면이 있는데, 양적 측면은 어휘를 풍부하게 사용할 수 있는지에 대한 여부를 살펴보는 것으로, 4장을 통해 어휘 다양도와 세련도, 그리고 어휘의 오류 빈도가 학습자의 숙달도와 상관성이 있음을 발견하였다.

또한 질적인 측면은 의사소통 단위인 담화를 구성함에 있어 어느 정도로 적절하고 자연스럽게 어휘를 선택, 사용하고 있는가에 대한 측면으로서 이 책에서는 어휘가 의사소통의 핵심적인 단위가 되며, 어휘를 잘 사용한다는 것이 결국 전하고자 하는 내용을 얼마나 충실하고 짜임새 있게 구성하였는지에 달려 있다는 관점에서 형태·통사적 결속성, 의미적 응집성, 화용적 적절성을 논의하였다.

이러한 양적·질적인 측면은 '어휘 유창성'을 결정하는 데에 있어서 동일한 비중을 차지하고 있지 않다. 4장의 연구 결과 어휘 유창성의 질적인 측면이 양적인 측면에 선행하는 기본적인 전제로 작용하며 양적인 측면에 대한 평가가 질적인 측면을 뛰어넘지는 못하는 것을 확인할 수 있었다. 즉, 어휘의 양적 요인으로는 학습자의 숙달도를 예외 없이 설명할 수 없었으며, 질적인 요인에 대한 고려가 함께 이루어질 때 어휘 유창성을 충분히 논의할 수 있음을 확인하였다. 다시 말해 어휘를 양적으로 유창하게 사용한다는 것은 담화에 사용된 어휘들이 주제적으로 응집성을 이루고 있는지, 전체적인 의미 전달에 방해가 되지 않도록 담화를 긴밀하게 구성하고 있는지, 의사소통이 이루어지는 장면과 상황에 맞게 화용적인 적절성을 가지는지가 일차적으로 먼저 고려된 이후에 논의될 수 있는 것이다.

따라서 한국어 어휘 교육에서도 양적 측면과 질적 측면의 경중을 다르게 설정해 가르칠 필요가 있다. 김정남(2003), 이해영(2006), 이정민(2010) 등 다양한 어휘 교육 관련 연구에서 지적한 대로, 현재까지의 어휘 교육은 문법이나 다른 영역에 비해 제시하는 방법과 학습 활동이 빈약하였으며 제시되고 있는 어휘 교육 역시 학습자의 머릿속에 있는 어휘 사전의 양을 늘리거나 개별 단어에 대한 지식을 확충하는 수준에서 이루어진 것이 사실이다. 이는 곧 어휘의 양적 요인들을 중심으로 교육이 이루어졌음을 의미한다.

이에 앞으로의 한국어 어휘 교육은 양적인 요인과 질적인 요인의 균형적인 교육을 지향해야 하며, 이를 통해 궁극적으로 의사소통을 수행하는 담화를 정확하고 적절하게 구성할 수 있도록 하는 데에 목표를 두어야 한다. 따라서 다음과 같은 측면에서 어휘 유창성 교육의 원리를 제시할 수 있다.

(1) 어휘의 제시 및 교육은 담화 차원에서 이루어져야 한다.

고립된 맥락에서의 기본 의미를 중심으로 한 어휘 교육은 실제 의사소통 상황에서 이루어지는 어휘의 이해 및 사용에 직접적인 도움을 제공해 줄 수 없다. 실제로 담화를 통한 의사소통의 목표와 상황에 대한 이해 없이는 효과적인 의사소통을 위한 적절하고 정확한 어휘를 선택하여 사용할 수 없으며, 이는 과제 수행의 성공 여부에도 영향을 끼치게 된다.

4장에서 학습자 작문 사례를 살펴본 결과, 담화를 구성하는 목표와 의사소통 상황에 대한 이해가 부족할 때, 문·구어의 차이, 화·청자의 관계 등을 이해하지 못하여 어색한 어휘를 사용하게 되는 경우가 상당수 나타났으며 전체적인 글의 완성도가 낮아지는 양상을 관찰할 수 있었다.

따라서 학습자들에게 담화 차원에서 어휘를 제시해야 하고, 어휘들이 선택·사용된 원리를 담화 주제와 담화 방법, 담화 매개 등 담화의 다양한 측면에서 관찰하게 하여, 담화 차원에서 이루어지는 어휘 선택 및 사용의 원리에 대한 인식을 고양시켜 주는 것이 필요하다.

(2) 담화 차원에서의 어휘 교육은 의사소통 수행 과정을 전제로 이루어져야 한다.

지금까지의 어휘 교육은 지식과 수행의 측면으로 구분되어 이루어졌다. 이러한 구분은 어휘의 지식이 의사소통의 어떠한 단계에서 어떻게 활용되어야 하는지에 대한 정보를 제공해 줄 수 없으며 지식과 수행의 관계에 대해 파악하기 어렵게 만든다. 따라서 담화 차원의 어휘 교육에서는 의사소통 수행의 차원에서 나타나는 단계들을 이해하고, 각 단계에서 지식과 수행이 어떻게 고려되어야 하는지를 종합적으로 바라보고자 하였다. 앞서 2장에서 의사소통 수행 단계를 의사소통 목적 수립 및 상황 맥락 이해, 의사소통 내용 및 형식 마련, 담화 구성, 의사소통 수행의 네 단계로 나누어 정리한 바 있다. 이 중, 의사소통 내용 및 형식을 마련하는 과정에서 어휘의 의미에 대한 지식과 사용역에 대한 지식이 요구됨을 밝혔으며, 상황 맥락에 대한 이해를 토대로 담화를 구성해야 함도 논의하였다. 이러한 논의는 곧, 어휘 교육이 의사소통 수행 과정을 염두에 두고 이루어져야 함을 의미하며, 각 단계에서 고려되어야 할 지식 및 수행이 곧 담화 차원에서의 어휘 교육의 목표이자 내용이 될 수 있음을 뜻한다.

(3) 의사소통의 내용 및 형식을 마련하는 요소로서의 어휘를 이해하고, 어휘의 의미에 대한 지식과 함께 언어 사용역에 따른 어휘의 변이형을 알고 사용할 수 있어야 한다.

의사소통의 본질은 의미를 전제로 한 언어적 행위이며, 곧 목표로 한 메시지를 전달하는 데에 있다. 2장의 논의를 통해 의사소통의 목표가 되는 메시지의 내용과 형식을 마련하는 것이 바로 어휘임을 살펴보았다. 내용과 형식은 각각 어휘를 통해 담화에 의미를 담고, 상황 맥락을 반영하게 된다. 따라서 효과적인 의사소통을 수행하기 위해서는 어휘의 의미에 대한 지식과 더불어 언어 사용역에 따라 달라지는 어휘를 적절하게 선택하여 사용할 수 있어야 한다. 앞서 4장을 통해 상황 맥락의 변이에 따라 어휘를 적절하게 선택하여 사용하는 것이, 담화의 전체적인 완성도를 높인다는 것을 학습자 작문을 통해 확인할 수 있었다. 따라서 이에 대한 지도가 필요하다.

(4) 의사소통 단위의 구성요소로서의 어휘를 이해하고, 담화의 결속성에 관여하는 어휘를 적극적으로 사용할 수 있도록 해야 한다.

지금까지의 어휘 교육은 지나치게 덜 분석적이거나, 때로는 지나치게 분석적으로 다루어져 왔다. 즉, 담화 전체적인 의미를 이해하는 데에 그쳐 담화를 구성하는 어휘에 대해 간과하였거나, 혹은 담화를 단어 차원으로 잘게 쪼개어 해당 담화에서 어휘가 기능한 바를 파악할 수 없도록 한 것이다. 그러나 2, 3장에서 제시하였던 것처럼 어휘는 담화를 결속하는 중요한 기제로서, 어휘를 통해 어휘와 어휘, 문장과 문장의 결속이 강화된다. 특히 두 개 이상의 어휘가 결합된 연어 및 관용어를 교육 단위로 다루게 될 경우, 학습자들이 보다 빠르고 정확하게 말이나 글을 표현해 낼 수 있게 되며 이는 유창성의 신장에도 효과적임을 염두에 두어야 한다.

(5) 어휘 사용의 궁극적인 목표가 의미를 전달하는 데에 있음을 인식하고, 의미적으로 응집성을 이룰 수 있도록 어휘를 사용해야 한다.

의사소통 중심 접근법에서는 어휘의 교육과 평가의 목표가 개별 어휘를 얼마나 잘 알고 있느냐에 있는 것이 아니라, 어휘를 통해 의사소통 목표를 잘 수행하고 있는지에 있어야 할 것이다. 의미를 잘 전달하기 위해서는 담화를 구성하는 내용 요소 하나하나가 의미적으로 잘 연결되고 짜임새 있게 응집되어야 한다. 다양하고 수준 높은 어휘를 사용하였다 하더라도, 주제에 맞지 않는 어휘만 반복적으로 사용되었거나, 이야기하고자 하는 내용을 파악할 수 없을 정도로 담화의 의미적 연결이 부족한 경우 어휘를 잘 사용하였다고 말할 수 없을 것이다. 따라서 담화 차원에서의 어휘 교육은 전체 담화의 의미적 응집성을 염두에 두고 이루어져야 한다.

(6) 한국어 담화 공동체에서 수용 가능한 어휘, 사용 맥락에 맞는 어휘를 적절하게 선택할 수 있도록 해야 한다.

　어휘를 선택하고 사용함에 있어 중요하게 고려해야 하는 것은 한국어 담화 공동체에서 수용할 수 있는 적절한 어휘를 선택해야 한다는 것이다. 외국인 학습자들의 경우 어휘에 대한 기본 의미만 학습할 경우, 실제로 사용되는 맥락이나 상황에 대한 정보가 부족하기 때문에 어휘 선택에 있어 오류를 보이게 된다. 이러한 원리는 학문이나 직업 분야 등 전문적인 영역에서도 적용되므로 해당 담화 공동체에서 사용하는 전문어 등을 자연스럽게 사용할 수 있도록 지도해야 한다. 또한 화·청자의 관계, 독자와 필자의 관계에 적절한 어휘를 선택하는 것 역시 중요한 교육 내용으로 다루어져야 한다. 이는 나이와 지위, 성, 친소 관계 등에 따라 적절한 어휘의 목록이 달라지며 사용역에 따른 적절한 어휘 선택은 곧 담화의 완성도를 결정짓는 요소가 되기 때문이다.

(7) 어휘를 통해 의사소통을 수행하는 과정에서 전략적 능력이 필요함을 알고, 이를 잘 활용할 수 있도록 한다.

　한국어 학습자들의 경우, 자신이 가지고 있는 모국어와 배경 지식을 토대로 어휘를 이해·사용하게 되며 자신의 인지적 경험과 지식을 활용하여 의사소통에 참여한다. 이러한 과정에서 중요하게 다루어질 수 있는 것이 전략적 능력이다. 한국어 학습자가 제한된 어휘를 사용하여 의사소통 목표를 달성하기 위해서는 전략적 능력이 반드시 필요하며 학습자는 이러한 능력을 통해 자신의 세계와 어휘를 연결해 나간다. 이는 특별히 담화를 구성하는 차원에서도, 자신의 가진 지식과 상황 맥락에 대한 이해를 토대로 성공적인 의사소통을 수행하도록 하는 총체적인 능력으로 작용하기도 한다. 따라서 한국어 어휘 교육에서는 전략적 능력이 중요하게 다루어져야 하며 한국어 학습자들이 어떠한 전략적 능력을 잘 활용할 수 있도록 강조해야 한다.

(8) 어휘 유창성 교육은 어휘의 양적 요인뿐만 아니라 어휘 질적 요인에 대해서도 이루어져야 하며, 어휘 질적 요인에 대한 교육의 우선순위와 비중을 높여야 한다.

어휘 사용의 질적 측면이 충분히 학습되지 않은 상황에서 어휘의 양만 늘려 나가는 것은 오히려 말 또는 글의 응집성을 저해할 수 있다. 따라서 어휘의 질적인 측면을 먼저 고려하는 가운데 다양하고 풍부한 어휘를 사용하도록 교육해야 할 것이다. 4장에서의 양적 분석 결과 초급의 경우 어휘 다양도가 숙달도에 미치는 영향이 매우 큰 것으로 나타났으나, 중·고급의 경우 어느 정도의 상관성만을 확인할 수 있었다. 이러한 양상은 어휘 오류 빈도에서도 찾아볼 수 있는데, 초, 중, 고급으로 갈수록 어휘 오류 빈도가 숙달도에 미치는 영향이 작은 것으로 나타났다. 이는 곧 고급 수준으로 갈수록 평가 결과에 양적인 측면이 아닌 질적인 측면이 더 큰 영향을 끼칠 수 있다는 가능성을 암시한다. 따라서 학습자의 어휘 양적 지식을 넓히는 데에 목적을 둔 교육 및 평가를 지양하고, 자신이 보유하고 있는 어휘 지식과 정보를 적절하고 정확하게 활용할 수 있는 능력의 신장을 교육의 목표로 삼아야 할 것이다.

3. 교육의 예

지금까지 의사소통 능력으로서의 어휘 능력을 정의하고, 담화 차원에서 어휘를 유창하게 사용하기 위한 다양한 요인들을 살펴보았다. 또한, 어휘 교육의 목표와 범위, 어휘 유창성을 신장시키기 위한 교육의 원리를 모색하였다. 이번 절에서는 위에서 살펴본 교육의 목표와 원리에 따라 실제적인 어휘 유창성 교육의 예를 제시해 보고자 한다. 특히 어휘 유창성을 결정하는 요인들 중 그동안 교육이 많이 이루어지지 않았던 질적인 요인을 중심으로 그 예를 구성해 볼 것이다.

(1) 요인별 신장 방안

1) 형태·통사적 결속성

형태·통사적 결속성은 어휘 내, 어휘와 어휘 간, 어휘와 문장 사이를 짜임새 있게 결속하여 담화를 구성하는 기제가 된다. 이는 다시 어휘 내적인 결속과 어휘 외적인 결속으로 나누어 살펴볼 수 있는데, 어휘 내적인 결속은 접두사, 접미사를 통한 파생어나 어근과 어근의 결합으로 만들어진 합성어에 관한 지식을 의미한다.

한국어의 경우, 접사의 종류가 많고 그 기원 및 원형의 의미를 밝힐 수 없는 경우가 다수 존재할 뿐만 아니라, 그 결합의 양상에 있어서도 규칙을 따르지 않는 예가 많다. 따라서 접사를 독립적으로 학습자들에게 교육시키는 것은 오히려 학습 부담을 가중하며, 결합 오류를 더 빈번하게 발생시키는 원인이 될 것으로 보인다. 따라서 어휘 내적인 결속에 대한 지식은 다양한 예와 함께 동일 접사 및 어근이 결합한 부류로 분류하여 제시하는 등 자연스럽게 습득되어야 한다. 다만 어휘를 제시하는 과정에서 단순히 동일한 접사 및 어근이 결합된 어휘 부류를 그대로 제시하는 것이 아니라, 주제 또는 의미별로 어휘를 제시하고 사용 맥락에 대한 정보를 함께 학습할 수 있도록 지도하는 것이 중요하다.

기존의 어휘 교육에서는 어휘를 단순히 나열하여 제시하거나 동일 접사 또는 어근으로 어휘를 분류하여 제시하고 있다.

[그림 1-15] 어휘 제시의 예

그러나 위와 같은 제시 방법은 어휘의 양을 확장하고 이를 머릿속에 저장하는 데에는 도움이 되지만, 실제적으로 해당 어휘의 쓰임에 대한 정보를 제공해 주지는 못한다는 한계를 가진다. 따라서 학습자로 하여금 자주 사용되는 주제나 맥락을 중심으로 어휘를 분류하게 하고, 해당 어휘의 의미와 화용적인 정보에 대해 논의하도록 하는 활동을 하게 함으로써 실제적인 의사소통 상황에서 즉각적으로 단어를 재인하고, 적절하게 사용할 수 있도록 하는 것이 중요하다. 또한 어휘를 주제나 맥락에 맞게 분류한 후, 두세 단어 이상을 사용하여 짧은 글짓기 활동을 연계해서 하는 것 또한 실제적인 어휘 사용 맥락을 경험하게 한다는 점에서 유의미하다.

〈어휘 내적 결속성 신장을 위한 활동의 예〉

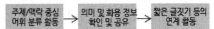

(연계 활동의 예)

• 자신의 직장에 <u>소속감</u>을 가지고 일을 하면, <u>책임 감</u>도 가지게 되고 맡은 일에 대해 <u>자부심</u>도 생길 것이다.
• 자신이 좋아하지 않는 일을 하면 <u>성취감</u>을 느끼 기 어렵고 <u>회의감</u>도 들게 된다. 그래서 나는 직 업을 선택할 때, 자신이 좋아하는 일인지가 가장 중요한 조건이라고 생각한다.

[그림 1-16] 어휘 내적 결속성 신장을 위한 활동의 예

한편 어휘와 어휘 간의 결속을 긴밀하게 하는 연어 교육의 경우, 자연스럽고 정확한 문장을 생성해 내게 한다는 점에서 어휘 유창성을 신장하는 좋은 방안 이 될 수 있다. 한국어의 연어 구성은 크게 문법적 연어와 어휘적 연어로 나누 어 볼 수 있는데, Martin(1981)에 의하면 문법적 연어는 항목이 고정되어 있는 문법 범주에 결속하는 데에 반해, 어휘적 연어는 열린 범주의 항목들 간의 결속 이기 때문에 교육에 어려움이 있다고 하였다(Nunan, 1991에서 재인용). 문법 적 연어 사용의 오류는 학습자들이 호응이 맞지 않는 문장을 생산하는 주된 원인이 되기도 한다("얼마나 기분이 좋은지 또 가고 싶다", "서울에 방학마다 간 정도로 한국을 좋아한다" 등).

유해준(2011)에서는 사용상의 고빈도, 학습적 용이성 등에 따라 문법적 연 어의 항목을 선정하여 제시하고 있는데, 이러한 목록은 학습자가 급별로 자주 사용하게 되는 문법적 연어를 알고 이를 정확하게 사용할 수 있게 하는 데에

도움을 줄 수 있다. 이뿐만 아니라 학습자 오류 말뭉치를 활용하여 학습자가 자주 생산하는 오류를 중심으로 예를 보여준 후, 이를 바르게 고치게 할 경우 보다 정확한 문장 호응을 완성하게 할 수 있으며 이는 곧 담화의 전체적인 정확성과 결속성을 높일 수 있게 한다.

반면 어휘적 연어는 앞서 Martin(1981)이 지적한 바와 같이 개방적인 어휘들의 결속이기 때문에 목록을 통한 교육이 쉽지 않다. 다만 어휘적 연어는 해당 어휘의 원의미가 투명하게 남아 있는 경우가 많으므로 의미적인 접근이 가능하다. 허영화(2009)에서는 주제를 중심으로 연어를 분류하고 이를 교육하는 방안에 대해 논의한 바 있으며 김지은(2010)에서도 주제에 따라 연어를 분류하고, 연어의 의미 관계를 함께 제시하여 교육 내용을 구성한 바 있다. 주제를 중심으로 연어를 교육하는 것은 의사소통 주제 및 상황에 맞는 연어를 빠르고 정확하게 기억하고 사용할 수 있도록 한다는 점에서 의미가 있다. 또한 유추를 통한 교육 역시 고려해 볼 수 있는데 유추를 이용한 어휘 교육은 학습자가 새로운 어휘를 접했을 때, 이미 알고 있는 어휘에 대한 정보를 적극적으로 활용할 수 있도록 한다는 점에서 유용하다(나은미, 2008:198).

〈표 1-51〉 형태·통사적 결속성 신장을 위한 연어 학습 활동의 예

문법적 연어 목록 확장 활동의 예	활동 내용
• 제시된 담화에 나타난 문법적 연어를 관찰하고 목록 채우기	– 실제 담화를 분석하여, 사용된 문법적 연어를 발견하고 목록화하는 데에 활동의 목적이 있다. 이는 어휘가 담화 내에서 결합된 양상을 직접 관찰하게 하고 조사 및 어미와의 결합으로 구성된 문법적 연어의 형태 정보에 집중하게 하여 정확성을 신장하는 데에 도움을 줄 수 있다는 점에서 유의미하다.

• 학습자 오류 말뭉치를 활용한 오류 수정하기	– 학습자가 빈번히 생산해 내는 오류의 예를 보이고, 개인 또는 짝과 함께 수정하게 하는 활동을 하도록 지도한다.
어휘적 연어 목록 확장 활동의 예	**활동 내용**
• 주제 중심으로 연어 분류하고, 담화 구성하기	– 특정 주제 및 의사소통 상황을 중심으로 빈번히 나타날 수 있는 어휘적 연어 목록을 활성화하고, 짝 또는 소그룹 활동을 통해 활성화한 어휘적 연어를 사용하여 담화 구성 활동을 수행하도록 한다. 소그룹 간 동일한 주제를 주고 서로 비교하게 할 수 있으며, 서로 다른 주제에 대해 어휘적 연어 목록을 구성하게 한 후 전체 교실 활동을 통해 이를 반 친구들과 공유하도록 지도할 수도 있다. 이러한 활동의 목적은 학습자들의 어휘적 연어 목록을 확장하고, 이를 통해 담화를 구성할 수 있도록 하는 데에 있다.
• 의미 관계 중심으로 어휘적 연어 목록 확장하기	– 어휘적 연어의 의미 관계를 통해 어휘 목록을 확장해 나가는 활동을 진행할 수 있다. 특별히, 유의관계, 반의관계에 있는 어휘적 연어를 상기하고 목록화하는 활동을 통해, 교체 가능한 표현들에 대한 지식을 쌓을 수 있으며 이는 보다 다양하고 풍부하게 담화를 구성하는 데에 도움을 준다.

한편 접속부사는 단어와 단어의 결속뿐만 아니라 단어와 문장, 문장과 문장 간의 결속을 공고하게 하는 기능을 한다. 이러한 접속부사는 담화 차원에서 교육이 이루어져야 하는데, 이는 담화상에 나타난 앞뒤 문장을 함께 제시해 줄 때 접속부사의 기능을 온전히 파악할 수 있기 때문이다. 이러한 접속부사의 교육은 문장들을 순서에 상관없이 나열한 후 접속부사를 사용하여 이를 완성된 담화로 생산해 내도록 하는 활동, 또는 담화 표지가 나타나야 할 자리를 빈칸으로 둔 담화를 제시하고 이를 학습자 스스로 채워 보게 하는 활동 등을 통해

교육될 수 있다.

2) 의미적 응집성

담화의 의미적 응집은 주제어를 중심으로 한 주제 응집과 논지를 전개해 나가는 과정에서의 응집을 의미하는 논리 응집성으로 나누어 살펴본 바 있다. 이때 주제 응집을 이루는 어휘적인 기제에는 어휘의 반복과 대치 사용이 있었으며 논리 응집의 경우 예, 비교, 덧, 서론, 본론, 결론 등의 메타 어휘를 통한 응집과 내재적인 응집이 있었다.

먼저 주제 응집성을 높이기 위해서는 담화의 주제와 중심 생각에 맞는 핵심적인 어휘를 선택하고 배치하는 것이 요구된다. Hoey(1991)에서는 텍스트를 이루는 문장 간의 다양한 어휘적 관계들, 특히 중심 문장과 다른 문장들과의 어휘적 연결의 수에 따라 텍스트 응집성이 결정된다고 논의한 바 있다. 따라서 담화의 주제에 해당하는 어휘를 반복, 대치하여 사용함으로써 주제적인 응집을 확보할 수 있다.

학습자들이 주제와 긴밀한 연결을 보이는 어휘를 선택하기 위해서는 담화 주제에 대한 이해와 생각의 확장이 필요하다. 서로 관련된 어휘의 수를 확장하기 위한 방안으로는 어휘 간의 의미 지도를 그리는 교수 방안이 대표적이다. 강현화(2013)에서는 중급 어휘를 교수하기 위한 방안으로 다양한 교수 활동을 제안하고 있는데, 그중 한 예로 다음을 제시하였다.

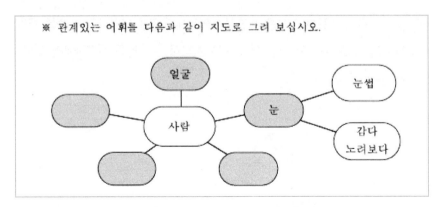

[그림 1-17] 어휘 의미 지도의 예 (강현화, 2013)

이러한 어휘의 확장은 사실상 학습자가 가지고 있는 어휘의 사이즈를 늘리거나 주제가 결정되지 않은 상황에서 사고의 발산을 통해 다양한 아이디어를 얻고자 할 때는 유용할 수 있다. 그러나 본고에서 논의하고자 하는 담화 차원에서의 어휘 유창성 교육에 적용되기 위해서는 다음과 같은 차원에서 보완되어야 한다.

첫째, 어휘의 확장 범위가 지나치게 열려 있어, 하나의 주제로 응집되지 않는다. 따라서 위와 같은 어휘 의미 지도 그리기 활동을 진행할 때는 학습자가 정해진 하나의 주제 혹은 한 영역을 염두에 두고 어휘를 풍부하게 확장해 볼 수 있도록 지도해야 한다.

둘째, 실제로 어휘를 사용함에 있어 위의 의미 지도는 사용상의 정보를 충분히 제공해 주지 못한다. 기존에 알고 있던 어휘를 환기시키고 이를 통해 다양한 어휘를 사용할 수 있도록 한다는 점에서는 유용할 수 있으나 실제 의사소통 수행 과정에서 주제와 관련된 어휘를 어떻게 응집력 있게 구사할 수 있는지에 대한 정보를 얻을 수는 없다. 이에 이 절에서는 어휘 의미 지도에 유의어·반의어, 상위어·하위어 등의 정보를 포함시킴으로써 어휘를 대치하고 반복할 때에 다양한 어휘와 표현을 구사할 수 있도록 지도하는 방안을 제안하고자 한다. 그 예로는 다음과 같다.

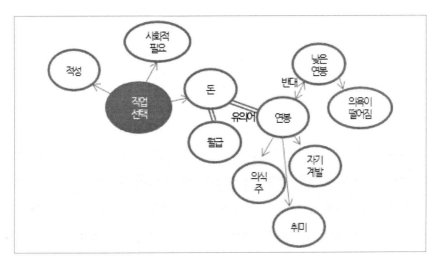

[그림 1-18] 주제 응집성 신장을 위한 어휘 의미 지도의 예

위와 같은 의미 지도 그리기는 학습자들에게 유의, 반의 관계에 있는 어휘 등 의미적 관계에 대한 정보를 제공해 주고, 각각의 중심 키워드에 응집하는 어휘망을 구성하게 함으로써 다음과 같은 응집성 있는 담화를 산출해낼 수 있게 한다.

> 직업을 선택할 때 중요하게 고려되어야 하는 조건으로는 <u>적성</u>, <u>사회적 필요</u>, 그리고 <u>(돈→)</u>
> <u>*연봉*</u>이 있다. 이 중에서 가장 중요하다고 생각하는 조건은 *연봉*이다. 왜냐하면 *연봉*은 <u>의식</u>
> <u>주</u>의 문제를 해결할 수 있고, <u>취미생활</u>의 질을 높일 수 있기 때문이다. 또한 *연봉이 높으면*,
> 자기계발을 위해 돈을 쓸 수 있게 되어서 직장생활에도 도움이 될 수 있다. 그렇지만 *연봉이*
> *낮으면*, <u>의욕이</u> 떨어져서 열심히 일을 할 수 없게 된다. 이러한 이유 때문에 *연봉*이 가장
> 중요한 조건이라고 생각한다.

한편 담화의 내재적인 응집을 높이기 위해서는 의미적으로 관련 있는 단어들의 연쇄를 만들어 보는 활동이나 단어가 사용된 문장의 순서를 재조직하는 과정을 통해서 내재적 응집을 학습할 수 있다. Robinson(1989)에서는 Hasan(1984)에서 도입한 두 가지 유형의 단어 연쇄 활동이 담화의 응집성을 높이는 방안이 될 수 있다고 보았다. 두 가지 단어 연쇄 활동은 각각 동질성(identity) 연쇄와 유사성(similarity) 연쇄인데 예를 들면 다음과 같다.

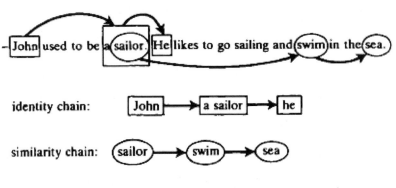

[그림 1-19] 단어 연쇄 활동의 예 (Robinson, 1989:280)

위의 예에서 동질성 연쇄는 주어인 John을 가리키는 단어인 a sailor와 he를 각각 연쇄시키고 있으며 유사성 연쇄는 sailor를 중심으로 비슷한 연상 의미를 가진 swim와 sea를 연쇄한 것이다. Robinson(1989)에 따르면 동질성 연쇄는 담화에 내재된 주제어에 대한 동일 지시어를 발견함으로써 담화의 응집성을 확보할 수 있게 하며 유사성 연쇄의 경우 담화 내에서 어떠한 의미적인 관계를 맺고 있지는 않으나 의미에 대한 배경 지식을 상기시킴으로써, 의미적인 긴밀성을 발견할 수 있게 한다. 이를 한국어 담화의 예를 통해 살펴보면 다음과 같다.

나는 中學校 때 先生님이셨던 임 선생님을 존경한다. 그 분은 우리에게 數學을 가르쳐 주셨는데, 선생님 덕분에 나는 지금도 수학을 좋아한다. 선생님께서는 수학을 잘 가르쳐 주셨을 뿐만 아니라, 學生들을 진심으로 사랑해 주셨다.

위 문단에서의 '임 선생님'은 '그', '선생님'이라는 동일 지시어를 통해 반복되고 있다. 이를 통해 글에서 이야기하고자 하는 중심 인물을 중심으로 응집성이 실현됨을 확인할 수 있다. 또한 中學校, 先生님, 數學, 學生과 같은 단어들은 '학교'라는 장에서 나타날 수 있는 어휘 목록들로서 위의 담화가 의미적으로 잘 응집되고 있음을 보여준다.

이러한 단어 연쇄 활동은 단순한 연상에 의한 연쇄를 넘어 담화 내에서 사용된 어휘의 연쇄를 보여줌으로써 학습자로 하여금 어휘를 주제적으로, 의미적으로 잘 응집하여 사용할 수 있도록 한다.

이 외에도 어휘의 주제 응집성과 논리 응집성을 신장하기 위한 활동으로 핵심어를 중심으로 한 요약하기 활동 및 재구성하기 활동을 예로 들 수 있다.

이 활동은 완성된 담화로부터 출발하며, 주제어 및 핵심 어휘를 찾는 하위 활동과 메타 어휘와 글의 논리 구조를 구성하는 어휘를 표시하는 하위 활동으로 진행된다.[106]

〈표 1-52〉 의미적 응집성 신장을 위한 어휘 학습 활동의 예

활동 대상	고급 학습자		
활동 내용	• 핵심어를 중심으로 글을 요약하기 (1/2차시) • 전달받은 내용을 통해 글 재구성하기 (2/2차시)	활동 유형	개별 → 협동 → 개별 활동
활동 목표	• 주제와 논리의 흐름에 맞게 담화를 요약할 수 있다. • 핵심어와 메타 어휘 단서를 통해, 담화를 재구성할 수 있다.		

단계 (1차시)	활동의 예	활동 시 주안점
담화 제시 ↓ 핵심어 찾기 ↓ 주제 및 논리 응집 어휘 찾기 ↓	1. 다음의 글을 읽고, 글의 주제에 대해 생각해 보세요. 2. 다시 한번 글을 읽으면서, 핵심어에 밑줄을 긋거나 다른 색 깔로 표시해 보세요. 3. 핵심어를 잘 찾았는지 확인하면서, 문장과 문장을 연결하거나 글의 구조를 드러내는 단어가 있으면 동그라미 쳐 보세요. (예) 또, 이/그/저, 즉, 마지막 등 대학의 사명은 교수와 학습 그리고 연구라고 할 수 있을 것이다. (국)대학은 학문의 전당으로서 마땅히 학문을 깊이 있게 연구하고 연구된 것을 학생들에게 가르치며 학생들은 그것을 배워 지적인 인격체로 성장해 나가야 하는 것이다. (이는) (결과)적으로 개인의 역량을 발전시켜 사회에 꼭 필요한 인재로 만들어 주기 때문에 대학의 (또)(다른) 사명은 사회에 이바지하는 것이라고 할 수 있겠다.	• 담화를 요약하는 활동은 여러 단계에 걸쳐 진행한다. • 핵심어와 동그라미 친 어휘들은 글의 위치대로 옮겨 적는다.

---

106) 활동지 작성의 예로 든 작문은 한국어능력시험(TOPIK) 32회 고급 표현 영역 (쓰기) 46번의 모범 답안을 빌려 온 것이다.

| 요약하기
↓

친구에게
전달하기 | 4. 핵심어와 동그라미 친 단어들을 활동지에 원래 위치대로 옮겨 쓰고, 아래에 이를 종합하여 요약문을 쓰세요.
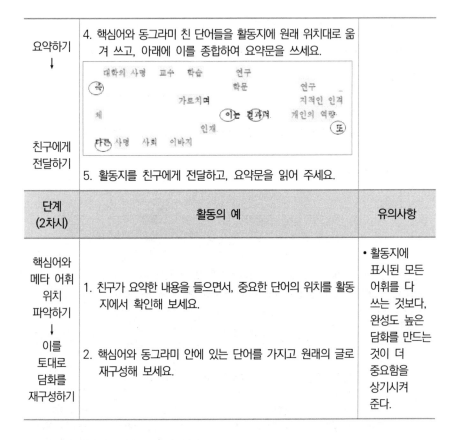
5. 활동지를 친구에게 전달하고, 요약문을 읽어 주세요. | |

단계 (2차시)	활동의 예	유의사항
핵심어와 메타 어휘 위치 파악하기 ↓ 이를 토대로 담화를 재구성하기	1. 친구가 요약한 내용을 들으면서, 중요한 단어의 위치를 활동지에서 확인해 보세요. 2. 핵심어와 동그라미 안에 있는 단어를 가지고 원래의 글로 재구성해 보세요.	• 활동지에 표시된 모든 어휘를 다 쓰는 것보다, 완성도 높은 담화를 만드는 것이 더 중요함을 상기시켜 준다.

3) 화용적 적절성

화용적 적절성은 어휘가 사용되는 전체적인 맥락을 함께 제시함으로써 교육될 수 있다. 화용적 적절성을 담화 공동체에 대한 이해를 전제로 한다. 따라서 한국어 담화 공동체에서 사용하는 어휘의 의미역에 대한 이해, 특정 어휘에 담긴 담화 공동체의 사회문화적인 가치에 대한 이해 등을 교육 내용에 포함하여야 한다. 또한 학습자의 모국어로 직접 번역이 가능한 예와 의미의 차이가 나타나는 예 등을 구분하여 제시함으로써 명시적으로 어휘의 화용적인 의미를 확인하게 하는 교육 방안도 고려해 볼 수 있다.

황미향(2004:315)에서는 어휘의 사전적인 의미 못지않게 상황 맥락적인 의미도 중요하게 다루어야 함을 강조하며 상황 맥락적인 의미는 체계적인 학습이 아니면 익히기 어려우며 의사소통 상황 속에서 역동적으로 변화하기 때문에 고정된 맥락에서의 일회적인 학습으로는 완전히 이해하기 어렵다고 하였다. 따라서 다양한 상황 맥락, 화·청자, 독자 및 필자와의 관계, 문·구어, 장르 등을 학습자에게 제시하여 주고, 이를 통해 상황 맥락적 어휘의 의미를 확장해 나갈 수 있도록 해야 한다. 또한 의사소통이 이루어지는 상황에 대한 변화가 어휘에 어떠한 영향을 주는지를 이해할 수 있도록, 특정 상황을 염두에 두고 작성된 담화를 또 다른 상황 맥락에 맞게 변형하는 활동 또한 고려해 볼 수 있다. 이러한 활동을 통해, 어휘의 상황 맥락적인 성격을 이해하고, 담화 상황에 맞는 적절한 어휘를 선택할 수 있도록 지도할 수 있다.

〈표 1-53〉 화용적 적절성 신장을 위한 어휘 학습 활동의 예

어휘 활동의 예	활동 내용
• 상황 맥락 틀에 따라 어휘 분류하기	– 다양한 어휘의 목록을 상황 맥락의 틀에 따라 체계적으로 분류하는 활동으로서, 학습자가 어휘가 사용되는 맥락에 대한 지식을 가지고 있는지를 점검하고 화용적으로 적절한 어휘를 선택하여 사용할 수 있도록 유도하는 활동이다.
• 담화 상황의 변화에 맞게 어휘 교체하기 (문어·구어, 장르, 격식적·비격식적)	– 담화의 상황 맥락에 따라 적절한 어휘로 교체할 수 있는지를 지도하기 위한 활동으로서, 문어를 구어 상황으로, 특정 장르의 담화를 다른 장르로(편지글 → 에세이 등), 격식적인 글을 비격식적인 글로 바꾸어 보고 이에 따른 어휘 선택의 원리를 발견하는 활동을 진행할 수 있다.

어휘 활동의 예	활동 내용
• 참여자 관계에 맞는 적절한 어휘로 교체하기 (친숙도, 상하관계 등)	− 위의 활동과 같이, 참여자의 관계를 바꾸어 담화를 재구성하고, 이에 따라 적절한 어휘를 선택하여 교체해 보도록 하는 활동이다.

(2) 종합적 신장 방안

담화 차원에서의 어휘 유창성 신장 방안의 원리 중 하나는, 어휘의 제시와 교육이 담화를 출발점으로 하여 이루어져야 한다는 것이다. 의사소통의 내용과 형식을 마련하는 단계와 의사소통 단위인 담화를 구성하는 단계에서는 어휘 선택과 이를 통해 의미를 구성하는 원리에 대한 이해가 필요하다. 어휘 선택과 의미 구성 원리에 대한 이해는 맥락을 포함하고 있는 담화 차원에서의 교육을 통해 신장될 수 있다.

먼저 선행되는 단계로서 학습자들에게 의사소통의 목적 및 상황 맥락에 대해 관찰하도록 하는데, 상황 맥락을 살펴볼 때는 담화 주제와 담화 매개, 그리고 담화 형식을 분석하도록 해야 한다. 학습자는 제시된 담화로부터 어떠한 장면을 목적으로 하는지, 무엇을 말하고자 하는지를 파악해야 하며, 담화가 의도하고 있는 대상은 누구인지, 어떠한 언어적 형식을 통해 이를 전달해야 할지 등을 분석해 낼 수 있어야 한다. 이 단계에서는 학습자들에게 상황 맥락의 하위 범주와 그에 따른 언어 사용역을 틀로 제공해 주어야 하며 이를 통해 무엇을 관찰하고 확인해야 할지에 대한 명확한 가이드라인을 제시해야 한다. 또한 교사가 협력자 혹은 촉진자로서의 역할을 수행하여 학습자가 올바른 방향에서 관찰을 할 수 있도록 도움을 제공해 주어야 한다.

  이러한 관찰이 완료된 이후에는 어휘 선택과 결합의 원리를 분석하고 이를
통해 어휘가 의미적, 상황 맥락적으로 적절하게 선택되었는지, 선택된 어휘들
이 해당 담화의 주제에 맞게 잘 결속, 응집되어 있는지 등을 확인한다. 이를
위해서는 어휘에 대한 지식, 담화의 사용역과 이에 따른 어휘의 변이형에 대한
지식, 담화 구성 요소로서의 어휘에 대한 지식이 전제되어야 하는데, 교사는
이를 통해 학습자의 지식을 점검하는 한편, 학습자 스스로 규칙을 생각하고
이를 확인해 볼 수 있도록 지도한다. 그리고 발견한 원리에 대해 짝 또는 소그
룹과 함께 이야기해 보게 하여 이해의 폭을 넓힐 수도 있다. 또한 학습자가
잘못 내재화하여 계속해서 오류를 양산하지 않도록, 필요한 경우에 한해 명시
적인 교수를 실시하여 이를 바로잡아 주어야 한다.

  마지막은 분석한 유형의 담화와 유사한 유형의 과제를 제시하고, 분석을 통
해 발견한 원리를 적용하여 결과물을 산출하는 단계이다. 이를 통해 학습자는
어휘를 유창하게 사용하기 위해서는 개개별 어휘에 대한 지식을 갖추어야 할
뿐만 아니라, 의사소통 목적에 맞게 어휘가 선택되고 결합, 구성되는 원리를
알아야 함을 인식하게 된다.107) 또한 어휘를 선택하고 결합하여 담화를 구성하

---

107) 이러한 교수의 절차는 Lewis(1993)에서 제안한 OHE 교수법와 유사하다. OHE 교수법은
    첫째, 실제 자료를 덩어리째로 학습자들에게 제시하여 이를 관찰하게 하고, 둘째, 관찰
    단계를 통해 발견한 구조와 규칙에 대한 가설을 도출하게 하며 마지막으로 가설을 자유롭
    게 검증하는 탐구와 실험 단계를 통해 발견한 규칙을 내재화하는 단계를 포함한다. 분석되
    지 않은 담화 차원의 언어 자료로부터 학습자가 스스로 규칙을 내재화하는 것은 본고에서
    제안하고자 하는 교수 절차의 큰 맥락을 함께 한다. 즉, 의사소통 목표 및 상황 맥락에
    대해 이해하고, 이에 따라 의사소통의 내용 및 형식을 마련하며, 의사소통 단위인 담화를
    구성하는 단계는 OHE 교수법의 절차와 유사하다. 다만, 학습자가 관찰 단계에서 어떠한
    원리와 규칙을 발견해 내야 하는지에 대해 명확한 가이드라인을 제시해 주고, 학습자가
    어떠한 가설을 세우는 대신 담화에 나타난 어휘 사용의 양상을 분석하여 어휘 선택의 원리

는 과정에서 실제적인 어휘 사용을 연습하고 이를 내재화할 수 있다. 담화 차원에서의 어휘 유창성 교수 절차를 정리하면 다음과 같다.

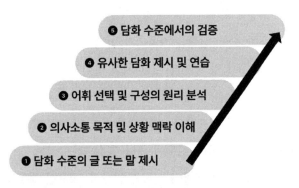

❺ 담화 수준에서의 검증

❹ 유사한 담화 제시 및 연습

❸ 어휘 선택 및 구성의 원리 분석

❷ 의사소통 목적 및 상황 맥락 이해

❶ 담화 수준의 글 또는 말 제시

[그림 1-20] 담화 차원 어휘 유창성 신장을 위한 교수 절차

[그림 1-20]의 절차에 따라 3차시에 해당하는 수업의 예를 구성하면 아래와 같이 제시해 볼 수 있다.

를 발견할 수 있도록 한다는 점에서는 OHE 교수법이 가진 한계를 보완하고자 하였다.

<표 1-54> 담화 차원 어휘 유창성 신장을 위한 종합적 예

활동 대상	중, 고급 학습자		
활동 내용	• 담화를 분석하고 상황 맥락 이해하기 (1/3차시) • 담화에 사용된 어휘를 찾고, 그 선택과 구성의 원리 발견하기 (2/3차시) • 동일한 맥락에서의 새로운 담화 구성하기 (3/3차시)	활동 유형	개별 → 협동 → 개별 활동 → 협동 (소그룹)
활동 목표	중, 고급 수준에서 요구되는 의사소통적 장면 및 과제를 이해하고, 이에 맞는 적절하고 정확한 어휘를 사용할 수 있다.		

차시	단계	교수 내용 및 활동의 예		교수 주안점
1/3 차시	담화 차원의 글 또는 말 제시	1. 여러분은 한국어로 이메일을 써 본 경험이 있습니까? 언제, 누구에게 써 보았습니까? 2. 친구에게 이메일을 쓸 때와 가깝지 않은 사람(교수님, 회사 상사)에게 이메일을 쓸 때는 각각 어땠습니까? 무엇에 유의하며 메일을 썼습니까? 3. 다음의 글을 읽어 보세요.		• 학습자의 경험을 상기한 후, 상황 맥락에 따라 담화를 구성하는 어휘가 달라질 수 있음을 주지시킨다. • 학습자에게 제시하는 글은 완성된 담화여야 하며, 반드시 상황 맥락을 포함하는 것이어야 한다.
		예	이성우 부장님께. 안녕하십니까. 제품기획부의 송진영 대리입니다. 이렇게 메일을 드리는 것은 다름이 아니라, 이번 주 목요일 오후에 반차를 신청하기 위해서입니다. 한 주 전에는 미리 반차를 신청해야 하는데, 생각하지 못한 개인적인 용무가 생겨서 이렇게 갑작스럽게 메일을 드리게 되었습니다. 죄송합니다. 오늘 오후 중으로 반차 신청 기안을 올리려고 합니다. 확인해 주시고, 반차 신청을 수리해 주시면 감사하겠습니다. 그럼 좋은 하루 보내시기 바랍니다. 제품기획부 송진영 대리 010-**58-**** sjy0717@mail.com	

	의사소통 목적 및 상황 맥락 이해	4. 위의 이메일은 누구에게 왜, 어떻게 썼습니까? 이메일을 다시 읽으면서 글을 쓰게 된 이유와 목적에 대해 생각해 보세요.	• 담화가 사용된 장면과 담화가 수행하고 있는 과제를 분석하게 한다.
		예) 담화의 장 : 사회적인 관계, 직장 담화형식 : 직장 상사 (지위가 높음), 가깝지 않은 관계 담화매체 : 문어 (이메일) 과제 : 직장 상사에게 반차를 허락받기	• 상황 맥락 틀을 제시하여 분류한 후 틀에 맞게 내용을 채워 넣게 할 수도 있다.
2/3 차시	어휘 선택 및 사용의 원리 분석	1. 제시한 글을 다시 처음부터 읽으면서, 다음의 어휘에 동그라미하거나 다른 색깔로 표시하세요. • '인사-도입-본론-마무리-인사'의 전체적인 흐름을 나타내는 어휘 찾기 • 주제 문장, 주제와 관련된 어휘 찾기 • 이메일의 형식을 잘 나타내는 어휘 찾기 • 높임 어휘, 격식적이고 공적인 어휘 찾기 2. 표시된 어휘를 보면서, 이메일을 쓴 사람이 왜 이 어휘를 선택했는지 친구와 함께 이야기해 보세요.	• 의사소통의 내용 및 형식이 되는 어휘를 발견하고, 이들 어휘가 선택된 원리에 대해 생각해 보게 한다. • 문·구어, 화·청자 관계, 담화 장르를 나타내는 어휘 등
	유사 과제 제시 및 연습	3. 다음과 같은 상황에서 이메일을 쓰려고 합니다. 어떻게 써야 할지 친구와 이야기해 보세요. 예 4. 친구와 이야기한 내용을 토대로 계획을 세워 보세요.	• 유사한 과제를 제시한다. • 위의 관찰 단계에서 수행한 분석 내용들을 토대로, 계획을 세우게 한다.

3/3 차시	결과물 산출	1. 자신이 세운 계획을 보면서, 하나의 완성된 글을 써 보세요. 2. 쓴 내용을 친구들 앞에서 발표하세요. 3. 자신이 받는 사람이라고 생각하고 친구가 발표하는 내용을 들어 보세요.	• 새로운 담화를 산출해 보게 한다. • 이를 소그룹 단위에서 발표하게 하고, 서로 독자가 되어 글에 대해 피드백하게 한다.

이러한 교수는 담화에서 출발하여 어휘 차원으로, 그리고 다시 어휘에서 담화 차원으로 나아가는 활동을 수행하게 함으로써, 담화 구성에 기여하는 어휘에 대해 이해하고 이를 토대로 상황 맥락에 적절한 담화를 구성하는 실제적인 연습을 할 수 있다는 점에서 유의미하다.

앞서 본고에서는 담화 차원의 어휘 유창성 신장 교육이, 어휘 사용의 장이 되는 의사소통 맥락을 전제로 이루어져야 함을 주장하였다. 이는 곧 맥락을 포함하는 담화가 교육의 단위로 설정되어야 할 근거가 된다. 따라서 위와 같은 교수 방안은 담화의 유형, 장르를 중심으로 이루어질 수 있다.108) 이는 특정 담화 유형이 전제하고 있는 상황 맥락과 이에 따른 어휘 사용의 예 등을 유기적으로 연결하여 교수할 수 있다는 점에서 장점을 가지며 학습자들이 보다 완성도 높은 담화를 구성하는 데에 기여할 수 있다.

---

108) 장르 중심 접근법은 '사회 문화적인 맥락, 독자, 텍스트 구성'을 강조하므로(이미혜, 2011), 본고의 어휘 유창성 교육의 원리와 맥락을 함께 한다.

제2부

한국어 어휘 유창성과
어휘 사용 전략

제1장 한국어 중·고급 학습자의 어휘 사용에서 나타나는 전략적 능력

1. 서론

본고[1]는 한국어 학습자의 어휘 사용 양상을 전략적인 측면에서 살펴봄으로써 어휘 교육 및 평가 분야에서 전략적 능력이 가지고 있었던 위상을 재고(再考)하고, 이를 한국어 어휘 유창성의 한 범주로 설정할 수 있는 가능성을 탐색하는 데에 목적을 둔다.

언어 교육의 초점이 의사소통 과제를 수행하는 과정에서의 자연스러운 언어 습득에 있는 과정 중심의 교실 현장에서는, 학습자가 과제를 수행하기 위해 시도하는 모든 기술(skills)과 전략(strategies)이 교육적인 의미와 가치를 지니고 있는 것으로 본다. 이는 곧 의사소통 과제가 그 자체로서 언어를 학습할 수 있는 장(場)이 되며, 학습자가 의사소통 목표를 달성하기 위해 자신 또는 자신과 상호작용하는 대상이 보유하고 있는 언어적, 인지적, 정서적인 자산을 능동적으로 활용하는 전반적인 과정이 모두 언어 학습에 기여한다고 보는 것이다.

---

1) 해당 부분은 2015년 어문논집 73호에 게재되었다. 게재 정보는 다음과 같다.
   이경(2015). 한국어 중·고급 학습자의 어휘 사용에서 나타나는 전략적 능력 연구: 한국어 어휘 유창성의 하위 범주 설정과 관련하여. 어문논집 73. 민족어문학회. 295-325쪽.

이때 의사소통 과제를 완수하기 위한 학습자의 의도적이고[2] 능동적인 노력을 '의사소통 전략(communicative strategies)'으로 볼 수 있다. 전략적 능력은 학습자가 의사소통 수행을 지속적으로 할 수 있게 도움으로써 성공적인 언어 학습을 돕고, 의사소통 능력의 신장을 촉진하며 다음 단계의 과제에 도전하게 하여 새로운 언어 학습을 이끌어 낸다는 점에서 중요하게 다루어질 수 있다.

한편 전략의 사용은 '의미 전달'을 동인(動因)으로 한다. 즉 학습자는 자신이 가지고 있는 언어 능력만으로 의미를 명확하게 전달할 수 없거나 혹은 자신이 전달하고자 하는 의미를 보다 효과적으로 전달하기 위한 목적으로 다양한 전략을 사용한다. '의미의 전달'이 기본적으로 어휘 의미에 실려 전달된다는 것을 감안할 때, '어휘'는 전략적 능력에 있어 사실상 매우 중요한 지위를 가진다.

진제희(2000)에서 언급한 바와 같이 "학습자는 문제 해결 상황에서 '어휘 지식'을 통해 주어진 과제를 풀어나가는 경향이 있으며 이를 근거로 의사소통 전략 연구의 대부분이 어휘 문제에 초점을 두고" 이루어졌다. 듣기, 말하기, 읽기, 쓰기 기능에서 다루고 있는 의사소통 전략에서 어휘 차원에서의 전략을 일차적으로 다루어 온 것도 이에 기인한다.

그러나 막상 어휘 교육 및 평가 차원에서 이루어진 전략에 관한 논의를 살펴보면 의사소통 전략에서의 위상과는 사뭇 다르게 주로 어휘를 기존에 알고 있던 개념과 인지적으로 연결하여 잘 기억하게 하거나 반대로 뜻을 명확히 모르는 단어를 맥락, 혹은 기존의 어휘 지식을 통해 추론하게 하는 등의 교수·학습

---

2) Bialystok(1990)의 정의에서도 전략을 "L2로 의사소통할 때 발생하는 어려움을 해결하기 위해 의도적으로 사용하는 전략"으로 정의하여 전략 사용의 '의도적인 측면'을 언급한 바 있다. 한편 Cohen(1998)에서는 전략이 강화되어 의식적인 통제 없이 습관적으로 사용하는 것을 '과정'이라고 지칭하였다(Brown, 2007:124).

의 측면에서의 전략을 중심으로 논의가 이루어져 왔던 것이 사실이다.

어휘 교육과 평가의 본질적인 목표가 '어휘를 유창하게 사용'해서 '의사소통'을 할 수 있게끔 하는 데에 있음을 감안해 볼 때 전략적 능력은 의사소통의 수행을 효과적으로 시작, 지속, 완수할 수 있도록 한다는 점에서 어휘 유창성의 본질에 매우 근접한 범주이다.

따라서 본고에서는 지금까지 산발적으로 때로는 제한적으로 연구되어 온 어휘 사용과 관련된 전략들을 '어휘 사용 전략(vocabulary use strategies)'이라는 범주로 종합하고, 학습자 담화 분석을 통해 그 예를 유형별로 나누어 살펴보고자 한다. 또한 이를 기반으로 하여 향후 어휘 사용과 관련한 전략적 능력이 한국어 어휘 유창성을 설명하고 평가하는 하나의 범주로서 설정될 수 있는 가능성에 대해 논의할 것이다.

2. 의사소통 전략과 어휘 유창성

(1) 의사소통 능력과 전략

본고에서는 의사소통 행위를 성공적으로 수행하기 위한 학습자의 의도적이고 능동적인 노력을 '의사소통 전략'으로 정의할 것이며 이러한 의사소통 전략을 관장(管掌)하고 실행하며 평가하는 능력을 '전략적 능력'으로 보고자 한다.

학습자가 의사소통의 과정 중에 언어 혹은 언어 외적으로 특별한 노력을 기울인다는 것은 특정한 문제 상황에 맞닥뜨렸을 때나 혹은 의사소통 목적을 보다 효과적으로 달성하고자 하는 의도가 생겼을 때를 전제로 한다.

Bachman(1990:100)에서는 의사소통적 언어 사용에서의 전략적 능력을 넓은 의미에서 기술하며 평가(assessment), 계획(planning), 실행(execution)의 세 요소를 포괄하는 능력으로 정의한 바 있으며, Yule & Tarone(1990)에서도 전략적 능력에 대한 정의를 "L2 학습자가 상대에게 자신이 전달하고자 하는 내용을 성공적으로 전달하기 위하여 취하는 여러 가지 기술, 그리고 메시지를 전달하는 과정에서 생긴 문제를 해결하는 데 사용하는 기술"로 내리고 있다(정명숙, 2014:176에서 재인용). 이러한 정의는 기존에 전략적 능력을 의사소통 문제를 해결하는 보상적인 차원으로 국한하였던 것에서 확장된 것으로, 이후 전략적 능력의 개발이 궁극적으로는 의사소통 능력 신장에 기여한다고 믿는 전략 교육의 지지자들에 의해 인용되고 발전되었다.3)

한국어 교육 분야에서도 의사소통 능력 신장을 목적으로 전략의 개발 및 교육에 지속적인 관심을 가져 왔으며 진제희(2000, 2003)을 필두로 한 다양한 논의들이 펼쳐진 바 있다. 진제희(2003:302)은 전략적 능력을 "의사소통 상황에서 학습자가 아직 목표어를 자동적으로 선택하여 사용할 수 없어 적절히 표현하지 못할 때 이를 보상하기 위해서 또는 보다 더 효과적인 의사소통을 위해서 필요한 언어적 자료들을 선택, 사용할 줄 아는 학습자 자율성과 관계된 능력"으로 정의하고 있다. 이러한 관점 역시 전략적 능력을 문제 해결을 위한 차원과 의사소통의 효율성 증대를 위한 차원이라는 큰 두 가지 줄기로 넓게 바라보는 시각을 취하고 있다.

그러나 정명숙(2013, 2014), 강현주(2013)에서 지적한 바와 같이 한국어

---

3) 유럽공통참조기준(2001:76-77)에서도 언어 사용자가 의사소통 과제를 완수하기 위해서는 의사소통 전략을 사용해야 함을 언급하며, "언어 학습의 진보는 학습자가 관찰 가능한 활동에 참여하고 의사소통 전략을 사용할 때에 가장 분명하게 드러난다."고 기술하고 있다.

교육에서는 전략적 능력의 실체와 그 구성 요인에 대한 공동체적인 합의가 이루어지지 못하였으며 무엇을 가르치고 평가해야 하는지에 대한 논의가 충분하지 않아 교육 현장에서 지침으로 삼을 만큼의 종합되고 정리된 성과는 축적되지 못하였다.4) 또한 현재 이루어지고 있는 전략 교육의 양상을 살펴보면 대부분 의사소통 문제를 해결하기 위한 차원에서 교육 내용을 선정하여 교육하고 있어 의사소통의 효율성 증대를 포괄하는 전략적 능력의 전모를 균형적으로 다루고 있지 못한다는 문제점을 찾아볼 수 있다.

이러한 점에서 강현주(2013), 조인정(2014), 정명숙(2014)은 기존의 논의를 종합적으로 제시하는 한편 새로운 시각을 제시하고 있다는 점에서 주목해 볼 수 있다. 강현주(2013)은 의사소통 전략을 구분하고 있는 기존 연구들의 기준을 검토하고, '상호작용능력 향상'에 기여하는 의사소통 전략을 크게 '문제 해결을 위한 의사소통 전략'과 '상호작용 활성화를 위한 의사소통 전략'으로 구분하여 그 항목과 예를 제시하고 있다. 이러한 논의는 의사소통 전략을 상호작용적 관점에서 새롭게 정의하고 그 하위 유형을 체계적인 틀 안에서 범주화하고자 했다는 점에서 의미를 가진다.

조인정(2014)은 의사소통 전략 교수를 실제 수업 상황에 도입하고 그 효용성을 살피고자 한 연구로, '이해 가능한 출력'의 기회를 최대화하여 전략을 사용할 수 있는 상황을 제공하기 위해 테크놀로지(트위터, 무들)을 활용할 수 있음을 예시하고 있다. 이러한 논의는 지금까지 다소 소극적으로 이루어졌던 전

---

4) 그러나 진제희(2000, 2003), 정명숙(2012, 2013, 2014), 김은혜(2011), 조수현·김영주(2011), 안주호(2012a, b), 조위수(2012), 홍수민(2013), 강현주(2013), 조인정(2014) 등을 비롯하여 최근에 이르기까지도 의사소통 전략에 대한 논의가 활발히 이루어지고 있어 향후가 기대된다.

략 교수에 대한 필요성을 부각하고 실제적인 예를 통해 다양한 교수 방안의 사례와 효과를 직접적으로 보여 주고 있다는 점에서 보다 발전적인 논의라고 할 수 있다.

한편 정명숙(2014)의 연구는 말하기 전략을 개발할 수 있는 과제의 구성 방안을 보여주고 있다. 정명숙(2014)는 의사소통 전략을 말하기 단계에서의 전략뿐만 아니라 계획하고 실천하고 마치는 전반적인 과정에서 활용되는 전략까지를 포괄하는 보다 넓은 개념으로 바라보고 있으며 이러한 관점을 의사소통의 각 단계(과정)에 적용하여 각 단계에서의 전략 범주와 예를 보여주고자 하였다. 말하기 전략의 범주로는 담화 차원의 전략, 전달력을 높이는 전략, 장애를 극복하는 전략, 평가하기, 점검하기 전략 등을 제시하고 있는데 이처럼 의사소통 전략의 개념을 폭넓고 균형적으로 다루고 있다는 점에서 그 의의를 찾아볼 수 있다.

그러나 위의 연구들을 포함하여 다양한 논의가 이루어지고 있음에도 불구하고 여전히 보상적 측면을 넘어서는 적극적인 의미에서의 전략적 능력에 관한 연구는 쉽게 찾아보기 어렵다. 자신이 전달하고자 하는 의미를 효과적으로 전달할 수 있다는 말에는 언어 지식 체계 내에 공백이 있다고 하더라도 자신이 알고 있는 지식을 총동원하여 이를 보충할 수 있다는 뜻 외에도, 자신이 가지고 있는 여러 가지 지식 중 최선의 것을 능동적으로 선택하여 사용할 수 있다는 뜻이 포함된다. 그렇지만 지금까지 논의되었던 전략적 능력은 문제 상황을 전제로 하는 것이 대부분이었으며 의사소통의 효율성을 증대하기 위한 차원에서의 전략적 능력을 연구 범위에 포함하는 논의에서도 실제 그 하위 유형을 살펴보면 의사소통을 지속하게 하거나 스스로의 의사소통 수행을 점검하는 전략 등 소극적인 차원에서의 전략적 능력만을 다루고 있는 경우가 많았다.5)

Dörnyei & Scott(1997:196-197)에서는 의사소통 전략의 하위 유형을 분류하고 있는 다양한 연구를 정리하여 제시하고 있다. 이에 Savignon(1997), 진제희(2000), 조위수(2013), 정명숙(2014)의 연구를 추가하면 〈표 1〉과 같이 정리할 수 있다.

〈표 2-1〉 의사소통 전략에 대한 다양한 연구

연구자(연도)	의사소통 전략과 하위 유형
Tarone(1977)	회피, 풀어 말하기, 의식적 전환, 도움 요청하기, 몸짓 표현하기
Færch & Kasper(1983b)	형식적 축소 전략, 기능적 축소 전략, 성취 전략(협동/비협동)
Bialystok(1983)	L1 기반 전략, L2 기반 전략, 비언어적 전략
Paribakht(1985)	언어적 접근, 문맥적 접근, 개념적 접근, 몸짓 표현하기
Willems(1987)	축소 전략, 성취 전략
Bialystok(1990)	분석 기반 전략, 통제 기반 전략
Nijmegen Group	개념적 전략, 언어/부호(code) 전략
Poulisse(1993)	대체 전략, 추가적 대체 전략, 재개념화 전략
Dörnyei & Scott (1995a, 1995b)	직접 전략, 간접 전략, 상호적 전략
Savignon(1997)	지속적 의사소통을 위한 전략, 일시적 문제 해결을 위한 전략
진제희(2000)	회피 전략, 제1언어 근거 전략, 제2언어 근거 전략

---

5) 정명숙(2014)의 경우에도 전달력을 높이는 전략을 말하기 전략의 하위 범주로 설정하고 있다. 그러나 그 내용을 살펴보면 '정확한 발음과 억양으로 말하기, 의미 단위별로 끊어서 말하기, 적절한 발음 사용하기' 등 메시지에 실리는 물리적인 기술(skill)에 관한 전략으로 구성되어 있다. 이는 본고에서 논의하고자 하는 의미를 효과적으로 전달하는 능력과 다른 의미에서의 전달력으로 보인다. 오히려 '담화의 목적을 인식하기, 청자 및 청자와의 관계를 분석하기, 담화 목적 달성을 위한 내용 구상하기' 등의 전략을 포괄하는 담화 차원의 전략이 본고에서 의도하는 적극적인 차원에서의 전략에 가깝다고 할 수 있다.

연구자(연도)	의사소통 전략과 하위 유형
조위수(2012)	비상호적 전략, 상호적 전략
정명숙(2014)	말하기 전 단계 전략, 말하기 단계 전략, 말한 후 단계 전략

이들 연구는 전략 사용의 결과, 전략의 근거가 되는 정보의 출처, 전략이 사용되는 의사소통 단계 등을 기준으로 하여 의사소통 전략을 다양하게 분류하고 있다. 그러나 앞서 지적한 바와 같이 이들 연구는 대부분 의사소통 장애를 극복하기 위한 전략과 의사소통을 지속하기 위한 전략에 대해서 다루고 있으며 본고에서 논의하고자 하는 '적극적인 차원에서의 의사소통 전략'은 구체화된 범주와 유형으로 다루어지지는 못하고 있다.6)

'적극적인 차원의 전략적 능력'은 전략의 사용이 직접적인 의사소통 내용에 관여하여 의도에 맞게 메시지를 구성하고 의사소통 맥락에 따라 해당 메시지가 효과적으로 전달될 수 있는 양식과 사용역(register)을 결정하는 데에 영향을 주는 것이 되어야 한다. 유럽공통참조기준(2001:82-83)에서는 산출 전략에 대해 정의하며 "가용한 잠재력을 과제의 본질에 맞추기 위해 자원을 동원하고 여러 가지 능력을 조정하는 일, 즉 자신의 강점을 최대한 발휘하고 약점을 감추

---

6) Færch & Kasper(1983b)이나 Willems(1987) 연구에서의 '성취 전략'은 자신이 전달하고자 하는 바를 효과적으로 전달하기 위한 전략으로서 일면 본고에서 지적하고 있는 '문제 상황'을 전제로 한 전략 일변도의 연구에서 벗어난 것처럼 보인다. 그러나 '성취 전략'은 회피 전략 혹은 축소 전략과 대비되어 사용된 개념으로서 회피 전략/축소 전략이 언어 능력 부족을 이유로 애초에 의도한 메시지를 포기하거나 축소하는 전략이라면 성취 전략은 언어 능력이 다소 부족하더라도 애초에 의도한 메시지를 전달하기 위해 다른 언어적, 언어외적 방법을 총동원하는 전략을 의미한다. 따라서 성취 전략 역시 '문제 상황'을 극복하기 위한 것으로 이해되어야 한다. Corder(1981)에서는 성취 전략을 '언어 확장 전략(language expansion strategies)' 또는 '위험 감수 전략(risk-taking strategies)'으로 지칭하기도 하였다(Dörnyei & Scott, 1997:195).

는 일이 포함된다"고 기술하고 있다. 약점을 감추는 일이 지금까지 논의되어 온 보상적 차원에서의 전략을 의미한다면, 자신의 강점을 최대한 발휘하는 차원에서의 전략이 곧 본고에서 논의하고자 하는 적극적 차원에서의 전략에 해당한다고 볼 수 있다.

본고는 의사소통의 효율성을 극대화하고, 자신이 가진 언어 자산을 활용하여 도달하고자 하는 의사소통 목적에 맞게 언어를 조작하고 사용하는 전략을 '언어 운용 전략(language operation strategies)[7]'으로 지칭하고자 한다. 이는 보상적 차원에서의 전략이 언어 지식 또는 상호작용상의 결함으로 발생한 의사소통적 문제를 극복하기 위한 것임과 달리, 가용할 수 있는 언어 지식 체계 내에서 의사소통 목적의 달성을 전제로 한 최선의 선택을 이끌어내는 전략이라고 할 수 있다. 학습자들은 이러한 전략을 적극적으로 활용함으로써 의사소통의 메시지를 효과적으로 구성하고 전달하게 되는데, 이러한 과정에서 학습자들은 의사소통 목적의 성취에만 목적을 두는 것이 아니라 성취를 넘어서는, '의사소통의 질(質)적인 향상'으로 그 목표를 상향 조정하게 된다. 따라서 언어 운용 전략은 궁극적으로 의사소통 능력을 신장시키는 데에 기여한다.

본고에서는 전략적 능력에 '문제 해결 전략'과 더불어 위에서 논의한 '언어 운용 전략'을 포함하여 논의를 전개해 나가고자 한다. 특별히 본고는 '의미 전달'이라는 측면에서 어휘에 대한 논의가 우선되어야 한다고 보고, 어휘 사용

---

7) 의사소통의 효율성을 증대하기 위한 전략에는 본고에서 논의하고자 하는 언어 사용 측면의 전략도 있으나 전달력을 높이거나 자신의 전략 사용을 점검하고 평가하는 전략 혹은 상대방과의 상호작용을 통한 의미 협상 전략 등 다른 차원에서의 범주도 존재한다. 따라서 본고에서는 '자신의 언어 능력 내에서 의사소통 목적에 맞게 언어를 조작하고 사용'하는 전략에 초점을 두고 논의를 진행하기 위해 '운용'이라는 표현을 사용하여 '언어 운용 전략(language operation strategies)'이라는 용어를 사용하고자 한다.

전략을 논의 대상으로 삼을 것이다. 이때 어휘 사용 전략에는 '문제 해결 전략'과 '어휘 운용 전략'이 포함되며 각각의 전략이 발현된 예를 학습자 언어 분석을 통해 찾아보고자 한다. 이는 향후 어휘 전략 교육 및 평가에 대한 제반 논의를 끌어 내는 근거로서 활용될 수 있다. 본격적인 논의에 앞서 다음 절에서는 어휘와 관련된 다양한 전략 연구를 살펴보고자 한다.

(2) 어휘 사용 측면에서의 전략

제2언어 교육 분야에서 어휘는 의사소통 메시지를 구성하고 의미 전달의 핵심적인 도구가 된다는 점에서 중요하게 다루어져 왔으며 어휘 교육 및 평가에 대한 연구가 다양한 측면에서 이루어진 바 있다. 그러나 어휘 교육 및 평가의 광범위한 연구 성과에도 불구하고, 전략적인 측면에서의 연구는 다소 제한적으로 발전되어 왔다.

어휘 전략에 대한 연구는 크게 '어휘 교수·학습 전략'과 '어휘 차원에서의 의사소통 전략'의 두 가지 흐름으로 이어져 왔다고 볼 수 있는데, 교수·학습 전략 연구는 말 그대로 어휘를 가르치고 학습하기 위한 전략에 대한 것이며 어휘 차원에서의 의사소통 전략 연구는 기존의 의사소통 전략들을 어휘를 중심으로 재편하거나 반대로 어휘를 활용하여 의사소통 전략을 신장하기 위한 연구로 간단히 설명할 수 있다.

어휘 교수·학습 전략을 연구한 예로는 이정민(2010), 김은혜(2012)가 대표적이다. 이정민(2010)은 한국어 학습자의 변인에 따라 어휘 학습 전략의 사용 양상을 살피고 이를 유형화한 연구로서, 설문 조사 방식을 통해 연구 문제를 풀어내고 있다. 이때 어휘 학습 전략은 Schmitt(1997)의 분류 틀을 활용하여 새로운 어휘 의미를 발견하는 전략과 기억 강화 전략의 두 가지로 분류하였다. 한편 김은혜(2012)는 '연상(聯想)'이라는 기제를 활용한 어휘 학습 전략을 제시하였다. 김은혜(2012)에서는 어휘 의미 지도에서 연상을 활용하는 것이 크게는 의미 발견 전략과 어휘 기억 전략에서 의의가 있다고 밝히며 각각에 해당하는 세부 전략들을 함께 예시하였다. 또한 함은주(2015)에서는 어휘 교수·학습 전략 연구를 연도별, 연구 대상별, 주제별, 전략별, 연구 방법별로 나누어 살피고 이에 대한 논의를 첨언하는 메타 연구를 실시한 바 있다.8)

의사소통 전략을 활성화시키기 위한 하나의 방안으로서 어휘 교육을 제시한 연구도 존재하였는데, 이정화(2010)은 의사소통 문제에 직면했을 때 문제를 해결해 내기 위한 말하기 전략을 사용할 수 있도록 하기 위해서는 어휘 교육이 중요하게 다루어져야 하며 이를 통해 특별히 풀어 말하기 훈련이 충분히 이루어져야 함을 논의하고 있다. 또한 신윤경·안미영(2013)은 문학 읽기와 이해에 있어 어휘의 역할이 매우 중요함을 밝히며, 이를 위해 어휘 전략에 대한 논의가 문학 읽기의 관점에서 다시 이루어져야 함을 주장하였다.

본격적으로 어휘 사용 전략을 다룬 연구로는 신명선(2009)의 연구가 독보적이다. 신명선(2009)에서는 Levelt et al.(1999)의 논의를 참고하여 표현 과정에서 발현되는 어휘 사용의 기제와 그 전략에 대해 논의하고 있다. 이에 따르면 어휘 사용은 개념 선택과 개념의 형식적 구성이라는 큰 두 가지 측면에서 논의

---

8) 함은주(2015)에서 살펴본 전략별 연구 동향에 따르면, 의미 발견 전략 연구는 39편, 기억 강화 전략 연구가 23편, 어디에도 해당하지 않는 연구가 2편 존재하였다. (그러나 구분 없이 어휘 학습 전략을 다룬 경우에는 각각의 전략 모두에 분류하여 넣었음을 밝히고 있어, 분류가 다소 치밀하지 않은 것으로 보인다.)

될 수 있으며 개념을 선택한 후 이를 형식적으로 구성하기에 이르기까지의 과정은 개념화 과정, 초점화 과정, 언어화 과정의 세 단계로 구분될 수 있다고 하였다. 이를 전략 사용과 연결 지어 살펴보면 다음과 같이 나타낼 수 있다.

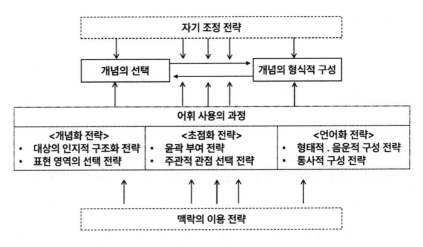

[그림 2-1] 어휘 사용 전략(신명선, 2009:122)

이러한 논의는 학습자가 의사소통 상황에서 실제 어휘를 사용하는 일련의 과정들을 분석적이고 구체적으로 제시하고 있다. 특별히 개념을 선택하여 이를 형식적으로 구성하는 전반적인 과정에 의사소통 맥락을 이용하는 전략과 자기 조정 전략이 공조한다고 한 논의는 본고에서 어휘 운용 전략의 개념을 세우고 이를 구체화하고자 한 것과 맥락을 함께 한다. 그러나 신명선(2009)의 논의는 어휘 선택과 사용의 단면을 제시한 것으로 각 전략이 의사소통 과정의 어느 부분에서 계획되고 실행되는지에 대한 정보가 다소 부족하다. 또한 언어화 전략의 경우 형태, 음운적 구성 전략과 통사적 구성 전략으로 나누고 살피고 있어 담화를 구성하는 차원에서의 논의가 가시적으로 드러나지 않는다[9]. 그리고 해당 논의가 이론적인 차원에서 이루어지고 있어 실제 언어 사용자인 학습자의 어휘 사용 과정에서 해당 전략들이 활용되고 있는지에 대해 장담할 수 없다.

한편 이경(2015)에서도 어휘 이해 및 사용 과정의 구조를 도식화하여 제시한 바 있는데, 이 중 어휘 사용의 과정은 〈그림 2〉와 같다.

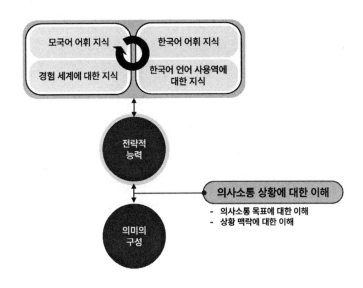

[그림 2-2] 어휘 사용 과정의 구조(이경, 2015:70)

위의 도식에서 전략적 능력은 어휘에 대한 지식을 토대로 의미를 구성하는

---

9) 통사적 구성 전략에서 담화를 구성하는 차원을 포괄할 것으로 예상되나, 신명선(2009)의 설명에 따르면 통사적 구성 전략은 선택한 단어가 문맥에 통사적으로 적합한지, 의미적인 호응을 이루는지를 점검하는 과정이라고 볼 수 있다. 따라서 학습자가 선택한 단어가 상황 맥락(격식·비격식, 문·구어 등)과 사용역에 적합한지에 대한 부분이 충분히 담겨 있지 못한 것으로 보인다.

과정에서 핵심적인 역할을 하는 것으로 보인다. 또한 의사소통 목표 및 상황 맥락에 대한 이해가 적극적으로 반영될 때 전략의 사용이 더 효과적으로 수행될 수 있으며 이는 궁극적으로 의미를 전달하는 데에 기여한다. 그러나 이경 (2015)에서는 〈그림 2〉와 같이 전략적 능력을 어휘 사용 과정의 핵심적인 요인으로 다루고 있음에도 실질적으로 어휘 유창성을 결정하는 요인으로서는 이를 상당 부분 축소하여 다루고 있다는 한계를 가진다.

따라서 본고에서는 이러한 논의를 따라 '전략적 능력'이 학습자의 언어 지식과 상황 맥락에 대한 이해를 의사소통 내용(의미) 구성의 과정에 연결시키는 역할을 하며 지식과 맥락 이해, 그리고 내용 구성이라는 세 측면의 상호작용을 통해 의사소통 목적을 달성해 나갈 수 있게 하는 기제로서 기능한다는 입장을 취하되, 이경(2015)가 가지는 한계점을 보완하여 어휘 유창성이라는 측면에서 전략적 능력이 가지는 지위를 재검토해 보고자 한다. 또한 앞 절에서 밝힌 바와 같이 어휘 사용의 전략을 문제 해결 전략과 어휘 운용 전략으로 구분하고 학습자 담화에서 각각에 해당하는 예를 찾아 이를 체계적으로 범주화할 것이다.

3. 학습자 작문에 나타난 어휘 사용의 전략 분석

(1) 자료 수집 및 연구 방법

본고는 한국어 학습자들의 어휘 사용에서 살펴볼 수 있는 전략 사용의 예를 찾고 이를 유형별로 범주화하기 위해, 학습자가 산출한 문어, 구어 자료를 수집하였다. 문어 자료는 제34회 한국어능력시험(TOPIK) 중급과 고급에 응시한

학습자의 서술형 작문 답안지를 각각 100개씩 총 200개 수집한 것으로서10)
그중 텍스트의 길이가 지나치게 짧거나 중급 혹은 고급 수준의 학습자가 썼다
고 보기 어려운 낮은 숙달도의 글은 임의로 제외하고 최종적으로 각각 70개씩
의 답안지를 자료로 구축하였다.

한편 구어 자료는 3급 학습자 7명, 4급 학습자 7명, 5급 학습자 5명, 총
19명의 인터뷰 자료로서 한국어 말하기 평가 개발을 위한 목적으로 수집, 전사
된 것이다.11) 이 자료는 비격식적인 상황과 격식적인 상황에서의 담화를 모두
포함하고 있으며 한 질문 당 최대 2분 동안 대답하도록 하였다. 본고에서 분석
대상으로 삼은 문, 구어 자료의 주제와 유형을 정리하면 다음과 같다.

⟨표 2-2⟩ 분석 자료의 주제와 유형

구분		주제	샘플 수
문어	중급	인생에서 가장 행복했던 하루	70매
	고급	자연 보존과 자연 개발	70매
구어	비격식	가장 좋았던 여행 경험	19개
		자기 성격의 장점과 단점	19개
	격식	금연구역 확대에 대한 의견	19개
		결혼 상대 선택 시 가장 중요하게 생각하는 것	19개

---

10) 해당 자료는 한국어능력시험(TOPIK)을 주관하는 국립국제교육원에 정보제공을 신청하여
제공받았으며 연구 목적으로의 활용을 허가받았다.

11) 한국어 말하기 능력 구인의 설정을 위한 목적으로 김정숙(2014) 연구에서 수집된 인터뷰
자료로서, 네 개의 인터뷰 문항에 대한 학습자의 답변만을 전사한 것이다. 구축된 자료의
크기는 글자 수(공백 제외) 13,901, 낱말 5,253개로서 문어 자료에 비해 그 양이 적으나
문어와 구어에서 나타나는 전략 사용의 예를 균형적으로 찾아보고자 한 본고의 목적에는
부합한다고 판단하여 연구자의 동의를 거친 후 분석 자료로 활용하였다.

수행 과정에서의 전략 사용 양상을 살피기 위해서는 사고구술이나 회상자극 등의 연구 방법이 가장 이상적이다. 그러나 사고구술을 비롯한 질적인 차원에서의 접근은 대규모의 자료를 구축하기 어려워 다수의 학습자군을 대상으로 일반화하는 것이 불가능하다. 본고에서는 어휘 사용과 관련된 운용 전략의 예를 찾고 이를 귀납적으로 범주화하는 데에 목적이 있으므로 보다 다양한 학습자의 자료를 통해 접근해야 한다. 따라서 학습자가 실제로 더 좋은 표현을 사용하기 위해 고민하거나 수정하여 사용하는 등 전략 사용의 '맥락'을 볼 수 없다는 한계를 감수하고, 다양한 전략 사용의 예를 제시하는 방향을 취하고자 한다.

또한 분석 대상 자료가 이미 수행을 마친 자료이기 때문에 전략 사용으로 나타난 표면적인 사용 결과만을 확인할 수 있다. 따라서 학습자가 전략을 사용하였다고 판단하는 지점에 대한 논의 역시 필요하다. 본고에서는 우선적으로 분석 자료가 모두 시험 상황, 평가자와의 인터뷰 상황에서 도출된 담화라는 점에서 학습자가 자신이 가진 언어 자산을 적극적으로 활용하여 유창하게 어휘를 사용하고자 노력하였을 것임을 전제하였다. 이러한 전제하에 다음과 같은 세 가지 측면에서 어휘 사용을 관찰하였다. 첫 번째는 문제를 해결하기 위한 전략 사용의 결과로, 학습자가 자신이 보유한 어휘 목록 중에 없는 단어를 사용하여 특정한 의미를 표현하고자 할 때 다른 표현이나 자신이 알고 있는 어휘를 활용하여 가장 유사한 의미를 전달하는 경우이다.

가. ㉠ 주장의 내용도 누가 들어도 동의할 수 있도록 이해가 쉽게 되고 그 친구야말로 <u>사람의 앞에 가는</u> 능력이 있다고 생각한다.

㉡ 한국에 대해 관심이 생겨서 열심히 공부해 왔던 것, <u>말의 벽을 느꼈고</u> 포기할까 싶었던 날도 있었던 것, 그리고 부모님의 기대……

위에서 든 두 가지 예는 각각 '리더십'과 '언어 장벽'을 의도하였으나 이에 대한 어휘 지식을 갖추고 있지 못한 결과로 우회적인 표현을 통해 유사한 의미를 나타내고자 한 것이다. 이러한 문제 해결 전략의 사용은 의사소통 과제를 끝까지 완수할 수 있게 한다는 점에서 교육적으로는 장려되어 왔으나, 사실상 평가의 차원에서는 고려되지 못했던 것이 사실이다.12) 그러나 자신의 부족한 어휘 목록을 극복하고 대체하기 위한 노력은 어휘 사용에 대한 학습자의 적극적이고 전략적인 태도와 연관되며 그러한 노력의 결과로 사용된 어휘는 학습자가 보유하고 있는 어휘 자산 목록을 엿볼 수 있게 한다는 점에서 중요하게 고려되어야 한다. 이에 본고는 학습자의 문제 해결 전략을 관찰, 분석하여 논의에 포괄하고자 한다.

두 번째 측면은, 학습자가 자신이 전달하고자 하는 의미와 목적에 가장 적합한 어휘를 쓰기 위해 고심하였음이 결과적으로 드러나는 경우이다. 이때의 분석은 사용된 단어가 전체적인 의사소통의 질을 높이고 전달하고자 하는 의미를 명확히 드러낸다고 판단되는 경우에 한하여 이루어졌다.

나. ㉠ 자연 개발과 환경 보호는 대립하지 않는다. 요즘 '보호적인 개발'이라
는 개념이 인기가 많다.

㉡ 자연을 보호하고 보존하는 것은 지금 우리 사회에서 아주 중요한 일

---

12) 사와다 히로유키(2003)에서 밝힌 바와 같이 전략적 능력은 다른 능력에 비해 평가에 어려움이 있는데, 이는 전략 사용 여부만으로 기계적으로 가점을 할 수 없을 뿐더러 오히려 지나치게 사용될 경우 의사소통의 흐름을 방해할 수 있기 때문이다. 그러나 분명한 것은 '전략'의 적절한 사용은 의사소통 수행을 원활하게 만든다는 것이며 특별히 언어 사용과 관련된 '운용 전략'은 오히려 학습자의 언어 지식이 충분한 상태에서 더 적확하고 효과적인 의미와 격식을 찾고자 하는 노력에 기인한 것이기 때문에 학습자의 전체적인 언어 능력을 추정하는 근거로 활용될 수 있다.

이고 시급한 과제이기도 하다.

　'나'의 예는 자신의 논지를 효과적으로 전달하기 위해 단어를 전략적으로 사용하고 있는 것으로 보인다. ㉠의 경우, 학습자는 자연 개발을 지지하는 입장에서 의견을 개진하고 있는데 이것이 환경 보호라는 측면을 간과한 것이 아님을 '대립'이나 '보호적인 개발'이라는 단어와 표현을 선택함으로써 드러내고자 하였다. 자신의 주장은 분명히 하되, 독자로 하여금 너무 강한 어조로 전달될 것을 미연에 방지하기 위함으로 해석해 볼 수 있다. 또한 ㉡는 '보호'와 '보존'을 모두 사용함으로써 자연을 있는 그대로 지키는 동시에 이를 잘 남겨서 물려줘야 한다는 의미를 풍부하게 담아내고 있다. 또한 향후 이어지는 내용 역시 '보호'와 '보존'을 다루고 있어 두 단어를 통해 글의 전체 내용을 압축하여 제시하고자 한 노력도 엿볼 수 있다.

　세 번째는 학습자가 수행을 번복하고 수정하여 새로운 단어를 사용한 경우의 어휘 사용 양상이다. 첫 번째와 두 번째가 수행의 결과를 통해 학습자의 전략을 추측하는 방식이었다면, 세 번째는 학습자의 수정 과정을 직접적으로 관찰함으로써 수정한 이유와 수정의 결과로 사용된 단어가 왜 선택되었는지 등을 분석해보고자 하였다.

다. ㉠

좋 아 하 지		않 는 다 .	그 래 서		나 에 게		생 일 날
도	보 통	날 이 다 .	그 런 데	고 등 학 교		1 학 년	
때	내 가	갔 었 지	못 한	생 일 날 에	지 냈
다 .

㉡ 치앙마이 가서 기념품을 많이 사고 구경을 자연 풍경을 즐기고

'다' ㉠은 학습자 작문에서의 예로, 학습자가 '기억하다'는 단어를 쓴 후 '잊다'가 더 적합하다고 판단하여 수정한 것이다. 또한 ㉡는 구어 자료의 예로서 처음에는 '구경을'로 시작하였으나 '자연 풍경을 즐기다'로 수정하여 말을 마무리하고 있다. 이는 '구경하다'보다 '자연 풍경을 즐기다'는 표현이 의미를 전달하기에 더 적합하다는 판단을 하였기 때문으로 보인다.

이는 본고의 연구 방법이 학습자 수행의 결과만을 다루고 있다는 한계를 극복하기 위한 하나의 대안적 장치로서 설계한 것이다. 이러한 세 번째 측면에서의 분석을 통해 학습자 수행 과정의 일면을 엿볼 수 있을 것으로 기대된다.

위의 세 가지 측면에서 어휘 사용 양상을 관찰하고 분석한 결과, 학습자가 일정한 목적에 따라 전략을 사용하고 있음을 확인할 수 있었으며 이러한 전략 사용의 예는 다시 몇 가지 기준에 따라 분류해 볼 수 있었다.

(2) 분석 결과

전술한 바와 같이 어휘 사용 전략에는 '문제 해결 전략'과 '어휘 운용 전략'이 포함된다. 이번 절에서는 이러한 두 가지 측면에서의 전략 사용의 범주와 그에 해당하는 예를 살필 것이다.

1) 문제 해결 전략

어휘 사용 전략의 하위 전략인 '문제 해결 전략'은 의사소통 수행 중에 어휘와 관련한 문제 상황이 발생하였을 때, 자신이 가지고 있는 어휘 목록 혹은 의사소통 맥락에서 활용할 수 있는 다양한 정보를 적극적으로 수행 상황으로 끌어 들여 문제를 해결하는 전략을 의미한다. 이러한 전략은 해결 방식이 자신에게 있는지 혹은 상대방이나 의사소통 상황에 있는지에 따라 크게 비상호적 전략과 상호적 전략으로 나눌 수 있다. 이때 비상호적 전략은 학습자가 자신이 가지고 있는 언어 체계 내에서 문제를 해결하고자 하는 것인데, Bialystok(1983)의 분류와 같이 해당 언어 체계가 제1언어에 근거한 것인지 혹은 제2언어에 근거한 것인지로 구분해 볼 수 있다. 또한 표정이나 몸짓 등의 비언어적 전략이 있을 수 있다. 반면 상호적 전략은 상대방으로부터 도움을 요청하거나 의사소통 맥락에서의 언어적, 비언어적 정보를 활용하는 전략(대상을 직접 가리키기, 사전이나 자료 활용하기, 몸짓으로 표현하기 등)이 있다.[13]

본고에서는 비언어적 전략 활용의 예는 찾아볼 수 없었는데 이는 본고가 결과물로서의 학습자 언어를 분석하는 방식을 취하였기 때문이다. 따라서 아래의 표에는 기술하되, 실제 논의에서는 배제하였다.

---

13) 전략의 유형 분류는 Dörnyei & Scott(1997)의 분류 틀과 함께 진제희(2000)과 안주호 (2012a, 2012b)의 논의를 참고하였다. 대부분 기존의 분류 틀을 빌려 오되, 자료 분석 결과로 전혀 드러나지 않았거나 혹은 분류가 어렵다고 판단하는 경우에는 이를 배제하거나 통합하여 새롭게 분류하였다.

<표 2-3> 문제 해결 전략의 범주와 예

문제 해결 전략		하위 전략의 예
비상호적 전략	제1언어 근거 전략	코드 전환, 모국어 표현 직역하기 등
	제2언어 근거 전략	지시어 사용하기, 풀어 말하기, 단어의 의미 관계에 대한 지식 활용하기, 새로운 표현 창조하기 등
	초인지(비언어적) 전략	표정, 몸짓으로 표현하기 등
상호적 전략	담화 상대방 근거 전략	도움 요청하기, 이해 확인하기 등
	상황 맥락 근거 전략	대상 가리키기, 기타 자료 활용하기 등

(가) 비상호적 전략 : 제1언어, 제2언어에 근거한 전략

학습자들은 문제 상황에서 자신의 제1언어 혹은 공통어(영어)를 사용하여 의미의 공백을 채우려고 하거나 제2언어 지식을 활용하여 의사소통을 지속하게 하는 등의 노력을 기울이고 있었다.

[비상호 전략의 예]

가. 왜냐면 다른 사람에게 아니면 예를 들면 <u>이미그레션 이미그레션</u> 갈 때
   (후략)

나. 많은 소중한 동물이 식물이 없기 때문에 그 <u>물중</u>이 지구에서 없어졌다.

다. 그리고 좋은 점은 <u>상대방이 생각하는 것을 미리 생각하면서 행동하는</u>
   <u>거</u> 좋은 점이라고 생각해요.

라. 그런데 음 <u>길게 기다리는 것</u>이 조금 힘들었습니다.

위의 예에서 '가'와 '나'는 제1언어에 근거한 전략, '다', '라'는 제2언어에 근거한 전략이다. '가'의 경우, '출입국하다'는 표현을 사용하기 원하였으나 이

에 대한 한국어 어휘 지식이 부족하여 자신의 제1언어 혹은 공통어 표현을 사용하고 있는 것이다. 또한 '나'는 '종(種)'의 멸종을 의도하여 글을 쓰고 있는데, 이때 중국어에서 생물의 종을 뜻하는 物种(wùzhǒng)을 그대로 차용하되 한국어 한자식 발음인 '물종'으로 대치하여 사용하였다.

반면 '다'는 자신의 성격의 장점에 대한 기술에서 '배려'라는 단어를 사용하지 않고 '상대방이 생각하는 것을 미리 생각하면서 행동하는 것'으로 풀어서 나타내고 있다. '라'도 마찬가지의 경우인데, '인내'를 '길게 기다리는 것'으로 풀어 사용함으로써 자신의 뜻을 드러내고자 하였다. 이러한 전략은 부족한 지식 체계를 보충하는 동시에 의사소통을 지속하게 한다. 또한 학습자가 '배려'와 '인내'의 의미를 알고는 있으되, 적확한 단어를 찾지 못하여 이를 풀어 사용하였다는 점에서 학습자의 어휘 지식 수준이 어느 정도인지를 추정해 볼 수 있게 한다.

(나) 상호적 전략

상호적 전략은 문제 해결의 근거를 자신의 외부에서 확보하는 전략으로서 담화에 참여하는 상대방이나 혹은 의사소통 맥락에서 찾을 수 있는 여러 가지 정보를 통해 문제를 해결하고자 하는 것이다.

[상호 전략의 예]

가. 안 좋아요. 싸 아마 싸 매일 싸우다 싸워요. <u>맞아요?</u> 그래서 성격 중요해요

나. 결혼에 상대를 선택할 때 가장 중요한 아 중요한 것은 아 <u>아 선생님 이거</u>
　　<u>설명하야 돼요?</u>

다. 단점은 뭐랄까 좀 <u>우유부단</u> 할 때도 있어. 어 그니까 <u>결정을 내려야</u>

할 때는 좀 시간 좀 걸려.

라. 그래서 <u>이 그래프 보면</u> 성격하고 사 사랑 음.

본고에서는 위의 세 가지 예를 발견할 수 있었는데, '가'는 상대방에게 자신의 어휘 사용을 점검받고 확인하는 전략을 구사하고 있었으며, '나' 역시 상대방에게 의사소통 지속 여부와 내용 구성의 범위에 대해 질문하는 전략을 사용하고 있다. 한편 말하기 상황에서는 자신이 발화한 '단어'가 상대방에게 정확히 전달되었을 것이란 확신이 들지 않을 때, 혹은 자신의 발화에 자신이 없을 경우 이를 풀어서 다시 발화하는 양상도 나타났다. 이를 통해 상호적 전략을 통해 상대방과의 이해를 도움으로써 의사소통 문제를 해결하려는 태도를 엿볼 수 있었다. 또한 담화 참여자 외에 외부의 정보를 활용할 수도 있는데 '라'는 그래프라는 외부 정보를 의사소통 상황에 끌어와 원활한 소통을 꾀하고 있다.

2) 어휘 운용 전략

'어휘 운용 전략'은 의사소통의 효율성을 극대화하기 위해 자신이 가진 어휘 및 상황 맥락에 대한 지식을 활용하여 의사소통 목적에 맞게 어휘를 선택하고 사용하는 전략으로 정의할 수 있다. 정명숙(2014:178)에서는 "의사소통 전략의 범주에 의사소통을 계획하는 단계에서부터 마치는 단계에 이르기까지 의사소통의 전 과정에서 활용되는 모든 전략과 기술이 포함되어야 한다"고 기술하고 있는데, 본고에서도 '어휘 운용 전략'이 계획, 실행, 그리고 평가로 이어지는 의사소통의 전 단계에 걸쳐 이루어져야 한다고 보고 의사소통 단계에 따라 구분하여 살피고자 하였다.

의사소통 수행 단계는 이경(2015:20)의 모델을 참고하였는데, 이에 따라 '의사소통 목적 수립 및 상황 맥락 이해', '의사소통 내용 및 형식 마련', '의사소통 단위인 담화 구성', '의사소통 수행'의 네 단계로 의사소통 과정을 구분할 수 있었다. 이 중 어휘의 실제적인 사용이 나타나는 단계는 '의사소통 내용 및 형식 마련'의 단계와 '담화 구성' 단계라고 할 수 있으며 의사소통을 실제로 수행하는 단계에서는 스스로의 수행을 점검하고 평가하는 초인지 전략의 사용이 나타날 것으로 보인다. 이를 표로 정리하면 다음과 같다.

⟨표 2-4⟩ 어휘 운용 전략의 범주와 예[14]

어휘 운용 전략		
의사소통 내용 및 형식 마련 단계	• 내용 구성 전략 (의도에 맞는 적확한 어휘 선택하기, 자신의 견해를 드러내는 주관적 어휘 선택하기 등) • 형식 결정 전략 (사용역에 맞는 어휘 선택하기, 문/구어 매체에 적절한 어휘 선택하기 등)	
담화 구성 단계	• 담화 조직 전략 (담화의 유형에 따른 어휘 사용하기, 담화의 논리적 구조를 드러내는 어휘 사용하기 등) • 담화 결속 및 응집 전략 (담화 결속에 기여하는 어휘적 기제 사용하기, 주제 관련 어휘 선택하여 사용하기 등)	← 상황 맥락 정보의 활용 전략
⇑		
의사소통 수행 단계	초인지 전략 (수행 점검하기, 수행 평가하기)	←

(가) 의사소통 내용 및 형식 마련 단계

학습자는 의사소통의 내용과 형식을 마련하기 위해 다양한 전략을 구사하고

---

14) 신명선(2009)와 정명숙(2014), 그리고 이경(2015)의 논의를 참고하였다.

있었다. 특별히 내용을 구성하기 위한 전략으로 다음과 같은 예를 발견할 수 있었다.

[내용 구성 전략의 예]

가. 그러나 <u>무자비한</u> 자연 개발은 인류에게 발전을 가져다 주었지만 대신 큰 <u>진통</u>과 <u>재앙</u>도 안겨 주었다.

나. 현재 우리가 소유하고 자연이 우리한테 건네 준 소중한 "<u>자산</u>"을 아끼고 이에 맞는 자연에 대한 보존을 하였으면 좋겠다.

다. 지구는 우리가 <u>사는 곳</u>이다. 우리가 오랫동안 사는 <u>집</u>이다.

라. 현 단계에서 <u>발전의 속도</u> 비해서 <u>발전의 질</u>도 중요하지 않는가.

'가'는 '무자비하다'는 어휘를 사용함으로써, 자연 개발에 대한 필자의 주관적인 감정이 어떠한지를 극명하게 나타낸다. 이는 이어지는 '진통'과 '재앙'이라는 단어 사용을 통해서도 드러나는데, 이런 표현들을 사용함으로써 필자는 자연스럽게 자신의 입장을 내보일 수 있다. '나'의 경우에도 자연이 가져다주는 여러 가지 이점을 '자산'으로 표현함으로써 이것이 지켜지고 적절히 활용되어야 할 가치 있는 것이라는 생각을 효과적으로 드러내고 있으며 '다' 역시 지구를 '집'에 빗대어 표현하여 나타냄으로써 지구에 대한 친밀한 감정을 유발하는 동시에 보호하고 '오랫동안' 잘 보존해야 하는 곳이라는 주장을 설득력 있게 전달하고 있다.

이러한 전략들은 자신의 입장이나 생각을 압축적인 단어를 통해 드러낸 것이라고 할 수 있는데 이는 '라'를 통해서도 살펴볼 수 있다. '라'는 지금까지 피력한 주장을 요약하고 앞으로 필자가 어떠한 내용에 대해 기술할 것인지를 명시적으로 드러내기 위한 의도로 전략을 사용하고 있다. 즉 지금까지 이루어진 자연 개발의 성격이 다소 급진적이었음을 '속도'라는 단어를 통해 드러내고, 앞으로는 조화롭고 지속 가능한 발전을 어떻게 이루어 나갈 것인가에 대한 고민이 필요함을 '질'이라는 단어를 사용하여 압축적으로 드러낸 것이다.

[형식 결정 전략의 예]

가. <u>아 나는 아 저는</u> 성격을 제일 중요한다고 생각합니다.

한편 어휘의 운용 전략은 의사소통의 형식을 마련하는 단계에서도 중요하게 활용된다. 즉 의사소통 맥락과 사용역에 맞는 적절한 어휘를 선택하는 데에 기여한다. 위의 예에서 학습자는 '나는'으로 발화한 후 다시 '저는'으로 발화를 수정하는 모습을 보인다. '나'에서 '저'로의 수정은 학습자가 발화가 이루어지는 맥락에 대한 이해를 토대로, 초기에 사용한 단어가 이에 적절하지 않으며 후자의 것이 더 적절한 어휘라고 판단하였기에 이루어진 것이다.

(나) 담화 구성 단계 : 담화 조직 전략과 담화 결속 및 응집 전략

이 외에도 담화를 구성하는 단계에서의 전략 사용도 나타났다. 우선 담화 조직 전략은 담화의 논리적 흐름에 기여하는 전략을 사용하거나 담화 유형에 맞는 어휘를 사용하는 전략 등을 예로 들 수 있었다.

[담화 조직 전략의 예]

가. <u>누구나</u> 기억에 남는 행복한 일이 하나쯤 있는 것 같다. 나도 그런 경험이
　　한 번 있었다.

나. 지금 <u>발표를 끝</u>겠습니다.

다. 결혼 상대를 선택할 때 가장 중요하게 생각하는 것에 대해서 이야기합니
<u>이야기하겠습니다.</u>

예문 '가'의 경우, '누구나'는 표현을 사용하여 글을 도입하고 있다.[15] 이러한 방식은 개인적인 글쓰기에서 자신의 경험을 다른 사람의 경우로 확장시켜 일반화하여 효과적으로 독자 또는 청자의 관심을 환기한다는 장점을 가진다. 이때 핵심이 되는 어휘가 '누구나'인데 학습자는 이 어휘의 효과를 인식하고 담화 유형에 맞게 적용한 것으로 보인다.

한편 '나'와 '다'는 담화의 전개 구조를 짜임새 있게 드러내는 역할을 하는데, '끝나다', '이야기하다'와 같은 어휘는 그 의미대로 화제를 끝내거나 시작하였음을 드러내며 담화에 참여하는 상대방으로 하여금 담화의 흐름을 인식하고 듣거나 읽는 데에 이러한 정보를 활용할 수 있게 한다.

[담화 결속 및 응집 전략의 예]

가. 나는 자연을 그대로 보존해야 한다고 생각한다. <u>이유는 두 가지로</u> 나눌 수 있다. <u>첫 번째는</u>

나. <u>우선</u> 저는 금연구역을 확대하는 것은 찬성입니다. <u>그 이유는</u> 개인적으로는 저도 흡연자이지만 (후략)

---

15) 이러한 도입이 다소 기계적이고 고리타분하다는 비판도 존재하나, 자신의 경험 혹은 느낌에 대한 글을 시작할 때 다른 사람의 관심을 집중시키고 또 자신의 경험과 연결시키며 글을 읽게 한다는 점에서 글을 도입하는 하나의 방법으로 제시되고 있는 것만은 분명하다.

마지막으로는 담화를 결속하고 응집하기 위한 어휘 운용 전략으로서, 담화 표지를 사용하거나 담화의 전체적인 주제와 관련된 어휘를 지속적으로 사용함으로써 담화의 결속과 응집에 기여한다. '가'는 이유를 두 가지로 나누어 기술하겠다고 밝히고 이를 첫 번째, 두 번째와 같은 담화 표지를 사용하여 명시적으로 나타내고 있다. '나'의 경우에도 '우선'이라는 어휘가 해당 문단이 논의의 출발점이 되며 이후에 계속해서 논의가 이어질 것임을 나타낸다. 이와 같은 어휘적 기제를 담화에 적절하게 선택하여 사용하는 것은, 의사소통의 질을 높이기 위한 전략의 대표적인 예라고 할 수 있다.

4. 어휘 유창성 하위 범주로의 설정 가능성

지금까지 학습자들이 의사소통 과제를 수행하기 위해 어휘를 선택, 사용하는 과정에서 나타나는 여러 전략들을 살펴보았다. 이때 학습자들이 보유하고 있는 어휘에 대한 지식, 어휘 목록, 어휘 이해 및 사용 전략 등은 어휘 능력의 근거가 되며 이러한 어휘 능력을 발휘하여 의사소통을 실제로 수행해 나가는 차원에서 논의되어야 하는 것이 '어휘 유창성'이라고 할 수 있다.

이경(2015:180)에서는 '어휘 유창성'의 개념을 '학습자가 보유하고 있는 어휘 능력을 토대로 어휘를 풍부하고 다양하게 사용할 수 있을 뿐만 아니라, 의사소통의 단위인 담화를 효과적으로 구성하고, 전달하고자 하는 의미를 상황 맥락에 맞는 적절한 어휘를 사용하여 전달할 수 있는 것'으로 정의한 바 있다. 이에 의하면 어휘 유창성은 어휘를 풍부하고 다양하게 사용할 수 있는 양적인 측면과 의사소통 맥락에 맞는 적절한 어휘를 선택하고 사용하며 담화를 구성할 수 있는 질적인 측면을 모두 포괄한다고 볼 수 있다.

또한 의사소통 수행 과정을 단계에 따라 구분하여 각 단계에서 요구되는 어휘 능력의 하위 요소를 정리하고 있는데, 이때 모든 단계의 전반에 영향을 끼치는 것을 '전략적 능력16)'이라고 하였다. 이러한 차원에서 전략적 능력은 어휘 능력의 중요한 요소가 된다고 볼 수 있다.

한편 이경(2015)에서는 Fillmore(1979)의 유창성 범주를 바탕으로 어휘 유창성의 하위 요인들을 새로운 시각에서 논의하고 있다. Fillmore(1979)에서는 유창성을 '비정상적인 휴지 없이 길게 이야기할 수 있는 능력', '문장을 의미적으로 촘촘하게 연결하여 일관성 있게 말하는 능력', '넓은 범위의 맥락을 전제하였을 때에도 적절성을 확보할 수 있는 능력', 마지막으로 '창조적이고 창의적인 언어 사용 능력'의 네 가지 차원에서 설명하고 있는데17), 이경(2015)는 이 중 '창조성'의 범주를 "개인적, 사회적 변인에 따라 달라질 수 있으며 한국어 담화 공동체의 수용이 전제된 언어 사용에 한하여 창조성을 논할 수 있다"는 판단 하에 '적절성'의 차원으로 축소하여 다루었다.

그러나 이때의 '창조성'은 단순히 새로운 언어 표현을 창발해 내는 것만을 의미하는 것이 아니라 자신이 가진 언어 자산을 통해 다양한 방식으로 의미를

---

16) 이경(2015)는 전략적 능력을 '지식과 상황 맥락에 대한 이해를 토대로 적절한 담화를 구성해 내는 능력'으로 정의하였는데, 이를 분석적으로 이해하면, 어휘 지식에 대한 이해와 상황 맥락에 대한 이해, 그리고 적절한 담화를 구성할 수 있는 능력 차원이 전략적 능력에 모두 포함되는 것으로 볼 수 있다.

17) Fillmore(1979)의 원어를 밝히면 아래와 같다. 각각에 대한 설명은 이경(2015:75~79)에서 참고할 수 있다.
   • The ability to talk at length without abnormal pauses
   • The ability to talk coherently, employing semantically dense sentences
   • The ability to have appropriate things to say in a broad range of contexts
   • The ability to be imaginative and creative in language use

구성해 내고 또 전달할 수 있는 능력을 포함한다. 원어에서 밝히고 있듯, '창조성(the ability to be imaginative and creative in language use)'은 '언어 사용'을 전제로 한다. '창조성'이 풍부한 학습자는 언어를 사용함에 있어 제한된 정보와 지식을 극복하고 새로운 방식으로의 표현을 스스로 개발해 내며 이를 통해 더 효과적이고 창의적인 의사소통을 이끌어낼 수 있다.

실제로 어휘를 유창하게 사용한다고 판단하는 데에는 해당 학습자가 가지고 있는 어휘 지식도 중요하지만 이를 의사소통 상황에서 적절하게 운용할 수 있는 능력의 유무가 중요한 기준이 된다. '특정한 어휘의 의미를 안다/모른다'로 양분된 척도나 '이해할 수 있지만 쓰기나 말하기에서 사용할 수는 없다' 등의 기술로는 학습자의 어휘 유창성을 온전히 평가할 수 없으며 수행을 통한 어휘 사용이 평가되어야 한다.

현재까지 어휘 교육 및 평가에서는 수행 중심의 어휘 사용 능력에 대한 논의가 숱하게 진행되어 온 바 있다. 그러나 논의의 양적인 증대만큼 질적인 성과가 있었던 것은 아니다. 즉, 수행을 중심으로 한 어휘 과제 및 평가 방안이 다양하게 논의되어 왔음에도 불구하고 결국 교육 및 평가의 본질인 '어휘 유창성'이 교육 현장에서 타당도 있게 교육·평가되고 있는지에 대한 반성이 잇따르고 있다.

본고에서는 학습자의 어휘 사용 전략을 문제 해결 전략과 어휘 운용 전략으로 나누어 살펴보았으며 이러한 전략 사용의 예를 실제 학습자 언어를 통해 확인하였다. 그 결과 학습자들은 비상호적 전략, 상호적 전략을 통해 문제를 적극적으로 해결해 나가고 있었으며 의사소통의 메시지와 형식을 구성해 나감에 있어서도 다양한 전략을 활용하여 보다 더 효과적이고 적절한 표현을 찾기 위해 노력하고 있었다.

자신의 부족한 어휘 목록을 극복하고 대체하기 위한 노력은 전술한 바와 같이 어휘 사용에 대한 학습자의 적극적이고 전략적인 태도와 연관되는 중요한 능력이며 자신이 보유한 어휘 목록을 통해 자신이 이해한 바를 새로운 방식으로 재구성한다는 점에서 학습자의 어휘 능력을 간접적, 때로는 직접적으로 추정해 볼 수 있게 한다.

또한 스스로의 의사소통 과정을 점검하고 그 질적인 향상을 꾀하기 위한 다양한 노력의 결과들도 마찬가지로 학습자의 '창조성'을 살펴볼 수 있게 하며 궁극적으로는 학습자가 보유하고 있는 어휘 능력과 이를 운용하는 능력의 정도를 파악할 수 있게 한다.

따라서 학습자의 어휘 사용 전략은 '학습자가 어휘를 유창하게 사용'할 수 있음을 판단하고 설명하는 중요한 잣대가 될 수 있다. 본고는 이에 어휘 사용 전략을 어휘 유창성의 하위 범주로 설정할 수 있는 가능성을 발견할 수 있었다.

5. 결론

본고는 의사소통 전략에 관한 논의에서 '어휘'가 가지는 위상을 재고찰하고 한국어 학습자들의 어휘 사용 전략을 면밀하게 관찰하여 제시하고자 하였다. 또한 이를 통해 어휘 사용의 전략이 어휘 유창성의 한 하위 범주로 설정될 수 있는 가능성도 타진해 볼 수 있었다.

본고는 지금까지 이루어졌던 전략에 관한 논의가 대부분 보상적인 측면에 치우쳐 있었으며 적극적인 의미에서의 전략적 능력에 관한 연구가 부족하였음을 지적하였다. 이에 적극적인 의미에서의 전략적 능력, 즉 의사소통의 효율성을 극대화하고, 자신이 가진 언어 자산을 활용하여 성취하고자 하는 의사소통 목적에 맞게 언어를 조작하고 사용하는 전략을 '언어 운용 전략'으로 지칭하고 이를 어휘 사용 전략 범주에 반영하고자 하였다.

또한 본고는 학습자가 산출한 문어, 구어 자료를 중심으로 어휘 사용 전략의 예를 살피고 이를 범주화하고자 하였는데, 그 결과 학습자들은 '문제 해결 전략'과 '어휘 운용 전략'을 활용하여 의사소통 수행 중에 나타나는 문제 상황을 해결해 나가고 있었으며 한편으로는 전달하고자 하는 의미와 형식에 적절한 어휘를 선택하고 사용함으로써 의사소통이 효율적으로 이루어질 수 있도록 노력하고 있었다.

이러한 학습자들의 노력은 궁극적으로 의사소통 수행의 질을 향상시키고 있었으며 이는 '수행'을 중심으로 하는 어휘 유창성 논의와도 연관 지어 볼 수 있었다. 따라서 본고에서는 어휘 사용과 관련한 전략적 능력이 어휘 유창성 정도를 판단하기 위한 기준으로 활용될 수 있다고 보았다.

한국어 유창성 신장을 위한 어휘 사용 전략

1. 서론

본 연구[18]는 한국어 학습자들의 어휘 사용 전략의 활용 양상을 살펴보고 이를 통해 유창성 신장을 위한 방안을 모색해 보는 것을 목적으로 한다. 특별히 한국어 고급 학습자들이 산출한 작문을 토대로 학습자 인터뷰를 실시함으로써 학습자들이 어휘를 선택하고 사용하는 동기와 전략, 이를 통해 얻고자 한 효과 등에 대해 심층적으로 분석하고자 하였다.

한국어로 글을 쓰거나 말을 할 때, 한국어 학습자들은 자신이 전달하고자 하는 바에 적합한 내용을 마련하기 위해 자신의 언어 지식 체계를 탐색하며 그 과정에서 다양한 의사소통 전략을 활용한다. 특히 어휘는 담화의 메시지와 형식을 구성하는 데에 핵심적인 역할을 하며 학습자의 선택을 명시적으로 관찰할 수 있는 요소로서, 의사소통 전략에 관한 논의에서 중요하게 다루어질 필요

---

18) 해당 부분은 한국어교육 제27권 3호에 게재한 내용을 가지고 온 것이다. 게재 논문의 정보는 다음과 같다.
이경(2016). 한국어 유창성 신장을 위한 어휘 사용 전략 연구: 한국어 고급 학습자 대상 심층 인터뷰를 중심으로. 한국어 교육 27(3). 국제한국어교육학회. 149-175쪽.

가 있다.

그러나 현재까지의 한국어 어휘 교육에서는 어휘를 어떻게 효과적으로 가르치고 배울 것인가에 대한 교수·학습 전략에 초점을 두고 논의가 이루어졌던 것이 사실이다. 어휘를 습득하기 위한 전략 및 학습한 내용을 효과적으로 기억하기 위한 전략 등은 한국어 학습자들의 언어 능력을 신장하는 데에 직·간접적인 도움을 줄 수 있으나, 자칫 학습자 머릿속의 어휘 목록을 확장하는 차원에만 머무를 소지가 있다. 즉, 의사소통 상황에서 자신의 의도를 효과적으로 전달하기 위한 목적으로 어휘를 선택·사용하는 전략적 능력의 신장으로 이어지기는 어려운 것이다. 따라서 실제 수행을 전제로 하는 어휘 사용 전략을 교수하기 위한 연구가 본격화될 필요가 있다.

한편 의사소통 전략에 대한 연구 역시 개념과 범주에 대한 개별적인 논의를 넘어 학습자들의 전략 사용 양상과 신장 방안 등 보다 종합적인 차원으로 확장되어 가고 있다. 그러나 의사소통 전략 연구 중에서도 어휘에 대한 논의는 대부분 의사소통 과정에서 발생한 문제를 극복하기 위한 보상적 차원에 대한 것이었으며 자신이 전달하고자 하는 의미를 효과적으로 표현하는 적극적인 차원으로서의 '어휘 사용 전략'에 대한 논의는 아직까지 구체화되지 못하였다.[19]

의사소통 행위의 본질이 자신의 의도를 효과적으로 전달하여 의사소통 목적을 달성하는 데에 있다고 하였을 때, 한국어 학습자의 의사소통 능력과 유창성을 신장하기 위해서는 전달하고자 하는 의미를 효과적으로 구성하기 위한 어휘

---

[19] 이경(2015b:297-303)에서 보상적 차원에서의 '문제 해결 전략'과 적극적인 차원에서의 의사소통 전략인 '언어 운용 전략'을 구분하여 논의한 바 있다. 본고에서는 '언어 운용 전략' 중 어휘 사용 전략을 중심으로 논의를 진행할 것이며 특별히 고급 수준의 학습자들을 대상으로 한 심층 인터뷰를 통해 구체화된 범주와 예를 도출해 내고자 한다.

를 선택하고 사용할 수 있도록 교육하는 것이 필요하다. 특히 유창성을 수행의 질에 관련한 종합적인 언어 능력[20]으로 이해할 때, 어휘의 선택과 사용 전략은 학습자의 유창성 정도를 파악하고, 이를 교수하거나 평가할 수 있는 근거로서 분석될 수 있다.

　이에 본고에서는 학습자들이 산출한 작문과 이를 바탕으로 실시한 심층 인터뷰 대화를 분석함으로써 어휘를 선택, 사용하기 위해 구사하는 전략과 동기, 이를 통해 얻을 수 있을 것이라 기대한 효과 등에 대해 귀납적으로 분석해 보고자 한다. 이는 향후 어휘 사용 전략의 교육 내용을 도출하고 교수하는 방안을 모색하는 데에 기초 자료로서 활용될 수 있을 것이라 기대된다.

2. 이론적 배경

(1) 언어 사용 전략

　'언어 사용 전략'은 의사소통 과정에서 전달하고자 하는 내용을 효과적으로 구성하고, 이를 전달하기 위해 기존에 가지고 있던 지식이나 기술을 구사할 수 있는 능력으로 정의할 수 있다. 즉 의도에 맞게 내용을 구성하는 전략과 효과적으로 내용을 전달할 수 있는 능력을 포함한다.

　Cohen(2014:13-15)에서는 언어의 사용에는 크게 인출 전략과 시연 전략,

---

20) Fillmore(1979), Lennon(1990), 이정희(2010), 이경(2015a) 등의 연구에서 유창성은 맥락에 맞는 적절한 언어 사용, 언어 사용의 일관성, 정확성, 자연스러움, 창조적 언어 사용 등을 포괄하는 개념으로 정의되고 있다. 이러한 관점에서 '유창함'은 언어 능력의 한 요소이기 보다는 종합적인 언어 능력으로서 다루어져야 할 것이다.

대응 전략과 의사소통 전략의 네 가지 전략이 상호 관여한다고 언급한 바 있다. 이때, 인출 전략은 학습자가 가진 지식 저장고로부터 언어 자원을 상기하기 위한 것으로서, 학습자가 특정 어휘를 선택하기 위해 해당 어휘가 언제 어떠한 뜻으로 사용되는지에 대한 지식을 떠올리는 것을 의미한다. 또한 시연 전략은 의사소통을 위해 미리 학습자가 해당 어휘나 문법을 연습해 보는 것을 뜻하는 것으로, 학습자가 수행 전 준비 단계에서 시연해 보는 모든 연습 활동이 이에 해당된다.

한편 대응 전략은 보상적 전략과 은폐 전략으로 나눌 수 있는데, 보상적 전략이 부족한 언어 지식을 보충하기 위해 모르는 어휘를 회피, 단순화하거나 근접어를 사용하는 등의 전략을 의미한다면 은폐 전략은 암기한 문형이나 부분적으로만 이해한 구문을 발화하는 등 학습자의 실제 언어 능력을 감추기 위한 전략이라고 할 수 있다. 의사소통 전략의 경우, 메시지를 효과적으로 전달하기 위한 것으로 학습자의 언어 숙달도 이상을 수행할 수 있게 하며 의사소통에 대한 자신감을 높여주는 데에 기여한다. 특히 의사소통 전략은 대화 전략을 포함하는데, 여기에는 상대방의 도움을 요청하거나 명료화하기, 이해 확인하기 등이 해당된다.

이러한 Cohen(2014)의 범주에 따르면 언어 사용 전략은 곧 자신이 가진 언어 자원을 탐색하고, 발화 전 전달하고자 하는 메시지를 여러 가지 방식으로 시도, 연습해 보며 의사소통 과정에서 발생하는 문제를 해결하고, 메시지를 효과적으로 전달하는 총체적인 과정을 포괄한다. 특별히 의사소통 전략은 메시지를 효과적으로 전달하는 데에 초점을 두고 있으므로 의사소통 문제에 대처하는 대응 전략과 구분되어야 한다.[21)]

이렇듯 언어 사용이 탐색과 시연, 문제 해결, 전달적 측면에서의 전략이 모두 동원되어야 하는 것임에도 불구하고, 지금까지 논의되었던 전략적 능력은 문제 상황을 전제로 하는 것이 대부분이었다. 또한 의사소통의 효율성을 증대하기 위한 전략 연구에서도 실제 그 하위 유형을 살펴보면 의사소통을 지속하게 하거나 스스로의 의사소통 수행을 점검하는 전략 등 소극적인 차원에서의 전략적 능력만을 다루고 있는 경우가 다수였다(이경, 2015b:300).

따라서 자신이 가지고 있는 언어 지식 체계 내에서 가장 적절한 것을 탐색하는 차원의 인출 전략, 성공적인 의사소통을 위해 다양한 방식으로 먼저 시연해 보는 전략, 메시지를 상대방에서 보다 효과적으로 전달하기 위한 차원에서의 전략 등이 재조명될 필요가 있다.

특히 본 연구에서는 탐색과 전달 차원에서의 전략을 본격적으로 다루어 보고자 한다. 이에 이 절에서는 학습자가 의사소통 내용을 생성하고 전달하는 측면의 전략 사용에 초점을 두고 있는 언어 사용 전략, 특히 표현 영역에서 논의된 언어 사용 전략을 중심으로 살펴볼 것이다.

먼저 언어 사용 전략에 대한 논의가 활발하게 이루어지고 있는 쓰기 영역에서는 쓰기 전략을 쓰기 과정 중에 발생하는 어려움을 해결하기 위한 의식적인 결정(Mu & Carrington, 2007:2), 또는 글쓴이가 글쓰기를 계획하고 글을 쓰고 수정하는 등 쓰기와 관련된 모든 활동들(Torrance, et al, 2000: 182)로 정의하고 있다. 쓰기 전략은 다시 수사학적 전략, 상위인지적 전략, 인지적 전

---

21) Cohen(2014)에서도 의사소통 전략이 주로 문제 상황에서 나타날 수 있음을 언급하고 있으나, 해당 문제를 보충하거나 해결하기 위한 전략이 아닌 오히려 문제 상황으로부터 대화를 벗어나게 하고, 전달하고자 하는 의미를 다양하고 창조적인 방식으로 표현하여 대화 상대자가 메시지를 명확히 이해할 수 있도록 하는 전략으로 설명하고 있다. 본고에서는 메시지의 효과적인 전달을 위한 전략이라는 명칭 상의 개념을 강화하고, 그 과정에서 나타나는 학습자의 의식적인 선택과 노력에 초점을 두어 문제 상황이 아닌 차원에서도 이러한 전략이 사용될 수 있음을 분명히 하고자 한다.

략, 사회적·정의적 전략으로 분류할 수 있는데, 이때 수사학적 전략은 글쓴이가 목표어 공동체에서 수용되는 쓰기 관습에 따라 아이디어를 조직하고 나타내기 위해 사용된다(Mu & Carrington, 2007:2에서 재인용)는 점에서 본고에서 논의하고자 하는 전달적인 측면에서의 언어 사용 전략과 관련된다.

Mu & Carrington(2007) 연구는 세 명의 대학원생 필자의 작문을 분석한 후 수사학적 전략의 세부 전략으로 조직 전략(Organizing strategies), 결속 전략(cohesive strategies), 장르 인식(Genre awareness)을 제시하였다. 이를 통해 전략적인 필자는 담화가 향유되는 담화 공동체와 맥락에 맞게 글을 쓰기 위해 담화의 조직과 결속, 장르적 특징 등을 고려하고 있음을 확인할 수 있었다.

한편 담화의 수사학적 완성도를 높이기 위한 전략으로는 RAFT 전략[22]이 있다. RAFT 전략은 R(Role: 필자의 역할), A(Audience: 독자), F(Format: 쓰기 형식), T(Topic: 화제)의 약자로서 과제 제시 단계에서 다음과 같은 질문을 유도하는 쓰기 전략이다(권미라, 2009).

- R – 필자의 역할: 당신은 누구인가?
- A – 독자: 누구에게 글을 쓰려고 하는가?
- F – 쓰기의 형식(장르): 어떤 형식으로 글을 쓸 것인가?
- T – 글의 화제: 무엇에 관하여 쓰려고 하는가?

이러한 질문은 학습자로 하여금 글의 독자와 맥락, 목적에 대해 생각하게

---

22) RAFT 전략은 Nancy Vandervan에 의해 개발된 전략으로, 필자, 독자, 형식, 화제라는 네 가지 요소로 쓰기 과제를 제시하여, 학습자의 쓰기 상황을 구체화하는 교수·학습 전략이다.(C. Santa, 1998; 윤선아, 2008; 권미라, 2009)

해 글의 수사학적 전달력을 높일 수 있도록 한다는 점에서 주목할 만하다. 위의 범주들은 학습자들이 글을 쓰는 과정에서 지속적으로 고려해야 할 범주인 동시에 어휘를 선택, 사용하기 위한 필터링 기제로 작용할 수 있다. 따라서 본 연구에서도 쓰기 전 단계에서 학습자들에게 위와 같은 질문을 유도함으로써 학습자들로 하여금 글쓰기 과제를 명확히 이해하게 하고 스스로가 결정한 쓰기 독자와 맥락, 목적에 맞게 글을 쓰도록 독려하였다.

말하기 영역에서 찾아볼 수 있는 탐색적, 전달적 차원에서의 전략으로는 대화 전략(conversational strategies)을 생각해 볼 수 있다. 대화 전략은 대화의 운용 규칙을 알고, 대화의 기능을 제대로 수행하기 위해 대화 능력을 활용하는 전략으로, Dörnyei & Thurrell(1994)는 ① 대화의 목적과 기능을 알고, ②대화 참여자들 간의 사회적 신분과 위치 관계를 이해하며 ③ 적절한 언어를 이용하여 대화의 구조와 절차에 맞는 말을 하고, ④ 대화 운용 규칙인 말차례와 인접쌍, 수정 등의 규칙을 알아야 하며, 이러한 네 가지 요소를 바탕으로 ⑤ 대화의 목적 달성 여부를 확인하는 것이 대화 능력의 요소라고 보았다(노숙원, 2015; 39, 45에서 재인용).

한편 정명숙(2014)는 의사소통 전략을 말하기 단계뿐만 아니라 계획, 실천, 마무리하는 전반적인 과정을 포괄하는 넓은 개념으로서 바라보고 있으며 이러한 관점을 의사소통의 각 단계(과정)에 적용하여 구체적인 전략 범주와 예를 보여주고자 하였다는 점이 특징적이다. 특별히 정명숙(2014:180)에서 논의한 '담화 차원의 전략'과 '전달력을 높이는 전략'은 의사소통 과정에서 자신이 의도한 바를 의사소통 맥락과 담화 유형, 스타일에 견주어 효과적으로 구성하고 전달하고자 하는 노력을 다루고자 한 것이다. 이러한 점에서 이 두 범주가 시사하는 바는 매우 크다고 할 수 있다.

지금까지의 논의는 의사소통 목적과 의도에 맞게 메시지를 구성하기 위해 자신의 언어 체계를 탐색해 보는 전략과 이를 효과적으로 전달하기 위한 전략들을 중심으로 〈표 2-5〉와 같이 재배치해 볼 수 있다.

〈표 2-5〉 언어 사용 전략의 범주와 하위 전략

	전략 범주	하위 전략	
		탐색적 차원에서의 전략	전달적 차원에서의 전략
Mu & Carrington (2007)	수사학적 전략		• 조직 전략 • 결속 전략 • 장르 인식
Cohen(2014)	언어 사용 전략	• 인출 전략 • 시연 전략	• 대응 전략 • 의사소통 전략
정명숙(2014)	말하기 전 단계 전략	• 담화 차원의 전략23)	
	말하기 단계 전략		• 전달력을 높이는 전략 • 장애를 극복하는 전략

(2) 한국어 어휘 사용 전략

앞서 기술한 바와 같이 의사소통 전략에 대한 논의가 구체화되어 가고 있는 상황임에도 어휘 전략에 대한 논의는 어휘 교수·학습 전략(이재욱·남기춘,

---

23) 정명숙(2014:180)에서는 담화 차원으로 다양한 세부 전략의 예를 제시하고 있다. 이러한 세부 전략에는 담화의 목적과 청/화자와의 관계 분석하기, 적절한 발화 스타일 결정하기와 같은 전달적 측면을 높이기 위한 전략들도 포함되고 있으나, 담화의 구조 및 기능에 적절한 담화 표지를 떠올리거나 담화의 목적을 달성하기 위한 내용을 구상하는 등의 세부 전략은 탐색적 차원에서도 유의미할 것으로 보았다. 즉, 전달하고자 하는 의미를 명확히 하기 위하여 자신이 알고 있는 언어 지식 내에서 어느 하나를 선택할 때에 위와 같은 전략들이 탐색을 활성화하는 기제로서 활용될 수 있기 때문이다.

2001; 이정민, 2010; Hyun Jin, Lee & Pyun, Danielle. O. 2015 등), 또는 의사소통 문제를 해결하기 위한 보상적 차원으로서의 전략(이민경, 2004; 김미경, 2007 등) 중의 한 범주로서 다루어져 왔다.

이러한 점에서 박민신(2008), 조인정(2015), 이경(2015b) 등의 논의는 의사소통 전략 중 의사소통의 효율을 높이고 자신의 의도를 효과적으로 전달하기 위한 어휘 사용의 측면에 관심을 두고 있다는 점에서 살펴볼 필요가 있다. 박민신(2008)에서는 어휘의 의미 전달 전략 교육의 필요성을 밝히면서, "어휘의 의미 전달 전략을 사용한다는 것은 단순히 일시적인 의사소통 문제를 해결하는 것 이상의 의미를 가지고 있으며 성공적인 전략 사용 능력은 학습자의 긍정적인 정체성 형성에까지 이를 수 있다"고 기술한 바 있다. 실제 분석은 의사소통 문제를 표면적으로 드러나지 않게 하는 전략을 중심으로 이루어지고 있으나 해당 논의를 통해 제시된 '어휘의 의미 전달 전략' 개념은 적절한 어휘를 선택, 사용함으로써 학습자의 의도를 강화하고 이를 통해 구성된 의미를 효과적으로 전달하기 위한 전략으로 충분히 확장될 수 있다는 점에서 주목할 만하다.

또한 조인정(2015)의 경우 성취 전략에 활용되는 어휘와 표현을 모국어 화자의 발화 내용을 중심으로 정리하고 있다. 성취 전략 역시 의사소통 장애를 극복하기 위한 방안으로서의 전략이나 의사소통을 지속해 나가기 위해 화자가 대체적인 어휘나 표현을 선택하는 과정에서의 적극적인 노력을 엿볼 수 있다는 점에서 유의미하다. 특별히 의미상의 인접성을 가진 상하위어, 동의어, 유의어, 반의어, 외국어 등의 어휘를 선택하여 전달하고자 하는 내용을 설명한다는 점은 본고의 논의에서 살피고자 한, 학습자들이 보다 더 적확한 어휘를 선택하기 위해 의미상의 인접성을 가진 어휘 중 어느 하나를 탐색하는 시도와 맞닿아 있다고 할 수 있다.

한편 이경(2015b)에서는 의사소통의 효율성을 극대화하기 위해 자신이 가진 어휘 및 상황 맥락에 대한 지식을 활용하여 의사소통 목적에 맞게 어휘를 선택하고 사용하는 전략으로 '어휘 운용 전략'을 정의하였다. 또한 신명선 (2009), 정명숙(2014)에서 이루어진 의미 있는 논의들을 바탕으로 '의사소통 목적 수립 및 상황 맥락 이해', '의사소통 내용 및 형식 마련', '의사소통 단위인 담화 구성', '의사소통 수행'의 네 단계로 의사소통 과정을 구분하였으며, 이 중 '의사소통 내용 및 형식 마련'의 단계와 '담화 구성' 단계에서 어휘와 관련된 사용 전략이 나타난다고 보았다.

〈표 2-6〉 어휘 사용[24] 전략의 범주와 예(이경, 2015b:315)

어휘 사용 전략		
의사소통 내용 및 형식 마련 단계	• 내용 구성 전략 (의도에 맞는 적확한 어휘 선택하기, 자신의 견해를 드러내는 주관적 어휘 선택하기 등) • 형식 결정 전략 (사용역에 맞는 어휘 선택하기, 문/구어 매체에 적절한 어휘 선택하기 등)	←
담화 구성 단계	• 담화 조직 전략 (담화의 유형에 따른 어휘 사용하기, 담화의 논리적 구조를 드러내는 어휘 사용하기 등) • 담화 결속 및 응집 전략 (담화 결속에 기여하는 어휘적 기제 사용하기, 주제 관련 어휘 선택하여 사용하기 등)	상황 맥락 정보의 활용 전략
⇑		
의사소통 수행 단계	• 초인지 전략 (수행 점검하기, 수행 평가하기)	←

이러한 논의는 앞서 언어 사용 전략에서 살펴본 탐색적 측면에서의 전략과

---

24) 이경(2015b)에서는 어휘 운용 전략으로 해당 표를 제시한 바 있으나, 본고의 용어와 통일하기 위해 어휘 사용 전략으로 바꾸어 기술하였다.

전달적 측면에서의 전략과도 일정 부분 상관성을 지닌다. 어휘를 선택하기 위한 구체적인 전략에 해당하는 의사소통 내용 및 형식 마련 단계에서는 탐색적 측면에서의 전략이 강조될 수 있으며 담화를 실제로 구성하는 과정에서는 전달력을 높이기 위한 다양한 전략들이 활용될 것이 예상되기 때문이다.

그러나 이경(2015b)의 어휘 사용 전략의 예를 살펴보면 '의도에 맞는 어휘 선택하기', '자신의 견해를 드러내는 주관적 어휘 선택하기', '사용역에 맞는 어휘 선택하기', '주제 관련 어휘 선택하여 사용하기' 등 기술적인 측면만을 나열하고 있으며 구체적인 방법에 대한 논의는 누락되어 있다. 즉, '사용역에 맞는 어휘를 선택하기'와 같은 경우 사용역에 맞는 어휘를 선택하기 위해 학습자들이 어떤 전략을 시도했는지, 왜 특정 어휘를 선택했는지 등의 세부적인 동기에 대해서는 알 수 없다. 또한 산출된 작문 자료를 분석한 것이기 때문에 전략의 사용 맥락과 의도를 파악하기에는 어려움이 있었다. 따라서 학습자들의 의도와 동기를 반영한 새로운 전략 목록이 도출될 필요가 있다.

이에 본고에서는 Mu & Carrington(2007), Cohen(2014), 정명숙(2014), 이경(2015b) 등에서 언급하고 있는 어휘 사용의 다양한 전략들이 나타날 수 있도록 학습자들에게 쓰기 과제를 제시한 후, 전략 사용의 구체적인 양상과 더불어 그 사용 의도를 파악할 수 있는 심층 인터뷰를 실시하고자 한다. 또한 분석 결과를 토대로 기존에 논의된 언어 사용 전략의 범주와 하위 전략을 수정, 보완하여 한국어 학습자들을 위한 효과적인 어휘 사용 전략 교수의 내용을 제안해 보고자 한다.

이렇듯 어휘 사용 전략의 범주와 그 양상을 밝히는 것은 향후 교육 현장에서 표현 영역에서의 한국어 유창성을 신장하기 위한 어휘 전략 교수 내용을 마련하는 데에 기초적인 토대로 활용될 수 있을 것이다.

3. 연구 방법

(1) 자료 수집 및 연구 방법

본 연구는 한국어 학습자들이 산출한 작문과 이를 바탕으로 한 인터뷰 대화를 분석함으로써 학습자의 어휘 사용 전략을 살펴보고자 하였다. 학습자들의 어휘 사용 전략과 그 동기, 기대되는 효과에 대한 인식 등을 파악하기 위해서 본 연구에서는 한국어 어휘에 대한 지식이 일정 수준 이상 갖추어진 고급 학습자 14명을 대상으로 선정하였다. 이들 학습자 집단은 외국어 환경에서 한국어를 처음 배운 후 교환학생 프로그램으로 한국에 입국하여 고급 수업에 참여하고 있으며 평균적으로 2년 정도의 한국어 학습 경험을 가지고 있었다.

한국어 학습자들이 산출한 작문 과제는 동일한 수업 시간에 교수자의 설명과 함께 제시되었으며 학습자들은 이를 과제로 수행하여 제출하였다. 전체를 대상으로 하는 쓰기 전 활동으로서 마인드 맵 그리기 활동을 실시하였으며 이후 작문의 목적과 대상, 의사소통 상황을 구체적으로 생각해 보도록 지도하였다. 학습자들이 맥락을 구체화하는 단계까지는 교수자가 계속적으로 피드백을 제공하였고 이를 바탕으로 전체 작문을 완성해 오도록 안내하였다. 또한 완성한 작문 자료와 함께 마인드 맵 자료와 피드백을 제공한 자료에 대해서도 함께 수집하여 어휘 사용 전략 분석에 활용하고자 하였다.

이후 학습자들이 제출한 작문을 토대로 일인 당 30분 정도의 심층 인터뷰를 실시하였으며 인터뷰는 반구조화 형태로 진행하였다. 인터뷰에 참가한 학생들의 정보는 다음과 같다.

〈표 2-7〉 과제 및 인터뷰 대상자 정보

	국적	학습 기간	TOPIK[25]
학습자A	일본	2년 6개월	5급
학습자B	일본	3년	-
학습자C	일본	1년	-
학습자D	일본	3년	-
학습자E	일본	2년	-
학습자F	베트남	1년 4개월	-
학습자G	베트남	2년 5개월	4급
학습자H	중국	2년 6개월	6급
학습자I	중국	1년 6개월	-
학습자J	중국	1년 5개월	-
학습자K	중국	1년 6개월	-
학습자L	중국	1년 6개월	-
학습자M	중국	2년 6개월	6급
학습자N	중국	2년 6개월	6급

인터뷰 질문 항목은 학습자 기초 정보, 어휘 전략 학습 경험, 어휘 전략에 대한 인식으로 범주화되었으며 학습자의 응답에 따라 후속 질문을 추가적으로 제시하였다. 특별히 학습자가 생산한 작문에 나타난 어휘를 중심으로 이를 선택하여 사용한 이유와 의도, 기대한 효과 등에 대해 구체적으로 설명할 수 있도록 하였다.

---

25) 외국 대학에서 수학한 교환학생 집단으로, TOPIK에 응시한 경험이 많지 않았다. 그러나 고급 수업에 참여하는 28명의 학생 중 토론 및 발표와 같은 학문적 과제를 잘 수행하며 어느 정도 균일한 한국어 능력을 갖추었다고 판단한 14명을 인터뷰 대상자로 선정하였다.

<표 2-8> 인터뷰 질문의 범주와 예

인터뷰 질문 범주	질문의 예
기초 정보	• 한국어를 공부한 기간 / 목적 • 한국어를 공부한 방법 (기관, 교재) • 한국어 학습 시 어려운 점 • 글을 쓰거나 말할 때 어려운 점
어휘 전략 학습 경험	• 한국어 어휘 학습 방법 • 이전에 다녔던 기관 등에서 어휘를 배운 방식 • 의사소통 전략에 대해 배운 경험 • 잘 모르는 어휘가 있을 때 구사할 수 있는 전략을 배운 경험 • 내 감정이나 생각, 의견 등을 효과적으로 전달하기 위한 전략을 배운 경험 • 글을 쓰거나 말하는 상황과 목적에 어울리는 어휘를 사용하는 전략에 대해 배운 경험
어휘 전략 사용	• 보통 글을 쓸 때 어휘를 사용하는 방법 (사전, 모국어 번역 등) • (작문을 함께 보며) 작문 과정에서 사전을 찾아봤던 어휘 • (작문을 함께 보며) 비슷한 여러 어휘 중에 어떤 것을 써야 하는지 고민했던 것 • (작문을 함께 보며) 처음에 다른 어휘를 썼다가 고친 어휘, 고친 이유 • (작문을 함께 보며) 내가 생각한 것을 효과적으로 전달하기 위해서 선택한 어휘 • (작문을 함께 보며) 이 단어를 사용한 이유, 의도

분석은 세 번째 범주인 어휘 전략 사용을 중심으로 이루어졌으며 기초 정보와 어휘 전략 학습 경험은 이를 이해하기 위한 참조 자료로서 활용되었다. 인터뷰는 연구자가 직접 담화의 맥락이나 독자, 담화의 기능 등에 대해 언급하는 것을 최소화하고, 학습자가 스스로 어휘를 선택하고 사용한 이유에 대해 다각도에서 생각하고 이야기할 수 있도록 여러 후속 질문을 던지는 방식으로 진행하였다.

(2) 연구 절차

본 연구는 크게 두 가지 단계, 즉 작문 과제를 수행하는 단계와 심층 인터뷰를 실시하는 단계를 중심으로 진행되었다. 전체적인 연구 절차를 도식화하면 다음과 같다.

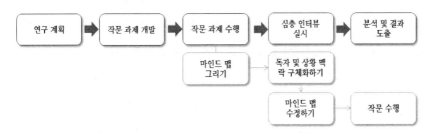

[그림 2-3] 연구 절차

먼저 연구 계획과 일정을 수립한 후 학습자의 어휘 사용 전략을 살펴볼 수 있는 작문 과제를 개발하였다. 작문 과제의 대주제는 '자기소개'로서 이는 고급 수준을 가진 학습자의 배경 지식이나 주제로 인해 어휘 전략의 사용이 크게 제한받지 않도록 한 것이다.

이때 '자기소개'라는 주제의 글이 다소 전형적이고 제한적인 몇몇 내용에 국한되어 작성되는 것을 미연에 방지하기 위해 마인드 맵 그리기 활동을 전체를 대상으로 수행하도록 하였다.26) 마인드 맵 그리기 활동을 포함시킨 것은

---

26) 한 익명의 심사자께서 '자기소개'라는 주제가 고급 학습자들이 수행하는 과제로서 적절치 못하다는 의견을 주신 바 있다. 연구자 또한 이러한 지적에 동의하는 바이다. 그러나 본고에서의 '자기소개' 과제는 고급 수준의 수업 상황에서 제시된 것으로, 학습자들과 자기소개를 할 수 있는 여러 가지 맥락을 공유하는 과정을 거쳤으며 이를 통해 취업 또는 대학원 진학을 위한 자기소개서 작성이나 '나'라는 사람의 특징에 대해 객관화하여 처음 보는 사람에게

이미라(2006)에서 "마인드 맵을 그린 집단이 통제 집단에 비해 현저하게 다양한 어휘와 구문을 사용하였다"는 결과와 함께 "마인드 맵 활동이 언어의 창조적인 사용을 자극시킨다"는 결론을 도출한 바 있기 때문이다. 이에 본고에서도 마인드 맵 활동을 통해 다양한 내용과 화제로 사고를 확장하고자 하였으며 이를 통해 학습자들의 새로운 어휘 사용을 촉진하고자 하였다.

한편 본 연구에서는 선행 연구에서 분석한 논의를 토대로 전략이 미치는 범위가 의도에 맞게 내용을 구성하는 차원, 그리고 상황 맥락에 적절한 어휘를 선택하는 데에까지 영향을 줄 수 있을 것이라 판단하였기에 학습자가 스스로 독자와 상황 맥락을 설정할 수 있도록 하였다. 그 결과, 새로 만난 친구 혹은 앞으로 전공하고 싶은 학과의 교수님, 한국에 유학 오려고 하는 잘 모르는 후배 등 다양한 독자가 설정될 수 있었으며 담화가 전달되는 맥락 역시 이메일, 발표문, 학업 계획서 등으로 다양하게 나타났다. 이를 통해 동일한 자기소개서라고 하더라도 서로 다른 독자와 맥락을 염두에 둔 작문 결과를 수집할 수 있었으며 한국어 학습자가 어떤 상황 맥락, 목적을 염두에 두고 어휘를 선택하고 사용하였는지를 구체적으로 확인할 수 있었다.

심층 인터뷰는 한 사람당 30분 정도로 진행되었으며 인터뷰 전에 연구의 목적과 활용 범위 등을 학습자들에게 안내하였다. 모든 인터뷰 내용은 학습자의 동의를 얻어 녹음되었으며 같은 언어권의 학습자 2~3명을 팀으로 묶어 인

정보를 제공하는 등 고급 수준에서 나타날 수 있는 다양한 경우와 같이 초, 중급 수준을 넘어선 결과물을 확보할 수 있었다. 또한 맥락을 제한하지 않아 학습자들이 사용하는 전략을 일반화할 수 없다는 문제보다 학습자들이 스스로 맥락을 설정할 경우, 자신의 설정한 맥락에 적절한 어휘를 탐색하여 사용할 수 있는지를 관찰할 수 있다는 장점이 더 크다고 판단하였기에 위와 같이 실험을 설계하였다. 향후에는 학습자들의 전략 사용을 일반화할 수 있도록 일정한 맥락을 주고, 공통적으로 사용하는 전략을 도출하고자 한다.

터뷰하였다. 팀으로 묶어 진행한 것은 학습자가 자신의 정확한 의도와 동기를 한국어로 설명하는 데에 어려움을 느낄 경우 모국어로 친구에게 설명하여 도움을 받을 수 있도록 의도한 것이다.

<표 2-9> 인터뷰 팀 구성 및 시간

학습자	언어권	인터뷰 시간
학습자A, B	일본	42′44″
학습자C, D, E	일본	52′51″
학습자F, G	베트남	34′50″
학습자H, I	중국	59′00″
학습자J, K, L	중국	89′25″
학습자M, N	중국	49′22″

4. 연구 결과

본고에서는 앞선 논의를 통해 의사소통의 수행 차원에서 적절한 어휘를 선택하여 사용하고자 하는 학습자의 노력이 궁극적으로는 유창성 신장을 견인할 수 있음을 주장하였다. 또한 선행 연구들을 통해 메시지를 목적과 의도에 맞게 선택, 구성하고 이를 목표어 담화 공동체에 효과적으로 전달하기 위한 의사소통 전략들을 살펴보았다.

이 장에서는 실제 학습자 인터뷰를 토대로, 어휘 사용 전략의 양상을 살펴보고자 한다. 학습자가 사용한 어휘 중에는 잘못된 이해가 바탕이 되어 맥락상 어색한 경우도 찾아볼 수 있었으며, 앞에서 언급한 다양한 고려 사항들을 토대로 가장 적절한 어휘를 선택, 사용한 경우도 있었다. 본 연구에서는 이러한 두 경우 모두 어휘 사용 전략의 교육에 유의미할 것으로 보고 논의에 포함하여 교육적인 시사점을 얻고자 하였다.

학습자들의 작문과 심층 인터뷰를 분석한 결과, 학습자들은 의사소통의 효율성을 높이고 유창하게 담화를 구성, 전달하기 위해 어휘를 전략적으로 탐색하여 사용하고 있음을 확인할 수 있었다. 인터뷰에 나타난 학습자들의 시도와 노력을 귀납적으로 분류한 결과 크게 의미적 측면, 구성적 측면, 기능적 측면, 맥락적 측면 등으로 범주화할 수 있었다.

앞서 〈표 2-5〉에서 분류한 바에 따르면, 의미적 측면과 구성적 측면에서 나타나는 어휘 사용 전략은 탐색적 차원에서의 전략으로 설명할 수 있다. 담화의 메시지를 생성하고 이를 내용적으로 견고하게 만들기 위해서는 자신이 가진 언어 자원을 탐색하는 전략을 활용하기 때문이다. 반면 기능적 측면27)과 맥락적 측면의 경우, 독자가 글을 쓰는 주체의 의도와 목적을 명확하게 이해할 수 있도록 하는 차원에서 기울이는 노력에 해당되므로 전달적 차원에서의 전략으로 분류해 볼 수 있을 것이다.

학습자의 어휘 사용 전략이 드러난 구체적인 예와 실제로 전략을 구사하는 과정에서 나타난 기술, 이를 통해 학습자가 기대한 효과 등을 각 하위 범주에 따라 살펴보겠다.

---

27) 기능적 측면의 경우, 담화가 수행하는 의사소통 기능에 따라 담화의 내용을 달리할 수 있으므로 탐색적 차원과 전달적 차원에서의 전략 모두에 해당될 수 있다. 그러나 본고에서 분류된 예들을 살펴보면 의사소통 기능에 맞게 내용을 구성하고자 한 것이 아닌 독자에게 의사소통 목적을 알려 성공적으로 담화를 전달하는 데에 목적을 두고 있다. 따라서 여기에서는 전달적 차원으로 분류하였다. 그러나 이후 보다 다양한 예를 확보하고 분류한다면 탐색적 차원에 해당되는 전략 구사의 예도 살펴볼 수 있으리라 생각된다.

(1) 의미적 측면에서의 어휘 사용 전략

학습자들은 먼저 자신이 전달하고자 하는 의미에 더 근접한 어휘를 선택하기 위해 다양한 시도를 하고 있었다. 특히 어휘 사용의 가장 핵심적인 기준으로서, 의미 전달 효과를 높이기 위해서라는 답변이 나타났으며 때로는 자신의 감정이나 태도를 드러내기 위해서 고심하고 있음을 알 수 있었다.

먼저 학습자들은 어휘를 선택할 때 의미를 보다 명확히 전달할 수 있는지를 염두에 두고 있었다. 아래의 예에서는 자신이 전달하고자 하는 의미, 개념에 가장 적합한 어휘를 선택하는 양상을 찾아볼 수 있다.

① [학습자 G] 작문: 다른 나라에서 온 친구들을 사귀는 것을 통해서 의사폭이 **넓어질** 수 있기도 하고

인터뷰 내용: "내 생각에서는 아이처럼 생각하지 않고, 진짜 진짜 어른처럼 어른처럼 생각하면서 살고 싶어요. 근데 이거 사용하면 그거 전달할 수 있다고 생각했어요.

② [학습자 J] 작문: 열흘밖에 없지만 잘 **적응하고** 있어.

인터뷰 내용: "사실 익숙하다, 편해지다. 세 개 다 배운 단어예요. 근데 제가 봤을 때 적응하다가 더 제가 표현하고 싶은 의미 표현할 수 있어서 썼어요."

③ [학습자 G] 작문: 지금 한 자리에 여전히 **맴돌고** 꿈을 찾아가지 않다가 보면 앞으로 더 헷갈리고.

인터뷰 내용: "내 고민을 선배가 느낄 수 있을까? 생각했어요. 맴돌다. 방향

못 찾아요. 이거 사용 통해서 (중략) 좀 난 고민하고 난 어느 방향으로 가는지 잘 몰라요. 난 항상 여기만 있고 아무것도 하지 않고. 그래서 이거 사용해요. 이거 때문에 뒤에 찾다, 헷갈리다 이런 것도 다 나와요."

또한 비슷한 의미를 가진 단어 중 자신의 의도에 더 적합한 어휘를 선택하기 위한 노력도 찾아볼 수 있었는데, 이 경우 학습자의 모국어가 의미상의 미묘한 차이를 발견하기 위한 도구로 사용되고 있었다.

④ [학습자 A] 작문: 한국어를 많이 공부하고 진짜 한국인처럼 얘기하고 **문서**도 잘 쓸 수 있게 되고 싶어.
　인터뷰 내용: "쓰기는 어려운 문장, 작문도 있고. 친구한테 쓰는 가벼운 문장도 있으니까 다 모여서 문서가 좋은지. 일본어에는 문서라는 단어랑 문장이라는 단어랑 비슷해요. 그러니까 괜찮다고 생각했어요."

⑤ [학습자 L] 작문: 평소에는 **활발하지만** 한국말 할 때마다 조금 긴장해 질 것 같아서 한국어 학습에 도움이 되지 않다.
　인터뷰 내용: "(연구자: 명랑이라고 썼다가 왜 활발이라고 고쳤어요?) 이게 더 어울리는 것 같아요. 명랑하다 중국말은 明朗, 활발하다는 活泼. 제 성격이 더 잘, (중략) 활발하다 더 왈가닥, 외향적인? 적극적이다? 근데 이거 중국어 느낌인데 여기에 적용한 거."

이러한 전략의 사용은, 모국어와 목표어의 의미역이 동일하지 않을 경우 예

⑥, ⑦과 같이 어색한 표현이 나타나는 원인이 되기도 한다.

⑥ [학습자 C] 작문: 새로 **생긴** 사람들과 지내고 싶습니다.

인터뷰 내용: "일본어로 바꾸면 만나다보다 생기다가 더 잘 어울려요. 만나다
는 제 생각에 아는? 예전부터 아는 사람이랑 만나다. 그런 느낌
이 있어서 생기다를 썼어요. 생기다는 모르는 사람이랑 만나서
친구 될 때 같아서."

⑦ [학습자 E] 작문: 한국 남자들은 군대제도 때문에 2년을 휴학해서 그런지
휴학하는 것에 대해서 그렇게 일본보다는 **저항**이 없는 것 같습니다.

인터뷰 내용: "이거는 단어를 몰라서 찾아봤어요. 일본어를 검색하니까 딱 이
게 나왔어요. (연구자: 이 저항이 좀 강한 느낌인데, 일본어에
서는 그런 차이가 없어요?) 거부감이 없다는 좀 어색해요. 일
본말로. (연구자: 거부감이 없다, 저항이 없다. 둘 다 있어요?
이런 상황에서 일본에서는 저항이 없다를 써요?) 네네.

한편 뉘앙스의 차이를 효과적으로 전달하기 위해 모국어에서 통용되는 규칙
을 적용하는 경우도 나타났다. 예 ⑧은 기존에 알고 있었던 어휘 지식을 활용하
는 동시에, 해당 어휘의 뉘앙스를 보다 잘 전달하기 위해 모국어인 중국어에서
통용되는 규칙을 적용하고 있다. 즉, '이중성격'이라는 어휘가 다소 심각하게
받아들여질 수 있음을 인식하고, 작은 따옴표(' ')를 사용하여 재미있게 표현하
고자 하는 의도를 전달하고자 하였다. 이를 통해 학습자들이 어휘를 선택할
때에 해당 어휘가 전달하는 뉘앙스를 고려하고 있음을 확인할 수 있다.

⑧ [학습자 L] 작문: 제 성격이 '**이중성격**'이잖아.

인터뷰 내용: "(웃음) 제 성격이. 아, 이거 활발하고 조금 우울? 근데 어떻게 이걸 정확하게 전달할 수 있을지. (연구자: 이중인격은 알고 있었어요?) 네, 드라마에서. 성격이니까 이중성격. 근데 여기는 이거. 이거 있어요. (따옴표를 가리킴) 농담이라서. (연구자: 중국에서는 농담할 때 따옴표를 붙여요?) 네네, 원래 그 뜻이 아닐 때. 재미있게 이야기할 때. 중국어에서 그렇게 해요."

(2) 구성적 측면에서의 어휘 사용 전략

구성적 측면으로는 내용 간의 결속성을 높이기 위한 방안으로 어휘를 구사하는 전략을 찾아볼 수 있었다. 특히 반의어를 사용하거나 유의어를 선택하여 사용함으로서 담화의 결속성을 높이고자 하는 시도들이 두드러지게 나타났다.

⑨ [학습자 C] 작문: **국내**의 경영뿐만 아니라 **국외**의 경영에도 관심이 많이 있습니다.

인터뷰 내용: "(연구자: 국내, 국외를 쓴 이유가 있어요?) 여기에서 국내를 골라서, 반대말로 국외를 골랐어요. (중략) 그냥 일본에 있을 때는 아무것도 말하지 않아도 되는데, 아, 그리고 앞에서 일본(경영)을 썼으니까 여기에서는 국내를 썼어요."

⑩ [학습자 G] 작문: 내가 정말로 경영학과를 좋아해서 **선택하는** 거 아니라 그냥 쉽게 공부할 수 있고 '다른 사람 많이 **골랐으니** 나도 골라야지.'라는

생각이 떴기 때문에 경영학과를 **택했다는** 사실이에요.

인터뷰 내용: "(연구자: 처음에 썼다가 고친 단어가 있어요?) 선택하다, 고르

다, 택하다. 뭔가 반복하지 않고 여러 가지 사용하려고요. (연

구자: 왜 반복하지 않으려고 했어요?) 베트남에서는 반복하면

좀 글 잘 쓰는 사람 아닌 것 같으니까. 여러 단어 사용하면

더 좋은 것 같다고 생각해요."

⑪ [학습자 G] 작문: 도움이 필요한 사람들에게 도와주는 것은 저에게 커다란
기쁨을 줄 수 있어요.

인터뷰 내용: "처음에 즐거움도 생각했는데, 앞에 즐거움이 있어서 다양하게

쓰려고 했어요."

예 ⑨과 ⑩, ⑪는 담화의 결속성을 높이기 위해 앞에서 나온 단어를 대치하여
사용한 예이다. 특히 반의어를 사용한다든지, 앞에서 나온 단어를 반복하지 않
고 유의어들을 다양하게 사용하는 등의 노력을 통해 담화의 결속성을 높이고
보다 유창하게 담화를 구성하고자 하였다.

(3) 기능적 측면에서의 어휘 사용 전략

한국어 학습자들은 또한 자신이 의도하는 담화의 의사소통 기능에 주목하여,
이를 어휘 선택에 반영하고 있었다. 특히 사과, 감사 등과 같이 기능 자체를
의미하는 어휘를 담화 내에 포함시킴으로써 의사소통 목적을 보다 효과적으로
달성하고자 하는 모습도 엿볼 수 있었다.

⑫ [학습자 A] 작문: 그럼 다시 **보고할게**!

인터뷰 내용: "이거 제 느낌에 페이스 북 같은 것에 올리는 글이라고 생각했어
요. '저는 한국에 도착했고 이렇게 생활하고 있어요.'하는 보고
의 느낌? 알려 주는 거. (연구자: 전체 글하고 잘 어울리는 것
같아요?) 조금 안 어울린다는 생각도 있었어요. (연구자: 근데
이게 더 정확한 것 같아서?) 네네."

아래의 예 ⑭는 담화가 수행하는 기능을 모국어 담화에 대응시켜 어휘를 선
택하고 있는 예이다. 다소 어색한 표현이기는 하나, 모국어 담화에서 교수님께
자신의 근황을 전달하는 유형의 글이 주로 '상황' 보고의 기능을 수행하므로
그에 적절한 단어를 사용하고자 시도한 것이다.

⑬ [학습자 K] 작문: 자기 **기본 상황**을 소개하겠다고 생각하는데 이메일을
보내 드립니다.

인터뷰 내용: "(연구자: 상황은 왜 썼어요?) 경우? 여기에서 이야기하는 거
다 상황. (연구자: 상황보다 더 쉬운 말이 있잖아요. 생활이라
든지. 그런 건 생각이 안 났어요?) 네, 안 났어요. 사실은 저는
교수님께 글을 쓰기 때문에 정식적(격식적)으로 써야 한다는
생각에 잠겨 있어요. 그래서 단어를 선택할 때 이미 아는 정식
적(격식적)인 어휘를 선택했어요. (학습자 J: 저도 알 것 같아
요. 이 말은 중국어에서 우리가 狀況이에요. 그 대응하는 단어
가 상황. 저희는 이런 편지 쓰는 거 중국어로 쓰면 이 단어가
가장 잘 맞아요. 그래서 이 한국어 단어가 먼저 생각이 나요.)
네, 그래요."

(4) 맥락적 측면에서의 어휘 사용 전략

학습자들이 어휘를 사용하는 양상에 담화의 맥락 역시 결정적인 영향을 끼치고 있었다. 학습자들은 담화의 맥락, 즉 문·구어 상황, 독자의 지위와 관계, 격식·비격식의 상황 등을 염두에 두고 어휘를 선택하였으며, 담화의 맥락에 대한 이해가 잘못되었거나 이를 염두에 두지 않았을 경우에는 예 ⑲과 같이 친구에게 편지를 쓰는 경우에 어울리지 않는 어휘가 사용됨을 확인할 수 있었다.

⑭ [학습자 J] 작문: 고민도 **되게** 많아.
　인터뷰 내용: (연구자: 혹시 이거 쓰면서 전체 글하고 잘 어울린다고 생각했어
　　　　　　　요?). (중략) 사실 이거 쓸 때 이거 정확히 쓰기 중에 나올 수
　　　　　　　있는 단어, 말할 수 있는 단어 이거 구분할 수 없어서 썼어요.
　　　　　　　그냥 머릿속에 나오는 단어 있으면 그냥 썼어요. 친구에게 쓰는
　　　　　　　글인 거는 계속 생각했어요."

⑮ [학습자 N] 작문: 요즘 제가 **알바**를 시작했어요.
　인터뷰 내용: "친구에게 쓰는 거니까."

⑯ [학습자 K] 작문: **전면적**으로 한국 사회를 **체험**하고 싶습니다.
　인터뷰 내용: "한자어라서. 사실 한글로 쓰거나 말할 때, 한자어 더 정식적인
　　　　　　　상황에 쓰는, 더 많이 사용한다고 선생님이 말했어요. 그래서
　　　　　　　한자어를 많이 사용해요."

⑰ [학습자 G] 작문: 선배에게서 **상담**, **조언** 등과 같은 말을 들을 수 있으면

좋겠어요. 선배에게서 답장을 기다려요.

인터뷰 내용: "(연구자: 이 글을 친구나 동생에게 썼으면 쓰지 않았을 것 같은 단어가 있어요?) 그럼 이거, 상담 말고, 조언 말고. 그냥, 이거 안 써요. 그냥 네 생각 나에게 좀 나눌 수 있을까? (연구자: 상담이나 조언은 윗사람한테 쓰는 단어 같으니까?) 네네."

⑱ [학습자 L] 작문: 속히 **회신**을 주기를 바란다.

인터뷰 내용: "사전을 찾았어요. 사전에서 회신을 찾았는데 '속히'랑 있었어요. (중략) 속히 사용하는 상황이 더 많은 것 같아요. 빨리는 대화할 때 쓰는 것 같아요. 회신은 한자어니까."

인터뷰를 진행한 학습자들의 대부분은 맥락에 맞는 어휘 사용에 대해 기존에 배운 경험이 있었으나, 개별 단어를 학습할 때 부가적인 정보로서 학습하였기 때문에 직접적으로 배우지 않은 단어에 대해서는 자신이 맥락에 맞게 사용하고 있는지를 정확히 모른다고 대답하였다. 이런 경우, 학습자들은 사전을 찾아본 후, 글을 쓰거나 말하고자 하는 상황과 가장 유사한 경우의 예문을 찾는 방식을 통해 맥락을 확인한다고 하였다. 또한 이전에 읽었거나 접한 담화에서 자주 등장하였던 단어를 비슷한 상황에 사용하는 경우도 있었으며 한국인들이 많이 쓰는 단어를 우선적으로 선택한다는 답변도 있었다. 한편 한자어가 격식적인 상황에 주로 쓰이므로 글에서 어휘를 선택할 때에는 보통 한자어 쪽을 택한다는 경우도 있었다. 이 경우 담화의 성격 및 맥락에 관계없이 한자어가 지나치게 많이 나타나는 담화를 산출해 내기도 하였다.[28]

---

28) 학습자 K의 경우, 글을 쓸 때는 한자어를 선택하는 전략을 주로 구사하고 있었는데, 이로

(5) 기타: 평가 상황을 염두에 둔 어휘 사용 전략[29)]

그 밖에도 한국어 학습자들은 어휘를 선택할 때, 평가 상황을 고려하는 모습도 엿볼 수 있었다. 쓰기 과제 또는 말하기 과제를 수행하는 일차적인 목적은 의사소통 기능에 있으나, 궁극적으로는 교수자가 이 글을 통해 학습자의 언어 능력을 확인할 것임을 염두에 둔 것이다. 이 때문에 어휘의 반복 사용을 피하고 보다 다양하고 고급 수준인 단어를 선택하는 경향이 나타났다.

⑲ [학습자 G] 작문: 한국 친구가 신경을 많이 써 준 덕분에 빨리 **적응할** 수
  있었어요.
  인터뷰 내용: "앞에 익숙하다를 써서. 원래 영어 시험에서 다 다른 단어. 선생
          님이 볼 때는 아 이 사람 이런 다양한 단어도 알고 있구나. 그래
          서 단어를 다양하게 쓰는 습관이 있어요."

지금까지 살펴본 한국어 학습자의 어휘 사용 전략은 다음과 같다.

인해 다음과 같은 담화가 나타났다. "(전략) 제 성격은 침착하고 노련하는 것 같습니다. 그리고 좀 내향적입니다. 너무 현란하고 시끄러운 환경을 좋아하지 않습니다. 아담하고 담백한 것을 즐거워합니다. 마지막으로 제 단기 목표는 한국에 있을 때 전면적으로 한국 사회를 체험하고 싶습니다. (후략)"

29) 4.4.의 평가 상황을 염두에 둔 어휘 사용 전략 역시 학습자 인터뷰를 통해 도출해 낼 수 있었으나 과제 수행 상황이 수업의 일환이었다는 점을 고려할 때 모든 상황에 일반화하기는 어려울 것으로 보인다. 이에 〈표 2-10〉에는 포함하지 않았다.

〈표 2-10〉 한국어 학습자의 인터뷰에 나타난 어휘 사용 전략의 범주와 예

	범주	예
탐색적 측면	의미적 측면	• 자신이 가진 어휘 지식 체계를 탐색하기 • 모국어 어휘 지식 체계 및 통용 규칙을 탐색하기
	구성적 측면	• 내용 간의 결속성을 높이기 위한 어휘 탐색하기 (반의어/유의어 탐색하기, 반복 회피하기)
전달적 측면	기능적 측면	• 기능을 드러내는 어휘를 담화에 포함시켜 사용하기 • 유사한 모국어 담화에 일반적으로 사용되는 어휘 사용하기
	맥락적 측면	• 문/구어 상황에 적절한 어휘 사용하기(한자어 사용하기, 사전의 예문 활용하기, 이전에 경험한 담화에 나온 어휘 사용하기 등) • 독자와의 관계에서 적절한 어휘 사용하기(한국인의 담화 관찰하여 적용하기, 한자어 사용하기 등) • 격식/비격식적 상황을 구분하여 어휘 사용하기(한자어 사용하기 등)

한국어 고급 학습자들의 경우, 하나의 담화를 완성해 나가는 과정에서 위와 같이 자신이 가진 어휘를 의미와 구성의 측면에서 탐색하며 의사소통의 목적과 의도에 맞는 내용을 마련하기 위해 노력하는 양상을 보였다. 또한 구성한 내용을 독자에게 효과적으로 전달하기 위해 기능을 명시적으로 드러내는 어휘를 사용하거나 맥락에 적절한 어휘를 사용하기 위한 전략들을 활용하고 있었다.

학습자들의 성공적인 어휘 사용 전략은 학습자가 산출해 낸 담화 수행의 내용 마련과 구성, 전달적 측면에서의 유창성을 높이는 효과로 이어졌으나, 잘못된 어휘 사용 전략은 오히려 어색한 담화를 산출하고, 전달력을 떨어뜨리는 결과를 낳기도 하였다. 이를 통해 어휘 사용 전략이 유창성과 일정한 상관관계를 가지며 적절한 어휘 사용 전략 교수가 궁극적으로는 학습자의 유창성을 신장할 수 있는 구체적인 방안이 될 수 있음을 확인할 수 있었다. 그러나 그 구체

적인 방법을 살펴본 결과, 학습자들은 명시적으로 학습한 경험이 거의 없다고 응답하였으며 대체로 모국어를 활용하거나 사전의 예문을 살펴보는 등을 활용한다고 하였다. 이를 통해 자신이 의도한 바에 맞는 어휘를 탐색, 사용하는 데에 성공하는 학습자도 있었으나 모국어 지식 또는 사전의 예문을 그대로 적용한 경우에 오히려 어색한 표현을 만들어내는 양상도 발견할 수 있었다.

마찬가지로 한자어가 주로 격식적인 상황과 문어에 사용된다는 지식을 일반화하여 적용하는 경우, 비격식적인 문어 담화 등에서도 한자어를 무조건적으로 선택하여 사용하는 등의 모습도 나타났다. 이처럼 학습자가 전략을 잘못 적용하여 어색한 담화를 산출하는 경우에도 적절한 교육적 처치가 필요할 것으로 보인다.

또한 이전에 접하였던 담화에 자주 등장하는 어휘를 주로 사용한다거나 한국인들의 담화를 관찰하여 어휘를 선택한다는 응답도 존재하였는데, 이를 통해 다양한 유형과 맥락을 가진 담화를 학습자에게 제시하여 어휘의 선택, 사용 양상을 관찰하도록 하는 등의 교수 방안의 마련이 필요함을 알 수 있다. 또한 이를 통해 축적한 지식을 강화하기 위해 다양한 담화 과제를 통해 어휘 사용 전략을 연습할 기회를 제공하는 것 역시 고려되어야 할 것이다.

5. 결론

어떤 학습자가 자신의 의도와 전달하고자 하는 바를 효과적으로 구성하기 위해 어휘를 적절하게 선택하고 이를 담화 공동체가 요구하는 형식과 맥락에 맞게 사용할 수 있다면, 이 학습자는 어휘를 유창하게 사용한다는 평가를 받을 것이다. 한국어 어휘 교육에서 지향해야 하는 목표 역시 이러한 유창성을 신장하는 데에 있어야 한다. 따라서 본고에서는 학습자의 유창성을 신장하기 위한 노력의 일환으로 어휘 사용에 주목하였으며 학습자의 적극적인 노력을 끌어낼 수 있는 어휘 사용 전략에 대한 교수가 이루어져야 함을 강조하였다.

특별히 본고에서는 탐색과 전달 차원에서의 사용 전략을 본격적으로 다루고자 하였다. 이에 한국어 학습자가 의도된 메시지를 구성하기 위해 적절한 어휘를 선택하는 과정과 이를 의사소통 참여자에게 효과적으로 전달하기 위한 과정을 작문 과제와 심층 인터뷰를 통해 살펴보았다. 이를 통해 학습자들이 각 단계에서 기울이는 다양한 시도와 노력을 엿볼 수 있었다.

본 연구를 통해 한국어 학습자가 어휘를 선택하고 사용하는 전략이 크게 의미적 측면, 구성적 측면, 기능적 측면, 맥락적 측면으로 범주화될 수 있음을 알 수 있었다. 또한 한국어 학습자들이 각각 자신이 가진 어휘 지식과 모국어 사용 전략, 스스로 개발한 전략 등을 활용하는 양상을 살펴볼 수 있었다. 한국어 학습자들이 어휘를 선택하고 사용하는 동기와 이를 통해 기대한 효과, 각 범주에 따라 구사한 세부적인 기술 등은 향후 한국어 어휘 교육에서 학습자의 유창성을 신장하기 위한 교수 내용을 마련할 때 학습자를 보다 이해할 수 있는 기초적인 자료로서 활용될 수 있을 것이라 기대된다.

다만 본고는 학습자들의 어휘 사용 과정을 손쉽게 회상하고 접근하기 위해 쓰기 자료와 심층 인터뷰를 선택하였다는 한계를 지닌다. 구어 상황에서는 대화 상대자에게 담화를 효과적으로 전달할 수 있는 또 다른 범주에서의 전략들을 관찰할 수 있을 것으로 보인다. 향후 후속 연구를 통해 한국어 학습자들의 어휘 사용 전략에 대한 균형 있고 풍성한 논의를 이어가고자 한다.

· 참고문헌 ·

1부

강범모·김흥규(2009). 『한국어 사용 빈도』. 서울:한국문화사.

강승혜 외(2006). 『한국어 평가론』. 서울:태학사.

강은아(2002). 한국어능력시험 초급단계의 어휘·문법 영역 문항 연구. 전남대학교 교육
대학원.

강현화(2011). "한국어 어휘교육 연구방법론 동향 분석." 이중언어학 47. 이중언어학
회. 453-479.

강현화(2013). "한국어 어휘교육 연구의 이론과 실제." 언어와 문화, 9(3). 한국언어문
화교육학회. 1-38.

고우리(2004). 한국어 어휘·문법 숙달도 평가 방안 연구. 경희대학교 교육대학원 석사
학위논문.

고우리(2005). "한국어 어휘 숙달도 평가 방안 연구." 국제한국어교육학회 학술대회논
문집. 국제한국어교육학회. 407-413.

곽철호(2010). 초등학생을 위한 단계형 어휘 지도 방법 연구. 경상대학교 대학원 박사
학위 논문.

권도하 외(2012). 『유창성 장애』. 서울:학지사.

김광해(1990). "어휘 교육의 방법." 국어생활 22. 국어연구소.

김광해(1993). 『국어 어휘론 개설』. 서울:집문당.

김광해(1997). "어휘력과 어휘력의 평가." 선청어문 25-1. 서울대학교 국어교육과.
1-29.

김광해(2003). 『등급별 국어교육용 어휘』. 서울:박이정.

김남길(2012). "담화에 근거한 한국어교육 : 언어지식을 중심으로." 국제한국어교육학
회 학술대회 논문집. 국제한국어교육학회.

김명순(2003). "어휘력의 재이해와 지도 방법." 청람어문교육 27. 청람어문교육학회.
1-25.

김미옥(2003). "한국어 학습자의 단계별 언어권별 어휘 오류의 통계적 분석." 한국어 교육 14-2. 국제한국어교육학회. 31-51.

김상수(2009). "한국어 학습자 발화의 유창성 판단에 관한 연구." 한국어 교육 19-2. 국제한국어교육학회. 75-90.

김연진(2006). "과제 중심 학습에서 어휘 능력의 구성요소와 평가." 영어어문교육 12-3. 한국영어어문교육학회. 123-145.

김유미·강현화(2008). "학술 전문 어휘 선정과 교수 방안 연구-한국어, 문학, 경영학, 컴퓨터공학 전공을 대상으로." 국제한국어교육학회 국제학술발표논문집. 219-239.

김유정 외(1998). "한국어 능력 평가 방안 연구: 성취도 시험을 중심으로." 한국어교육 9-1. 국제한국어교육학회. 37-94.

김유정(2008). "담화 분석을 통해 본 "-구나" 용법 연구 (1) : 담화 분석 범주 설정과 담화 맥락 분석 결과를 중심으로." 한국어학 41. 한국어학회. 229-256.

김유정(2011). "언어 사용역을 활용한 '죽다'류 유의어 의미 연구." 인문연구 62. 영남대학교 인문과학연구소. 85-122.

김은혜(2012). 연상을 활용한 한국어 어휘 의미 교육 연구 : 고급 한국어 학습자를 대상으로. 인하대학교 대학원 박사학위 논문.

김정남(2008). "텍스트 유형과 담화 표지의 상관관계 : 유학생의 한국어 쓰기 교육에서의 활용을 위하여." 텍스트언어학 24, 한국텍스트언어학회. 1-26.

김정숙·원진숙(1992). "외국어로서 한국어교육의 반성과 새로운 방법론 모색-의사소통 능력 계발을 위한 통합 교육론을 중심으로." 어문논집 31. 안암어문학회. 117-141.

김정숙(1994). "언어숙달도(Proficiency) 배양을 위한 외국어로서의 한국어 교육 방향." 민족문화연구 2. 고려대학교 민족문화연구소. 258-270.

김정숙(1996). "담화능력 배양을 위한 읽기 교육 방안." 한국어 교육 7. 국제한국어교육학회. 295-309.

김정숙(1997). "한국어 숙달도 배양을 위한 한국 문화 교육 방안." 교육한글 10. 한글학회. 317-325.

김정숙(1999). "담화 능력 배양을 위한 외국어로서의 한국어 쓰기 교육 방안." 한국어교육 10-2. 국제한국어교육학회. 195-213.

김정숙·김유정(2002). "한국어 학습자 말뭉치 구축을 위한 기초 연구 : 개인 정보 표지 체계와 오류 정보 표지 체계를 중심으로." 이중언어학 21. 이중언어학회. 98-120.

김정숙·남기춘(2002). 영어권 한국어 학습자의 조사 사용 오류 분석과 교육 방법 " '-이/가'와 '-은/는'을 중심으로. 한국어 교육 13-1. 국제한국어교육학회. 27-45.

김정숙 외(2006). 『한국어 말하기 능력 평가를 위한 기초 연구 및 평가 모형 개발 최종 보고서』. 국립국어원 : 한국어세계화재단.

김정숙(2014). 한국어 말하기 능력 평가를 위한 구인 설정 연구 : 준직접 평가 방식의 서술형 말하기 평가를 중심으로. 제24차 국제학술대회 주제발표. 국제한국어교육학회.

김정숙·이준호(2014). 문제은행 기반 한국어 숙달도 평가를 위한 메타데이터 선정 연구. 이중언어학 54. 이중언어학회. 25-53.

김중섭 외(2009). 『한국어능력시험 초급 어휘 목록 개발 연구』. 한국교육과정평가원.

김중섭 외(2010a). 『한국어능력시험 중급 어휘 목록 개발 연구』. 한국교육과정평가원.

김중섭 외(2010b). 『국제 통용 한국어교육 표준 모형 개발』. 국립국어원.

김지영(2004). "한국어 어휘 교육 항목 선정을 위한 기초 연구." 한국어 교육 15-2. 국제한국어교육학회. 93-114.

김지영(2014). 텍스트 기반 어휘 교육 연구. 한국교원대학교 박사학위 논문.

김지은(2010). 한국어 연어 교육의 내용과 방법 연구. 부산대학교 박사학위 논문.

김진해(2000). 『연어 연구』. 서울:한국문화사.

김형정(2002). "입말 담화의 결속성 연구: 생략 현상을 중심으로." 텍스트언어학 13. 텍스트언어학회. 241-265.

김혜정(2009). "읽기의 맥락과 맥락 읽기." 독서연구 21. 한국독서학회. 33-79.

김호정(2006). "담화 차원의 문법 교육 내용 연구." 텍스트언어학 21. 한국텍스트언어학회. 145-177.

나은미(2008). "유추를 통한 한국어 어휘 교육." 한국어학 40. 한국어학회. 177-202.

남경완(2005). 국어 용언의 의미 분석 연구. 고려대 박사학위논문.

문금현(2000). "구어 텍스트를 활용한 한국어 어휘 교육." 한국어 교육 11-2, 국제한국어교육학회. 21-61.

문금현(2002). "한국어 어휘 교육을 위한 연어 학습 방안." 국어교육 109. 한국어교육학회. 217-250.

문금현(2010). "한국어 어휘 교육의 현황과 과제." 언어와 문화6-1. 한국언어문화교육학회. 109-135.

박수자(1994). "어휘의 기능과 텍스트문법적 접근의 관계." 선청어문 22-1. 서울대학교 사범대학 국어교육과. 179-197.

박수자(2008). "설명적 텍스트의 인터페이스와 독자의 이해." 텍스트언어학 24. 한국텍스트언어학회. 27-53.

박수자(2009). "문맥의 특성과 읽기 지도." 한국초등국어교육 39. 한국초등국어교육학회. 157-188.

박영순(2004). 『한국어의미론 (Vol. 2)』. 고려대학교출판부.

박영순(2008). 『한국어 담화·텍스트론』. 서울: 한국문화사.

박정은·김영주(2014). 한국어 고급 학습자의 작문에 나타난 어휘의 다양성. 한국어 교육 25-2. 국제한국어교육학회. 1-32.

배도용(2011). "한국어 학습자 쓰기에 나타난 어휘 사용 빈도 예비 조사." 동남어문논집 31. 동남어문학회. 175-197.

배도용(2012). "한국어 학습자의 쓰기에 나타난 어휘 다양도 및 어휘 밀도 연구." 언어과학 19. 한국언어과학회. 99-117.

배도용(2014). "한국어 학습자 문어 산출물에 나타난 어휘 풍요도 측정을 위해 해결해야 할 몇 가지 문제." 우리말연구 36. 우리말학회. 133-156.

백다연(2010). 담화의 어휘연계와 구현 양상에 관한 연구. 울산대학교 교육대학원 석사학위 논문.

서 혁(1994). "담화의 분석과 화제, 초점에 대하여." 선청어문 22. 서울대학교 사범대학 국어교육과. 245-275.

서 혁(1995). "담화의 기능 및 유형." 국어교육학연구 5-1. 국어교육학회. 121-140.

손영애(1992). 국어 어휘 지도 방법의 비교 연구. 서울대학교 박사 학위 논문.

손영애(2000). "국어과 어휘지도의 내용 및 방법." 국어교육 103. 한국국어교육연구회. 53-78.

신명선(2004). "어휘 교육의 목표로서의 어휘 능력에 대한 연구." 국어교육 113. 한국어교육연구회. 263-296.

신명선(2005). "어휘 능력의 성격을 통해 본 어휘에 대한 바람직한 관점 연구." 선청어문33. 서울대학교 사범대학 국어교육과. 497-524.

신명선(2006). "학문 목적의 한국어 학습자를 위한 어휘 교육의 내용 연구." 한국어
교육. 17-1. 국제한국어교육학회. 237-264.

신명선(2009a). "국어 어휘와 담화 구성 양상에 관한 연구." 한국어 의미학 28. 한국어
의미학회. 73-104.

신명선(2009b). "국어 표현 과정에서 작용하는 어휘 사용 기제와 그 전략에 관한 연구."
한국어 의미학 29. 한국어 의미학회. 91-131.

신명선(2010). "어휘 선택과 표현의 효과 : 상하위어를 중심으로." 작문연구10. 한국작
문학회. 137-168.

신성철(2007). "영어권 한국어 학습자의 철자 오류 유형과 패턴." 한국어 교육 18-3.
국제한국어교육학회. 99-122.

신현숙(1999). "한국어 기능어의 어휘 정보 구축: 지시어." 한국어 교육 10-2. 국제한국
어교육학회. 215-232.

안경화(2003). "중간언어 어휘론 연구의 과제와 전망." 이중언어학 23. 이중언어학회.
167-186.

안병길(2002). "담화유형, 텍스트유형 및 장르." 현대영미어문학20-2. 현대영미어문학
회. 245-276.

양송이(2008). 한국어 학습자 텍스트의 응집성 양상 분석: 중, 고급 학습자를 중심으로.
한국외국어대학교 교육대학원 석사학위논문.

양수영(2008). 중·고급 학습자의 어휘적 연어 능력과 한국어 숙달도의 상관관계 연구.
한국외국어대학교 교육대학원 석사학위 논문.

양수향(2005). 연어 오류 분석을 통한 어휘 교육 연구 : 러시아어권 학습자를 중심으로.
연세대학교 교육대학원 석사학위 논문.

원미진(2011). "한국어 어휘 교육 연구의 방향 모색." 한국어교육 22. 국제한국어교육
학회. 225-279.

유럽평의회(2010). 『*Gemeinsamer europaischer Referenzrahmen fur
sprachen: lernen, lehren, beurteilen.*』. 김한란(역).『언어 학습 교수 평가를
위한 유럽 공통참조기준』. 서울:한국문화사.

유해준(2011). 한국어 교육 문법적 연어 항목 선정 연구. 중앙대학교 대학원 박사학위
논문.

윤평현(1995). "국어 명사의 의미관계에 대한 연구." 한국언어문학 35. 한국언어문학회. 91-115.

이경·김수은(2014). "한국어교육에서의 어휘 능력 진단 평가 연구." Journal of Korean Culture 25. 한국어문학국제학술포럼. 191-216.

이관식(2000). "제3회, 제4회 한국어 능력시험 어휘 평가 연구." 인문학연구 4. 경희대학교 인문학연구소. 249-268.

이광호(2005). "국어 텍스트의 어휘 풍부성 연구 : 군집분석을 통한 접근." 한국어학 26. 한국어학회. 237-259.

이기연(2011). "어휘력 평가의 평가 요소와 평가 유형에 대한 고찰." 국어교육학연구 제42집. 국어교육학회. 461-497.

이동혁(2004). "의미 관계의 저장과 기능에 대하여." 한글 263. 한글학회. 95-124.

이동혁(2011a). "결합적 어휘 의미관계의 독립성과 특성에 대하여." 어문학교육 43. 한국어문교육학회. 147-176.

이동혁(2013). "의미관계 교육의 문제와 개선 방안에 대하여." 한국어 의미학 42. 한국어의미학회. 321-349.

이미혜(2002). "한국어 문법 교육에서 '표현항목' 설정에 대한 연구." 한국어 교육 13-2. 국제한국어교육학회. 205-225.

이민우(2010). "다중적 의미 사용에 대한 연구." 한국어 의미학 32. 한국어의미학회. 193-213.

이민우(2012). "의미 확립 단계를 이용한 한국어 다의어 교육 방안." 언어학연구 22. 한국중원언어학회. 163-177.

이보라미·수파펀분룡(2012). "태국인 한국어 학습자의 텍스트 응집성 인식 양상 연구." 이중언어학 48. 이중언어학회. 181-202.

이선영(2013). "한국어교육 연구에서의 응집성(coherence) 개념에 대한 고찰." 국제한국어교육학회 학술대회 논문집. 국제한국어교육학회.

이선영(2014). 한국어 발표 수행을 위한 담화능력 교육 방안 연구. 고려대학교 국어국문학과 박사학위 논문.

이승은(2011). "한국어 어휘교육 실험연구에 대한 연구방법론적 고찰." 한국어 교육 22-4. 국제한국어교육학회. 321-346.

이영숙(1997). "어휘력과 어휘 지도-어휘력의 개념을 중심으로." 선청어문 25. 서울대학교 사범대학 국어교육과. 189-208.

이영식(2004). "한국어 말하기 시험의 유형 및 채점 기준 설정을 위한 기초 연구." 한국어 교육 15-3. 국제한국어교육학회. 209-230.

이영지(2011). 중국인 한국어 학습자의 작문에 나타난 수준별 어휘적 특성 연구. 계명대학교 대학원 석사학위 논문.

이유경(2009). "한국어 어휘 교육 연구를 위한 이론의 고찰." 한국어 교육 20-1. 국제한국어교육학회. 135-160.

이유경(2011a). 외국인 학습자를 위한 한국어 어휘의 의미 교육 방안 : 동사를 중심으로. 고려대학교 대학원 박사학위 논문.

이유경(2011b). "한국어 어휘 의미 교육 등급 선정을 위한 기초 연구 : 동사를 중심으로." 이중언어학47. 이중언어학회. 111-138.

이유경(2012). "외국인 학습자의 한국어 어휘 지식 평가를 통한 어휘 교육 방안 연구 : 질적 지식의 평가를 중심으로." 한국어 교육 23-1, 161-182. 국제한국어교육학회.

이인혜(2014). "한국어 교사의 쓰기 평가 효능감과 평가 특성 연구." 이중언어학 56. 이중언어학회. 231-266.

이정민(2010). 한국어 어휘 학습 전략 연구. 경희대학교 박사학위 논문.

이정민·김영주(2010). "한국어 학습자의 어휘력과 언어 능력의 상관관계 연구." 응용언어학 26-2. 응용언어학회. 27-49.

이정희(2003). 『한국어 학습자의 오류 연구』. 서울:박이정.

이정희·김중섭(2005). "한국어 학습자의 어휘 오류 분류에 관한 연구." 이중언어학 29. 이중언어학회.

이정희(2008). 중국어권 한국어 학습자의 어휘 오류 연구 : 원인 분석을 중심으로. 한국어 교육 19-3. 국제한국어교육학회. 1-23.

이정희(2010). "인식 조사를 통한 한국어 구어 유창성의 개념 및 요인 연구." 한국어 교육 21-4. 국제한국어교육학회. 183-204.

이종철(2000). "창의적인 어휘 사용 능력의 신장 방안." 국어교육 102. 한국국어교육연구회. 155-179.

이준호(2008). "한국어 어휘 교육 연구사 : 학위 논문을 중심으로." 문법 교육 9. 한국문법교육학회. 305-336.

이진경(2008). "초등영어 학습자의 질적 어휘지식의 평가 : 단어연상시험을 사용하여." 현대영어교육 9-3. 현대영어교육학회. 189-214.

이충우(2001). "국어 어휘 교육의 위상." 국어교육학연구 13. 국어교육학회. 467-490.

이충우(2005). "국어 어휘 교육의 개선 방안." 국어교육학연구 24. 국어교육학회. 385-407.

이충우(2006). 『좋은 국어 어휘 교육 어떻게 할 것인가』. 서울:교학사.

이학식·임지훈(2011). 『Basic SPSS Manual : 기초사용자를 위한 입문서』. 서울:집현재.

이해영(2006). "한국어 교재를 위한 어휘 및 문법 학습 활동 유형." 외국어로서의 한국어교육 31. 연세대학교 한국어학당. 25-56.

이효진·신명선(2013). "한국어학습 외국인의 읽기·쓰기·말하기 유창성 특성." 언어치료연구 22-4. 언어치료학회. 123-142.

임지룡(1998). 어휘력 평가의 기본 개념. 국어교육연구 30. 국어교육학회. 1-41.

임지룡(1992). 『국어의미론』. 서울:탑출판사.

임지룡(2001). "다의어 '사다' '팔다'의 인지의미론적 분석." 국어국문학 129. 국어국문학회. 165-190.

임지룡(2010). "국어 어휘교육의 과제와 방향." 한국어 의미학 33. 한국어의미학회. 259-296.

임지아(2007). "한국어의 어휘 오류 연구 : 중간언어 관점에서." 동남어문논집 24. 동남어문학회. 207-230.

임채훈(2013a). "어휘의미 관계와 어휘적 응집성." 한국어 의미학 40. 한국어 의미학회. 307-321.

임채훈(2013b). "문장과 담화 층위에서의 어휘의미 관계 : 어휘부의 내적 정보로서 어휘의미 관계의 정립을 위하여." 한국어 의미학 42. 한국어 의미학회. 495-514.

장경희·전은진(2008). "중·고등학생의 어휘 다양도 연구." 한국어 의미학 27. 한국어 의미학회. 225-242.

장미경(2012). 한국어 읽기 교육을 위한 텍스트 난이도 평가 방안 연구. 고려대학교 대학원 박사학위 논문.

정희자(2008). 『담화와 문법』. 서울:한국문화사.

조남호(2002). 현대 국어 사용 빈도 조사. 서울: 국립국어연구원.

조남호(2003). 『한국어 학습용 어휘 선정 결과 보고서』. 국립국어원.

조현용(1999). "한국어 어휘의 특징과 어휘교육." 한국어 교육, 10-1, 국제한국어교육학회. 265-281.

조현용(2000a). 『한국어 어휘교육 연구』. 서울:박이정.

조현용(2000b). "한국어능력시험 어휘 평가에 관한 연구." 국어교육 101. 한국국어교육연구회. 1-20.

조현용(2011). "한국어 어휘 평가의 현황과 전망: 한국어능력시험(TOPIK)을 중심으로." 이중언어학47. 이중언어학회. 189-215.

진대연(2006). "한국어 쓰기능력 구성요소로서의 어휘에 대한 연구." 이중언어학 30.이중언어학회. 379-411.

진대연(2012). "한국어 학습자의 텍스트 구성 전략 사용 양상에 대한 연구." 국제한국어교육학회 학술대회 논문집. 국제한국어교육학회.

진실로·곽은주(2009). "언어 사용역을 고려한 영한 수량표현 번역." 번역학연구 10-1. 한국번역학회. 171-197.

최경봉(1996). "어휘의 의미 관계와 어휘교육 방법론." 기전어문학 10-11. 수원대학교 국어국문학회. 827-846.

최연희(2000). 『영어과 수행평가의 이론과 실제 : 대안적 평가의 제작』. 서울 : 한국문화사.

최운선(2013). 초등학생 어휘력 평가 기준안 연구. 단국대학교 대학원 박사학위 논문.

최은지(2008). 사회적 구성주의에 기반한 학문 목적 한국어 작문 교육 연구. 고려대학교 대학원 박사학위 논문.

최호철(1993a). "어휘부의 의미론적 접근." 어문논집 32-1. 안암어문학회. 185-217.

최호철(2006). "전통 및 구조 언어학에서 본 의미의 본질." 한국어 의미학 21. 한국어 의미학회. 31-49.

한송화(2013). "한국어 접속부사의 사용 양상 : 텍스트 유형에 따른 사용 양상을 중심으로." 언어사실과 관점 31. 연세대학교 언어정보연구원. 139-169.

한하림·양재승(2014). "한국어능력시험 듣기 담화의 상황 맥락 연구." 이중언어학 55. 이중언어학회. 457-485.

허영화(2009). 한국어 학습자를 위한 주제중심 연어교육 방안. 상명대학교 교육대학원 석사학위 논문.

황미향(2004). "어휘의 텍스트 형성 기능과 어휘 지도의 방향." 언어과학연구 31. 언어과학회. 297-318.

황성은·심혜령(2013). "한국어능력시험 중급 듣기 문항 분석 연구 : 상황맥락을 중심으로." 언어사실과 관점 32. 연세대학교 언어정보연구원. 237-259.

황순희(2007). "언어 사용역을 고려한 불한번역의 화용적 접근." 프랑스어문교육 25. 한국 프랑스어문교육학회. 165-189.

홍종선·강범모·최호철(2000). "한국어 연어 정보의 분석·응용에 관한 연구." 한국어학 11. 한국어학회. 73-158.

홍종선·김양진(2012). "〈고려대 한국어대사전〉(2009) 접사 선정의 기준 : "공시적 분석 가능성"을 중심으로." 한국어학 54. 한국어학회. 325-359.

Alla Zareva, Paula Schwanenflugel, Yordanka Nikolova.(2005). Relationship between lexical competence and language proficiency. *SSLA 27*. Cambridge University Press. 567-595.

Alla Zareva(2005). Models of lexical knowledge assessment of second language learners of English at higher levels of language proficiency. *System 33(4)*, 547-562.

Bachman, L. F.(1990). *Fundamental considerations in language testing*. Oxford : Oxford University press.

Bachman, L. F. & Palmer, A. S. (1996). *Language testing in practice: Designing and developing useful language tests*. Oxford University Press, USA.

Beaugrande, R. & Dressler, W. U.(1981). *Einführung in die Textlinguistik* (Vol. 28). Tübingen: Niemeyer.

Beaugrande, R.(1997). *New Foundations for a Science of Text and Discourse: Cognition, Communication, and the Freedom of access to Knowledge and Society*. Norwood. New Jersey: Ablex Publishing Co.

Biber, D. & Conrad, S.(2009). *Register, genre, and style*. Cambridge University Press.

Brown, G. & Yule, G.(1983). *Teaching the spoken language* (Vol. 2).

Cambridge University Press.

Brown, H. D(2007). *Principles of language learning and teaching.* 박주경, 이병민, 이홍수(역)『외국어 학습 교수의 원리』. Pearson Education Korea.

Brown, H.D.(2008). *The Principle of language learning and Teaching(5ed.).* Prentice-Hall.

Brumfit, C. (1984). *Communicative Methodology in Language Teaching: The Roles of Fluency and Accuracy.* Cambridge: Cambridge University Press.

Camilla Bardel & Anna Gudmundson(2012). Aspects of lexical sophistication in advanced learners' oral production : vocabulary acquisition and use in L2 French and Italian. *Studies in Second Language Acquisition* 34. Cambridge University Press. 269-290.

Celce-Murcia, M., Dörnyei, Z. & Thurrell, S.(1995). Communicative competence: A pedagogically motivated model with content specifications. *Issues in Applied Linguistics 6.* 5-35.

Crossley, S. A. & McNamara, D. S.(2009). Computational assessment of lexical differences in L1 and L2 writing. *Journal of Second Language Writing 18(2).* 119-135.

Crystal, David(1997). *The Cambridge encyclopedia of language.* Cambridge: Cambridge University Press.

Cummins, J. (1981). The role of primary language development in promoting educational success for language minority students. *Schooling and language minority students: A theoretical framework.* 3-49.

Chapelle, C. A.(1994). Are C-tests valid measures for L2 vocabulary research?. *Second Language Research 10(2),* 157-187.

Daller, H., Van Hout, R. & Treffers-Daller, J.(2003). Lexical richness in the spontaneous speech of bilinguals. *Applied Linguistics 24(2),* 197-222.

Diego Marconi(1995). On the Structure of Lexical Competence. *Proceedings of the Aristotelian Society,* New Series 95. 131-150.

Ellis, R., Tanaka, Y. & Yamazaki, A. (1994). Classroom interaction, comprehension, and the acquisition of L2 word meanings. *Language learning 44(3)*, 449-491.

Engber, C. A.(1995). The Relationship of Lexical Proficiency to the Quality of ESL Compositions. *Journal of second language writing 4(2)*. 139-155.

Halliday, M. A. K. & Hasan, R.(1976). *Cohesion in English*. London:Longman.

Halliday, M. A. K & Hasan, R.(1985). *Language context and text*: Aspects of language in a social-semiotic perspective.

Halliday, M. A. K. & Hasan, R.(1989). *Language, Context and Text : Aspects of Language in a Social-semiotic Perspective*, Oxford:Oxford University Press.

Halliday, M. A. K.(1994). Language as Social Semiotic. In Janet Maybin(Ed). *Language and Literacy in Social Practice : A Reader*. The Open University.

Halliday, M. A. K.(1999). The notion of "context" in language education. In Mohsen Ghadessy(Ed). *Text and Context in Functional Linguistics*. John Benjamins Publishing.

Henriksen, B.(1999). Three dimensions of vocabulary development. *SSLA 21*, 303-317. Cambrige:Cambridge University Press.

Hoey, M.(1991). *Patterns of lexis in text*. Oxford:Oxford University Press.

Housen, A. & Kuiken, F.(2009). Complexity, accuracy and fluency in second language acquisition. *Applied Linguistics 30*, 461-473.

Housen, A., Kuiken, F. & Vedder, I.(2012). Complexity, accuracy and fluency. *Dimensions of L2 Performance and Proficiency: Complexity, Accuracy and Fluency in SLA*. John Benjamins Publishing.

Hymes, D. H.(1972). On communicative competence. In J.B. Pride & J. Holmes (Eds.), *Sociolinguistics*. London: Penguin. 269-293.

Judit Kormos & Mariann Dénes.(2004). Exploring measures and perceptions of fluency in the speech of second language learners. *system 32*, 145-164.

Joos, M.(1967). *The Five Clocks : A Linguistic Excursion Into the Five Styles of English Usage.* New York:Harcourt, Brace & World.

Laufer, B. (1991). The development of L2 lexis in the expression of the advanced learner. *The Modern Language Journal, 75(4),* 440-448.

Laufer, B. (1992). How much lexis is necessary for reading comprehension. *Vocabulary and applied linguistics 3,* 16-323.

Laufer, B & Nation(1995). Vocabulary Size and Use: Lexical Richness in L2 Written Production. *Applied Linguistics 16-3.* Oxford University Press.

Lewis, M. (1993). *The lexical approach* (Vol. 1, p. 993). Hove: Language Teaching Publications.

Martin East(2006). The impact of bilingual dictionaries on lexical sophistication and lexical accuracy in tests of L2 writing proficiency: A quantitative analysis. *Assessing Writing 11.* 179-197.

McKee, G., Malvern, D. & Richards, B.(2000). Measuring vocabulary diversity using dedicated software. *Literary and linguistic computing 15(3),* 323-338.

Meara, P.(1996). The dimensions of lexical competence. *Performance and Competence in Second Language Acquisition.* Gillian Brown, Kirsten Malmkjaer, John Williams(ed). Cambridge : Cambridge Universtity Press.

Michael Stubbs(1986). *Language development, lexical competence and nuclear vocabulary. Educational Linguistics.* Oxford:Blackwell.

Nation, I. S. P.(1990) *Teaching and learning vocabulary.* New York: Newbury House.

Nation, I. S. P.(2001). *Learning vocabulary in another language.* Cambridge : Cambridge University Press.

Nunan, D.(1991). *Language teaching methodology: A textbook for teachers (Vol. 128).* United Kingdom: Prentice hall.

Nunan, D.(1999). *Second Langauge Teaching & Learning.* Heinle & Heinle Publishers.

Ogden, C. K. &Richards, I. A.(1923). *The meaning of meaning.* New York: Harcourt Brace & World.

Patribakht, T. & Wesche, M.(1997). Reading and incidental L2 Vocabulary acquistion : An introspective study of lexical inferencing. *Studies in Second Language Acquisition 21-2.* 195-224.

Peter J. Robison(1989). A rich view of lexical competence. *ELT Jornal 43-4.* Oxford University Press.

Peter Skehan(2009). Modelling Second Language Performance: Integrating Complexity, Accuracy, Fluency, and Lexis. *Applied Linguistics* 30-4, Oxford University Press. 510-532.

Qian, D. D. (2002). Investigating the relationship between vocabulary knowledge and academic reading performance: An assessment perspective. *Language learning,* 52(3), 513-536.

Read, J. (2000). *Assessing Vocabulary.* Cambridge University Press.

Richards, J.C.(1976). The role of vocabulary teaching. *TESOL Quarterly* 10-1. 77-99.

Richards, Brian J. & David Malvern(1997). *Quantifying lexical diversity in the study of language development.* United Kingdom:Reading Univ.

Scott Thornbury(2006). *An A-Z of ELT.* Oxford : Macmillian publishers.

Stephen D Krashen(2009). *Principles and Practice in Second Language Acquisition(1st internet ed).* Pergamon Press Inc.

Schmidt, R. (1992). Psychological mechanism underlying second language fluency. *Studies in Second Language Acquisition, 14.* 357-385.

Schmidt, R. (1994). Deconstructing consciousness in search of useful definitions for applied linguistics. In Jan H. Hulstijn & Schmidt, R(Eds). *Consciousness in Second language learning, 11.* AILA REVIEW.

Teun A. van Dijk & Walter Kintsch(1983). *Strategies of Discourse Comprehension.* New York: Academic Press.

Ure, J. (1971). Lexical density and register differentiation. *Applications of linguistics,* 443-452.

Ure, J., & Ellis, J. (1977). Register in descriptive linguistics and linguistic sociology. *Issues in sociolinguistics*, 197-243.

Victoria Johansson(2008). Lexical diversity and lexical density in speech and writing: a developmental perspective. *Lund University, Dept. of Linguistics and Phonetics Working Papers 53*. 61-79.

Vermeer.A.(2001). Breadth and depth of vocabulary in relation to L1/L2 acquisition and frequency of input. *Applied Psycholinguistics 22*, 217-234. Cambridge University Press.

Weigle, S. C.(2002). *Assessing Writing*. Cambridge University Press.

Widdowson H. G.(1995). Discourse Analysis : A Critical View. *Language and Literature 4(3)*. 157-172.

Wilkins D. A.(1972). *Linguistics in Language Teaching*. London:Edward Arnold.

2부

강현주, 「상호작용 활성화를 위한 의사소통 전략 연구 : 구어 발화를 중심으로」, 『어문논집』 69, 2013, 민족어문학회, 355~382면.

김은혜, 「말하기 평가에 구현된 한국어 초급 학습자의 의사소통 전략 양상」, 『국어교육연구』 40, 2011, 국어교육학회, 359~396면.

사와다 히로유키, 「한국어 말하기 평가에서 전략적 능력과 어휘 구사력의 평가 : 일본인 학습자를 대상으로 한 성취도 평가를 중심으로」, 『국어교육연구』 12, 2003, 서울대학교 국어교육연구소, 101~130면.

신명선, 「국어 표현 과정에서 작용하는 어휘 사용 기제와 그 전략에 관한 연구」, 『한국어 의미학』 29, 2009, 한국어의미학회, 91~131면.

신윤경·안미영, 「한국어 학습자들의 문학 읽기를 위한 어휘 전략」, 『한국언어문화교육학회 학술대회』, 2013, 한국언어문화교육학회, 191~198면.

안주호, 「한국어 학습자 간 상호적 의사소통 전략 연구 : 한국어 학습자의 구어 말뭉치를 중심으로」, 『언어과학연구』 63, 2012a, 언어과학회, 171~190면.

안주호, 「비상호적 의사소통 전략 연구 : 한국어 학습자 간(間) 구어 담화를 중심으로」,

『한국어 교육』 23-4, 2012b, 국제한국어교육학회, 203~232면.

이 경, 『담화 차원에서의 한국어 어휘 유창성 신장 방안 연구』, 고려대학교 박사학위논문, 2015.

이정민, 『한국어 어휘 학습 전략 연구』, 경희대학교 박사학위논문, 2010.

이정화, 『말하기 전략 활성화를 위한 어휘 교육 연구』, 이화여자대학교 박사학위논문, 2010.

유럽공통참조기준, 『언어 학습, 교수, 평가를 위한 유럽공통참조기준』, 한국문화사, 2001.

정명숙, 「한국어 교재의 전략 교수 활동의 현황과 과제」, 『제38차 국제한국어교육학회 추계학술대회집』, 2013, 국제한국어교육학회, 59~62면.

정명숙, 「말하기 전략 개발을 위한 과제 구성 방안」, 『이중언어학회』 57, 2014, 이중언 어학회, 173~198면.

조수현·김영주, 「한국어교재와 TOPIK에서 나타난 의사소통전략 유형과 분포」, 『한국 어 의미학』 34, 2011, 한국어의미학회, 409~430면.

조위수, 『한국어 학습자의 의사소통 전략 사용 양상과 교수 방안 연구 : 반복을 중심으 로』, 부산외국어대학교 박사학위논문, 2012.

조인정, 「의사소통 전략 교수를 위한 트위터와 무들 활용 사례 연구」, 『한국어 교육』 25-1, 2014, 국제한국어교육학회, 203~234면.

진제희, 「한국어 학습자들의 의사소통 전략 유형 분류 및 분석 : 비상호적 상황을 중심 으로」, 『한국어교육』 11-1, 2000, 국제한국어교육학회, 175~199면.

진제희, 「사회언어학적 및 전략적 말하기 능력 배양을 위한 담화분석 방법의 적용」, 『한국어교육』 14-1, 2003, 국제한국어교육학회, 299~321면.

함은주, 『한국어 어휘 교수·학습 전략 연구 동향 분석 : 학위 논문을 중심으로』, 이화여 자대학교 교육대학원 석사학위논문, 2015.

홍수민, 『한국어 학습자의 의사소통전략 사용 양상 연구 : 교재에 반영된 의사소통전략 과 비교하여』, 영남대학교 석사학위논문, 2013.

Bachman, Fundamental Considerations in Language Testing, Oxford : Oxford University Press, 1990.

Byalystok, E., *Communication Strategies,* Blackwell, 1990.

Dörnyei, Z. & Scott, M., Communication Strategies in a second language :

definitions and taxonomies, Language Learning 47, 1997, 173-210.

Fillmore, C. J., On Fluency, Individual Differences in Language ability and language Behavior, C J. Fillmore, Daniel Kempler, and William S-U wang(ed). NewYork: Academic Press, 1979, 203-228.

H. D. Brown, 『외국어 학습·교수의 원리』, 이홍수 외 역, Pearson education Korea, 2007.

S. J. Savignon, *Communicative Competence : Theory and Classroom Practice*, New York:The McGraw-Hill, 1997.

권미라(2009). 수사적 상황을 고려한 쓰기 과제의 효과 : RAFT 전략을 중심으로. 경인교육대학교 교육대학원 석사학위 논문.

김미경(2007). 의사소통전략 훈련을 위한 한국어 말하기 교육 방안 연구 : 소통 장애 극복을 위한 전략을 중심으로. 고려대학교 교육대학원 석사학위 논문.

노숙원(2015). 한국어 영어 학습자의 상호작용 전략에 대한 대화 분석 연구. 충남대학교 대학원 박사학위 논문.

박민신(2008). 한국어 어휘의 의미 전달 전략 교육 연구. 서울대학교 석사학위 논문.

윤선아(2008). 내용교과 학습에 미치는 RAFT 쓰기 전략의 효과 연구. 동국대학교 석사학위 논문.

이 경(2015b). "한국어 중·고급 학습자의 어휘 사용에서 나타나는 전략적 능력 연구: 한국어 어휘 유창성의 하위 범주 설정과 관련하여." 어문논집 73. 민족어문학회. 295~325쪽.

이미라(2006). 마인드맵 영어 학습전략이 초등학생의 영어 듣기, 읽기 능력 및 쓰기 유창성에 미치는 효과. 부산교육대학교 교육대학원 석사학위 논문.

이민경(2004). 대화 상대자에 따른 의사소통전략 사용 양상 연구 : 일본어권 한국어 학습자를 대상으로. 이화여자대학교 대학원 석사학위 논문

이재욱·남기춘(2001). "외국인을 위한 한국어 교육 : 한국어 학습자의 어휘학습 전략 연구." 우리어문연구 17. 우리어문학회. 25-53쪽.

이정민(2010). 한국어 어휘 학습 전략 연구. 경희대학교 박사학위 논문.

이정희(2010). "인식 조사를 통한 한국어 구어 유창성의 개념 및 요인 연구." 한국어교육 21-4. 국제한국어교육학회. 183~204쪽.

조인정(2015). "의사소통전략 중 성취전략에 사용되는 한국어 어휘와 표현 : 한국어 모국어 화자의 스피드 퀴즈 분석을 토대로." 한국어 교육26-2. 국제한국어교육학회. 181~212쪽.

Cohen, A. D.(2014). *Strategies in learning and using a second language(2ed.)* NY: Routledge.

Congjun, Mu & S. Carrington(2007). An investigation of three Chinese students' English writing strategies. *TESL-EJ, Volume 11-1*. 1~23.

Dornyei, Z., & Thurrell, S. (1994). Teaching conversational skills intensively: Course content and rationale. *ELT Journal, 48*, 40~49.

Hyun Jin, Lee & Pyun, Danielle. O. (2015). Vocabulary learning strategies of learners of Korean as a foreign language : A case study. *한국어 교육 (Journal of Korean Language Education)* 26. 국제한국어교육학회. 30-54 쪽.

Lennon, P.(1990). Investigating fluency in EFL : A quantitative approach, *Language Learning 40*, 387-417.

Santa, C.(1998). *Content reading including study systems*. Kendall/Hunt Publishing Company.

Torrance, et al(2000). Individual differences in undergraduate essay-writing strategies: A longitudinal study. *Higher Education 39*, Kluwer Academic Publishers. 181~200.